# 조계고승전

# 조계고승전

백운 지음

대한불교조계종 불교신문

지홍당 백운 대강백

2020년 6월 19일, 저의 은사이신 지홍당 백운 대강백께서 열반에 드셨습니다. 상좌로서 더 정성을 다해 모셨더라면, 큰스님께서 건강을 회복하시어 더 오래 이 땅에 머무르실 수 있었을지도 모른다는 깊은 자괴와 참회의 마음을 금할 길이 없습니다. 남은 생은 상좌로서 다하지 못한 보살핌을 깊이 참회하며, 정진의 인연으로 살아가고자 합니다.

큰스님께서는 평생을 학인으로, 강백으로 사시며, 사판의 큰 소임에는 마음을 두지 않으시고, 오직 후학을 양성하고 집필에 전념하시며 청정하고 청빈한 삶을 살아오셨습니다.

선교를 가리지 않으시고, 특히 참선을 중히 여기셨으며, "선은 불심佛心이요, 교는 불어佛語다." 라는 가르침을 실천의 길로 이어가고자 하셨습니다. 또한, "금생에 못하면 내생에라도 반드시 해야 할 일은 참선이다. 그러나 참선한답시고 교학을 멀리해서는 안 된다." 항상 이렇게 일러주시며, 참선 수행과 교학 연구를 두 날개처럼 함께 닦아야 함을 거듭 강조하셨습니다.

큰스님께서는 스승이신 동산 대종사께서 방에 붙여두고 평생 좌우명으로 삼으셨던 글귀, "서리 이고 있는 소나무의 깨끗한 지조, 물속의 달은 옷깃이 비었더라.(霜松潔操 水月虛襟)"를 자주 읊조리시며, 출가 수행자는 마땅히 이 말씀을 마음에 품고 살아야 한다고 가르치셨습니다.

요즘은 수행 환경이 과거에 비해 크게 개선되었음에도, 수행 정진이 그에 미치지 못함을 안타까워하시며, "출가는 대각을 성취하려는 큰 원력이 있어야 하는 것이지, 재물을 좇고 세속을 농락하려는 길이 아니지 않느냐!" 하고 준엄히 꾸짖으시던 음성이 지금도 귀에 생생합니다.

큰스님께서는 일생을 후학 지도와 포교에 헌신하시며, 부처님의 가르침을 불자들에게 전하고, 한국불교 발전에 묵묵히 기여하셨습니다. 인자하신 얼굴빛과 맑고 깊은 음성은 열반 5년이 지난 오늘에도 여전히 그리움으로 남아, 황망한 심정을 쉬이 거둘 수 없습니다.

비록 이제는 큰스님의 자애로운 진용과 대기대용의 선지를 뵐 수 없어도, "스스로 마음을 다스리면 대자유를 얻는다." 는 말씀을 깊이 새기며, 부지런히 정진을 이어가겠습니다.

큰스님께서 대학노트, 원고지, 양면지 등에 국한문 혼용체로 남기신 방대한 육필 원고들은 편집과 정리에 쉽지 않은 작업이었음을 잘 알고 있습니다. 이에 이 귀한 자료를 정성껏 정리해 주신 불교신문 이성수 기자님과 하정은 기자님께 깊은 감사의 인사를 올립니다.

큰스님께서는 한평생 집필에 많은 시간을 바치셨고, 수많은 원고와 문집, 편지와 일기, 신문 기고문 등을 남기셨습니다. 앞으로도 이 귀한 유산을 모아 큰스님의 자취를 통해 크신 뜻을 새기고자 합니다.

열반 5주기를 맞아 우선 『조계고승전』을 엮어내게 되었습니다. 이 책을 통해 사부대중 여러분께서 큰스님의 사상과 삶의 깊이를 다시금 새기시길 간절히 바랍니다.

열반의 연꽃을 피우신 백운 큰스님.

저희는 더욱 정진하며, 큰스님의 가르침과 가풍을 받들어 살아가겠습니다. 부디, 저를 비롯한 종도들의 간절한 비원을 저버리지 마시고, 이 땅에 다시 한 번 사바의 인연을 맺으시어, 불일을 밝히시고 조계선풍을 드날려주시기를 발원합니다.

불기 2569년(2025년) 5월 24일
지홍당 백운 대강백 열반 5주기를 맞이하여
**상좌 대한불교조계종 총무원장 진우 합장 구배**

# 지홍당 백운대강백 행장

백운 스님의 속명은 송백운이고 법호는 지홍, 법명은 백운이다. 스님은 1934년 전남 장성군 북이면에서 태어났다. 만암대종사 조카이고 인곡대선사의 사촌 형이기도 한 부친 송종수 거사와 모친 전재임 보살 슬하에서 자라다가 5세 때 강진 화방사와 인연을 맺었다.

1976년 백운 스님이 불교신문에 기고한 '출가기'에 따르면, 사주에 명운이 짧은데 절에 가면 명을 이을 수 있다고 해 부모님이 강진 화방사로 보냈다고 한다. 어린 나이에 절에서 생활한 스님은 밤마다 어머니를 그리워하며 힘겨운 나날을 보냈지만 저녁예불 끝나면 절을 하라는 화방사 스님의 말씀을 지키기 위해 늦은 밤까지 부처님 전에서 절을 올렸다고 한다.

백운 스님은 당시를 이렇게 회상했다. "열심히 절하면서 두 가지 이득을 얻었다. 몇 시간씩 절을 하고 나서는 한밤중에 깨어나 어머니를 찾지 않으니 대중 어른들이 편안해졌고, 또 예불 공덕으로 짧았을지 모를 명을 이었다."

백운 스님은 9세 때까지 화방사에서 유년을 보냈다. 1944년 만암대종사의 맏상좌인 석산 스님을 은사로 백양사에서 출가했다. 그 후 1947년 광주서중과 광주사범학교를 졸업했다. 졸업 후 해방이 됐지만 평화도 잠시, 6·25전쟁이 터지면서 삶이 나락으로 떨어질 위기에 처했지만 그때마다 백운 스님은 관세음보살님께 기도하며 구원해 주면 수행자로 열심히 정진하겠다고 서원하며 위기에서 벗어났다고 한다.

　동란으로 모두가 힘들었던 1952년 백운 스님은 부산 범어사에서 동산대종사 상좌로 입실했다. 이는 만암대종사와 용성대종사의 '친선약조'에 따른 것으로, 만암대종사는 범어사 강사로 있던 석산 스님을 백양사로 돌아오게 하고, 대신 백운 스님을 동산 스님 문하로 보냈다.

　백운 스님은 범어사에서 3년 여간 동산대종사를 시봉했다. 범어사 강원에서 수학하다가, 1955년 영축총림 통도사 강원에서 공부를 마쳤다. 백운 스님은 이어서 1958년 해인사 강원의 전신인 마산대학에 입학했다. 그곳에서 제25교구본사 봉선사 조실 월운 스님과 조계종 총무원장을 지낸 지관대종사 등 여러 스님과 동문수학하고 1962년 마산대학을 졸업했다.

1971년부터 1977년까지 도광 스님의 요청으로 제19교구본사 화엄사에서 강주 소임을 맡았다. 또 1977년부터 1979년까지 범어사에서 강주를 맡아 후학들을 가르쳤다. 1980년에는 조계총림 송광사 구산 스님의 부탁을 받아 강원을 개설하기도 했다. 다시 범어사로 돌아온 스님은 1982년부터 1988년까지 강원 강주를 역임하며 후학을 양성했다.

백운 스님은 누구보다 치열하게 화두를 참구했다. 조사들이 남긴 선어록을 읽으며 선禪을 이해하게 되자 스님은 "참선하는 길만이 견성오도見性悟道하는 첩경"이라며 진정한 출가자라면 선수행에 신념을 다 바쳐야 한다고 강조했다.

백운 스님은 다성茶聖으로 추앙되는 초의선사의 정통 다맥을 이었다. 초의선사의 다법과 유품을 전수받은 범해각안, 원응계정, 응송영희, 백운지홍 스님으로 초의선사의 다맥이 이어지고 있다.

백운 스님은 필력도 남달랐다. 〈불교신문〉이 주최한 고승일화 공모전에서 두 차례나 당선될 정도로 글쓰기가 뛰어났으며, 선어록과 선사 일대기 다수의 저서를 남겼다. 한국불교사와 편양언기선사의 일대기를 소설로 쓴 〈양치는 성자〉를 비롯해 서옹대종사의 뜻에 따라 〈임제록 연의〉를 편집했다. 또 〈진묵대사〉, 〈초의선사〉, 〈완당 김정희〉, 〈만암대종사〉, 〈동산대종사〉, 〈성월선사〉, 〈혜암종정〉, 〈오세동자〉, 〈인곡대선사〉, 〈부설거사〉, 〈연선도인〉 등 다수의 원고를 집필하면서, 불서 편찬과 불교 대중화에 대한 원력을 실천했다.

　원적에 들기 10년 전부터 백운 스님은 상좌인 진우 스님이 있는 담양 용흥사에 주석했다. 한평생 교학을 연찬하고 참선 수행하며 정진해온 지흥당知興堂 백운白雲대강백은 2020년 6월 19일 오후 6시 40분 담양 용흥사에서 원적에 들었다. 법납 77년, 세수 87세이다.

　스님의 영결식과 다비식은 6월 22일 백양사 연화당에서 백양사·범어사 문도장으로 엄수됐다. 백운 스님 출가본사인 백양사와 동산 스님 회상에서 수행했던 범어사 등 두 본사本寺가 합동으로 문도장을 거행한 것이다. 이날 500여 명에 달하는 사부대중이 운집해 백운 스님의 마지막 가는 길을 배웅했다.

# ❀ 행 장 ❀

1934년  전남 장성 출생

1938년~1942년  강진 화방사에서 유년 보냄

1944년  석산 스님 은사로 장성 백양사에서 출가

1947년  광주서중, 광주사범학교 졸업

1952년  부산 범어사에서 동산 스님 상좌로 입실

1952년~1955년  범어사에서 동산 스님 시봉

1955년  영축총림 통도사 강원에서 수학

1958년  해인사 강원 전신 마산대학 입학

1962년  마산대학 졸업

1971년~1977년  구례 화엄사 강원 강주

1977년~1979년  부산 범어사 강원 강주

1980년  조계총림 송광사 강원 개설

1982년~1988년  부산 범어사 강원 강주

2020년 6월 19일  담양 용흥사에서 원적

# ❋ 임종계 ❋

하얀 낮에는 밝은 구름 벗을 삼고
푸른 밤에는 맑은 냇물 벗이 되어
시비 벗어난 자연의 온갖 모습이여
정녕 그대는 나를 즐겁게 하는구나

白日朋友昭昭雲(백일붕우소소운)
靑夜親舊湛溪水(청야친구담계수)
斷是非自然諸樣(단시비자연제양)
丁寧汝使我心樂(정녕여사아심락)

# ● 목차 ●

# 조계고승전

## 曹溪高僧傳

# 연재를 시작하며[1)]

『조계고승전曹溪高僧傳』은 송광사松廣寺의 금명보정錦溟寶鼎선사(서기 1861년~1930년)께서 저술한 것으로서 대흥사大興寺의 범해각안梵海覺岸 선사가 지은『동사열전東師列傳』과 그 궤軌를 같이한다.

아마도 금명선사가『동사열전』을 읽고서 송광사 선암사 등 조계산의 고승들이 많이 누락되었음을 보고 스스로 이 책을 저술한 듯 여겨진다.

『동사열전』은 두륜산 대흥사頭輪山大興寺를 중심하여 만덕산 백련사萬德山白蓮寺, 가지산 보림사迦智山寶林寺, 달마산 미황사達磨山美黃寺 등 두륜산에 가까운 사찰의 고승들의 행장이 비교적 많이 실려 있는데 이에 누락된 조계산 고승들의 발자취를 폭넓게 실은 것이『조계고승전』의 특장特長이다.

가뜩이나 한국불교의 사료史料가 빈곤한 터에『동사열전』과 쌍벽을 이루는『조계고승전』의 가치는 가히 필설로 형용키 어려우리 만큼 크고 높다.

그러나 이 책이 완성된 지가 만 60년이 지난 오늘에 와서야 세상에 알려지게 된 만시지탄晩時之歎을 금할 길이 없다.

필자가 1980년도에 송광사 전문강원松廣寺專門講院의 강주講主로 부임

백운지홍 白雲知興

---

1) 1992~1993년 대한불교신문에 연재됐다.

한 이듬해에 제자들과 함께 도서관을 정리하던 중 우연히 이 책자를 발견하고 기쁨을 억누를 길이 없었다.

그리하여 부산으로 나가서 한 부질을 복사하여 내 책상 속에 고이 간직해 두었던 것을 이제 시절인연이 도래하여 세상에 널리 알리게 된 것이다.

제아무리 값진 보배라 할지라도 남이 모르는 곳에 사장死藏되어 있다면 무슨 소용이 있겠는가?

필자는 은노스님이신 고 만암故曼庵큰스님께 금명선사에게 수학하셨던 얘기를 익히 들었으며 금명선사를 극구 찬양하시던 것을 잊지 않아 왔는데 이 책자를 발굴하게 되니 참으로 법연法緣이 지중함을 절감하는 바이다.

알뜰하게 그리고 멋지게 살다 가신 이 땅의 많은 고승들의 자취에서 우리 조상의 얼과 사상을 배워 혼탁한 현실을 타개하고 제도하는 지혜와 슬기를 발휘하기를 소망하면서 번역에 착수하는 바이나 원채 둔재鈍才인지라 선배제현의 질정叱正있기를 바라면서 서문에 가름하는 바이다.

# 대조계종주大曹溪宗主
# 보조국사전普照國師傳

국사의 휘諱는 지눌知訥이고 호는 목우자牧牛子이며 속성은 정씨鄭氏요 경서통주京西洞州黃海道瑞興郡西78里, 距京城395里也 사람이다.

아버지는 광우光遇이고 비妃는 조씨趙氏이며 송 고종 소흥宋高宗紹興 28년 무인戊寅金太祖正隆3年(서기 1158년)에 태어났다.

8세에 조계운손曹溪雲孫 종휘선사宗輝禪師에게 의지하여 축발祝髮하였으며 배움에는 일정한 스승이 없었다.

금나라 태조 대정大定 22년 임인壬寅, 국사의 나이 25세로 상도上都 보제사普濟寺에서 실시한 승선僧選에 응시하여 합격하였다.

이어 창평현昌平縣 청원사淸源寺로 내려가『육조단경六祖壇經』을 열람하다가 스스로 얻은 바가 있었으며 대정大定 25년 을사乙巳에 하가산 보문사下柯山普門寺에서 대장경을 읽던 중 이통현장자李通玄長者의『화엄론華嚴論』을 얻으니 전에『육조단경』을 보다가 알았던 것을 더욱 밝게 깨달았으며 원돈관圓頓觀에 얻은 바가 있었다.

이때 구우舊友 득재선로得才禪老가 공산 거조사公山居祖寺에 머물기를 청하매 그곳으로 가서 널리 고사高士를 맞아들여 습정균혜習定均慧이를 정혜결사(定慧結社라 이른다) 하다가 승안承安 2년 무오戊午에 이르러 지리산 무주암智異山無住庵에 방문하여 정진하던 중 법을 얻는 상서로운 일이 여러 번 있었다. 이른바 내관(內觀을 통해 얻은 것이 이것이다.)

국사는 여기에서 하루는 『대혜어록大惠語錄』을 읽다가 홀연히 안목이 열리고 혜해慧解가 더욱 높아졌다.

승안 5년 경신庚申에 이르러 부유현 송광산 길상사富有縣松廣山吉祥寺로 이주移住하여 제자를 거느리고 작법作法하기를 11년 태화(泰和 5년) 10월 1일에 조지朝旨로써 경찬회慶讚會를 베풀었다.

국사는 늘 사람들에게 『금강경金剛經』을 지송하기를 권하고 스스로 연의演義하였으며 『화엄론』과 『대혜어록』으로써 우익羽翼을 삼아 삼문三門을 의지하여 닦도록 하였다고 한다.

주상主上의 명으로 조계산 수선사曹溪山修禪寺로 명칭을 바꾸었다(왕이 산 이름과 사호(寺號를 바꿔 주기를 청함을 듣고 곧 하명하였다(함이 이것이다).

그리하여 송광산松廣山을 고쳐 조계산曹溪山 스님께서 조계종(曹溪宗을 세운 까닭이라고 이른다)이라 하고 정혜사定慧寺를 고쳐(인근에 정혜(定慧라는 이름을 가진 절이 있어서였다) 수선사修禪寺라고 하였다.

뒷날 대승선종 조계산 송광사大乘禪宗曹溪山松廣寺로써 일컫게 된 것도 또한 이 조지朝旨를 인해서였다.

대안大安 2년 경오庚午 2월에 재齋를 베풀어 어머니를 천도하였으며 그 해 3월 20일에 미질微疾을 보이더니 8일에 이르러 목욕하고 새 옷으로 갈아 입은 뒤 지팡이를 짚고 상당上堂하여 향을 사르고 축원하고는 게偈를 설하기를,

"이 눈과 코와 입과 혀는 조사의 눈·코·입·혀가 아니나 천 가지 만 가지가 모두 이 속에 있느니라 돌咄." 하시고 법상에 걸터앉은 채 박연

泊然히 천화遷化하시었다.

사유闍維를 마치고 사리舍利를 수습하니 큰 것은 30과顆요 작은 것은 무수히 많았으며 북쪽 봉우리삼일암 곁에 탑을 세웠다.

주상主上이 들으시고 진도震悼하시며, 시호를 불일보조佛日普照라 하시고 탑을 감로甘露라 하셨으며 세수世壽는 53이고 법랍은 36하夏였다.

# 조계종曹溪宗
# 진각국사전眞覺國師傳
상上

스님의 휘諱는 혜심慧諶이고 자字는 영을永乙이며 호號는 무의자無衣子, 속성은 최씨崔氏, 전남 화순군 화순읍내全南和順郡和順邑內의 한천寒泉(일명 차천(車泉) 부근에서 태어났다.

스님의 속명은 식寔이고 아버지는 완琬이고 향공진사鄕貢進士이며 어머니는 배씨裵氏이다.

어머니는 스님을 갖기 전에 한 꿈을 얻었는데, 갑자기 온 천지가 캄캄해지더니 뇌성벽력이 세차게 울리고 이어 하늘로 통하는 문이 활짝 열리면서 천악天樂이 은은히 들려오는 것이었다.

그 뒤 바로 잉태를 했는데 열두 달만에 아들을 낳으니 이 아이가 장차 자라서 조계산의 제2세 법주第二世法主가 되는데, 그 때는 명종明宗 8년(서기 1178년) 무술세戊戌歲이다.

스님은 태어나면서도 보통의 아이들과 다른 점이 있었다. 즉 태어날 적에 포의胞衣가 중첩으로 겹쳐서 마치 가사袈裟를 입은 것과 같았으며 태어난 지 7일만에야 비로소 눈을 떴다.

어려서 아버지를 여의고 홀어머니 슬하에서 자라면서 출가하기를 바랐지만 그 때마다 어머니는 완강하게 거절하는 한편 유학儒學에 힘써 출사出仕하기를 권하는 것이었다.

신종神宗 4년(서기 1201년) 24세에 사마시司馬試를 마치고 곧 태학관太學館에 들어갔는데 고향의 어머니 신양身恙이 위중하다는 기별이 왔다.

스님은 외가의 형님 댁에서 시병侍病하면서 어머니를 위해 경전을 독송하고, 관불삼매觀佛三昧에 들었는데 병석의 어머니는 꿈에 제불보살이 사방에 나타나서서 자신을 에워싼 것을 보고는 이내 병환이 나았다.

그러나 어머니는 오래 살지 못하고 이듬해에 별세하니 스님은 어머니를 위해 재齋를 지내드리기 위해 조계산 길상사吉祥寺로 보조국사普照國師를 찾아뵈었다.

당시 보조국사는 팔공산 거조암八公山居祖庵에서 지리산 상무주암智異山上無住庵으로 이석移錫하였다가 조계산으로 옮긴 지 1, 2년이 된다.

그래서 길상사가 새로운 선수행禪修行의 도량으로 많은 사부대중四部大衆의 기대와 부러움을 동시에 지닌 채 자리를 굳혀가고 있었다.

스님은 어머니의 49일재를 원만히 회향하자 어려서부터 꿈꾸어 왔던 출가에 대해 국사에게 아뢰었더니 국사는 일언지하一言之下에 승낙하고 머리를 깎아주는 것이었다.

국사께서 스님의 출가를 이내 허락한 데에는 그만한 사유가 있었다.

스님이 길상사에 오기 전날 꿈에 국사는 중국의 설두중현선사雪寶重顯禪師가 길상사에 오는 것이 아닌가?

그래서 국사는 이상히 여기고 있던 중 스님의 예방을 받고 스님이 법기法器임을 곧 간파했던 것이다.

스님이 어느 때 구례求禮 땅의 오산사성암鰲山四聖庵에서 선정을 닦으면서 선문염송禪門拈頌을 집필하고 있었다.

낮에는 글을 쓰고 밤에는 참선하다가 새벽에는 염송에 나오는 게송을 목청을 돋워 낭랑히 외우는 것을 일과로 삼았다.

게송을 외우던 반석을 뒷날 사람들이 좌선암坐禪巖, 또는 행도석行道石이라 불렀는데 그 반석에서 마주 바라보이는 구례읍은 대략 10리 안팎이나 되었다.

그런데 새벽녘에 읊조리는 소리는 구례읍에까지 들려서 읍민들의 새벽잠을 깨우곤 했으며 읍민들은 게송의 깊은 뜻은 모르지만 읊조리는 낭랑하고 중후한 음성에 모두들 도취되어 존경심을 더하였다.

당시에는 시계가 없었으므로 스님의 게송 읊는 소리가 새벽의 축시여서 주민들에게는 시각을 가늠하는 역할을 했음도 물론이다.

스님의 나이 28세 때 구례군 오봉산 전물암五峯山轉物庵에서 여름을 나고 초가을이 되자 도반 몇이와 더불어 광양군 억보산 백운암光陽郡億寶山白雲庵에 계신 스승 보조국사를 뵈러 갔다.

백운암은 산의 정상에 자리하고 있어서 오름길이 매우 가파랐다. 중간쯤 오르다가 땀을 식히느라 일행은 잠시 쉬고 있는데 마침 국사께서 시자를 부르는 소리가 들려오는 것이었다.

스승님의 음성을 듣는 순간 스님은 문득 시상詩想이 떠올랐다.

"呼兒響落松蘿霧 煮茗香傳石逕風

才入白雲山下路 已翁庵內老師翁

(시자 부르는 음성 은은히 들리고

차 닳이는 향기 바람결에 묻어온다

백운산 아랫길에 마악 들어서자

이미 암자의 큰스님을 뵈었도다)"

암자에 다달아 큰스님을 뵙자마자 위의 게송을 적어 올리니 큰스님은 고개를 끄덕이며 크게 웃고는 더위를 식히라고 부채를 건네어 주신다.

스님은 부채를 정중히 받아 들고는 이내 붓을 들어 한 수 더 읊는다.

"昔在師翁手裡 今來弟子掌中

若遇熱忙狂走 不妨打起淸風

(예전엔 스승님 손안에 있었지만

이제는 제자의 손바닥 안에 와 있네

만일 더위가 미친 듯 몰아치면

맑은 바람 일으킴도 방해롭잖으리)"

또 한번은 스승님을 모시고 행각하던 중 큰스님께서 헤진 신짝 하나를 가리키며,

"신짝은 여기에 있거늘 신발 주인은 어디에 있는고?"

스님은 응구첩대하기를,

"어찌 그 때 서로 보지 않았습니까?"

큰스님은 점두하시며 크게 기뻐했다.

어느 날 길상사吉祥寺에서 큰스님이 상당上堂하여 이르시기를,

어떤 중이 조주화상趙州和尙에게 묻기를 '개도 불성佛性이 있습니까? 없습니까?' 하니 화상이 이르시되 '있느니라' 하시니 다시 그 중이 묻기를 '불성이 있다면 어째서 개가죽을 둘러썼습니까?' 하니 화상이 다

시 답하시기를 '저가 업식業識이 있어서 그러느니라' 하시었다.

뒤에 다른 납자가 조주화상에게 묻기를 '개도 불성이 있습니까? 없습니까?' 하니 화상이 답하시기를 '없느니라' 하셨느니라.

『열반경涅槃經』에 이르기를 '꼬무락거리는 벌레까지도 모두 불성이 있느니라' 하셨는데 개는 어찌하여 불성이 없을꼬?

대중이여 이 무자화두無字話頭야말로 허다한 악지악각惡知惡覺을 부수는 날카로운 무기이니 십종병十種病에 걸리지 말고 잘 참구해 나갈지니라.

그러면 어떻게 하면 십종병에 걸리지 않고 참구해 나갈 것인지 대중이여 일러 보거라."

이에 대중은 아무 말이 없는데 스님이 일어나 여쭌다.

"삼종병인三種病人이라야 바야흐로 이 뜻을 알 것입니다."

큰스님이 이르시되,

"삼종병인은 어느 곳을 향하여 기氣를 낼 것인고?"

이 물음에 스님이 손으로써 창문을 한 번 두드리니 큰스님께서 크게 한 번 웃으시고 방장으로 돌아가셨다.

이어 시자를 시켜 은밀히 부르시고는 "내 이미 너를 얻었으니 이제 죽는다 해도 여한이 없겠다. 너는 마땅히 불법佛法으로써 자임自任하여 본원本願을 폐하지 말라."

스님의 나이 33세에 스승이신 보조국사께서 미질微疾을 보이시다가 3월 27일에 시적示寂하시니 문도門徒들이 주상에게 주달하여 혜심慧諶 스님으로 하여금 수선사修禪社의 제2대 법주가 되게 해주기를 간청하였다.

이에 나라에서는 이를 윤허하는 칙지勅旨를 내렸으며 문도들은 스님에게 보조국사의 법석法席을 계승할 것을 여러 차례 종용하니 스님은 마지못하여 승낙하고 수선사의 주맹主盟이 되었다.

스님이 조계산의 법주가 되자 사방의 납자와 도속道俗의 고사일로高士逸老들이 구름처럼 모여드니 자연히 사우社宇가 비좁았다.

이 소식을 들은 주상강종康宗께서 유사有司에게 하명하여 선당禪堂을 증축하게 하였으며 또 중사中使를 보내어 만수가사滿繡袈裟와 마랍麻衲 및 불장佛藏·탑장塔藏 등을 하사하면서 스님에게 법요法要를 구하니 스님은 심요心要를 지어 진답進答하였다.

스님의 심요를 받아 읽은 주상은 매우 기뻐하며 중사中使 최부崔琈를 보내어 보병寶瓶·침향沈香 등을 내리고 향사香社에 들기를 원하였다.

나라의 주상이 이러하자 많은 공경대신公卿大臣과 사서士庶가 앞을 다투어 스님을 배알하고는 제자되기를 청원하고 법요를 묻는 것이었다. 그리하여 조계산은 항상 문전성시門前成市를 이루는 대총림大叢林을 이뤘다.

문하시중門下侍中 최우崔瑀는 스님의 풍운風韻을 익히 듣고 존경하는 마음과 친견하려는 지원志願을 이기지 못하여 여러 차례 개경開京에 나오시기를 간청하였지만 스님은 그때마다 적당한 구실을 붙여 응하지 않았다.

그러나 최우崔瑀는 스님을 더욱 흠앙欽仰하여 슬하의 두 아들을 보내어 스님의 제자가 되게 하고 스님의 상주자구常住資具를 모자람이 없이 마련해 드리도록 하였으며 수시로 다향茶香·약이藥餌·진수명과珍羞名果·도구道具·법복法服에 이르기까지 스님의 일용물품日用物品 등을 개경에서 직접 내려보내어 수용需用에 모자람이 없게 하였다.

고종高宗이 즉위하자 스님에게 선사禪師를 제수制授하고 다시 이듬해에 대선사大禪師를 제가制加하였는데 이는 선석選席을 거치지 않고 작위를 내리는 효시가 되었다.

참정參政 최홍철崔洪澈은 본시 스님의 스승이었다. 스님이 일찍이 사마시司馬試에 응시할 적에 최공은 사마시의 주관主管이었고 스님은 그 문하에서 수학하여 사마시에 뽑혔던 것이다.

뒷날 최공은 재상의 위位에 오르고 스님은 조계산의 제2세 법주가 되었는데 최상국은 여러 차례 서한을 보내어 스스로 "제자"를 일컫고 제자의 서열에 오르기를 간청하였다.

이에 스님은 답서를 보내니,

"我는 昔在公門下하고 公은 今入我社中 公是佛之儒요 我是儒之佛이

라 瓦爲賓主며 換作師資로다.”

스님과 최상국과의 미담美談을 들은 많은 사람들은 서로 전하여 수승한 일로 삼았다.

스님이 42세 때 주상主上은 단속사斷俗寺 주지로 칙勅하니 누차 고사固辭하다가 마지못하여 이듬해에 부임하여 개당開堂하니 학중이 사방에서 구름처럼 모였다.

단속사에 괘석掛錫한 것을 계기로 스님을 청請하는 법회가 도처에서 베풀어져서 스님은 바쁜 나날을 보내야 했다.

그중에서 중요한 법회를 간추려 보면 스님이 45세 때의 8월 2일에는 용화제이회龍華第二會의 기시상당起始上堂을 행하고 9월 2일에는 보경사寶鏡寺 원진국사圓眞國師 문도門徒의 청을 받아 상당설법上堂說法하고 13일에는 하동河東의 정참정鄭參政을 위하여 상당설법하였으며 20일에는 용화회龍華會의 회향법회에 상당하였다.

또 10월 14일에는 하동 양경사陽慶寺 경찬회慶讚會의 기시상당起始上堂을 행하고 11월에는 통도사通度寺에 나아가 계단戒壇과 불가사佛袈裟를 배관拜觀하였으며 이때 계단과 불가사를 제題하여 지은 시가 스님의 문집에 실려있다.

단속사의 생활은 4년 동안이나 이어졌지만 스님은 조계산을 잊은 적이 없더니 46세 되던 해 2월에 나라의 윤허를 얻어 조계산으로 돌아왔는데 스님의 “나들이 설법”은 좀처럼 줄어들지는 않았다.

그해 7월 28일에는 나주羅州 장흥사長興寺 경찬회의 설법을 비롯하여 9월 17일에는 동회同會의 회향법문을 행하고 10월 1일에는 가지산迦智山

의 천진대선사<sub>天眞大禪師</sub>의 어머니를 위하여 49일재법문을 행하였다.

고종<sub>高宗</sub> 11년47세 때에는 전주 임천사<sub>全州臨川寺</sub> 용화제삼회<sub>龍華第三會</sub>의 입재법문<sub>入齋法門</sub>을 행하고 10월 4일에는 회향법문을 행하였다.

고종 13년49세 때 2월에는 공주<sub>公州</sub> 용산법회<sub>龍山法會</sub>의 기시상당<sub>起始上堂</sub>을 행하고 4월에는 청주<sub>淸州</sub> 사뇌사<sub>思惱寺</sub> 하안거법회<sub>夏安居法會</sub>에서 설법하였다.

사뇌사에서 돌아오는 길에 도속<sub>道俗</sub> 천여 명과 함께 공주 유구역<sub>維鳩驛</sub>에서 하룻밤 유숙하게 되었는데 객관의 침실<sub>寢室</sub> 벽에 흰옷에 삿갓을 쓰고 말을 탄 선비가 처량한 안색으로 말고삐를 잡고 산굽이를 천천히 내려가는 모습의 행인도<sub>行人圖</sub>가 걸려 있었다.

스님과 일행이 된 많은 승속이 함께 그림을 감상하였지만 그 그림의 내력을 아는 이가 없었는데 스님은 그림을 보고는 탄식하여 이르기를, "이는 간신거국도<sub>諫臣去國圖</sub>다." 하고는 그 그림에 시 한수를 지으니,

"壁上何人畵此圖 諫臣去國事機于

山僧一見尙怊悵 何況當逢士大夫

(벽 위에 그 뉘가 이 그림 그렸는가

간신이 나라버린 일 몇차례런고

산승은 한 번 보고도 슬픔 벅찬데

하물며 본인이야 말해 뭣하리?)"

일동은 주인을 청하여 그림의 내력을 물었더니 주인은 의종조<sub>毅宗朝</sub>의 정언<sub>正言</sub> 문극겸<sub>文克謙</sub>이 왕이 성색<sub>聲色</sub>을 가까이하고 유예<sub>遊豫</sub>를 좋아하므로 이를 간절히 간<sub>諫</sub>하는 상소<sub>上疏</sub>를 여러 번 올렸으나 듣지 않

으므로 벼슬을 버리고 고향으로 돌아간 고사故事를 박모朴某라는 묘수
妙手가 그린 것이라고 답하니 일동은 스님의 높은 안목에 재삼 감탄하
였다.

스님이 54세 때고종 18년의 여름에는 공산 청량암公山淸凉庵에서 울
산수蔚山守를 위하여 설법하였으며 56세 때의 4월에는 양경사陽慶寺에
서 결제법문을 행하고 7월에는 해제법문을 행한 후 수선사修禪社로 돌
아왔다.

그런데 이 무렵부터 스님의 건강이 현저히 떨어지더니 11월에 병환
을 보이는 것이었다.

진양공晉陽公이 이 소식을 듣고 크게 놀라 주상에게 아뢰어 어의御醫
를 보내어 진찰 치료하게 하였다.

이듬해(서기 1234년) 봄에 건강이 다소 좋아지자 스님은 화산華山 월등
사月燈寺로 옮겨 정양하고 있는데 하루는 제자 마곡痲谷이 뵈러 왔다.

스님은 제자를 보자.

"이 늙은이가 오늘은 통증이 심하구나."

마곡은 스승의 안색을 살피며 여쭙는다.

"무엇이 있어 스님께서 이렇게 고통을 받게 하는 것입니까?"

스님은 게偈로써 답하기를,

"衆若不到處 別有一乾坤

且問是下處 大寂涅槃門

(뭇 고통이 이르지 않는 곳에

따로이 한 세계가 있나니

그곳이 어디냐고 묻는다면

크게 고요한 열반문이라 하리라)"

이어 주먹을 세워 보이면서,

"주먹이 곧 해탈선解脫禪이니 너희는 믿느냐? 안믿느냐?"

다시 손바닥을 펴고,

"펴면 곧 다섯 손가락이 참치參差하도다."

다시 주먹을 쥐고는,

"합하면 한 뭉치를 이루나니 펴고 합함이 자재自在하고 하나와 많음이 걸림없도다. 비록 이러하나 주먹은 곧 본분설화本分說話가 아니니 어떤 것이 본분설화인고?"

스님은 곧 이어 주먹으로 창문을 한 번 두드리고 크게 웃었다.

6월 26일에 제자들을 불러 뒷일을 일일이 부촉하고 마곡에게 이르기를,

"이 늙은이가 오늘은 매우 바쁘다."

"무슨 말씀인지 모르겠는데요."

"이 늙은이가 매우 바쁘니라."

이 말씀은 마지막으로 가부좌한 채 미소를 띄우고는 곧 대적삼매大寂三昧에 들었다.

주상은 이 소식에 접하자 진도震悼하고는 시호를 진각국사眞覺國寺라 내리고 탑액塔額은 원조지탑圓照之塔이라 하사하였다. 스님의 세수世壽는 57, 법랍은 32하夏였다.

# 청진자운국사
## 清眞慈雲國師

조계산 수선사가 보조국사普照國師에 의해 문을 연 이래 제2대 진각국사眞覺國師의 화도化度가 유난히 빛을 발하여 사실상 굳건한 기반이 이루어졌다.

진각국사의 저서 『선문염송집禪門拈頌集』은 『보조국사의 수심결修心訣·정혜결사문定慧結社文』 등 여러 저술과 비교해 보면 매우 대조적인 면을 발견하게 된다.

즉, 보조국사의 저서는 주로 납자들에게 발심하여 수선修禪하기를 권장한 면이 장점이라 한다면 진각국사의 저서는 수선하는 납자들이 수행하면서 옛 조사 스님들의 행적과 송구頌句를 통해 오도悟道하기를 요망한 글이라 하겠다.

그래서 보조국사의 저서들은 수행납자들의 안식처인 총림叢林을 개설한 것과 그 의의가 걸맞다 하겠고 진각국사의 저서인 『선문염송집禪門拈頌集』은 총림에서 상당 기간 수행을 쌓은 납자들에게 꼭 필요한 내용이라 해도 지나친 말은 아니리라.

그래서 진각국사에 의해 총림으로서 튼튼한 반석 위에 선 "조계"라는 친필을 내리기 제3대 법주第三代法主로 등장한 청진국사淸眞國師는 노사조老師祖와 스승에 의해 천하제일의 총림을 큰 힘 들이지 않고 방장方丈이 되었으니 복과 덕이 많은 행운아임이 틀림이 없다.

진각국사가 최씨崔氏이고 당시 정권을 쥔 사람이 최씨 일가여서 나라의 비호를 한몸에 받았음직도 하지만 조계산의 방장들이 워낙 출중한 탓으로 나랏님과 조정의 존신尊信을 독차지한 조계산은 종래 왕실의 비호 아래 천하를 석권했던 천태종天台宗의 세력을 충분히 능가하였던 것이다.

이럴 즈음에 조계산 제3대 방장이 된 청진국사의 휘諱는 몽여夢如이고 자字는 소륭小融이며 시호諡號는 청진국사淸眞國師, 탑액塔額을 적조지탑寂照之塔이라 나라에서 하사下賜하였다.

스님의 탑은 조계산 송광사 청진암터의 남쪽 기슭에 있는데 비碑는 이미 오래 전에 없어져서 스님의 행적을 자세히 찾을 길이 없다.

다만 스님의 시적示寂하신 연대만 전하는데 고종高宗 39년 임자壬子 8월에 입멸하셨고, 입멸하신 곳은 수선사修禪寺나 산내암자인 청진암淸眞庵이 아닌가 여겨진다.

스님은 당시 사대부士大夫로서 문명文名을 떨친 백운거사 이규보白雲居士李奎報와 돈독한 우의를 지닌 것으로 보아 그 분과 동년배인 것으로 짐작된다.

위에서 언급한 바와 같이 스님의 비문을 잃은 지 오래이므로 스님의 행장行狀은 상고할 길이 없고 여러 문헌에 단편적으로 남아 있는 기록을 통하여 스님의 도덕을 살펴보기로 한다.

『동문선東文選』 51권에,

"스님이 두 시자侍者를 보내어 정이안丁而安, 이름은 홍진鴻進이 그린 묵죽화墨竹畵 두 폭을 구하였는데 한 폭은 설죽雪竹이니 죽순이 돋아나 있고 다른 한 폭은 풍죽風竹이니 두 떨기였다. 그로 인하여 이공규보李公奎報를 초치招致하였는데 이공이 찬贊을 제題하기를,

一. 설죽雪竹이 죽순이 돋아난 것에 부치다.[題雪竹生筍]

대나무가 추위를 견디는 것은 비록 그 성품이긴 하지만 그 죽순은 눈을 무릅쓰고 자취를 보였다는 말은 아직 듣지 못하였다.

다만 옛적에 한 효자의 정성에 하늘과 땅이 감동하여 눈 위에 엎드려 효자가 울매 죽순을 돋아나게 해서 그의 어머니에게 봉양하도록 하였다 한다.

그렇지 않다면 법신法身은 묘색妙色이 담연湛然하여 시절의 곧 천변遷變한 바가 되지 않음이로다.

법자法子가 빽빽이 들어섰으되 한결같이 그 체體가 같음이라. 이미 능히 그와 같거니 어찌 춥고 더움이 있으리요?

二. 풍죽風竹 두 떨기에 부치다.[題風竹二叢]

풍죽 두 떨기가 한 그루는 동動하고 한 그루는 정靜하도다. 큰 바람이 불어오매 만물이 한가지로 받거늘 어찌 한 대숲 안에서만 동함이 있겠느뇨?

한 떨기는 바람을 인하여 마치 키질을 하듯 나부낌에 피곤해 하고 한 떨기는 자약自若하여 스스로 빼어나 씩씩하게 곧은 모습이다.

이는 마치 어떤 두 사람이 한가지로 선禪을 배웠으나 한 사람은 일찍 깨달아 마음이 이미 익었지만 한 사람은 아직 그러하지 못하여 번뇌망상이 자꾸 일어났으니 듣는 성품을 도리어 들으면 동정動靜이 이에 그치리라.

三. 송광사주 몽여松廣寺主夢如에게 부친 수서手書라.[寄松廣寺主夢如
手書]

삼가 아뢰옵건대 제가 예전에 번뇌를 떨치지 못하여 헤매던 중 이큰
스님頤知識에게 뵈오러 갔삽더니 그 큰스님은 특히 한 벌 발우鉢盂로
평생을 살아오신 본분납자本分衲子이더이다.

제가 어찌 바라는 바가 있어 이에 그러하리까마는 얼굴이 두터운 까
닭으로 곧 바로 대화상大和尙의 회하會下에 나아가지 못하고 혹 그 혀
를 빌려 간략하나마 제가 법문 듣잡기를 바라는 바입니다.

서생書生의 매우 작은 그릇이 염치가 이러하나이다. 과연 이노 스님頤
老의 손수 쓰신 서간문을 입었아온데 그 보내신 물건은 소망했던 것보
다 크게 지나쳤나이다.

비록 그 서간문에 스스로 보내노라고 말씀하셨아오나 이는 반드시
대화상의 방장方丈에서 나왔을 것으로 알고 있나이다.

공경히 영수領收하여 돌아오고 보니 감하感荷를 이기지 못하겠나이
다. 그러하지 않았다면 유가儒家의 경비經費는 요즈음에 자못 심히 번
거롭고 커서 거의 감당하여 지탱하지 못했을 것입니다.

아! 세상을 구원하옵시는 대법왕大法王이 아니시면 누가 이에 미치오
리까?

글의 뜻이 갖추지 못하와 황공황공할 따름이옵고 오직 바라옵건대
법을 위하여 진중珍重하옵소서."

청진국사에게 이렇게 공경을 다한 서간문을 보낸 이규보는 의종毅宗
22년(서기 1168년)에 태어나서 고종高宗 28년(서기 1241년)에 서거한 분으

로서 처음 이름은 인저仁氐, 자는 춘경春卿이며 호는 백운거사白雲居士, 지헌止軒, 삼혹호선생三酷好先生 등이다.

문과文科에 급제하여 여러 중요한 요직을 두루 거쳤으며 문장은 당대 제일當代第一이었다.

선생은 벼슬길이 순탄치 못하였으며 불교에 심취하여 여러 고승 대덕을 찾아 심요心要를 묻는 한편 교유交遊하였다.

이러한 선생이 청진국사와 두터이 지낸 것은 지극히 자연스러운 현상이라 하겠다.

청진국사는 조계산 수선사修禪社 방장을 역임한 외에 선원사禪源社와 정혜사定惠社의 주지住持를 지내면서 선풍禪風을 크게 떨쳤으며 스승이신 진각국사의『선문염송집禪門拈頌集』을 보간補刊하기로 하였다.

# 진명국사
# 眞明國師
상上

스님은 명종明宗 21년(서기 1191년)에 황해도 수안군黃海道遂安郡에서 이씨李氏의 가문에 태어났으니 아버지의 휘는 사덕師德이고 어머니 김씨金氏로서 합문지후閤門祇候 김열보金閱甫의 따님이다.

스님의 휘는 혼원混元이고 아버지는 벼슬이 경시서승京市署丞에 이르렀으며 일찍이 어머니가 꿈에 감로수甘露水를 마시고 스님을 잉태하였는데 생후에 매우 영특하여 웃어른들의 칭송을 한몸에 받으며 자랐다.

어려서 제 또래의 동무들과 소꿉놀이를 할 적에는 늘 돌을 모아 탑을 쌓고 부처님께 불공드리는 시늉을 하는 것이었으므로 이를 본 부모와 웃어른들은 이 아이가 아마도 숙생에 불법을 닦은 소치일 것이라고 여겼으며 필시 진세塵世에 머물지 않을 것이라고 모두들 짐작하는 것이었다.

이렇듯 웃어른들의 예견은 꼭 맞아서 스님의 나이 13세가 되자 부모에게 나아가 여쭙기를,

"소자는 세속에 뜻이 없아오니 외숙外叔을 따라 불도를 닦고져 하오니 허락하여 주옵소서."

스님의 외삼촌이란 사굴산闍掘山 개산조開山祖 통효범일국사通曉梵日國師의 운손雲孫이신 종헌선사宗軒禪師를 가리킴이다.

종헌선사는 당시 여러 선문禪門의 용상龍象중에서도 가장 특출한 본분종사本分宗師로서 사굴산문에 주석하면서 크게 도화道化를 떨치고 있었다.

스님의 부모는 아들의 커나는 모습을 보고 이미 뜻을 정해 놓은 바 있으므로 별로 놀라거나 유예함이 없이 곧 허락을 내리고 출가위승出家爲僧케 하여 종헌선사에게로 보냈다.

그리하여 그 해에 머리를 깎고 중이 되었으며, 다시 구족계具足戒를 받고 곧바로 삼장三藏을 배우도록 했다.

그런데 스님의 총명함은 이때부터 그 진가眞價를 발휘하기 시작한다. 조사어록祖師語錄이나 경전을 막론하고 한 번 눈으로 스치기만 하면 곧 암송하였고 또 오래도록 기억하는지라 스님의 공부는 일취월장日就月將하여 여러 동학同學중에서 단연 독보적이었다.

이렇게 동학同學들의 선망을 받으면서, 내외전內外典을 널리 통달한 스님은 약관弱冠의 나이에 사굴산총림闍掘山叢林의 수석이 되었다.

그로부터 수년을 오로지 참선으로 세월을 잊다가 주위의 권고로 선과禪科에 응시하기에 이른다.

물론 여기에서도 단연 발군의 실력을 발휘하여 상상과上上科에 뽑혔지만 스님은 한결같이 뜻을 산림山林에 두고 명리名利의 길을 밟지 않기를 스스로 맹서하였다.

그리하여 석장錫杖을 벗하여 제방으로 심사방도尋師訪道의 길을 떠나게 된다.

스님은 남으로 남으로 내려가면서 여러 선지식을 친견하더니 드디어

쌍봉사雙峰寺의 청우선사靑牛禪師를 배알하고는 석장을 높이 걸고 참학
參學하기에 이른다.

여기서 3년여를 안거하면서 낮과 밤을 가리지 않고 용맹정진하더니
드디어 선禪의 깊은 이치를 얻었다.

그로부터는 온갖 것에 얽매임이 없는 탕탕무애蕩蕩無碍한 일개한도인
一箇閑道人이 되어 다시 운수雲水의 길을 떠나 마침내 조계산의 무의자
無衣子진각국사를 뵙게 된다.

무의자 스님은 보조국사의 대를 이어 조계산 제2대 법주로 있는 중
이었다. 무의자 스님은 혼원 스님을 한번 만나보고는 이내 법기法器임
을 간파하시고 매우 애중히 여기시는 것이었다.

무의자 스님은 자신의 제자인 청진淸眞에게로 스님을 보내면서 잘 지
도하기를 당부하였다. 자신은 청진이라는 걸출한 제자가 있으니 그로
서 족하게 여기시고 청진의 법을 잇도록 배려한 것이었다.

청진도 무의자 스님 못지 않게 훌륭한 본분종사本分宗師이므로 스승
의 명을 따라 혼원混元 스님을 슬하에 거두고 정진에 전념하도록 했다.

그리하여 오래지 않아 조계선曹溪禪의 골수骨髓를 모두 얻기에 이르
니 이로부터 고인古人의 공안公案에 막힘이 없이 모두 통효하여 불법에
조금도 의심이 없어서 현관玄關에 노닐며 무애변재無碍辯才로서 여러 사
람을 깨우쳐 주는 힘을 얻었다.

이 때 상주국上柱國인 진양후晉陽候 최우崔瑀는 스님의 도행道行에 접
하여 보고 흠앙한 나머지 곧 주상主上에게 주달하여 삼중대사三重大師
의 호를 더하였다.

이어 주상의 윤허를 얻어 스님에게 정혜사定慧寺에 주석하기를 청하니 스님은 마지못하여 주맹主盟이 되었으나 오래지 않아 글을 써서 진양공에게 사퇴하기를 청하였는데 나라에서는 이에 허락하지 않고 도리어 선사禪師의 호를 내리는 것이었다.

하지만 스님은 주지직住持職에 머무는 것을 좋아하지 않고 다만 인연 따라, 곳에 따라 도道를 연창演暢하는 것을 본분으로 삼았으므로 세상 사람들이 스님을 "법주法主"라 일컫고 스님의 이름을 부르지 않는 것이었다.

고종高宗 32년 을사세乙巳歲(서기 1245년)에 진양공이 강화도江華島에 선원사禪源寺를 창건하여 크게 낙성회落成會를 베풀면서 스님을 청하여 법주로 모셨다.

그 이듬해인 병오년丙午年에 스님은 본분납자本分衲子 2백여 명을 거느리고 당시 서울인 송도松都로 올라가서 다시 강화도로 건너가 선원사에 주석하니 나라에서는 대선사大禪師의 호를 더하였다.

진양공은 소문疏文을 손수 지어 문門에 나아가 개당開堂하기를 청하니 스님은 법좌에 올라 청진국사淸眞國師의 법을 이은 것을 만천하에 선포하였다.

원래 선문에서는 개당설법할 적에 "나는 어느 스님의 법을 이었노라" 하고 발표하는 것이 통례였으므로 스님도 비로소 사법嗣法에 관하여 선포한 것이었다.

며칠 뒤, 임금께서 행차하여 먼저 금란가사金襴袈裟를 올리고 법문을 청하니, 스님은 마치 장강長江이 흐르는 것과 같은 변재로 도道를 논하고 진리眞理를 설파하였다.

이에 임금과 공경대신公卿大臣들은 모두 환희심을 내어 스님의 도덕을 칭송하는 것이었다.

그러나 스님은 매양 구름이 허리를 휘감은 높고 깊은 청산에 뜻이 있었으므로 여러 번 산으로 돌아가기를 청하였으나 임금께서는 허락하지 않았다.

고종高宗 29년 임자세(서기 1252년) 8월에 청진국사는 입적하기 직전에 조계산의 모든 일을 스님에게 부촉하고 입적入寂하였다.

이에 나라에서는 스님을 조계산의 제4세 법주第四世法主로 임명하고 중사中使를 시켜 조계산으로 모시고 가도록 하니 그 해 겨울 12월에 수선사修禪社에 도착하였다.

이로부터 보조국사의 선풍禪風은 다시 크게 떨치니 사방에서 학자들이 구름처럼 모여들었다.

병진년丙辰年 가을에 스님은 선원사 법주의 소임을 단공旦公에게 맡기고 한가로이 운수雲水에 묻힐 기회를 얻었다.

그러나 조정에서는 스님의 도덕을 사모하여 따르는 마음은 조금도 쇠하지 않아서 무오세(서기 1258년)에 단속사斷俗寺 주지에 임명하고 고관을 시켜 모시고 가도록 하였으나 스님은 굳이 사양하였다.

중사 예부랑중中使禮部郎中 최택崔澤은 임금께서 스님을 갈앙하는 정성을 재삼 설명하는 것이었지만 스님은 굳이 서쪽으로 행하여 자운사慈雲寺에 이르렀다.

이 때 오랫동안 가물었던 날씨가 밤에 이르자 홀연히 큰비가 내리니 조정과 백성들은 모두들 경탄해 마지않는 것이었다.

기미년(1259년) 5월 11일에 나라에서는 스님을 왕사王師로 책봉하고 임금께서 친히 스승을 모시는 예禮를 행하려 했는데 임금이 갑자기 자리에 눕자마자 그대로 붕어崩御하고야 말았다.

고종의 대를 이어 등극한 원종元宗은 부왕의 뜻을 이어 스님을 공경하기를 더하였다.

그리하여 자운사에 머물도록 윤허하니 스님은 하산소下山所로 삼아주는 것도 번거롭다 하여 재삼 사양하니 임금은,

“짐朕이 스님을 만류하는 것은 항상 가까이 모시면서 친히 법음法蔭을 입고저 함인데 스님은 짐을 버리고저 하니 끝내 스님 뜻을 어기지 않겠으나 어디를 가서 계시든 나라를 위하여 마음을 기울어 주시오.”

임금의 청은 간절하였다. 임금은 스님을 궁중에 친히 모시고 손수 조석공궤를 올리는 등 온갖 정성을 다하면서 스님의 법문에 귀를 기울이는 것이었다. 그러나 스님은 곧 물러나와 와룡산臥龍山 자운사로 돌아왔다.

경신년(서기 1260년) 10월에 스님은 상당上堂하여 이르기를,

“문에 드는 전각이 하늘을 찌를 듯 하고, 눈을 들어 바라보니 계산溪山이 마치 한 폭의 그림 같도다. 사람들이 이르기를 ‘신선의 새[仙鳥]가 돌아올 줄 안다’ 하거늘 하늘이 보내신 늙은 용은 비스듬히 누웠으니 여러 어진 이여 이미 누웠거니와 자운慈雲은 어느 곳에 있는고?”

한동안 양구良久하고 이르기를,

“물길이 다한 곳에 가서 이르면 앉아서 구름 이는 때를 보리라行到水窮處, 坐看雲起時.”

스님이 자운사에 주석하자 사방에서 학자들이 운집하여 방사房舍가 비좁았다. 여기에서 12년을 한결같이 머물면서 납자를 기르고 사부대중四部大衆을 깨우쳐 주었으며 낡은 가람을 중수하였다.

이에 사람들은 이 절의 개산조開山祖인 경공대사景空大師가 다시 온 것이라고 입을 모아 칭송하는 것이었다.

원종元宗의 외숙인 경지대선사鏡智大禪師는 어려서 양산陽山의 원진국사圓眞國師에게 나아가 중이 되었는데 스님을 만나 뵙고 더욱 경중敬重

하여 스님에게 문인門人의 예를 드리므로 스님은 문하에 거두었다.

그래서 조정의 허락을 얻어 승적을 굴산崛山으로 옮겨 범일국사梵日國師의 법손이 되었으며 단속사斷俗寺에 머물면서 항상 스님을 찾아와서 예배드리곤 하였다.

여기에서 한가지 언급해둘 것은 그 당시의 승적 관계다.

처음 중이 되면서 승적을 갖게 되면 이를 옮기지 못하고 만일 옮기려 하면 나라의 승인을 얻어야 한다.

또 자기가 소속한 산문山門의 대소사암에만 주지할 수 있고 다른 산문의 사암 주지는 할 수 없는 것이었다.

선문에서 다 대선사大禪師가 가장 높은 법계法階인데 국왕의 외숙인 경지대선사鏡智大禪師 같은 분도 진명국사의 문인이 되려면서 나라의 윤허를 얻은 연후에 자신의 뜻을 이뤘던 것이다.

이 진명국사와 경지대선사의 법연을 통해서 보조국사의 법통이 사굴산 계통이었음을 우리는 쉽게 짐작할 수 있겠다.

다시 말하면 진명국사는 사굴산 개산조이신 범일梵日국사의 문손으로서 같은 문파인 조계산 청진淸眞국사의 제자가 된 것이다.

만일 청진국사가 사굴산 계통이 아니었다면 진명국사도 나라의 허락을 얻은 연후에라야 청진국사의 제자가 되었을 것이지만 사굴산문과 조계산문이 같은 문파이기 때문에 그냥 제자가 된 것이다.

원종 12년(서기 1271년) 12월초하루에 스님은 방장실方丈室에서 한 게송을 읊되,

"今朝臘月一 着着

三十日到來 正念無忘失

(오늘아침은 섣달 초하루라

살펴보고 살펴보라

마지막날이 이르르도

정념은 망실함이 없나니)"

초이렛날이 되자 미질微疾을 보이더니 초열흘 새벽에 시자侍子가 문안을 드리니 불안선사佛眼禪師가 읊은 게송을 들어 이르시기를,

"새가 허공 속에서 날아와

맘속을 향해 들어와서 머문다

鳥從空裏飛 入向心中住"

이렇게 평상시와 다름없이 얘기를 나누다가 임금에게 올리는 글을 쓰고 아울러 법을 부촉하는 인신印信을 봉하여 사자에게 맡기는 것이었다.

신시申時에 이르자 옷을 갈아입고 승가리가사僧伽梨袈裟를 수한 뒤 선상禪床에 단정히 앉아 두 손을 가슴에 모으고 조용히 대열반에 들었다.

7일 동안을 그대로 모셔 두었는데 안색은 평상시와 다름이 없고 팔다리를 폈다 오므리는 것도 여전하였으며 이향異香이 방 안에 가득하였다.

16일에 절 뒤편 동구에서 다비茶毘를 모신 뒤 문인들은 임금에게 올리는 유서와 아울러 인신印信을 경사京師로 보내어 임금에게 올렸다.

임금은 크게 애통하여 슬픔을 억누르지 못하였으며 국사國師를 봉하

여 시호를 진명眞明이라 하고 탑호는 보광寶光이라 하였다.

그리고 임금은 진주목晉州牧과 부사 호부시랑副使戶部侍郎 설앙薛昻에게 하교하여 뒷일을 수습하도록 하였다.

이듬해인 임신년壬申年 2월 17일에 절의 서쪽 양지 바른 곳에 부도浮圖를 세우고 비碑를 세웠다.

스님의 세수世壽는 81이요 법랍은 68하夏였으며 스님의 대를 이어 조계산 제5세 법주曹溪山第五世法主가 된 스님은 회당자진국사晦堂慈眞國師이다.

# 자진원오국사
# 慈眞圓悟國師
## 상上

스님의 휘諱는 천영天英이고 속성은 양씨梁氏이며 전북 남원全北南原에서 고려 고종高宗 2년(서기 1215년) 을해乙亥 6월 13일에 태어났다.

아버지의 이름은 택춘宅椿이고 어머니는 김씨金氏이니 황해도 서흥군黃海道瑞興郡부인이다.

스님의 아명兒名은 안기安其 또는 안차安且이며 자호自號는 회당노인晦堂老人 또는 자인실주인慈忍室主人인데 만년에는 자字로써 이름을 삼았다.

아버지는 지취志趣가 고상高尙하여 산관散官으로서 향리鄕里에 거주하되 오히려 스스로 족하게 여겼는데 스님이 뒷날 선원사주禪源社主가 되자 나라에서 스님의 도덕을 기려 아버지를 임금의 연하輦下로 불러서 여러 해 동안 여러 직위를 거치게 한 뒤 예빈경 치사禮賓卿致仕에 이르게 하는 은총을 베풀었다.

스님은 자질이 영위英偉하고 정예精銳가 절륜絶倫하여 여덟 살 적에 시운詩韻을 공부하는데 재격才格이 민첩하여 여러 사람이 각각 강운强韻을 불러 시험하기를 비록 백운白韻에 이르렀지만 스님은 조금도 생각을 멈추지 않고 곧 붓을 들어 쓰는 품이 마치 미리 지어둔 것 같은지라 모두들 신동神童이라 칭찬해 마지않았다.

고종 16년 스님의 나이 15세 때에 조계산으로 진각국사眞覺國師에게 나아가 출가하기를 간청하니 국사께서는 어린 신동의 그릇됨을 짐작하시고 곧 슬하에 거두어 머리를 깎아주셨다.

이로부터 삼장三藏을 배우는데 문리文理에 밝아 한번 눈에 거친 경론은 모두 외우는 것이어서 가르치는 스승이 오히려 고개를 숙이는 것이었다.

15세 때 개경開京의 담선법회談禪法會에 나아갔는데 동료들이 스님을 추거推擧하여 좌원座元을 삼았다.

고종 23년 22세에 선선상상과禪選上上科에 급제한 스님은 곧 명진名塵을 버리고 석장錫杖을 벗삼아 남방으로 향했다.

여러 달을 지낸 뒤 스님의 발길은 조계산으로 가고 있었다. 조계산에는 마침 청진국사淸眞國師가 스승인 진각眞覺국사의 대를 이어 크게 화도化度를 펴고 있었으므로 이 소식을 들은 스님은 삭발본사로 간 것이었다.

청진국사를 뵙고 법요를 물으니 국사는 스님의 기국器局을 이내 알아보고 상승법문上乘法門으로써 제접하시니 이로 인하여 스님은 혜해慧解가 더욱 밝아졌다.

스님은 또 진명眞明국사를 사사事師하여 심요心要를 받으니 이를 계기로 도예道譽가 널리 원근에 들리게 되었다.

고종 31년 봄에 수선사에 주석하고 있는 탁연卓然 스님이 마침 개경에 갔다가 돌아오는 길에 계룡산鷄龍山 아래의 어느 마을을 지나는데 한 마리의 까치가 몸둥이는 희고 가슴은 붉으며 꽁지가 검은 것을 보게 되었다.

촌민村民 장복長福이라는 이가 설명하기를,

"이 까치가 집으로 온 지가 이미 4년이 되었는데 해마다 그 새끼를 올빼미에게 잡아먹히게 되더니 어미의 슬픈 한이 쌓여 첫해에는 그 머리가 조금 희어지고 2년째에는 온몸이 희어졌으며 3년 만에는 그 가슴이 모두 붉어지더니 금년에는 다행히 새끼를 올빼미의 난에서 구출하게 되자 그 꽁지가 다시 차츰 검어집디다."

탁연 스님은 수선사로 돌아와서 이 괴이한 사건을 천영天英 스님에게 이야기해주었다.

스님은 곧,

"이 일은 이른바 금두인禽頭人의 슬픈 사연이요."

하고는 시를 한 수 읊었다.

"怨氣積頭成雪嶺

血痕沽臆化丹田

渠如不惱他家子

四海霜毛一日玄

(원한의 기운이 머리에 쌓여 흰눈의 고개마루 이루고

피 자욱이 가슴을 적셔 붉은 밭을 이루도다

저가 만일 다른 이를 뇌롭게 하지 않으면

천하의 서리처럼 흰 털이 하루아침에 걷어지리라)"

스님이 32세 때고종 33년에 주국柱國 최진양공崔晉陽公이 선원사禪源社를 창건하여 선회禪會를 크게 베풀고 주상主上에게 주달하니 이에 중사 김거경中使金巨卿에 명하여 수선사의 진명국사眞明國師를 맞아 청하여 법주法主를 삼고 아울러 나라 안의 이름 높은 스님네 3천명을 소집하였다.

그 가운데 천영 스님도 또한 초청을 받아 이 법회에 참예하였는데 이에 조정의 공경대신公卿大臣과 사대부士大夫들이 스님을 높이 받들었으며 진양공도 스님을 존경해 마지않더니 주상에게 주달하여 스님에게 삼중대사三重大師를 제수하였다.

고종 35년에는 다시 선사禪師를 주가奏加하고 곧 단속사斷俗寺경남 산청군 지리산 소재(慶南山淸郡智異山所在) 주지에 임명하였다.

이듬해에 진양공은 창복사昌福寺를 창건하여 낙경회落慶會를 크게 베풀고 스님을 주맹主盟으로 삼았으며 또 이듬해인 고종 37년에는 주상主上께서 스님에게 명하여 선원사주禪源社主를 삼았다.

고종 38년에는 주국 최항柱國崔沆진양공의 아들이 보제사普濟寺에 별원別院을 창건하여 구산선려九山禪侶를 초대하여 모이게 하고 스님으로써 주맹主盟을 삼았다.

고종 39년에 청진국사淸眞國師가 시적示寂하심에 주상께서 진명眞明국사 에게 명하여 조계산주曹溪山主가 되게 하고 스님을 선원사 법주를 삼았다.

고종 43년 스님의 춘추가 42세에 이른 가을에 진명국사가 물러나 쉬기를 주상에게 청하면서 천영 스님을 추거推擧하여 대신하도록 했는데 나라에서는 스님에게 명하여 조계산을 맡도록 하고 대선사大禪師를 제가制加하였으며 특별히 금중禁中으로 맞아들여 어수御手로 찬수饌羞를 진공進供하고 중사中使 한영韓瑛에게 호행護行을 명하였다.

　스님은 6월 28일에 배편으로 남하하여 9월 19일에 조계산에 도착하여 종강宗綱을 크게 떨치니 이에 사방에서 운수납자들이 구름처럼 몰려들어 불일佛日이 다시 빛나게 하였다.

　고종 46년에 고종高宗이 승하하시고 원종元宗이 대를 이어 보위에 올랐는데 스님에게 베푸는 은자恩資가 날로 더욱 두터웠다.

충렬왕忠烈王이 원종元宗의 대를 이어 보위寶位에 오른 것은 서기 1275
년의 일로서 원나라의 공주와 정략결혼한 왕인데 원성궁주元成宮主는
불법을 깊이 숭신崇信하여 천영天英 스님에게 특히 예문禮問을 두터이
하였다.

주상主上은 일찍이 시詩 두 수를 지어 친히 윤찰綸札을 써서 보족寶族
을 이루어서 스님에게 기증한 바 있는데 그 시는 이러하다.

"千里曹溪月 依然照九重

天傳眞面目 何更接音容

師是南陽後 朕曾唐帝孫

願將調御問 稽首欲重論

黃雲章寶札 照映林壑實

(천리 밖 조계의 달이

의연히 구중궁궐에 비추도다

하늘은 참면목 전하는데

어찌 다시 음성과 용모를 접하리?

스님께선 남양의 후손이고

짐은 일찍이 당제의 손자로세

원하노니 부처님의 물음을 가져

머리 숙여 거듭 논하고져 하네

누런 구름은 보찰의 글장이라

숲 우거진 골짜기를 비추나니)"

이 시는 주상께서 스님을 존경하고 아낀 나머지의 광고曠古에 듣기 드문 이총異寵이라 하겠다.

그로부터 얼마 안 있어 스님을 경사京師로 맞아 초치하여 주상께서 몸소 스승에게 올리는 예禮를 드리고져 하여 재삼 중사中使를 보냈으나 스님은 늙고 병든 것을 빙자하여 굳이 사양하였으며 또 나라에도 여러 가지 일이 겹쳐서 이뤄지지 못하였다.

스님은 내전內典 외전外典에 두루 정통精通하여 저술한 바가 호담豪膽하고 웅심雄深하여 비록 옛날의 작자作者에도 그 견줄 이가 드물었다.

뿐만 아니라 필법筆法에도 탁월하였는데 특히 초서草書에 선능善能하였으므로 원근의 사대부들이 다투어 구하여서 보완寶玩에 이바지하였다.

또 스님은 기우器宇가 연심淵深하고 노니심에 관유寬裕하여 항상 상대방의 장점을 칭찬하고 상줄지언정 평생을 두고 폭언暴言을 하는 일이 없었다.

그리고 스님은 도제徒弟들에게도 관후寬厚와 자애慈愛로써 순순히 달래고 이끌었으므로 그 문도門徒가 제제濟濟하여 모두 당대의 뛰어난 영준英俊이 되었으며 총림叢林의 표준이 된 이가 많았다.

스님의 도덕과 인품은 천하에 알려져서 종실宗室 귀척貴戚 경사卿士

대부大父 이종석덕異宗碩德까지도 다투어 달려와서 참예參禮함이 마치 뭇새들이 봉황새에 돌아가는 것과 같아서 승속을 막론하고 도제徒弟의 성盛함에 당세에 그 류가 드물었다.

송나라 건경사建慶寺의 전천태교관 사문 법언傳天台敎觀沙門法言이 그 절에 소장된 『불거기佛居記』를 고려의 스님 탁연卓然에게 기증했는데 탁연은 귀국 후에 이를 스님에게 드렸다.

스님은 이를 본 뒤 찬贊을 지어 응수應酬하니 그 기사奇辭 여조麗藻가 여러 사람의 안목을 깜짝 놀라게 하였다.

탁연卓然이 스님의 글을 등사하여 상사商使에 부쳐 송나라의 법언화상에게 보냈는데 법언화상이 가탄嘉歎을 마지않아 오래 보존하기 위하여 정민貞珉에 침각鋟刻한 뒤 여러 본本의 탁본을 스님에게 보내어 바치기도 하였다.

스님은 흥복興福에도 부지런하여 그 영건營建한 가람이 매우 많았는데 그중에서 기억될 만한 사찰을 보성寶城의 대원사大原寺와 고흥高興의 불대사佛臺寺 중창을 꼽을 수 있겠다.

충렬왕 12년 2월 12일에 청을 받아 불대사에 이르러 장로長老를 불러 이르기를,

"이 늙은이가 고향에 돌아가고져 하오니 너희들은 잘 살아라."

이어 지필묵紙筆墨을 가져오라 하여 국왕에게 올리는 글, 및 염승익廉承益 홍자번洪子藩의 두 재상에게 보내는 글을 쓴 후 삭발削髮하고 법의를 갈아입은 다음 소선상小禪床에 걸터앉았다.

한 납자가 여쭙는다.

"목우자牧牛子는 불매일착자不昧一着子라 이르셨는데 화상께서도 도리어 어둡지 않습니까?"

스님이 이르시되,

"어둡고[昧] 어둡지 않음[不昧]은 모두 저 일을 간여하지 않으니라."

다시 한 납자가 여쭙기를,

"환신幻身의 껍데기[殼漏子]를 벗어버리면 어느 곳을 향하여야 서로 보게 되리잇고?"

스님이 답하시기를,

"나에게 도道를 물어 구하거라."

스님은 다시 말씀을 잇는다.

"때가 장차 이르렀으니 모름지기 많은 말을 하지 말거라. 태어남이란 마치 바지를 입음이요 죽음이란 마치 치마를 벗음이니 어떤 것이 입고 벗는 사람인고?"

한동안 양구良久라가 다시 이르되,

"목우자께서 이르신 것을 보지 못했는가? '천가지 만가지가 모두 이 속에 있느니라' 고."

이 말씀을 끝으로 박연泊然히 열반에 드시니 향수享壽는 72세이고 법랍은 57하夏이며 조계산에 주석住錫하심이 무릇 30년이나 되었다.

2월 29일, 문도들이 스님의 색신色身을 받들고 두원현荳原縣의 동쪽 봉우리에서 다비茶毘를 마친 후 유골을 수습하여 3월 6일에 조계산으로 모셔왔다.

주상께서 부보訃報를 들으시고 진도震悼하여 통례문 통사사인通禮門

通事舍人 강취姜就를 이익배李益培에게 보내어 뢰서誄書를 갖추게 하시고 자진원오국사慈眞圓悟國師라 증시贈諡하여 어필御筆로 시축諡軸을 쓰신 후 일관日官 정문正文 춘관春官 서영瑞英을 보내어 문도門徒에게 내리시고 또한 그 두 관리로 하여금 상사喪事를 감호監護하게 하시었다.

6월 9일에 대원사大原寺의 서쪽 산등성이에 탑을 세웠는데 이 날 무지개가 홀연히 조계산의 남쪽 봉우리에서 뻗히어 탑에까지 이르고 다른 하나는 탑의 앞산 봉우리에서 탑에까지 뻗히어서 두 무지개가 한데 어울리는 것이었다.

문인 등이 취봉대선鷲峰大禪 몽암명우蒙庵明友가 지은 행록行錄을 갖추어 조정에 나아가 비 세우기를 청하니 주상께서 재가하시고 이익배李益培에게 명하여 비명碑銘을 짓게 하셨다.

이에 사법제자嗣法弟子 충지沖止는 교칙을 받들어 석재石材를 준비하고 문인 만연사주萬淵寺主 대선사大禪師 굉묵宏默은 교敎를 받들어 비문과 전액篆額을 썼으며 청만淸滿과 진적眞寂 등은 새긴 후 고흥군高興郡 팔영산八影山 불개사佛蓋寺에 건립建立하였는데 임진왜란 당시 병화兵火로 인하여 모두 민멸泯滅해 버리고 말았다.

스님의 문도로서 한 산중의 종사宗師가 된 이로는 원감충지圓鑑沖止 굉묵宏默 몽암명우蒙庵明友 굉소宏紹 영소靈紹 신화神化 신정神定 혜감만항惠鑑萬恒 자원慈圓 등이 있었다.

# 원감보명국사
## 圓鑑寶明國師
상上

스님의 휘諱는 충지沖止이니 본래는 법환法桓이었고 속명은 원개元凱, 자호自號는 밀암노인宓庵老人, 속성은 위씨魏氏이며 전남 장흥군 정안全南長興郡定安에서 태어났다.

아버지의 이름은 위소魏紹인데 벼슬이 호부원외랑戶部員外郎에 이르렀고 어머니는 원방대부인 송씨原邦大夫人宋氏니 이부원외랑 자옥吏部員外郎子沃의 따님이다.

고종高宗 13년(서기 1226년) 병술 11월 17일에 태어났고 9세 때 비로소 취학就學하였는데 총민함이 무리에서 뛰어나 경서經書 자사子史를 눈에 지나는대로 모두 외웠으며 또 속문屬文을 잘하여 17세에 사원시司院試를 마쳤고 19세에 춘위春闈에 나아가 장원壯元에 올랐다.

그리하여 영가서기永嘉書記의 관직을 제수받아 복무하던 중 일본日本에 봉사奉使하여 외교관으로서의 임무를 충실히 잘 이행하여 국위를 이방異邦에 떨쳤다.

그 뒤 귀국하여 관위官位가 금직옥당禁直玉堂에 올랐는데 그 제작製作의 체體가 원숙하고 통려通麗하여 기유耆儒·숙배宿輩들도 모두 긍복肯服함에 이르는 것이었다.

스님은 소년시절부터 선교禪教에 의지하여 깊이 불승佛乘을 간절히 생각하여 오더니 자주 부모님에게 출진出塵의 뜻을 여쭈었으나 그때마다 허락을 얻지 못하여 좌절당하곤 하였다.

하지만 초지初志를 저버리지 않고 늘 마음속에 간직하고 있더니 29세 되던 해 선원사禪源社의 법주法主이신 원오국사圓悟國師에게 나아가서 소지素志를 아뢰고 허락을 받아 득도得度·수계受戒하였다.

이어 석장錫杖을 남쪽으로 굴려 여러 강사講肆에 참예하여 삼장三藏의 교敎를 이수하였는데 워낙 총명이 뛰어나서 머문 강석講席마다 항상 중진重鎭으로서 상수上首가 되었다.

일대시교一大時敎를 이수한 스님은 이어 제방선원諸方禪院에 다니면서 참선에 뜻을 모았는데 이때의 스님 행색은 마치 나무로 깎아 만든 허수아비인양, 산꼭대기에 우뚝 선 우람한 바위인양 하였다.

그러면서 한곳에 오래 머뭄이 없이 인연 따라 곳에 따라 유유자적하면서 주지직住持職에는 아예 뜻이 없었으니 이는 대개 원오국사의 고풍高風을 생각한 것이었으리라.

원종原宗 7년 스님의 나이 41세 때의 여름에 스승이신 원오국사의 교유敎諭와 함께 조칙朝勅이 내리매 이를 어길 수 없어 처음으로 경남 김해군慶南金海郡의 신어산 감로사神魚山甘露寺 주지로 부임하게 되었다.

여기에서 한 선덕禪德의 요청으로 모처럼 붓을 들어 한 수 읊으니,

"春日花開桂苑中 暗香浮動少林風

今朝果熟霑甘露 無限人天一味同

(봄날 계원중에 꽃이 피니

그윽한 향기 소림풍에 둥실 떠가네

오늘 아침 과일 익어 감로 맛이라

무한한 인천에 한 맛이 같고녀)"

이 시가 세상에 알려지자 원근의 많은 사대부들이 스님을 한번 친견하기를 원하여 줄을 이어 찾아오는지라 감로사의 이름도 자연히 그 주가가 올라갔다.

또한 스님은 중창불사를 연속적으로 시행하여 사원의 면목을 일신하니 감로사 아래의 동리마저 빛을 발하고 임학林壑의 값이 치솟아서 주민들의 스님에 대한 칭송이 끊이지 않았다.

스님은 도제양성徒弟養成에도 힘을 기울여서 산내의 의학義學에게 경론을 가르치는 한편 교학敎學을 이수한 학승은 실참실구實參實究토록하니, 총림의 성함이 유사 이래 으뜸이었다.

원종 10년 5월 나라에서는 스님에게 삼중대사三重大師를 배拜하였고 원종 13년 3월 스님이 47세 되던 해에 나라에서는 전남 승주군 서면全南昇州郡西面 정혜사定慧寺로 이주移住케 하였다.

이때 동범同梵에게 보이기를,

"鷄足峰前古道場 今來山翠別生光

廣長自有淸溪舌 何必喃喃更擧揚

(계족봉 앞 옛도량에

이제 오니 산은 푸르러 빛이 나네

부처님 설법은 시냇물이 설파하거니

어찌 다 중얼 중얼 다시 드날리리?)"

스님이 정혜사에 첫발을 내딛을 적에 스승이신 원오국사께서 동행이 되어 주었으므로 스님으로서는 큰 기쁨과 영광이 넘쳐 흘렀다.

이에 스승에게 시로써 감사를 표하고 올렸으니,

"樓閣重重古梵宮 溪山形勝甲寰中

我來繼席誠非分 恐忝當年國老風

(누각이 겹겹인 옛 범궁은

시내와 산모습 나라에서 으뜸이라

제가 와서 법석 이음은 분에 넘치나니

당년의 스승님께 누가 될까 두렵네)"

원종 14년(서기 1274년)에 고려의 장수 김방경金方慶과 원나라 장수 혼도*都가 군사를 이끌고 탐라耽羅를 토평討平하였는데 원조元朝에서 탐라 제주도에 달로화적達魯花赤과 관구병량사좌管句兵糧使佐를 설치하고 병량을 준비하면서 조계산 수선사에 속해있는 토전土田을 빼앗아 갔다.

이에 스님은 원제元帝세조(世祖)에게 표表를 올려 몰수해간 토지를 환수해 주시기를 청하니 표의 일절을 소개하면,

"惟此修禪精舍는 創從普照聖師하니 是小邦選佛之場이라 禪流不減於數千指라(오직 이 수선정사는 보조성사께서 창건하셨으니 이는 우리나라의 선불장이라 참선하는 무리가 수천 명에서 덜하지 않습니다)⋯⋯"

스님의 청전표請田表를 본 원나라 조정에서는 스님의 도덕과 문장을 높이 평가함과 아울러 사모하는 마음으로 스님을 원나라에 초청하니 원종왕의 대를 이은 충렬왕忠烈王은 이를 승낙하고 스님에게 징조徵詔를 내렸다.

스님은 처음 출가할 적에 다시는 개경開京의 땅을 밟지 않으리라고 스스로 다짐한 바 있었으므로 여러모로 극력 사양하였지만 어명이 지엄한지라 하는 수 없이 길을 재촉하였다.

그러던 중 스님이 충청도 웅천熊川에 이르러 미질微疾을 얻으니 스님은 이를 빌미로 주상에게 표를 올리고 행선지를 바꾸어 청주淸州로 향하였다.

청주에는 옛날 벗인 청주목백淸州牧伯 상서 농서공尙書隴西公 이오李敖
가 있어 스님을 반갑게 영접하여 청주 관내의 화정사華井寺를 깨끗이
치우고 스님이 주석하기를 강권하는 것이었다.

스님은 농서공隴西公과 원래 세속 시절의 친구지간이었지만 농서공과
는 평생을 두고 사귄 지기지우知己之友였다. 그래서 그의 청을 사양하
지 않고 화정사에서 한철을 지낸 것이었다.

스님이 청주 화정사華井寺에서 여름을 난 것은 50세 때의 일로써 해
제解制 후 곧 바로 나라의 부름이 있었다.

이를 사양할 길 없는 스님은 내키지 않는 여행길에 기어코 나서지 않
을 수 없었다.

달포를 신고辛苦한 끝에 원나라 서울에 다다르니 원의 세조世祖가 친
히 마중을 나와 궁중으로 영접하여 빈주賓主의 예로 대하고 사부師傅
의 은恩으로 존경을 다하매 온 나라가 스님의 덕을 우러르고 만민이
그 어지심에 귀의하였다.

스님이 귀국함에 즈음하여 세조는 금란가사金襴袈裟 벽수장삼碧繡長
衫 백불白拂 한 쌍 등을 내려 스님의 덕을 기렸다.

본조本朝에 돌아오자 주상께서는 관기官記 강용康用으로 하여금 스님

을 모시고 산에 무사히 돌아가도록 하였으며 이듬해에는 대선사大禪師를 가加하였다.

충렬왕 10년59세 때 3월 8일에 나라에 표를 올려 정혜사定慧社 주지직을 사퇴하고 지리산 상무주암智異山上無住庵으로 옮겨가서 조용히 선정을 닦았다.

정혜사의 사주社主로 재직한 13년 동안은 절 일에 주력하느라 자신의 공부에 등한히 했음을 절감한 스님은 상무주암에서는 낮과 밤을 가리지 않고 오로지 참선에 몰두하였다.

그러나 상무주암의 생활은 그리 길지 못하였다. 충렬왕 12년 2월에 스승 원오국사께서 시적示寂하신 것이다.

수선사 대중은 스님을 사주社主로 추거推擧하고 주상에게 장문狀聞하니 주상은 원외시랑員外侍郎 김호담金浩淡으로 하여금 스님을 청하여 수선사에 입원入院하게 하니 스님은 4월 16일에 조계산에 입원하여 개당開堂하니 이로부터 수선사의 제6세第六世 법주가 되었다.

충렬왕 17년 초여름에는 난을 피하여 고흥군 불대사高興郡佛臺寺로 옮겨 앉는 고통도 감수해야 했다.

충렬왕 18년 8월 초순에 수선사에서 처음으로 미질微疾을 보인 스님은 이듬해 정월 7일에 더욱 위중하더니 초열흘 새벽에 삭발하시고 목욕을 마친 다음 새 옷으로 갈아입으시는 것이었다.

이에 문도들이 깜짝 놀라 방장실에 모이니 스님은 태연한 모습.

충렬왕 4년 11월, 마침 스승이신 원오국사께서 강화도 선원사江華島禪源社에서 수선修繕을 마친 『거란본장경契丹本藏經』을 조계산 수선사修

禪社로 이운移運한 것을 대중을 거느리고 멀리 도중에까지 마중을 가서 함께 나누어 지고 수선사로 돌아왔는데 이를 기념하여 스님은 시게詩偈를 읊기도 하였다.

"생사가 있는 것은 인간세상의 예사 일이라, 내 마땅히 갈 것이니 너희들은 잘 머물어라."

미시에 이르러 시자 심선心璇에게 명하여 분향 상축焚香上祝을 마치고 가사를 수하신 후 소선상小禪床에 걸터앉아서 불자拂子를 들어 대중에 이르시되,

"설함에 본래 설함이 없느니라."

이 짧은 한 말씀을 하시고는 입을 다무시는지라 문인이 굳이 임종게臨終偈를 청하니 스님은 무겁게 입을 열어,

"閱過行年六十八 及到今朝萬事畢

故鄕歸路坦然平 路頭分明未曾失

手中纔有一枝笻 且喜途中脚不倦

(지나 온 세상 먹은 나이 68이라

오늘 아침에 이르러 모든 일 마쳤네

고향에 돌아가는 길 평탄하여서

그 길이 분명하여 잃지 않았네

수중엔 겨우 지팡이 하나지만

기쁠손 도중에서 다리 안아프리)"

이때 만호장로萬浩長老가 나와 여쭙기를,

"고향에 돌아가는 길이 평탄하다 하시니 그 길은 어디에 있습니

까?"

스님이 답하시되,

"착안着眼하여 보아라."

장로 다시 여쭙기를,

"착안하여 보란 말씀은 무엇을 이르신 것이기에 오고 가지 아니하여 갈 때에도 가지 않는 것입니까?"

"알면 되었느니라, 알면 되었느니라."

이 말씀을 끝으로 박연泊然히 입멸入滅하시니 세수世壽는 68이요 법랍은 39하夏였다.

그달 20일에 다비茶毘를 모셨는데 오색영롱한 유골에 서기瑞氣가 하늘에서 뻗히기를 여러 날을 하였다.

주상께서 들으시고 슬퍼하시며 문도들에게 위로의 글을 내리시고 아울러 칙서勅書하여 시호를 원감국사圓鑑國師, 탑액塔額을 보명寶明이라 내리셨으며 수선사의 북쪽 기슭에 탑을 세웠다.

스님은 금문 보장金文寶藏을 모두 가슴에 간직해두시고 자유자재로 구사하였으며 사림詞林에 남달리 조예가 깊으셔서 애써 생각하지 않아도 붓을 들면 시게詩偈와 문장이 저절로 이뤄지셨다.

스님은 평생 동안 상주물常住物을 아끼시어 함부로 쓰지 않으셨으며 또 사람을 대하심에 있어 조금도 꾸밈이 없고 배면背面하시는 일이 없었다.

문인 등이 스님의 행장行狀을 갖추어 주상에게 입석立石하기를 주청奏請하니 주상은 곧 문한학사 승지 김훈文翰學士承旨金曛을 시켜 비명을 짓게 하셨다.

   스님의 고향인 장흥군 부산면 기동리長興郡夫山面基洞里에는 위씨魏氏
가 대를 이어 많이 사는데 이 고을의 주봉主峰을 장원봉壯元峰이라 하
는데 이는 스님과 스님의 아우 문개文凱가 장원급제한 데서 붙여진 이
름이라 한다.

   또 구룡리九龍里에 있는 병풍바위는 높이가 수십 길이나 되는데 그
벼랑에 스님의 초상肖像이 부조浮彫되어 전해 오는데 근래에는 풍우에
많이 마멸되어 희미해져서 알아보기 어려운 형상이라 하니 애석한 일
이 아닐 수 없다.

# 자정·자각국사
## 慈靜·慈覺國師

**慈靜國師第7世[2]**

국사의 비문이 인멸湮滅된 지 이미 오래여서 행장行狀을 갖추알기는 어렵다. 다만 국사의 정액幀額 및 탑제塔題에 의거하여 살피건대 조정에서 내린 시호諡號는 자정국사慈靜國師이고 탑액塔額은 묘광妙光이며 국사의 탑은 자정암慈靜庵의 동북쪽 산등성이에 있다.

정조正祖 16년(서기 1792년) 봄에 와월교평臥月敎萍선사가 수집하여 기록한 『송광사사적松廣寺事蹟』에 의하면 국사의 휘諱는 일인一印이고 제5세第五世인 원오국사圓悟國師의 제자이다. 그런데 원감圓監국사의 가송歌頌 가운데 「차운답규봉인선백次韻答圭峰印禪伯」과 「차운답난송선사인공次韻答蘭松禪師印公」의 두 스님 중 한 분이 곧 일인一印이 아닌가 한다.

원감국사나 자정국사가 다 함께 원오국사의 제자이니 서로가 사형사제지간師兄師弟之間이 되므로 인공印公, 또는 인선백印禪伯이라 호칭했을 것이다.

원감국사가 인공印公과 인선백印禪伯에게 준 시는 다음과 같다.

---

2 )  송광사 16국사는 다음과 같다. 제1세 보조국사 지눌, 제2세 진각국사 혜심, 제3세 청진국사 몽여, 제4세 진명국사 혼원, 제5세 원오국사 천영, 제6세 원감국사 충지, 제7세 자정국사 일인, 제8세 자가국사 도영, 제9세 담당국사, 제10세 혜감국사 만항, 제11세 자원국사, 제12세 혜각국사 묘구, 제13세 각진국사 복구, 제14세 정혜국사 복암, 제15세 홍진국사 제16세 고봉국사 법장.

"次韻答圭峰印禪伯

靑從藍出勝於藍  見過多公續指南

衆鳥共驚鸞翩翩  群狐爭避虎耽耽

筆頭雲起閑中詠  塵尾風生格外談

道譽詩名走天下  恐妨松月臥孤庵

(다음에 규봉인선백에게 운하여 답함이라

청이 람에게 나왔으되 람보다 낫네

허물 봄이 공보다 많되 지남을 잇도다

뭇새가 한가지로 난서 날음에 놀라고

뭇여우는 다투어 범의 흘거봄을 피하네

붓끝에서 구름 일어 한가할제 읊조리고

사슴 꼬리, 바람나니 격외의 말씀일세

도예와 시 이름이 천하에 달리나니 솔숲에서 달 보며

외딴 암자에 눕지 못할까 두렵고녀)"


"次韻答蘭松禪師印公

鷄山最深處  高臥遠紛華

鏡裏元無翳  壺中自有家

庭空松子落  室靜篆煙斜

何以療飢渴  香蔬與釅茶

(다음에 난송선사 인공에게 운하여 답하다

계산의 가장 깊은 곳에

높이 누워 분화로움을 멀리 하도다

거울속엔 원래 티끌이 없고

병속에 스스로 집이 있도다

뜨락 비매 솔씨 떨어지고

방안 고요함에 향 연기 비끼도다

무엇으로 주리고 목마름을 낫을꼬?

향내나는 나물과 진한 차로세)"

국사께서 원감국사의 뒤를 이어 제7세 법주第七世法主가 된 것은 아무래도 원감국사의 시적示寂하신 해인 충렬왕忠烈王 19년(서기 1293년) 계사세癸巳歲 임이 의심할 나위 없고 입적入寂하신 연대는 충선왕忠宣王 또는 충숙왕忠肅王의 초기쯤일 것으로 추정된다.

## 慈覺國師第8世

자각국사 역시 자정국사와 마찬가지로 비문이 일찍이 없어져서 온전한 행장行狀을 살필 길 없어 심히 유감이다. 다만 정액幀額과 탑제塔題에 의거하건대 시호는 자각국사慈覺國師이고 탑호는 징령澄靈이며 탑은 감로암甘露庵 뒤 기슭에 있다.

각진국사覺眞國師의 비문에 다음과 같은 기록이 있으니,

"나이 갓 열 살에 조계曹溪 원오圓悟국사에게 나아가 머리를 깎고 구족계具足戒를 받음이러니 얼마 안 있어 원오국사께서 순적順寂하실새 국사의 유촉遺囑을 따라 대선사 도영大禪師道英을 쫓아 부지런히 청익請益하여 10년 만에 학문을 통달하였다."

또 이르기를, "자각국사慈覺國師는 스님의 두 번째 스승이시니 대우하기를 심히 예禮로써 하사 일찍이 학도學徒로써 스님에게 위임하신대 스님이 여쭙기를, '자기가 있은 연후에 여러 사람에게 전하는 것이온데 저는 진실로 감당하지 못하겠나이다.' 하고는 드디어 백암사白巖寺로 가셨다."

이 비문 중의 도영道英은 자각국사慈覺國師이니 자각국사의 휘諱가 곧 도영道英인 것이다.

그렇다면 원오圓悟국사의 휘諱가 천영天英임에 비추어 본다면 도영, 즉 자각국사는 원오국사의 사제師弟임이 분명하다.

그런즉 조계 제4세曹溪第四世인 진명眞明국사의 법사法嗣에 자각도영慈覺道英, 자각국사의 법사法嗣에 각진복구覺眞復丘임도 여실히 드러난다.

와월臥月 스님의 『송광사적』은 이렇게 적고 있다.

"국사의 휘諱는 정열品悅로서 제5세第五世를 이었다."

이 기록은 각진국사의 비문에 실린 내용과는 전혀 다르다. 와월 스님이 어느 전적을 참고로 하여 이렇게 언급했는지는 모르겠으나 각진국사의 비문 내용이 더 신빙성이 있으므로 참고 정도로 보는 것이 타당할 것으로 사료된다.

만일 와월 스님의 기록이 사실이라면 정열品悅은 국사의 자字가 아닐까 싶고 제5세 원오국사를 이었다는 것은 착오에 불과할 것이다.

국사께서 제8세 법주로 재임한 시기는 충렬왕 후반기와 충선왕대忠宣王代인 듯하고 시적示寂하신 연대는 충숙왕대忠肅王代일 것으로 여겨진다.

# 담당·해감광조국사
## 湛堂·慧鑑廣照國師

**湛堂國師第9世**

국사의 비문도 인멸된 지 오래여서 자세한 행장行狀을 규명하기는 어렵다. 그러나 국사에 대한 전설이 많은 사람의 입에 오르내리므로 이를 미루어 국사의 모습을 알아볼 도리 밖에 없다.

전설에 의하면 국사는 본시 금나라[金國] 태자로서 사문沙門이 되어 고려에 와서 조계산의 제9세 법주가 되었다 한다. 일설에는,

"금나라 곤전坤殿이 병환으로 오랫동안 병석에 누워 갖은 약을 다 써보았으나 효험이 없었다.

이때 고려의 보조국사普照國師께서 정중定中에서 이를 관찰하시고 출정出定하신 후 즉시 신통력으로 공중을 날아 금나라에 다다르셔서 곤전의 병석에 방문하사 약시藥施와 법시法施를 겸하여 베푸시니 곤전의 병환은 씻은 듯이 완쾌되었다.

이에 온 나라가 국사의 도력에 감읍感泣하여 찬탄해 마지않았으며 국사가 귀국하려 하자 황제皇帝께서는 셋째왕자를 딸려 보내 출가시키니 이분이 곧 담당국사이다."

또 한 가지 전설에 의하면,

"금나라 황제 장종章宗이 불법佛法을 시험하여 만일 영험이 없을 적에는 불교를 사태沙汰시키려 하였는데 이에 온 나라의 불승佛僧들이 장

차 사태沙汰가 올까 하여 모두 전전긍긍하고 있었는데 이를 고려의 보조국사께서 정중定中에서 살피시고는 곧 신력神力으로 허공을 날아 금나라에 이르러 시험장에 하강하시니 제천諸天이 꽃비를 내려서 화불化佛의 내의來儀를 보이는 것이었다.

이에 천자께서 가찬嘉讚을 마지아니하여 스승의 예로 영접하시고 극진이 예우하시더니 국사가 귀국할 즈음에 제3왕자를 제자로 딸려 보내시고 불사에 필요한 많은 재물과 즙물什物을 배편으로 실려 보냈다.”

또 담당국사가 고려에 온 뒤의 일화 두 가지가 전해온다.

“담당국사가 송광사의 삼일암三日庵에서 암자 곁의 예천醴泉을 마시면서 선정을 닦아 사흘 만에 건성하였으므로 암자 이름을 삼일암이라 하고 샘 이름도 삼일천三日泉이라 한다.”

또 한 가지는,

“담당국사가 천자암天子庵을 창건하였으므로 암자 이름을 천자암이라 하였고 암자 경내에 두 그루의 향나무가 있어 어른의 두 아람이 넘는데 이 쌍향수雙香樹는 보조국사와 담당국사가 금나라에서 지팡이로 짚고 온 전단향나무를 꽂았더니 싹이 나서 이렇게 크게 자랐다.” 고 하니 이 향나무는 현재 우람하게 서 있는데 어느 누가 흔들어도 꼭 그만큼 흔들리므로 지팡이를 꽂은 것이라고 믿어 의심치 않는다.

이상의 설화가 비록 전설적인 이야기이긴 하지만 국사가 금나라 사람이며 왕자였다는 것, 그리고 삼일암에서 정진했고 천자암을 창건하였다는 등은 거의 사실인 것 같다.

허구적인 점은 보조국사와의 관계이다. 제1세 법주이신 보조국사와 제9세 법주인 담당국사와의 연대는 적어도 4, 50년은 간격이 있을 터인데 함께 살으신 것으로 된 것과 보조국사가 금나라에 가신 사실이 없는데도 금나라에 왕래하신 것으로 묘사된 점 등이다.

### 慧鑑廣照國師第10世

스님의 휘諱는 만항萬恒이고 속성은 박씨朴氏이며 아버지는 경승京升이니 진사進士 벼슬을 했고, 어머니는 정씨鄭氏니 고종高宗 36년(서기 1249년) 기유己酉 8월 6일에 충남 웅진熊津에서 태어났다.

어머니 정씨가 한 꿈을 얻었는데 하늘에서 내려온 취막翠幕 속의 옥동자가 문득 품 안으로 뛰어드는 기이한 조짐을 감득感得하고 그로 인하여 임신을 하게 되었으므로 아명兒名을 막아幕兒라 하였던 것이다.

스님의 가문은 유가儒家의 집안이어서 본시 영특한 스님은 어려서부터 학업에 힘쓰더니 차츰 세속을 버릴 마음을 굳히다가 원종元宗 3년 열네 살의 나이에 원오圓悟국사에게 득도得度하였다.

출가하여서도 내전內典에 마음을 쏟아 일대시교一大時敎를 두루 이수한 후 구산선九山選에 나아가 괴과魁科를 마치고는 석장錫杖을 떨쳐 금강산으로 들어가서 하안거夏安居를 마쳤다.

스님은 다시 남방 지리산으로 내려와서 용맹정진하는데 배가 고파도 거듭 먹지 않고 겨울 추위가 매섭되 솜옷을 입지 않았으며 몸이 피곤하여도 자리에 눕지 않고 장좌불와長坐不臥로서 여러 해를 지내며 이름과 자취를 감추었지만 오히려 스님의 이름은 널리 나타났다.

나라에서도 스님의 도풍道風을 들으시고 진양晉陽 땅의 삼장사三藏寺

에 주지하기를 명하시고 스승 원오국사께서도 은근히 권유하시므로 마지못하여 입원入院하여 개당開堂하기에 이르렀다.

그뒤로 낭월朗月 운흥雲興 선원禪源 등사等社의 법주法主를 역임하였는데 매양 칠백여 납자를 대상으로 내전을 가르치면서 제자들의 훤잡한 잡담에는 귀먹은 척하고 매사에 어두운 척하되 마음은 늘 맑은 하늘과 같았다.

이에 스님의 도예道譽는 날로 널리 퍼져서 사대부士大夫로서 구의摳衣의 예禮로써 사내社內에 들어온 이를 가히 헤일 수 없을 만큼 많아서 스님이 주석한 절의 산문은 늘 문전성시門前成市를 이뤘다.

중원中原의 오이吳異 몽산夢山이 스님의 시문詩文을 보고 탄상歎賞을 마지않으며 시 십수十首를 화답하고 스님에게 고담古潭이라는 호를 지어 바치기도 하였다.

충선왕忠宣王 5년, 스님의 나이 65세 12월 11일에 왕이 영안궁永安宮에서 이틀 동안 2천 명의 스님들에게 공양 올리고 2천 등을 켜고 선교의 고승을 뽑아 강론하도록 했는데 이에 스님에게 특강을 청하니 스님은 법회장에 이르러 사자후獅子吼를 하니 방할棒喝에 선풍旋風이 일고 변설辯舌에 선음仙音이 떨치는 것이었다.

이에 왕이 심히 기뻐하여 스님이 절로 돌아갈 적에 어교御轎를 보내셨으며 이튿날에도 영안궁에서 반승飯僧, 점등點燈을 계속하였는데 왕은 스님과 함께 연輦을 타고 연복사演福寺에 행행幸行, 8일 동안 점등點燈하였다.

81

# 혜감광조·묘엄국사
## 慧鑑廣照·妙嚴國師

이 법회에 스님이 성연盛宴을 베푸시니 왕께서 매우 기뻐하시며 스스로 노래를 부르기도 하셨다.

이 성대한 법회에 왕래하는 동안 왕은 스님과 함께 연輦에 오르시고 공양함에 있어 찬饌을 친히 올리셨다.

법회가 끝나자 왕은 스님에게 법호를 더하여 별전종주 중속조등 묘명존자別傳宗主重續祖燈妙明尊者라 하시고 가사와 의군衣裙·모자·버선 및 은폐銀幣 50일鎰로써 전별하셨는데 스님은 산사로 돌아온 후에 모두 사중의 상주常住에 부치도록 분부를 내리셨다.

충숙왕忠肅王 원년 정월 2일에는 왕께서 은자원銀字院으로 스님을 방문하셨으며 초이렛날에는 상왕上王 충선왕忠宣王이 원나라로 행차하시는 길에 연경궁延慶宮의 만승회萬僧會에 들리셔서 백금白金 백삼십근百三十斤을 스님에게 하사하시었다.

충숙왕 6년 7월에 삼장사三藏寺에 주석하고 계시던 스님이 처음으로 미질微疾을 보이시니 대중들은 모두 근심에 차는 것이었다.

8월 18일에 이르러 스님은 머리를 깎으시고 목욕하신 후 새 옷으로 갈아입으시더니 나라에 유서遺書를 쓰시고 밤이 깊자 시자를 불러 법고를 울리게 하신 후 가사를 수하시고 선상禪床에 앉으사 게송偈頌을 읊어 고별告別하시니,

"廓淸五蘊 眞照無窮

死生出沒 月轉空中

吾今下脚 誰辨玄蹤

告爾弟子 莫謾捫空

(오온을 확연히 맑히니

참으로 비춤이 무궁하도다

죽고 태어나며 출몰함은

달이 공중에 굴름이로다

내 이제 떠나가면

그 뉘가 진리를 분별하겠는가

너희 등 제자에게 고하노니

부질없이 공을 더듬지 말라)"

스님의 이 같은 고별의 장면을 지켜보던 경호景湖라는 선객이 큰소리로 여쭙기를,

"큰스님께서 이제 고별하시니 장차 어디로 가시렵니까?"

스님은 다시 게송으로써 답하시되,

"何處不相逢 渡河不用筏

(어느 곳에서 상봉하지 않으랴?

강을 건넘에는 뗏목을 쓰지 않노라)"

이 게송을 낭랑한 음성으로 길게 읊으시며 무릎을 쳐 박자를 맞추시더니 두 손을 마주 잡고 빙그레 웃음을 띄우신 채 엄연奄然히 대적삼매大寂三昧에 드시는 것이었다.

스님의 세속 수명은 71세셨고 법랍은 58하夏이셨으며 문도들이 다비茶毘를 모신 뒤 삼장사三藏社의 간방艮方 언덕에 탑을 세웠다.

왕께서 부보訃報를 들으시고 매우 슬퍼하시고 시호를 혜감국사慧鑑國師라 하시고 탑액塔額을 광조廣照라 내리셨다. 스님의 비문은 삼장사三藏社의 법도法徒들이 주관하여 삼장사 경내에 세웠는데 스님께서 조계산 수선사曹溪山修禪社의 주지로 부임하신 사실을 싣지 않아서 매우 유감스럽다.

그러나 그 비제碑題에는 "曹溪山修禪社第十世"라고 분명히 기록하였으며 또 그 명銘에 "曹溪其任"이라 하여 조계산으로 그 소임을 살았음을 밝혔음으로 스님이 조계산 수선사의 제10세 법주第十世法主임에는 의심할 여지가 없다 하겠다.

그리고 『고려사高麗史』에도 "忠宣王五年癸丑十二月庚午年　乃至　召松廣社僧萬恒赴會충선왕 5년 계축 12월 경오에 내지 송광사 스님 만항을 불러 법회에 다다르게 하였다."

하는 기록이 있음을 보아 스님께서 충선왕忠宣王·충숙왕忠肅王의 시기에 수선사의 주지로 계셨음을 입증하고 있는 것이다.

스님의 법계法系는 다음과 같다.

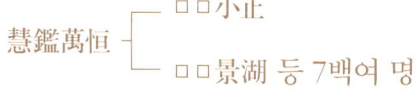

스님께서 시적示寂하실 적에 대방군帶方郡에 사는 백태白太라는 사람

이 한 꿈을 꾸었는데 스님께서 취막翠幕에 올라 하늘로 올라가는 것이었다.

꿈이 너무도 괴이한지라 이튿날 스님이 계신 삼장사三藏社로 달려갔더니 과연 스님께서 이미 서거逝去하셨더라고 한다.

### 妙嚴國師第11世

국사의 비문 또한 이미 없어진 지 오래여서 국사의 행장行狀과 사력事歷을 상고詳考할 길이 없음이 유감이다.

국사의 정액幀額에 "第十一世 妙嚴尊者 贈謚慈圓國師"라고 기록되어 있음을 보아 국사의 생존시에 묘엄존자妙嚴尊者라는 법호로써 왕사王師로 추대되었음을 알 수 있겠고 시멸示滅하신 뒤 자원국사慈圓國師라는 시호謚號를 나라에서 내리신 것도 충분히 알겠다.

그런데 수선사修禪社의 제10세 혜감국사에게 묘명존자妙明尊者라 한 것을 감안하여 혹 국사께서 혜감국사와 사형사제지간師兄師弟之間이 아니었을까? 하는 추리가 가능하지만 확실치는 않다.

국사께서 조계산 수선사의 제11세 주지로 재임하신 시기는 충숙왕조忠肅王朝의 초기일 듯하다.

### 慧覺國師第十二世

국사 역시 비문이 오래 전에 인멸湮滅되어 일생의 사력事歷을 더듬을 길이 없다.

국사의 정액幀額에 의하면 "第十二世 贈謚慈圓國師"라 하였고 또

『여지승람興地勝覽』 가운데 선산군善山郡 불우조佛宇條에 "주륵사朱勒
寺, 지금의 수다사(水多寺)는 냉산冷山의 서쪽에 있으니 고려高麗 안진安
震이 지은 승혜각비명僧慧覺碑銘이 있다" 하는 기록이 있는데 그 비신碑
身이 없어진 지 오래여서 국사의 행장을 알 길이 없다.

스님의 휘諱는 복구復丘, 자字는 무언無言, 호號는 무언수無言叟, 속성은 이씨李氏이며 아버지는 존비尊庇니 판밀직 우상시 문한학사判密直右常侍文翰學士의 벼슬을 지냈다.

고려 원종元宗 11년(서기 1270년) 9월 15일에 경남 고성군固城郡에서 태어났다.

어머니가 항상 대승불경大乘佛經을 독송하더니 일찍이 꿈에 한 거사居士가 관복冠服을 갖추고 앞에 나타나서 "내가 이미 왔노라" 하더니 그로 인하여 잉태하였다.

스님은 자질이 명랑하여 진범塵凡에 섞이지 않더니 조금 살가와지매 불승佛乘을 공경하여 동무들과 놀이를 하면서도 돌을 모아 탑을 쌓기도 하고 공양구를 차려놓고 불공드리는 놀이를 즐겨하는 것이었다.

충렬왕忠烈王 3년, 스님의 나이 여덟 살 적에 백암산 정토사白巖山淨土寺현 백양사(現白羊寺) 중창주 중연선사重剏主中延禪師의 문도인 일린화상一麟和尙에게 나아가 포양哺養의 은恩을 받았다.

충렬왕 5년 열 살이 되자 조계산 수선사의 원오국사圓悟國師의 슬하로 옮겨 머리를 깎고 구족계具足戒를 받았는데 백암산에서 조계산으로 왜 옮기게 되었는지는 알려지지 않지만 스님의 아버지가 원오국사에게

아들을 맡기면서 올린 시詩가 있으니,

　"物無美惡終歸用 苦李誰嫌着子多

　長息久朝天子所 次兒新付法王家

　移忠固是爲臣分 割愛其如出世何

　還笑老翁猶滯念 有時魂夢杳天涯"

　이 시가 있음으로 보아 조계산으로 옮긴 것은 스님의 자의에 의해서
가 아니라 스님의 부모님 뜻에 따른 것으로 보아진다.

　충렬왕 12년에 원오국사가 입적하시기 전에 어린 복구復丘를 대선사
도영大禪師道英에게 교양敎養의 수고를 유촉하셨다.

　도영은 원오국사의 사제師弟로서 뒷날 수선사의 제8세 법주이신 자
각국사慈覺國師이시다.

　복구 스님은 도영대선사에게 청익請益하여 조계산에 온 지 전후 10
년 만에 학업을 이루니 총림에서 스님을 추대하여 중수衆首가 되게 하
였다.

　충렬왕 16년 가을, 스님의 나이 21세에 선선禪選에 나아가 상상과上上
科를 우수히 마치고 이로부터 제방에 노닐며 참선에 전념하였다.

　이때 스승이신 자각국사도영는 스님의 그릇이 이미 이뤄진 줄 아시
고 문하의 학중學衆을 맡기려 하시니 스님은 고사固辭하며 여쭙기를,

　"자기의 법기法器가 찬 연후에야 비로소 남의 스승이 되는 것이 옳
을 것이온데 저로서는 아직 감당하지 못하겠나이다."

　하고, 백암산으로 옮겨가서 동지 몇 사람과 함께 결사結社하고 십여
성상十餘星霜을 주야로 참구하여 마침내 법그릇을 크게 이루었다.

이 무렵 강진康津 땅의 월남사月南寺에서 스님을 주맹主盟으로 청하니 스님은 곧 부임하여 20여 년을 주지하면서 사방에서 몰려드는 수많은 납자를 제접提接하는데 혼신의 노력을 기울였다.

이 무렵 스님은 강녕군 홍수江寧郡洪綬로 더불어 한가지로 원을 발하여 각각 재물을 희사하여 문인 심백心白 지부智孚 등으로 하여금 배편으로 송나라에 건너가서 대장경을 사오도록 하여 충혜왕忠惠王 2년, 스님이 79세 때 봄에 백암산 정토사淨土寺에서 제방의 고승석덕高僧碩德을 초대하고 전장법회轉藏法會를 건수虔修하여 이를 회향하였다.

충목왕忠穆王 4년 봄에 단시檀施의 재물을 기울여 문인 지목之牧 등에게 명하여 뭇 인연을 널리 교화함과 동시에 제방의 대덕 스님들을 초대하여 제2회의 전장법회轉藏法會를 거행하였다.

이렇듯 큰스님께서는 80을 넘은 고령이심에도 불구하고 아주 건강하신 법체法體로 오로지 교화敎化와 섭중攝衆에 힘쓰심은 조계산의 과거 법주法主는 물론이고 온 나라에서 그 예를 찾아 볼 수 없는 대원력大願力이요 대불사大佛事였다.

충정왕忠定王 2년.

큰스님은 춘추가 워낙 높으신 터라 대중을 거느리고 제접提接하는데에는 건강상 많은 무리가 따랐다.

그래서 수선사修禪社의 주석主席을 사퇴하고 조계산을 떠나 백암산 정토사白巖山淨土寺로 옮겼다.

정토사는 큰스님이 최초로 출가하신 출가본사出家本寺이다.

정토사에서는 큰스님이 오신다는 소식을 듣고 온 대중이 큰스님을 맞을 준비에 몇날 며칠을 운력하기에 바빴다.

큰스님이 정토사에서 동안거 결재를 하게 되자 나라에서는 큰스님을 왕사王師로 진봉進封하고 법호를 더하니 가로되,

"왕사 대조계종사 일인정령 뢰음변해 홍진광제 도대선사 각엄존자王師大曹溪宗師一印正令雷音辯海弘眞廣濟都大禪師覺儼尊者."

큰스님을 왕사로 봉함과 동시에 영광군 불갑사靈光郡佛岬寺를 하산소下山所로 칙정勅定하고는 불갑사로 이주移住하기를 명하기도 했다.

큰스님은 칙명에 따라 백암산에서 다시 불갑사로 석장錫杖을 옮겼는데 문도들에게 이르기를,

"젊었을 적에 내가 이 산에 와서 머문 적이 있었는데 그때 하루는 꿈에 한 노옹老翁이 나타나 예배하며 말하기를 '스님께서 장차 이 산에 머무실 것입니다.' 하기에 매우 이상히 여겼었는데 오늘에야 과연 증험하는구나."

하고는 송頌을 지으니,

"君賜吳城佛岬寺 人言倦鳥已知還

勤薦祝國如天壽 從此邦基萬古安

(임금께서 오성의 불갑사를 내리시니

신선의 새는 내가 올 줄 이미 알았다고 말하네

나랏님 천수 누리시길 비옵나니

이로 쫓아 국토는 만고에 편안하리)"

공민왕恭愍王이 즉위하자(서기 1352년) 어려운 시기임을 감안하고 또한 자신의 덕이 모자람을 절감하여 큰스님네 가운데 덕 높으신 스님을 가려 스승님으로 모시고 보좌補佐를 의뢰하려 하니 조정의 신하들이 일제히 각엄존자覺儼尊者를 주천奏薦하기를,

"상왕上王께서 이미 존숭尊崇하사 그 덕을 호칭號稱하셨나이다."

하니 왕께서 매우 기뻐하사 유사有司에게 명하여 각엄존자를 다시 왕사王師로 책봉하였다.

큰스님은 이에 나이 이미 늙고 불갑사에서 개경開京까지 길이 먼 것을 내세워 재삼 사양하였다.

그러나 왕께서는 스님의 영정影幀을 그리도록 하여 큰스님을 대신하여 우러러 예배하면서 익재 이제현益齋李齊賢으로 하여금 상찬像贊을 짓게 하시매 익재는 마음을 가다듬어 필을 드니,

"國師乾乾 有德與年

王命寫像 載瞻載虔

是身離相 是法離詮

卽圖作贊 臣愧斐然

(국사께서 부지런히 힘쓰사

덕과 춘추가 높으시도다

임금께서 초상 그리라 명하사

경건히 우러러 받드시네

큰스님 몸은 상을 여의시고

닦으신 법은 평전함을 여의었나니

그림에 즉하여 찬탄하옵지만

신하는 문채남을 부끄러워하시네)"

임금께서는 큰스님의 일용품 등을 고루 갖추어 불갑사로 내려보내시고 사사師事의 예로써 펴시는 것이었다.

큰스님은 국서國書를 받드시고 이에 이르시되,

"노승은 일찍이 전대前代의 오은誤恩을 입어서 외람되이 사위師位에 거居하였삽던 바 이제 또 중명重命을 욕되게 하오니 깊이 부끄러움이 있아옵니다. 그러나 다만 향화香火의 정근精勤으로써 거의 복국福國의 미성微誠을 다하오리이다."

하시고 그 임무에 충성을 다하셨다.

큰스님은 나라의 은혜에 전장轉藏의 공덕으로써 보답하고져 하여 이듬해 봄에 백암산 정토사로 돌아가서 제산장로諸山長老 백여 명을 초집招集하여 3월 11일로부터 20일에 이르기까지 불사를 크게 베풀어 낮에는 삼장三藏을 읽고 밤에는 조교祖教를 말씀하시며 혹은 참선, 혹은 강경講經으로써 주야6시로 법식法式을 거행하여 상은上恩의 약간을 보답하셨다.

공민왕 4년 큰스님은 불갑사에서 정토사로 옮기셨는데 6월에 이르러

백운지흥 白雲知興

미질微疾을 보이시더니 7월 27일에는 함서緘書로 국왕 재부宰府에게 하직을 아뢰시고 읍관邑官을 청하여 인신印信을 봉하게 하셨다.

큰스님은 삭발하시고 목욕하시고 새 옷으로 갈아입으신 후 법고法鼓를 울려 대중을 모으게 하시고 법의法衣를 수하사 소선상小禪床에 앉아 임종법문臨終法門을 하시니,

"즉심즉불卽心卽佛은 강서로江西老요 비심비불非心非佛은 물외옹物外翁이로다. 오서성중鼯鼠聲中에 나 홀로 가노니 열반 생사가 본래공本來空이로다."

이 법문 가운데의 즉심즉불 운운은 강서江西땅 마조도일馬祖道一 선사가 즉심즉불 곧 "곧 마음이 곧 부처다" 라고 설한 것을 일컬음이고 물외옹物外翁이라 스스로 지칭한 것은 정토사 산내암자에 물외암物外巖이 있음으로서이다.

다시 말하면 마조 스님은 곧 마음이 곧 부처라고 이르셨지만 나는 "마음도 아니요 부처도 아니다" 라고 이르노라 하신 법어이다.

또 "오서성중" 은 박쥐와 쥐가 활동하는 야밤중을 가리킴이니 한밤중에 나 홀로 간다는 말씀이다.

이 법어가 큰스님의 임종게臨終偈이니 게송을 읊기를 마치시고 선상에 앉으신 그대로 엄연히 화化하셨다.

큰스님의 세수世壽는 86이요 법랍은 76하夏이며 이튿날 문인 등이 색신色身을 받들고 정토사의 서쪽 봉우리 아래에서 다비茶毘를 모신 후 유골을 수습하여 불갑사로 모시고 돌아가서 석탑을 세웠다.

12월에 임금께서 사신을 보내시어 문도에게 조위弔慰하시고 시호를

각진국사覺眞國師라 하시고 탑호를 자운慈雲이라 내리셨다.

돌아보건대 각진국사께서는 간묵청아簡默淸雅하시고 단평직량端平直諒하시며 녹정방미綠頂尨眉와 단순호치丹脣皓齒를 구족하시어 모습이 매우 쇄연灑然하셨으며 또 입으로는 장부將否에 대하여 잠잠히 하시고 마음으로는 공경恭敬을 표하셨다.

또 국사께서는 사중寺中의 재물을 사사로이 쓰시지 않으셨으며 시적示寂하신 뒤에도 방장실方丈室에 한 물건도 남기신 것이 없었다.

스스로의 생활을 항상 근검절약勤儉節約으로 일관하시니 산중의 대중들 역시 이를 본받아 실행에 옮겼다.

국사의 문인門人 중에 뛰어난 석덕碩德으로는 선원사禪源社의 백화白華와 가지산迦智山의 마곡麻谷과 졸암연온拙庵衍溫 등이 있고 문도는 천여 명이나 되었다.

또 국사의 내질內姪인 행촌 이시중杏村李侍中은 당시의 이름난 재상宰相이었으며 졸암拙庵 스님은 국사의 생질甥姪이고 졸암 스님의 제자인 구곡각운龜谷覺雲선사는 졸암 스님의 생질이다.

공민왕 8년 문도 원규元珪 등이 주상主上에게 주달하여 비석 세우기를 청하매 주상께서 곧 이달리李撻裏에게 명銘을 짓게 하고 이제현李齊賢에게 비문을 짓도록 명하사 불갑사에 입석立石하였다.

국사의 문인은 아래와 같다.

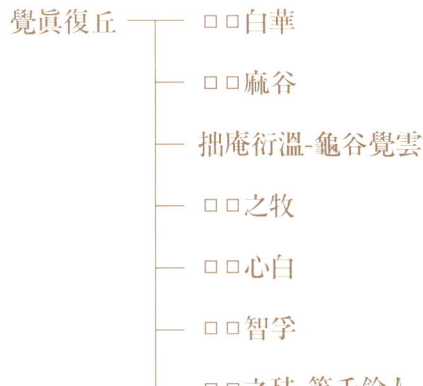

# 정혜·홍진·상총국사
# 淨慧·弘眞·尙聰國師

**淨慧國師第14世**

국사의 비문이 이미 오래 전에 인몰湮沒되어 행장行狀을 자세히 알 길이 없다.

다만 공민왕恭愍王 2년(서기 1353년)에 월출산인 연온月出山人衍溫선사가 지은 백암산 정토사白巖山淨土寺 전장 제삼회방轉藏第三回榜에 이런 기록이 있으니,

"각엄존자覺儼尊者께서 재차再次의 왕사王師를 배수拜受하시고 이 망극罔極의 은혜에 보답하기 위하여 갖가지의 공양구供養具를 갖추시어 조계산 제14대 대화상曹溪山第十四代大和尙을 주맹主盟으로 청좌請座하시고 제산장로諸山長老 백여 명을 초집招集하여 같은 해 3월 11일부터 약 10일 동안의 대법회를 거행하되 낮으로는 삼장三藏을 읽고 밤으로는 조교祖敎를 말씀하시며 혹은 참선으로, 혹은 강경講經으로써 마치셨다."

이 기록에 나오는 조계산 제14대 대화상은 곧 정혜국사淨慧國師로서 각진국사가 충정왕忠定王 2년에 백암산 정토사로 퇴은退隱하신 직후 바로 제14대 법주로 부임하신 것이다.

그런데 그 달에 상판上板된 위의 전장기 후록轉藏記後錄에,

"주법 조계 14대 화상 복암정혜主法曹溪十四代和尙復庵淨慧"

백운지흥 白雲知興

여기의 복암정혜復庵淨慧는 곧 정혜국사의 재세시在世時 기록이므로 복암은 국사의 자호自號이고 정혜는 국사의 법명으로서, 나라에서 내린 시호諡號가 아닌 듯하다.

그런데 국사의 정액幀額은,

"복암화상 정혜국사復庵和尙淨慧國師." 라, 하였으니 이로 미루어 보면 정혜국사의 정혜淨慧는 나라에서 관례대로 내린 시호에 해당하지만 비문이 없으므로 더는 상고할 길이 없다.

헌데 대지국사大智國師찬영(粲英)의 비서碑序에 의하면,

"나이 14세즉 충혜왕(忠惠王 2년)에 한빈漢濱에 노닐다가 세 봉우리가 높이 서 있음을 바라보시고 초연히 세상을 벗어날 뜻이 있으사 중흥사重興寺의 원증국사圓證國師곧 태고국사(太古國師)에게 의지하사 머리를 깎고 법을 받으사 5년곧 충목왕(忠穆王 원년)에 우뚝하게 이룸이 있으시고 정혜국사淨慧國師)에게 나아가사 총림에 다달아 가지산하 제2좌迦智山下第二座에 오르셨다."

라고, 하였으니 충목왕 원년에서 정혜국사가 조계산 제14대 법주로 부임한 충정왕 2년에 이르기까지는 겨우 6년을 넘지 못한 것으로 보아 위 비문 중의 "정혜국사"는 조계산의 정혜국사가 분명하고 그 당시 "정혜국사"라 호칭한 것은 국사가 다른 국사와는 달리 생존시에 나라에서 국사로 봉함을 받은 것으로 사료된다.

그리고 국사의 법계法系는 국사가 조계산 제13대 법주이신 각진국사 복구覺眞國師復丘의 다음으로 14대 법주가 된 것이나 복구復丘의 복자復字가 든 법호인 복암復庵은 사형사제지간師兄師弟之間일 것으로 여겨진다.

그 증거로는 각진국사가 백암산 정토사에서 전장대법회轉藏大法會를 거행할 적에 정혜국사를 주맹主盟으로 초청한 것을 들 수 있겠다.

각진국사는 그 당시 나라에서 가장 높은 원로 스님이니 전장대법회에 달리 주맹대화상主盟大和尙을 초청함에 있어 국사와 동격同格이 아니면 고려하지 않았을 것이다.

정혜국사가 비록 각진국사의 뒤를 이어 조계산의 법주가 되긴 했으나 자신의 사제師弟인지라 전장대법회의 주맹으로 모신 것이리라.

정혜국사의 입멸入滅 연대는 공민왕조恭愍王朝의 후기일 것으로 추정된다.

### 弘眞國師第15世

국사의 비문 역시 세상에서 자취를 감춘 지 오래되었으므로 자세히 살피기에는 힘이 미치지 못한다.

국사의 정액幀額에,

"第十五世祖師 弘眞國師."라, 하였으니 이로 미루어 조계산의 제15세 법주였음을 알 수 있을 뿐이다.

국사가 제15세 법주로 부임한 시기는 공민왕 12년에서 동15년 사이일 것이고 해임한 시기는 나옹왕사懶翁王師가 송광사 주지松廣寺住持로 부임한 공민왕 20년 가을의 이전이었을 것이다.

그리고 경북 대구 동화사大邱桐華寺에 홍진국사弘眞國師가 있는데 그 비문에 의하면 국사는 유가종瑜伽宗의 스님이니 조계산의 홍진국사가 아님이 분명하다.


## 尙聰禪師

선사는 태고국사太古國師의 문제門弟로서『태고어록太古語錄』가운데
"혜암 송광사총장로慧庵松廣寺聰長老'라 함이 있음을 보아 선사가 송광
사 주지를 역임하였음을 알 수 있겠다.

불가佛家에서 장로長老라 칭함은 곧 주지住持를 말함이다. 선사가 활
동한 시기는 고려 말기와 이조 초기에 걸친 시대여서 교단 내에서도
여러 가지로 어려움이 많아서 소위 지도자급 큰스님들의 처신處身·운
신運身 등에 제약의 폭이 대단했을 것으로 사료된다.

그런데 상총선사는 이씨 조선조李氏朝鮮朝의 우우優遇를 받아서 유생
儒生들의 세력권 속에서 불교를 지키는데 큰 몫을 하였음을 본다.

즉 이태조李太祖 6년 정월에 신덕왕후神德王后가 승하하자 황화방皇華
坊의 북원北原지금의 정동(貞洞 영국 대사관英國大使館이 있는 곳임)에 안장
安葬하고 그 능침의 동쪽에 흥천사興天寺를 창건하여 조계종曹溪宗의
본사本寺로 칙정勅定하였는데 선사를 맞아 제1세 주지第一世住持를 삼
았다.

흥천사는 이씨 조선이 건국하여 왕실의 주도主導로 창건한 왕실의
원찰願刹인데다 조계종의 본사를 삼았으니 주지직에 오른 스님은 법력
도 법력이려니와 조정의 신망과 존경을 받는 스님이 아니면 안 되는 것
이다.

선사는 조정의 추천으로 흥천사 주지가 되었으므로 그 권위와 책무

가 여간 크고 높지 않았다.

　선사께서 송광사에 주지로 재직하신 시기는 고려가 아직 무너지기 전이 될 것으로 여겨진다.

## 고봉화상
高峰和尙

스님의 휘諱는 법장法藏이고 일명 지숭(地崇) 법호는 고봉高峰이며 속성은 김씨金氏, 황해도 신천愼川지금의 신천(信川)이 고향이요 어머니는 임씨林氏니 고려 충정왕忠定王 2년(서기 1350년) 신묘세辛卯歲에 태어났다.

어려서 출가하여 삼장三藏을 이수履修한 후 선석選席을 마치자 제방에 다니면서 참선으로 일관하더니 나옹화상懶翁和尙을 배알하고 법을 받아 스승으로 섬기게 되었다.

일단 법을 얻은 뒤 천하를 주유하며, 성태聖胎를 장양長養하기 30여 년, 스님은 머리가 길어도 깎을 줄 몰랐고 표주박 하나를 허리에 차고 다니면서 걸식으로 생계를 꾸렸으며 항상 피리를 즐겨 불었다.

그래서 세상 사람들이 스님이 그냥 걸뱅이인지 숨은 도인인지 판별을 못하는 것이었다.

이러구러 30여 년을 다니는 동안 안동부安東府 청량산淸凉山에 들어가 손수 암자를 짓고 은거隱居하기도 했으니 그 절이 바로 청량암이다.

스님이 이름과 자취를 숨기고 걸인 행색으로 살은 데에는 정진하기 위한 방편이기도 했지만 무엇보다도 고려가 망하고 새로이 이씨 조선이 건국되는 어수선한 세태에 기인한 것으로 여겨진다.

그렇다해서 스님이 정변政變의 시류時流에 직접 참여했다는 것은 아니고 어수선한 세상 모습에서 무상無常을 절감하고 오로지 도를 닦기 위해서였을 것이다.

이태조 4년에 남방의 여러 산을 유력遊歷하던 선사는 낙안군 금전산 금둔사樂安郡金錢山金芚寺에 이르러 유숙하더니 꿈속에서 매우 특수한 한 범찰梵刹을 보았다.

이튿날 선사는 다시 행각하여 마침내 조계산 송광사에 다달았는데 경내를 두루 살펴보니 바로 간밤 꿈에 보았던 그 절이었다.

그래서 숙생의 인연이 있음을 깨닫고 문인 등과 함께 서원을 세워 송광사를 중신重新하여 옛 모습을 복원할 것을 약속하였다.

이윽고 복원불사에 착수한 선사는 일은 크고 힘은 작은지라 바로 난관에 봉착했다. 그래서 나라의 힘을 빌려야겠다는 것을 절감하고 개경으로 올라갔다.

때는 정종定宗 원년, 선사는 궐하에 나아가 주상主上에게 상주上奏하니 주상께서 윤허하셨으며 이듬해 7월에 선사는 왕지王旨와 서운관 비보안書雲觀裨補案을 받들고 본사로 돌아왔다.

선사는 곧 모든 치소緇素에게 화주化主와 시주를 권하는 한편 대목大木인 운비雲庇·상제尙濟 등 30여 명을 청하여 재목의 길고 짧음과 터의 넓고 좁음을 구제舊制에 준하여 불법승 전당 서너 채를 건축하고는 늙음을 빙자하여 주지직을 사퇴하였다.

선사는 다시 행각에 나서 경상도 각 사찰을 순력巡歷하였는데 정종 4년에는 김해부 신어산 각암金海府神魚山覺庵에 주석하였으며 정종 13년 여름에는 경주 봉서산 원원사慶州鳳棲山遠源寺에 안거하였으며 또 그 이듬해 봄에는 울산 불광산 태원암蔚山佛光山太元庵에 머물다가 4월 하안거 때에 본사인 송광사로 돌아왔다.

세종世宗 2년에 조계종 대선사 중인曹溪宗大禪師中印이 송광사 주지로 부임하자 선사는 중인 스님과 함께 힘을 합하여 증축불사를 시작하였다.

이 불사에는 선사의 문인 십여 명과 중인 스님의 문도 십여 명이 모두 적극 참여하여 9월에 이르러 거의 준공을 보게 되었는데 중인주지가 개경開京으로 자리를 옮기게 되었다.

그래서 선사는 주지직을 다시 맡아서 공사를 모두 마치고 겨울에 낙경회落慶會를 베풀고 좌선과 상축上祝을 겸행하고 두 문도들의 노고를 위로하였다.

세종 3년 7월 11일, 선사는 처음으로 미질微疾을 보였는데 병에 대해 걱정하지 않고 평상시와 같이 큰방에 나아가 발우를 펴고 좌선을 하기도 하였다.

그러나 몸은 점점 무거워져 갔다. 21일이 되자 아침 일찍 고당각웅古堂覺雄 스님을 불러 임종게臨終偈를 구술할 터이니 받아쓰라고 한다.

"淸淨本然極玲瓏 山河大地絶點空

毗盧一體從何起 海印能仁三昧通

七十八年歸故鄕 大地山河盡十方

剎剎塵塵皆我作 頭頭物物本眞鄕

(청정본연하여 지극히 영롱하나니

산하대지가 점이 끊겨 공하도다

비로부처님은 어디에서 이는가?

해인은 능인께서 삼매로 통달했네

78년만에 고향에 돌아가노니

대지 산하가 온 시방이로다

티끌같은 온 누리 모두 내가 지었나니

낱낱 물건들이 본래의 참고향일세)"

하고는 엄연히 서거하였다. 문인들은 사유闍維하여 그 유해를 함에 넣은 뒤 스승님의 유언대로 침실에 모셔 두었다. 세수歲壽는 78, 법랍은 68하.

이듬해 3월 28일에 문인 신준信俊 등 다섯 사람이 이향異香이 방안에 가득함을 감지하고 함을 열어보니 정형精瑩한 사리舍利 두 알이 맨 위에 나와 있었다.

다시 이듬해 3월 24일에는 산중대중이 정근하여 사리 12과顆를 얻었으며 그믐날에도 정근을 모시고 15과를 얻고 12월 8일에도 정근을 모셔 8과를 얻어 모두 합하여 37과顆의 사리를 얻었다.

그 가운데 사리 30과는 문인과 대중들이 받들고 다니면서 인연 따라 공양하고 큰 사리 4과와 뼈는 수정통에 담아서 흰구리합에 넣은 후 푸른 명주로 싸서 문인 신찬信贊·혜성慧性·상제尙濟·홍인洪仁·홍연洪延 등 10여 명이 송광사의 북쪽 산등성이현재의 청진암(淸眞庵 터의 안산案山)에 탑을 세웠다.

선사가 정종대왕定宗大王의 우악優渥하신 도움을 받아 송광사를 중흥하게 된 데에는 선사의 사형師兄이신 무학왕사無學王師의 소개와 내조의 힘이 컸을 것으로 사료된다.

선사의 법계法系는 다음과 같다.

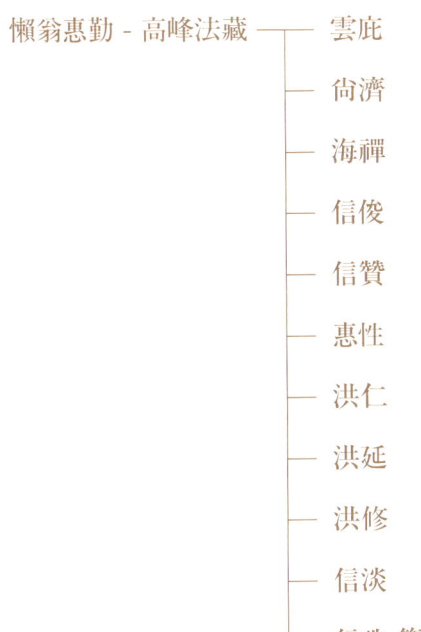

懶翁惠勤 - 高峰法藏 ── 雲庇

── 尙濟

── 海禪

── 信俊

── 信贊

── 惠性

── 洪仁

── 洪延

── 洪修

── 信淡

── 信珠 等

# 정각국사
## 靜覺國師

　스님의 휘諱는 지겸志謙이고 또 정인定仁이라 하며 자字는 양지讓之, 본명은 학돈學敦, 전남 영광靈光이 고향이다.

　속성은 전씨田氏이고 아버지는 전곡田穀이며 어머니는 남궁씨南宮氏이니 어느날 꿈에 범승梵僧이 찾아와 기숙寄宿하기를 청함을 꿈꾸고 잉태하여 태어났다.

　스님은 항상 깊이 사색하기를 좋아하였는데 홀연히 이승異僧을 만나자 이르기를,

　"이 아이는 티끌세상에 집착함이 없을 것이다."

　하더니 9세에 출가하기를 구하여 11세에 사충嗣忠화상에게 나아가 머리를 깎고 이듬해에 금산사金山寺 계단戒壇에 가서 구족계를 받았다.

　명종明宗 원년(서기 1171년)에 처음 선선禪選에 뽑혔는데 내시內侍 정중호鄭仲壺의 꿈에 신인神人이 나타나 이르기를,

　"내일은 왕자王者의 스승님을 얻으리라"

　하더니 과연 이날 스님이 급제하였다.

　이로부터 스님의 이름이 널리 알려져서 공경대신公卿大臣 등이 스님의 풍채를 우러르는 이가 날로 더하였다.

　스님이 하루는 도봉산道峰山에 유숙하였는데 꿈에 신神이 나타나 고하기를,

"스님의 이름을 지겸志謙으로 하시오."

하므로 드디어 법명 정인定仁을 지겸으로 고쳤다.

명종 19년 기유세己酉歲에 나라의 명을 받아 처음으로 등고사登高寺에 주석하였다.

명종 23년 계축세에는 나라에서 삼중대사三重大師를 제수하였고, 3년 후에는 선사禪師를 더하였으며 신종神宗 7년(서기 1204년)에는 대선사大禪師를 더하였다.

스님의 이름이 더욱 높이 나자 무릇 선회禪會를 여는 사원에서는 반드시 스님을 청하여 주맹主盟으로 모셨다.

신종神宗 2년에 스님은 욱금사郁錦寺에 주석하고 있었는데 나라에서 진례군進禮郡의 선회禪會에 부임하기를 명하매 그곳으로 옮겼는데 현령縣令이 그 날 밤 신이神異한 꿈을 감득感得하였다.

희종熙宗 4년(서기 1208년)에 가뭄이 심하자 나라에서 내전內展에 들어 설법하기를 명하므로 5일간을 경전을 강설하였으나 비가 오지 않으매 스님은 신심을 분발하여 축원하기를,

"불법을 모름지기 국왕에게 의빙하라 하셨거늘 이제 만일 영응靈應이 없다면 불법은 장차 어떻게 되겠나이까?"

하고 그 자리에 서 있더니 갑자기 하늘이 먹구름으로 덮여 큰비가 쏟아지는 것이었다. 그래서 조야朝野의 온 국민이 감탄하여 말하기를,

"이 비는 지겸 큰스님의 비다."

라고 하였다.

스님은 지극히 효성스러웠다. 하루는 어머니가 작고하였다는 기별을

받고 곧 제석보살帝釋菩薩에게 기도하여 아뢰기를,

"저의 어머님의 천수天壽가 만일 다하셨거든 원컨대 이 아들의 수명으로써 대신하여 주소서."

얼마 안 있어 가동家僮이 달려와서 보고하되,

"부인어른께서 이미 소생하셨습니다."

하거늘 대개 이는 스님의 효성이 지극하여 감응을 얻은 것이었다.

희종熙宗 7년(서기 1211년)에 국청사國淸寺로 옮겨 주석하였으며 강종康宗 2년(서기 1213년)에 진강공晉康公이 스님을 천거하매 왕은 스님을 왕사王師로 봉하려 하여 사신을 스님에게 보냈다.

그러나 스님은 표表를 올려 한사코 사양하니 임금께서는 상장군上將軍을 특별히 파견하여 스님을 설득하기에 이르렀다.

스님은 더는 사양할 수 없어 보제사普濟寺에 나아가서 예를 갖추어 내전內殿에 들어가니 왕은 스승의 예로 맞이하고 광명사廣明寺 거돈사居頓寺에 주석하기를 명하였다.

가을 8월에 임금께서 갑자기 신양身恙으로 병석에 눕게 되자 스님 또한 종기가 나서 고생하게 되었는데 스님은 자신의 병으로 왕의 신양을 대신하려 하였지만 왕은 승하하고야 말았다.

고종왕高宗王이 등극하자 스님에 대한 예禮를 더욱 중히 하였으며 진강공晉康公도 또한 아들을 희사하여 머리를 깎아 스님의 문인門人이 되게 하니 다른 사대부士大夫들도 또한 그러하여 문도門徒의 성함이 근고近古에 아직 없었다.

고종 4년 스님은 문인들에게 이르기를,

"내가 빈한한 가문을 일으켜서 왕자王者의 스승이 되었으니 분수에 족하니라."

드디어 표表를 올려 물러가기를 빌으니 왕께서도 마지못하여 윤허하면서 화장사華藏寺의 승경勝境으로써 하안소下安所 삼기를 청하셨다.

스님이 화장사로 떠남에 진강공이 친히 부축하여 전송하였고 왕은 보마寶馬를 보내시니 비록 서로 천리를 떨어진다 해도 왕의 고념顧念하시는 마음은 멀지 않으심이 역력하였다.

그로부터 10여 년을 지난 고종 16년(서기 1229년) 6월 15일에 갑자기 우뢰가 진동하고 폭우가 쏟아지더니 스님 또한 미질微疾을 보이시는 것이었다.

7월 2일에 문인을 부르시고 글을 세 차례 쓰시어 임금님과 상국 진양공相國晉陽公에게 유촉하고 이르시기를,

"송광사주松廣社主는 이제 길이 멀리 감을 고하노라."

쓰기를 마치고는 다시 문인들을 돌아보시고 이르기를,

"오늘 가기가 불편하구나."

하시고는 잠자리에 드시는 것이었다.

초여드렛날이 이르자 대중에게 고하여 이르시되,

"정광定光이 적적寂寂하고 혜일慧日이 명명明明하야 법계진환法界塵寰이 제륜돈현臍輪頓現이로다."

말씀을 마치자 두 손을 마주 잡아 가슴에 모으시고 유연悠然히 앉으신 채로 천화遷化하시었다.

임금께서 들으시고 진도震悼하사 사신을 보내어 호상護喪하게 하시니

산의 남쪽 골짜기에서 다비茶毘하여 영골靈骨을 수습하여 탑을 수립하였다.

　나라에서 시호諡號를 정각국사靜覺國師라 내렸으며 스님의 세수世壽는 85세요 법랍은 75하夏였다.

# 원진국사
# 圓眞國師

스님의 휘諱는 승형承逈이고 자字는 영회永逈이며 속성은 신씨申氏, 상주尙州의 산양山陽이 고향이고 아버지는 신한申漢, 어머니는 임씨任氏이다.

부모님이 일찍 돌아가셔서 3세에 고아가 되었으며 숙부인 신광한申光漢의 양육을 받았다.

어려서 아이들과 어울려 놀기를 좋아하지 않더니 7세에 운문사雲門寺의 연실선사演實禪師에게 의지하였다.

13세에 다시 희양산 봉암사曦陽山鳳巖寺로 가서 통순선사洞純禪師에게 머리를 깎고 이듬해에 금산사金山寺의 계단戒壇에 나아가 구족계具足戒를 받았다.

명종明宗 27년(서기 1197년) 봄에 보제사普濟寺의 선회禪會에 다달았는데 거기에서 스승 통순洞純선사의 부음訃音을 받고 곧 걸망을 챙겨 삭발본사로 내려가서 상喪을 치렀다.

이해 가을에 종문宗門의 어른 스님이 광명사廣明寺의 선불장選佛場에 나아가기를 권하므로 다시 상경하여 참여하였다.

왕께서 스님의 도행道行을 익히 듣고 유사有司에서 조칙을 내려 특별히 초록秒錄에 더하게 하니 장중場中의 석덕碩德들이 법상에서 내려오지 않는 이가 없었으며 스님을 공립拱立해 뽑아서 상상품上上品을 삼왔다.

명리名利를 다 이루자 다만 명산에 유력遊歷코져 하더니 드디어 조계산 송광사曹溪山松廣寺의 보조국사普照國師에게 가서 법요法要를 자결咨決하였다.

그 뒤 오대산五臺山에 나아가 문수상文殊像에 예하고 명감冥感을 얻었으며 또 청평산淸平山으로 가서 진락공 이자현眞樂公李資玄의 유적을 방문, 거기에서 『능엄경楞嚴經』을 열람하다가 모든 상相이 환망幻妄임을 환히 깨쳤다.

희종熙宗 4년(서기 1208년)에 왕명으로 유점사楡岾寺에 주석하였는데 희종 6년에 상국 청하공相國淸河公이 문하門下를 거느리고 한 스님을 개경開京의 곽주사郭住寺에 맞이하니 스님은 이에 따르셨으며 청하공은 구의摳衣의 예를 기울였다.

이로부터 더욱 선풍禪風을 중히 여기니 조계법유曹溪法乳로 하여금 다 동토凍土에 떨치게 하였다.

강종康宗이 승하하기 전 왕은 스님에게 삼중대사三重大師를 비수批授하니 스님은 억지로 그 직에 나아갔으며 그 해 겨울에 왕이 비전祕殿으로 불러들여 선록禪錄을 점파點破하였다.

스님은 일찍이 풍악산楓岳山의 보덕굴普德窟에 우거寓居하던 중 꿈에 백의대성白衣大聖의 감응하심을 얻은 바 있었다.

고종高宗 원년 낙성법회落城法會 베풀기를 명하고 조정대신朝廷大臣의 추천으로 스님에게 선사禪師를 제수하였다.

이어 봄에 왕은 조칙을 내려 내전內殿에 들게 하고 서치徐穉의 아들로써 왕을 대신하여 머리를 깎게 하였다.

이듬해 봄에 또 대선사大禪師를 더하여 제수하고 청하 보경사淸河寶鏡寺에 주석하게 하였다.

이때 보경사의 뒷산에 항복한 도적의 무리가 있어 매양 보경사와 원근 주민들이 근심을 마지않았는데 스님은 손수 도적의 소굴에 올라가 그들을 위해 『육조단경六祖壇經』을 설해주니 도적의 무리는 모두 감오感悟하여 눈물을 흘리며 스님에게 절하고 모두 양민良民으로 돌아갔다.

고종 7년(서기 1220년) 봄에 태상왕太上王이 친히 넷째 왕자를 제자로 삼아주기를 부촉하고 손수 그 머리를 깎았는데 지금 진구사珍丘寺 주지 경지선사鏡智禪師가 이분이다.

칠장사七長寺에 샘물이 없어서 대중이 늘 목이 마름을 근심하는지라 스님이 마음을 재계하고 자각선사慈覺禪師가 설하신 법문을 연설하되,

"비하건대 사가라용왕娑伽羅龍王이 대해심궁大海深宮을 여의지 않고 오직 일념자심一念慈心으로써 자비구름을 홍포興布하여 감로甘露의 비를 뿌림과 같이……"

이렇게 연설하고 축원하기를 하룻밤을 지냄에 큰비가 쏟아지더니 마침내 샘물이 솟는 것이었다.

또 한번은 공산公山 염불암念佛庵에 있을 적에 크게 가물었다.

스님은 정성스러이 차 한잔을 닳여 바위 위에 놓고 나한羅漢님에게 기도를 드렸는데 선월화상禪月和尙의 참문讖文으로써 범창梵唱을 지었다.

스님의 범창이 채 끝나기도 전에 단비가 문득 쏟아지매 전부田夫들이 모두 스님의 덕행을 칭송하였다. 스님에게는 이러한 유의 신이神異한 일들이 많았다.

고종 8년(서기 1221년)에 능엄회楞嚴會를 베풀었는데 문득 하루는 대중을 돌아보며 이르시기를,

"정법正法은 만나기 어렵고 나 또한 오래 살지 못할 것이니라. 청컨대 여러 존숙尊宿은 헛되이 광음光陰을 보내지 말라."

늦여름에 미양微恙을 보이는 것이었으나 오히려 강설은 거두지 않으셨다.

7월에 공산公山의 염불암念佛庵으로 옮기시고 8월 28일에 이르러 삭발하시고 목욕하시더니 9월초 2일에 시자侍者를 불러 옷을 갈아입으신 다음 선상禪床에 앉아 범패梵唄를 창唱하라고 명하신다.

시자가 게偈를 청하기를,

"과거 여러 조사祖師 스님에는 임종에 이르러 모두 임종게臨終偈를 남기셨습니다. 큰스님께서도 저희를 위해 설하여 주십시오."

스님이 이윽히 시자를 굽어보시고 이르시기를,

"내 일찍이 한 게송을 지어 읊었거늘 이제 다시 무슨 게송이겠느냐?"

하시고 선상禪床을 주장자로 세 번 울리고는 그대로 좌화坐化하시었다.

10월 10일에 이르러 문인 등이 공산의 남쪽 기슭에서 다비茶毘를 모시고 영골靈骨을 수습하여 탑을 세웠다.

왕께서 들으시고 슬피 애도하시고 시호를 원진국사圓眞國師라 하시고 탑호를 혜공慧空이라 하였으며 세수世壽는 51세이고 법랍은 24하夏였다.

# 일연국사
## 一然國師

스님의 휘諱는 견명見明이고 자字는 회연晦然이요 또 일연 一然이라고도 하며 속성은 김씨金氏, 경산군 장산慶山郡章山이 고향이다.

아버지는 언정彦鼎이고 어머니는 이씨李氏이니 꿈에 둥근 해가 방안에 들어와서 빛이 어머니 복부腹部에 쏘아 비추기를 사흘이나 계속하더니 임신을 하여 희종熙宗 2년 6월 신유일辛酉日에 태어났다.

스님의 콧마루는 우뚝 서서 풍부하고 입은 모질게 다물어 야무지며 소걸음처럼 걷고 범이 쏘아보듯 하여 가위 군자풍君子風이 약여한 모습이었다.

나이 9세에 해양 무량사海陽無量寺에 나아가 취학就學하였는데 총혜聰慧가 절륜絶倫하여 뭇 학동學童의 선망의 대상이 되었다.

14세에 설악산 진전사雪嶽山陳田寺의 대웅장로大雄長老에게로 가서 머리를 깎고 구족계를 받은 뒤 선사禪肆에 유력遊歷하니 대중이 구산사선九山四選의 상수上首로 추대하였다.

고종高宗 14년(서기 1227년)에 선불장選佛場에 나아가 응시하여 상상과上上科에 올랐다.

고종 23년 가을에 병난兵亂이 일어나자 스님은 난을 피하고저 하여 문수오자주文殊五字呪의 진언을 암송하면서 감응을 기대하였는데 홀연히 대성大聖이 현신現身하여 이르기를,

백운지흥 白雲知興

"무주거無住居하라."

이듬해에 포산包山의 묘문암妙門庵으로 옮겼는데 암자의 북쪽에 무주실無住室이 있었다. 스님은 그제야 전에 꿈의 계시를 깨닫고 무주실로 걸망을 옮기고 생계불감生界不減 불계부증佛界不增의 화話를 참구하였다.

하루는 문득 활연豁然히 깨달음이 있어 사람에게 말하기를,

"내 오늘에사 삼계가 몽환夢幻과 같고, 대지大地를 봄에 실터럭만큼도 걸림이 없는 줄을 알았노라." 라고 선언하였다.

이 해에 나라에서 삼중대사三重大師로 제수除授하였고 고종 33년(서기 1246년)에 선사禪師를 더하였다.

고종 36년에는 상국 정안相國鄭晏이 사제私第를 희사하여 절을 만드니 정림사定林社가 그것이다. 상국은 스님을 청하여 사주社主가 되게 하는지라 다시 처소를 그곳으로 옮겼다.

고종 46년(서기 1259년)에 왕은 스님에게 대선사大禪師를 가加하였으며 원종元宗 2년에는 조칙을 받들어 개경開京으로 올라가서 선월사禪月寺에 주석하면서 개당開堂하여 목우자牧牛子松廣寺의 佛日普照國師를 멀리 이었다.

원종 9년 여름 조정의 의지意旨에 의하여 선교禪敎의 이름난 대덕大德 백명을 초청하여 운해사雲海寺에서 대장낙성회大藏落城會를 베풀고 스님을 주맹主盟으로 모셨다.

스님은 낮에는 독경을 하고 밤에는 종취宗趣를 강론하였는데 설하는 정의精義가 입신入神한 것이었으며 또 제가諸家의 의심된 바를 낱낱이 부석剖釋하여 듣는 이들 모두가 경복敬服치 않는 이가 없었다.

스님이 인홍사仁弘社에 머물기를 11년, 이 절을 창건한 지가 이미 오래이어서 전우殿宇가 모두 퇴각한데다 또한 땅이 낮고 좁아서 스님이 중신重新하고 조정에 아뢰어 절이름을 인홍사仁興社로 고쳤으며 왕께서 친히 제액題額을 써서 하사하였다.

충렬왕忠烈王 3년(서기 1277년), 조칙을 받아 호거산 운문사虎踞山雲門寺에 주석하면서 크게 현풍玄風을 떨쳤으며 왕은 날로 더욱 깊이 존신尊信하는 것이었다.

왕이 운문사의 일연一然 스님에게 시詩를 부치니 이르되,

"密傳何必更攄衣 金地逢招亦是奇

欲乞璉公邀闕下 師何長戀白雲枝"

(은밀히 전함을 어찌 다시 구의하랴?

금지에 초대받음도 또한 기아하네

연공을 궐하에 맞듯 빌려고 하는데

스님은 어찌 흰구름가지만 생각하나요?)"

충렬왕 7년 여름에 동정東征을 인하여 어가御駕가 동도東都에 행행幸行함에 스님을 행재소行在所에 부르니 스님이 이르자 길에서 승좌설법陞座說法하기를 청하였다. 이는 대개 왕이 스님을 숭경崇敬함이 날로 배나 더한 것이었다.

이로 인하여 스님은 불일결사문佛日結社文을 취해 제압題押하여 불일사佛日社에 들어갔다.

이듬해 가을 근시장近侍長을 파견하여 조칙을 받들어 스님을 궐하闕下에 영접, 대전大殿에 드시게 하니 왕의 기쁨은 용안龍顏에 넘쳤으며

유사有司에 신칙하여 스님을 광명사廣明寺에 주석하게 하였다.

스님이 광명사에 입원入院한 날 야밤에 어떤 사람이 방장실方丈室 밖에 서 있는지라 스님이 "잘 왔도다" 하고 세 번을 말하고는 바라보니 거기에는 아무도 없었다.

그해 겨울에 왕께서 친히 수레를 타고 스님을 방문하여 법요法要를 물으니 스님은 최상승最上乘으로써 간곡히 설하여 주상主上을 기쁘게 하였다.

충렬왕 9년 봄에 왕이 군신群臣에게 이르기를,

"과인의 선왕들께서는 모두 석문釋門의 덕이 크신 스님을 얻어 왕사王師를 삼고 덕이 또 큰 이를 국사國師로 모셨는데 과인은 부덕하여 혼자만이 없으니 옳다 하겠는가?

이제 운문화상雲門和尙 一然禪師은 도道가 높고 덕이 크셔서 온 백성이 모두 우러르는 바이거늘 어찌 과인만이 홀로 자비로운 은택恩澤을 입어서야 되겠는가? 마땅히 온 나라가 함께 하기를 바라노라."

하고 이에 우승지 염승익右承旨 廉承益을 파견하여 윤지綸旨를 받들어 합국존사闔國尊師의 예禮를 행하려고 청하니 스님이 표를 올려 굳이 사양하는 것이었다.

왕은 다시 사신을 보내어 굳게 청하기를 세 차례나 하였으며 인하여 상장군 나유上將軍羅裕 등에 명하여 국존國尊으로 책봉冊封하고 원경충조圓徑沖照라고 호號하였으며 책봉하기를 마치고 4월 신묘일辛卯日에 대내大內에 맞아들여 몸소 백료百僚를 거느리고 구의례摳衣禮를 행하였다.

# 보각정조국사
## 普覺精照國師

일연一然 스님은 평소 경연京輦을 좋아하지 않는데다 또 어머니가 늙었으므로 옛산[旧山]에 들어가기를 청하였는데 사의辭意가 심히 간절한지라 왕이 그 뜻을 어기지 못하고 윤허하였다.

나라에서는 근시좌랑 황수명近侍佐郞黃守命에게 명하여 호행護行하게 하니 스님은 산문에서 내려와 자친慈親을 뵈오려고 고향으로 돌아가는데 조야朝野가 모두 스님의 효성의 희유希有함을 탄복하는 것이었다.

이듬해에 스님의 어머니가 세상을 떠났는데 세수世壽가 96세였다.

조정에서 인각사麟角寺로써 스님의 하안下安의 처소로 내정하고 근시近侍 김용검金龍儉을 시켜 인각사를 수리하게 하고 또 전답田畓 백여경百餘頃을 헌납하여 스님의 상주常住를 꾸미도록 하였다.

스님이 인각사에 들어가서 다시 구산문도회九山門都會를 열으니 총림의 성함이 근고近古에 일찍이 없었다.

충렬왕 15년 6월에 미질微疾을 보이시더니 7월 7일에 이르러 손수 대내大內에 올리는 글을 쓰시고 또 시자侍者에게 명하여 글을 짓게 하여 상국 염공相國廉公에게 부쳐 길이 감[長往]을 고하였다.

그리고는 여러 선로禪老들과 날이 저물도록 선리禪理를 문답하였다.

그날 밤에 꼬리 달린 큰 별이 방장실에 떨어지더니 이튿날 아침에 스님은 목욕하고 법복을 갈아입은 다음 정좌하여 대중에게 이르시기를,

"내 마땅히 가려 한다. 혹시 중일重日이 아니냐?"

"아닙니다."

"그러면 되었다."

이렇게 몇 말씀 하시고는 법고法鼓를 울리게 한 뒤 법당 앞까지 천천히 걸어 나와서 선상禪床에 걸터앉아 인보印寶를 봉하고 장선별감 김성고掌選別監金成固에게 명하여 거듭 봉하여 마치고는 이르시되,

"마침 천사天使가 옴을 만나서 노승의 말후사末後事를 보이는구나."

한 스님이 나와 여쭙기를,

"석존釋尊이 학림鶴林에서 멸도滅度를 보이시고 화상께서 인령麟嶺에서 진신眞身이 돌아가시니 알지 못하겠나이다. 서로 떨어짐이 얼마나 됩니까?"

스님이 주장자를 잡아 선상을 한번 치고 이르시되,

"서로 떨어짐이 얼마인고?"

그 스님이 나아가 여쭙기를,

"이러하면 이제와 옛날이 응당 떨어짐이 없어서[今古應無墮] 분명히 목전에 있겠습니다.[分明在目前]"

스님은 또 한 번 선상을 치고 이르시기를,

"분명히 목전에 있느니라."

나아가 여쭙되,

"뿔 셋인 기린이 바다속에 들어가니 허공 끝의 작은 달이 파도 속에서 나옵니다.[三角麒麟入海中 空餘片月波心出]"

스님께서 이르시되,

121

"다른 날에 돌아오너라. 또한 상인上人으로 더불어 거듭 한마당 희동하리라."

또 한 스님이 여쭙되,

"화상께서 백 년 후百年後에 무슨 물건을 수구須求하시렵니까?"

스님께서 이르시되,

"다만 이것이니라."

"거듭 군왕君王으로 더불어 이 날 탑 모양을 지은들 또한 어찌 방해되겠습니까?"

"어느 곳에 거래去來하는고?"

"또한 모름지기 묻고 지냈나이다."

"이 일을 알았거든 문득 쉬거라."

또 어떤 스님이 여쭙는다.

"화상께서 세상에 계셔도 세상에 없는 것과 같이 하고 몸을 보되 몸 없음과 같으시거니 어찌 세상에 머무시어 대법륜大法輪을 굴리심이 방해되리까?"

"곳에 따라 불사를 짓느니라."

문답을 파하자 스님이 이르시되,

"여러 선덕이여 나날이 알리라. 아픈 것인가? 아프지 않은 것인가? 모호하여 분별치 못함을."

이에 주장자를 잡아 법상을 한 번 치고 이르시되,

"이것이 아픈 것이니라."

또 한 번 법상을 치고 이르시되,

"이것이 아프지 않은 것이니라."

또 한 번 치고 이르시되,

"이것이 아픈 것인가 아프지 않은 것인가를 시험 삼아 분별해 보라."

하시고 문득 선상禪床에서 내려오셔서 방장실方丈室로 돌아가사 또 작은 선상禪床에 앉으셔서 말씀하고 웃으심이 평소와 다름 없었다.

그러다가 얼마가 지난 뒤 손으로 금강인金剛印을 맺으시고 박연泊然히 시멸示滅하시니 오색광명이 방장실의 뒤편에서 일었는데 곧기가 깃대와 같고 그 끝이 환하기가 불꽃 같았으며 머리 위에는 흰구름이 마치 덮개처럼 감싸고 있다가 하늘을 가리키며 사라져 갔다.

때는 초가을의 더위가 기승을 부리고 있었는데 스님의 얼굴 모습은 선백鮮白하고 지체는 형택瀅澤하며 구부렸다 펴기를 생시와 같이 하였으므로 이를 바라본 사람들은 모두 살아 계신 것처럼 안도하는 것이었다.

정해일丁亥日에 사유闍維하여 영골靈骨을 수습해서 선실 중禪室中에 안치하고 문인門人들이 유장遺狀과 인보印寶를 나라에 올렸다.

왕께서 크게 슬퍼하시고 판관후서사 영적判觀候署事令偁을 보내시어 식종의 예[飾終之禮]를 펴시는 한편 안렴사감호상사按廉使鑑護喪事에게 명하여 시호를 보각普覺이라 하고 탑호를 정조靜照라 내리셨다.

10월 신유일辛酉日에 절의 동쪽 언덕에 탑을 세웠으며 향년享年은 84세이고 법랍은 71하夏였다.

스님의 사람됨이 말씀은 희롱과 거짓됨이 없고 성품을 반연과 꾸밈이 없으며 진정眞情으로써 사람을 대우하고 대중에 처하되 홀로 있음과 같이 하며 존귀尊貴에 거하되 낮음과 같이 하며 배움에 있어 스승의 가르침을 말미암지 않고 자연히 통효通曉하였다.

또 선열禪悅의 여가에 재차 장경藏經을 열람하여 제가諸家의 장소章疏를 궁구하며 널리 유서儒書를 섭렵하고 겸하여 백가百家에 관통하였으며 방소方所를 따라 물物을 이롭게 하였다.

불사佛事를 짓고 중생을 제도하기를 50년 동안 오직 법도法道로써 으뜸을 삼았으며 주석하신 곳을 따라 모두 다투어 경모景慕하고 오직 아직 당하堂下에 참예하지 못한 것으로 부끄러히 여겼다.

어머니를 봉양함에 지순하게 효도로써 하여 목주 진존숙陸州陳尊宿의 기풍을 사모하여 자호自號를 목암睦庵이라 하였다.

나이가 모기耄期에 미쳐서도 총명이 조금도 쇠하지 않아서 사람을 가르침에 게으르지 않았으니 지극히 덕스럽고 참다운 자비가 아니시면 뉘 능히 이러하겠는가?

스님의 저서著書로는 『어록語錄』 2권, 『조도祖圖』 2권, 『대장수지록大藏須知錄』 3권, 『제승법수諸乘法數』 7권, 『조정사원祖庭事苑』 30권, 『선문염송사원禪門拈頌事苑』 30권 등 백여 권이 세상에 유행流行하고 있다.

특히 스님의 저서로 널리 이름을 떨친 책으로 『삼국유사三國遺事』 5권은 백미白眉 중의 백미라 하겠다.

스님은 고조선古朝鮮으로부터 고려에 이르기까지의 역사 가운데 『삼국사기三國史記』에 누락된 사실들을 소상히 기술하고 있다.

신라의 안함安含 스님이 『환단고기桓檀古記』를 저술하여 단군檀君 이

전의 우리 배달민족倍達民族의 역사를 전해준 것과 일연 스님이 삼국유사를 남기신 것, 즉 안함·일연 두 스님이 우리 역사를 밝혀준 것은 매우 그 의미가 깊다고 하겠다.

# 보감묘응국사
## 寶鑑妙應國師

　　스님의 휘諱는 혼구混丘, 자字는 구을丘乙이며 어릴 적 이름은 청분淸玢이고 법호는 무극無極, 속성은 김씨金氏이다.

　　아버지는 첨의평리僉議平理를 지낸 분이니 이름은 홍부弘富이고 어머니는 황려 민씨黃驪閔氏이며 청풍군淸風郡 현재의 중원군이 고향이다.

　　어머니가 복령사福靈寺의 관음보살상觀音菩薩像에 기도를 드려 고려 고종高麗高宗 38년 7월 27일에 태어났다.

　　어려서 여러 아이들과 놀이를 하면서 기왓장이나 돌을 모아 탑을 쌓는가 하면 혼자서 두 발을 포개고 단정히 앉아 참선하는 시늉을 하는 것이 예사였다.

　　스님의 형모形貌는 단엄端嚴하고 성품은 자상慈祥하여 친척들이 스님을 지목하여 작은 미타[小彌陀]라고 일컬었다.

　　열 살 되던 해에 무위사無爲寺의 천경선사天鏡禪師에게 투신投身하여 축발祝髮한 스님은 삼장三藏을 이수한 뒤 구산선과九山選科에 응시하여 상상과上上科에 올랐다.

　　그러나 스님은 이를 곧 버리고 보각국존普覺國尊의 회하會下에 나아가 배우기를 청하였는데 무릇 배움에 있어 그 깊은 핵심에 이르지 못하면 책을 놓지 않는 것이었다.

　　스님이 아직 보각국존을 찾아뵙기 전에 국존께서 한 꿈을 얻었는데

백운지흥 白雲知興

126

어떤 중이 찾아와서,

"나는 오조법연五祖法演이요."

하더니 스님이 찾아와서 배알하는지라 국존은 혼자서 점두하며 기쁨을 감추지 못해 하는 한편 무척 괴이히 여기기를 마지않았다.

오조법연이란 중국 송나라 때의 고승으로서 임제종臨濟宗의 백운수단선사白雲守端禪師의 법을 이은 대선사大禪師이니 오조산五祖山에서 크게 교화를 떨쳤으므로 오조五祖라는 법호로서 불리운다.

선사는 슬하에 많은 눈 푸른 제자를 두었는데 이른바 삼불三佛이라는 불과佛果 불안佛眼 불감佛鑑의 세 제자는 너무도 유명하다.

국존은 스님의 공부를 지도하며 이 꿈을 얻은 사실을 늘 잊지 않았으며 스님의 총민하고 부지런함에 탄복하여 대중에게 이르시기를,

"나는 이미 상서로운 징조를 꿈꾸었느니라."

하였다.

국존의 법석法席을 이어받아 개당開堂한 스님은 강설하고 정진하는 규범이 항상 일정하여 옹용雍容하고 한아閒雅한 품위를 잃지 않았다.

충렬왕忠烈王이 승가리 법복僧伽梨法服을 내리시고 여러 번 비답批答하여 대선사大禪師에 이르렀다.

이어 충선왕忠宣王이 즉위하자 더욱 스님을 존경하여 양가도승통兩街都僧統을 제수하고 대사자왕 법보장해 국일大獅子王法寶藏海國一의 호를 더하였다.

계축세癸丑歲에 충선왕이 보위寶位에서 물러나 영안궁永安宮에 거처하면서 누차 중사中使를 보내어 스님을 초치하여 조용히 도담道談을 나누

곤 하였는데 어떤 때는 일모日暮에 이르기도 하였다.

덕릉德陵 충선왕께서 국주國主에게 조종祖宗의 구례舊例로써 고하여 스님을 오불심종해행원만감지왕사悟佛心宗解行圓滿鑑智王師에 책봉하였다.

이렇듯 두 임금이 한 가지로 구의지례摳衣之禮로써 청익請益하기는 옛날에 일찍이 없었다.

이미 여러 해가 지나자 왕사王師의 자리에서 물러나기를 걸청乞請함이 심히 간절하자 조정에서 윤허하고 영원사瑩源寺에 주석하기를 명하였다.

영원사는 경남 밀양密陽 땅에 있는 절로서 원정元貞 연간에 천태종天台宗의 소유로 되었던 것을 스님이 주석하게 됨을 계기로 비로소 다시 선종사찰禪宗寺刹로 회복하게 되었다.

충숙왕忠肅王 9년(서기 1322년) 겨울 10월에 미질微疾을 감득感得하더니 법석法席을 송림사松林寺로 옮겼다.

스님은 임종이 가까워옴을 짐작하시고 유서遺書를 써서 봉인封印하여 시자侍者에게 부촉하셨으며 30일을 넘어서 목욕하고 별중別衆에게 설법하시니 그 대략은 이러하다.

“荊棘林中下脚

干戈叢裡藏身

今日路頭　果在何處

白雲斷處是靑山

行人更在靑山外

(가시 숲속에 발을 내리고

전쟁터 속에 몸을 감추도다

오늘 가는 길목은

과연 어느 곳에 있는고?

흰구름 끊인 곳이 이 청산이거늘

행인이 다시 청산 밖에 있도다)"

설법을 마치고 방장실方丈室에 돌아온 스님은 선상禪床을 의지하여 대적삼매大寂三昧에 드셨다.

스님은 평소에 침후沈厚하고 말수가 적었으며 학문은 섭렵하지 않음이 없으셨고 특히 시문詩文에 넉넉하시며 서예에도 능하셨다.

남기신 어록語錄이 2권, 『가송잡저歌頌雜著』가 2권, 『신편수륙의문新編水陸儀文』이 2권, 『중편염송사원重編拈頌事苑』이 30권이 있어 총림 사이에 널리 유행流行하고 있다.

중오中吳의 몽산덕이선사蒙山德異禪師가 일찍이 『무극설無極說』을 지었는데 선박 편에 붙여 스님에게 기증하여 왔다.

스님은 묵묵히 그 무극설의 뜻을 알아차리고는 자호自號를 무극노인無極老人이라 하였다.

스님의 보년報年은 72세이고 승하僧夏는 63이며 왕께서 부음訃音을 들으시고 매우 애통해 하시며 시호를 보감국사寶鑑國師라 하고 탑호는 묘응妙應이라 추증追贈하시었다.

스님은 일곱 번 벼슬을 더하시고 여섯 차례나 법호를 받으셨으며 아홉 차례나 이름난 총림이 방장方丈을 지내시고 두 차례나 내원內院에 주석하시는 등 한 나라 석림釋林의 으뜸이 되셨다.

또 두 임금에게 함장의 예[函丈之禮]를 받으신 것에 사람들이 이론異論이 없었으며 모두들 마땅한 일이라고 일렀으니 이른바 복덕福德과 지혜智慧의 두 가지를 장엄한 이가 아니면 누가 능히 이러하겠는가?

스님의 비문에 스님이 태어나신 해를 충헌왕忠憲王 27년 기해己亥라고 한 것은 고종高宗 38년 신해辛亥의 잘못이며 73세에 시적示寂하신 것으로 기록한 것은 72세가 맞다.

스님의 휘諱는 탄연坦然, 속성은 손씨孫氏이며 아버지는 손숙孫肅이니 군공軍功으로 교위校尉가 되었고 어머니는 안씨安氏집 따님이다.

스님의 고향은 산양현山陽縣지금의 상주군(尙州郡)이며 태어나면서 남다른 바탕이 있었고 지기志氣 또한 무리와 섞이지 않았다.

나이 겨우 8, 9세에 글 지을 줄을 알아서 시詩를 지어 사람들을 놀라게 하였으며 또 서예도 잘하여 모두들 천리구千里駒라고 불렀다.

13세에 육경六經을 배워 대강 대의大義를 통달하였으며 15세에 명경생明經生으로 보補함을 받았다.

이렇게 스님의 성명聲名이 세상에 널리 알려지자 노유老儒들도 추중推重하지 않는 이가 없었다.

숙종왕肅宗王이 번저藩邸에 있을 적에 스님의 어진 소문을 익히 듣고 궁중에 초치하여 세자世子를 가르치게 하니 세자는 뒷날 예종왕叡宗王이 되는 분이다.

그러나 스님은 어려서부터 진세塵世를 벗어날 뜻을 지니고 있어서 몸과 세상 보기를 뜬구름과 같이 하고 명리名利 버리기를 헌신짝처럼 하여 왔다.

일찍이 사안師安과 보현保玄의 두 높은 선비와 더불어 노닐었는데 사안師安이 먼저 머리를 깎았다는 말을 듣고 곧 가만히 궁중에서 나와 곧바로 서울의 북쪽산에 있는 안적사安寂寺로 가서 사주寺主에게 머리를 깎고 중이 되니 이때의 나이는 19세였다.

스님은 평소 선열禪悅을 사모하여 이에 광명사廣明寺에 나아가 혜소국사慧炤國師에게 의지하여 섬기더니 드디어 심요心要를 전수받았다.

이로부터 제방諸方에 유력遊歷하면서 두루 선사禪肆를 참參하니 총림의 학자들이 모두 칭송하고 존경하였다.

그러나 스님의 행각은 오래가지를 못하였다. 노모老母가 계시므로 노모의 좌우를 멀리 떠날 수 없었다.

그래서 밖앗산의 적은 절을 구해 얻어서 노모를 봉양하고 다시 멀리 노닐지 않았다.

숙종왕肅宗王이 등극하자 곧 부름을 받아 연곡輦轂에 나아가 10년을 지냈다.

갑신세甲申歲숙종왕 9년에 대선大選에 다달아 합격하였으며 이 해에 중원中原의 의림사義林寺의 주지로 명을 받아 머물었다.

예종왕睿宗王이 즉위하자 더욱 스님을 애중히 여겨 대사大師를 제수하였으며 예종 3년 정해丁亥에 개돈사開頓寺에 옮겨 주석하였다.

이듬해에 중대사重大師를 더하였고 동왕同王 9년에 특별히 삼중대사三重大師를 제수하고 그로 인하여 법복法服을 하사하였다.

예종 12년 정유丁酉에 선암사禪巖寺에 주석하였고 동왕 15년 경자庚子에 선사禪師를 제가制加하였다.

인종왕仁宗王 원년에 특별히 첩수가사帖繡袈裟를 하사하였고 동왕 5년에는 조칙으로 천화사天和寺에 주석하였으며 6년에는 보리연사菩提淵寺에 옮겨 주석하였다.

그리고 동왕同王 7년 봄에 스님이 주석한 절에서 법회 열기를 주청奏請하였다. 이 산에는 본디 뱀들이 많아서 여행객들의 근심거리였는데 법회를 파한 후 어디론가 모두 사라졌다.

지금도 산 아래 사람들은 기이한 일이라고 입과 입을 통해 서로 전해오고 있다.

이 해 가을에 왕께서 이 절에 행행幸行하여 스님을 불러 조용히 도를 물으시고 친히 금강주金剛珠를 주시매 스님은 곧 한 수의 시詩를 입으로 읊어 임금에게 사례하였다.

동왕 9년에 대선사大禪師를 제가制加하고 금수가사金繡袈裟를 내리셨다.

동왕 10년에 보제사普濟寺 제석원帝釋院에 주석하며 겸하여 영원사瑩原寺에 주석하였는데 9월에 스님은 영원사에 나아가셨다.

동왕 16년에 조칙을 입어 경궐京闕에 돌아왔으며 18년에는 광명사廣明寺로 옮겨 주석하였다.

스님의 덕행과 도예道譽가 세상 사람들의 우러르는 바가 되어서 매양 나라에 큰일이 있을 적마다 임금께서는 반드시 어필御筆로써 스님에게 자문諮問하시곤 하였다.

이로 말미암아 스님의 이름은 더욱 널리 아름답게 빛났다.

일찍이 스님이 지은 사위의송四威儀頌과 상당어구上堂語句가 있는데 상선商船에 붙여 송나라 사명아육왕산四明阿育王山의 광리사廣利寺에 있는 개심선사介諶禪師에게 보내었다.

개심선사는 곧 인가印可하고 이에 글로써 복답復答하여 지극히 더욱 탄미歎美하기를 거의 사백여 언四百餘言이나 하였는데 글이 많아서 기재하지 못한다.

또 도응道膺 응수膺壽 행밀行密 계환戒環 자앙慈仰 등이 있으니 이들은 당시의 대선백大禪伯들이다.

이에 편지로써 통호通好하여 도우道友가 되기를 약속하였으니 만일 도덕이 있는 이가 아니었으면 어찌 능히 사람들로 하여금 향모響慕함이 이와 같게 할 것이랴?

동왕 23년에 임금께서는 스님의 도덕을 존경하여 4월 7일에 우부승선 이포여右副承宣李舖予를 시켜 스님을 사사師事할 뜻을 전하고 이에 지주사知奏事 김영관金永寬을 파견, 국왕의 뜻을 이어 전하였다.

스님은 굳이 사양하기를 두 번 세 번에 이르렀으나 그러나 임금께서도 또한 부지런히 청하기를 마지않으셨다.

이때 혜성彗星이 출현하여 20여일을 경과하였고 또 크게 가물어서 조야朝野가 모두 근심하고 두려워하였다.

5월 6일에 비로소 왕사王師에 봉하기를 청하는 글을 내리니 이에 스님을 왕사로 책봉하였으며 이 날 하늘에서 큰비가 내렸다.

임금께서 이르시기를 "덕 높은 스님을 숭상한 소치니라" 하시고 더욱 신향信嚮하시는 것이었다.

그 이튿날 스님께서 금명전金明殿에 나아가시니 임금께서 북면北面으로 구의지례摳衣之禮를 행하셨다.

9월 7일에 스님은 보제사普濟寺에 들어가셨으며 11월 5일에는 대궐의 수레가 보제사에 행행幸行하여 스님을 배알하고 적황라지수첩가사赤黃羅地繡帖袈裟를 지어 스님에게 올렸다.

이처럼 임금께서는 스님을 공경하고 우러렀으며 귀중歸重하는 뜻이 실로 더함이 있음을 마지않으셨다.

금상今上께서도 선왕의 뜻을 이어 예로써 대우함이 더욱 두터워서 특별히 사신을 보내시어 금란가사金襴袈裟를 올려 그 덕을 표하시었다.

의종왕毅宗王 2년 정묘丁卯에 스님은 나이 이미 늙은지라 진주 단속사晉州斷俗寺에 돌아가기를 걸청乞請하였다.

그러나 임금께서는 서울에 있기를 만류하였으나 스님의 뜻이 더욱 굳은지라 임금께서도 마지못하여 잠시 돌아가 쉬기를 윤허하셨다.

스님은 이미 윤허를 얻어서는 3월 5일에 길을 나서서 천화사天和寺에 우거寓居하더니 임금께서 또 첨례瞻禮코져 하여 이제 광명사廣明寺에 맞아들였다.

스님은 호연의 뜻[浩然之志]을 능히 스스로 결행하지 못하고 있다가

7월 13일에 이르러 몰래 길을 재촉하여 광명사에서 떠나갔다.

임금께서는 가히 더 만류할 수 없음을 알고 중귀인 김존중中貴人金存中을 파견하시고 우가승록 한주右街僧錄翰周에게 모시고 가게 하니 9월 3일에사 단속사斷俗寺에 도착하셨다.

스님은 비록 경사京師에서 물러나와 산림 속에 거처하는 것이었지만 축성祝聖의 정성은 날로 더욱 돈독하셨고 임금께서도 스님을 생각하는 마음이 또한 조금도 쇠하지 않으셔서 자주 왕인王人을 보내어 구의지례摳衣之禮를 드리기를 마지않으셨다.

스님은 천성天性이 착한 것을 좋아하셔서 사람을 가르침에 게을리하지 않으시니 현학玄學의 무리가 구름이 밀려오듯 폭주하여서 이르는 곳마다 수백 인에서 덜하지 않았다.

그리하여 당堂에 오르고 실室에 들어 마음을 전하고 골수骨髓를 얻어서 당시에 종장宗匠이 된 사람이 또한 많았다.

그래서 스님은 드디어 종풍을 크게 떨치고 조도祖道를 빛내어 드날려서 동국東國의 선문禪門을 중흥하였으니 스님에게는 이러한 실력이 있었던 것이다.

스님의 이러한 도덕과 행적이 사람의 입과 입을 통하여 사방에 유전流傳하였으며 또 서예書藝에 있어 입신入神의 경지에 든 데다 편지를 정묘精妙하게 잘써서 고인古人을 멀리 벗어났으므로 스님의 편지를 얻은 이들은 모두 지보至寶로 여겼다.

의종왕 8년에 미질微疾이 있더니 한번은 병석에서 일어나 게송을 읊기를,

"廓落十方界 同爲解脫門

休將生異見 坐在夢中魂

(十方世界를 확연히 깨치니

한가지로 해탈문이 되도다

쉬거라 다른 견해를 내어

꿈속의 혼에 앉음을…….)"

의종왕 12년 6월 4일에 다시 미질을 보이시더니 15일에 이르러 문인에게 보이시더니 부촉하여 말씀하시기를,

"나의 돌아갈 곳은 내 스스로 알고 있노라 너희는 각자가 도력道力을 온전히 하는데 힘쓰고 삼가 세속의 예例를 따라서 번거롭게 명제冥齊를 꾸미지 말거라."

이에 게송을 설하시되,

"聖辰□□ 獨玩心宗

廓然快樂 遊泳淸風

(성신 □□□□… …

홀로 심종을 완상하도다

확연히 깨쳐 쾌락하여

청풍에 노닐며 헤엄치도다)"

게송을 마치시고 단정히 앉아 두 손을 맞잡고 천화遷化하시었는데 여러 날이 지나도록 안색은 평일과 같았다.

스님의 춘추는 90세이고, 법랍은 75하夏였으며 입적하신 직후 하늘에는 구름 한점도 없었지만 오직 단속사 동구에만 홀연히 큰 비가 내

리더니 얼마 뒤에 비가 그쳤는데 오색기운[五色氣]이 있어 동구 안에 비껴 어리었다.

문인 등이 유장遺狀과 인보印寶를 받들고 역마를 타고 상경하여 주상主上에게 아뢰니 주상께서는 부음訃音을 듣고 비통해하시고 곧 내신 한취內臣韓就와 일관 음중인日官陰仲寅 등을 파견하여 장례 치르는 일을 두호하게 하시었다.

7월 15일에 예의를 갖추어 대감국사大鑑國師의 시호를 더하시었으며 16일에 진주 소남역少男驛의 북쪽 언덕에서 다비茶毘를 모시었다.

28일에 영골靈骨을 단속사 북쪽의 홀로 선 산꼭대기에 장사 지냈으며 문인들이 비 세울 일을 주상에게 청하니 주상께서는 태자사 이지무太子師李之茂에게 명하시어 비문을 짓게 하였다.

스님은 필법이 신묘神妙하여 특히 왕우군王右軍의 서체를 잘 썼으며 춘천 청평사春川淸平寺의 문수원 중수비文殊院重修碑와 예천군 복룡사비醴泉郡伏龍寺碑와 삼각산 승가굴 중수비三角山僧伽窟重修碑 등을 썼다.

이씨 조선李氏朝鮮 세조世祖 때의 명신名臣 서거정徐居正은,

"동국東國의 필법筆法은 김생金生이 제일이고 요극일姚克一 탄연坦然 영업靈業이 그 다음 간다."

라고 평하였다.

스님은 일찍이 혜소국사慧炤國師의 회상에서 법을 얻은 눈 푸른 도인이니 더 달리 법을 얻어야 할 것도 없는 어른이다.

개심선사는 탄연 스님의 도덕에 감복하여 답장을 보내면서 자신의 의발衣鉢을 보냈지만 이 의발은 꼭 이 법을 전수하는 신표信表로만 보

는 것은 무리다.

중국 선사들은 당신의 눈에 드는 납자를 만나면 의례의 의발이나 가사 불자拂子 등을 주는 전통이 있어 왔다.

그래서 사자상승師資相承의 법은 의발을 전수함에 있는 것이 아니라 제자가 개당開堂하여 염향축원拈香祝願하면서 "나는 어느 스님의 법을 이었노라." 하고 선포한다.

이것이 바로 스승과 제자의 관계를 천명하는 의식이며 이런 의식은 제자의 권리라 하겠다.

더욱이 대감국사의 임종게에 국사의 살림살이가 약여하게 드러나 있음을 보아 국사께서 혜소국사의 사자師資 관계를 저버릴 만한 인물이 아님을 재삼 밝혀둔다.

# 나옹보제존자
## 懶翁普濟尊者
상上

스님은 경북 영덕군 영해면옛날 영해부慶北盈德郡寧海面古寧海府에서 아씨牙氏 집안에 태어났는데 아버지는 서구瑞具니 선관서령膳官署令의 벼슬을 하였고 어머니는 정씨鄭氏니 밀양군 영산密陽郡靈山 출신이다.

스님의 휘는 본시 원혜元慧로서 뒤에 혜근惠勤이라 고쳤으며 법호는 나옹懶翁 실액室額은 강월헌江月軒이다.

일찍이 어머니의 꿈에 금빛새[金色雀]가 날아와서 그 머리를 쪼더니 문득 알을 떨어뜨려서 품속에 들어오는 것을 보고 잉태하였으므로 아명兒名을 수로叟老라 하였다.

스님은 어려서 매양 출가할 뜻을 가졌으나 부모의 허락을 얻지 못하였다. 그러던 중 어머니의 상喪을 입고 더욱 세속에 대한 애착이 엷어져 갔다.

충숙왕 복위忠肅王復位 8년, 스님의 나이 20세 때에 동학 친구同學親舊의 죽음을 보고 어른들에게 묻기를,

"사람이 죽으면 어디로 가는 것입니까?"

하고 사후死後에 대한 의심을 간절히 하였지만 어른들에게 시원한 대답을 듣지 못하였다. 헌데 한 동리 어른이,

"죽은 뒤의 일은 수도하는 스님들이 잘 아실 것이다. 도인 스님을 찾

아가 물으려므나."

하면서 문경聞慶땅 공덕산功德山에 요연선사了然禪師라는 도승이 계시니 그리로 가보라고 일러주는 것이었다.

스님은 이런 인연으로 집을 떠나 비로소 출가할 수 있었으며 공덕산 묘적암妙寂庵의 요연선사를 배알하고 축발수구祝髮受具하였다.

스님은 요연선사에게 중이 된 뒤 선사는 묻기를,

"너는 무슨 일 때문에 출가하려 하느냐?"

"예, 삼계三界를 벗어나서 중생을 이익케 하고져 하오니 청컨대 개시開示하소서."

"네가 이제 여기에 온 것은 무슨 물건인가?"

"능히 말하고 능히 듣는 자가 능히 왔나이다. 그러나 만일 보려 하면 가히 볼 자체가 없고 찾으려 하면 가히 찾을 물건이 없사오니 알지 못하겠나이다. 어떻게 나아가 닦으리까?"

"나 역시 너와 같아서 아직 모르니 다른 데로 가서 큰스님께 물으려므나."

이에 스님은 스승을 하직하고 제방에 유력遊歷하다가 충혜왕 복위忠惠王復位 5년에 양주 천보산 회암사楊州天寶山檜巖寺에 이르러 광지선사廣智禪師를 뵙고 뒷방 하나를 얻어 연처宴處하였다.

한번은 일본日本의 고승인 석옹화상石翁和尙이 이 절에 잠시 머무르니 대중의 청으로 상단법문을 하게 되었다.

화상은 등단하여 선상禪床을 주장자로 탁 치면서,

"대중이 도리어 듣는가?"

대중은 잠잠히 말이 없었다.

이때 혜근 스님이 게偈로써 바치기를,

"選佛場中坐 惺惺着眼看

見聞非他物 元是舊主人

(선불장 안에 앉아

정신 차려 착안해 보라

보고 들음은 다른물건 아니요

원래 이 옛주인이로세)"

회암사에서 정진하길 4년, 하루는 크게 깨진 바 있어 광지선사에게 여쭈었더니 선사는 흔연히 인가印可하는 것이었다.

그로부터 원유遠游의 뜻을 품고 충목왕忠穆王 3년 11월에 스승의 슬하를 떠나 원나라로 향하였다.

이듬해 3월에 연경燕京에 도착하여 법원사法源寺의 지공화상指空和尙을 배알하였다.

지공화상은 서천백팔대조사西天百八代祖師로서 선禪의 종사宗師이다. 화상은 묻기를,

"그대는 어디에서 왔는고?"

"고려국高麗國에서 왔습니다."

"배편으로 왔는가? 육지로 왔는가? 신통으로 왔는가?"

"신통으로 왔나이다."

"신통을 나투어 보아라."

스님은 화상 앞으로 나아가서 차수叉手하고 우뚝 서니 화상은 고개

를 끄덕이고는 대중을 따라서 참학參學하기를 허락하였다.

하루는 지공화상이 상단법문 중에 게송을 읊기를,

“禪無堂內法無外  庭前栢樹認人愛

淸凉臺上淸凉日  童子數沙童子知

선은 당(堂의 안이 없고 법은 밖이 없나니

‘뜰앞의 잣나무’ 는 아는 사람이 좋아하도다

청량대 위의 청량한 날

동자가 모래 헤이니 동자만 알도다)”

이에 혜근 스님이 답하기를,

“入無堂內出無外  刹刹塵塵選佛場

庭前栢樹更分明  今日夏初四月五

(들어가되 당안이 없고 나가되 밖이 없어서

티끌 수의 세계마다 선불장일세

‘뜰앞의 잣나무’ 의 뜻 다시 분명하니

오늘이 첫여름의 4월 5일)”

충정왕忠定王 2년(서기 1250년) 정월 초하루에 지공화상이 황후皇后가
하사한 홍의상紅衣裳을 입고 방장 안에 대중을 모아 이르되,

“明然法王巍巍福國

天上日下有祖

不問大小  有智慧者  盡得對看

(밝으신 법왕이 높고 높게 나라를 복되게 하도다

천상에는 해요 아래는 조사가 있으니

대소를 묻지 말고 지혜 있는 이는 다 얻어 상대해 보거라)"

이에 대답하는 이가 없는데 혜근 스님이 나와서 말하기를,

"明然猶是那邊事 巍巍福國是虛聲

天日下祖俱打了 到這般底是什麼

(밝다는 건 오히려 무슨 일인가?

높고 높게 나라를 복되게 함도 헛소리일세

하늘의 해, 아래의 조사를 모두 처버렸으니

이런 데에 이른 것은 이 무엇인고?)"

이에 지공화상이 옷모서리를 잡아 일으키면서 이르기를,

"안팎이 다 붉구나."

하니 혜근 스님이 3배를 드리고 물러났다.

그 해 3월에 연도燕都를 떠나 통주通州에 이르러 배를 타고 4월 8일
에 평강부 휴휴암平江府休休庵에 이르러 하안거夏安居에 들어갔다.

# 나옹보제존자
## 懶翁普濟尊者
중中

해하解夏하고 7월 19일에 휴휴암을 떠나 8월에 정혜선사淨慧禪寺에 이르니 몽당蒙堂이란 남자가 묻기를,

"그대 나라에도 도리어 선법禪法이 있소? 없소?"

스님은 게송으로 답하기를,

"日出扶桑國 江南海嶽紅

莫問同與別 靈光亘古通

(해가 부상국에서 뜨니

강남의 바다와 뫼가 붉도다

같고 다름을 묻지 마소

신령한 빛 옛에 뻗쳐 통하도다)"

이어 곧 평산처림선사平山處林禪師에게 참방參訪하니 선사가 마침 승당僧堂에 있었다. 스님은 당 안으로 들어가서 동으로 서로 왔다갔다하니 선사가 묻되,

"대덕大德은 어디에서 왔는고?"

"대도大都에서 왔습니다."

"일찍이 누구를 친견하였는가?"

"일찍이 서천西天의 지공화상을 친견하였습니다."

"지공화상은 날로 무슨 일을 하던가?"

"지공화상은 날로 천검千劍을 쓰더이다."

"지공화상의 천검은 아직 그만 두고 대덕의 한 검을 가져오너라."

스님이 좌구座具로써 선사를 치매 선사가 선상禪床에서 거꾸러지며 외치기를,

"이 도적이 나를 죽이는구나."

스님이 선사를 붙들어 일으키면서 말하기를,

"저의 검劍은 능히 사람을 죽이기도 하고 능히 사람을 살리기도 합니다."

하니 선사 크게 웃으면서 스님을 끄을어 방장方丈으로 돌아가는 것이었다.

여기에 머물기를 수개월, 선사의 회상을 떠나오려는데 선사는 손수 글을 써서 부촉하기를,

"三韓慧首座 來見老僧 其出言吐氣 便與佛祖相合 宗眼明白 見處高峻 言中有響 句裏藏鋒 玆以雪巖所傳及菴先師法衣一領 拂子一枝 付囑表信

삼한국의 혜수좌가 와서 노승을 뵈이니 그 말을 하고 기운을 토함이 문득 불조로 더불어 서로 계합하여 종안이 명백하고 견처가 고준하며 말 가운데 메아리가 있고 글귀 속에 칼날을 감추었도다. 이에 설암큰 스님이 전하신 바인 급암선사 스님의 법의 한 벌과 불자 한 가지로써 부촉하여 믿음을 표하노라."

평산선사平山禪師는 이어 게송을 주니,

"拂子法衣今付囑 石中取出無瑕玉

六根永淨得菩提 禪定慧光皆具足

(불자와 법의를 이제 부촉하노니

돌속에서 티없는 옥을 캐냈도다

6근이 길이 깨끗해 보리를 얻고

선정과 지혜광명 모두 구족하도다)"

선사는 스님에게 법의法衣 한 벌과 불자拂子 하나를 전수하였다.

이듬해 2월에 선사를 하직하고 명주明州의 보타낙가산補陀洛迦山에 나아가 관음대성觀音大聖에게 예배한 뒤 육왕사育王寺에 이르러 석가진신釋迦眞身에게 첨례瞻禮하였으며 오광悟光 설창雪窓의 두 선사를 참배하고 명주로 돌아와서 무상無相 고목영枯木榮의 두 화상을 뵈었다.

공민왕恭愍王 원년 4월에 무주婺州 복룡산伏龍山에 올라 천암원장千巖元長선사를 뵈었는데 그 때 마침 천여 명의 납자를 모아 입실入室을 선발하고 있었다.

스님이 열을 따라 선사 앞에 서니 선사가 묻기를,

"대덕은 어디에서 왔는고?"

"정자사淨慈寺에서 왔습니다."

"부모가 낳아주기 이전에는 어디에서 왔는고?"

"오늘 아침이 4월 초이틀입니다."

"눈 밝은 사람은 속이기 어렵구나."

하고 곧 입실入室을 허락하였다. 스님은 매양 조석공양을 선사와 함께 하면서 달포를 지내다가 하직하고 북경으로 돌아가는 길에 송강요당선사松江了堂禪師와 박암화상泊庵和尚 등을 차례로 참알參謁하였다.

스님은 5월 하순에 다시 지공선사指空禪師를 참배하니 선사는 기쁨을 감추지 못하시며 법의法衣 불자拂子 범초신서梵草信書 등을 전수하시는 것이었다.

스님은 여기에서 한 달 남짓 스승을 모시고 지내다가 다시 행각의 길에 나서서 연도燕都 근방의 산천을 두루 밟으면서 제방 선지식과 법거량을 하였는데 이 소문이 궁중에까지 들려서 공민왕恭愍王 4년 가을에 성지를 받들어 광제선사廣濟禪師에 주석하게 되었다.

이어 이듬해 동안거일冬安居日에는 개당법회開堂法會를 갖게 되었으며 황제皇帝는 원사院使 야첩목아也帖木兒를 특별히 파견하여 금란가사金襴袈裟와 폐백을 내리고 황태자는 금란가사와 상아불자象牙拂子를 올렸다.

이 법회에는 조정의 천관千官과 수많은 사서士庶와 제산장로諸山長老와 강호납자江湖衲子들이 법석을 가득 메웠으며 스님은 법상에 높이 올라 가사 등을 받은 뒤 법어를 사자후獅子吼하기를,

"담연공적湛然空寂하여 본무일물本無一物커니 찬혜난혜燦兮爛兮여 종하이출從何而出고?"

하니 대중은 묵묵부답默默不答이었다.

이에 스님은 "구중궁九重宮 금구중金口中에 내피乃披로다."

하고 스스로 답하고는 염향拈香 축성祝聖한 다음 다시 공부의 요절要節을 설한 뒤 법좌에서 내려왔다.

중국인들은 중국 이외의 국토는 모두 변방이라 하고 변방에 사는 사람들은 모두 오랑캐라 하여 무시하는 오만을 곧잘 부리는 터이지만 나

옹 스님의 개당 법회에서는 감히 오만스런 짓을 하는 사람이 없었으니 이보다 통쾌한 일이 어디 있으랴?

더욱이 원나라에 여러 차례 강산을 짓밟히고 많은 수모를 감수해 온 고려로서는 스님의 법력이 연경燕京에서 이처럼 크게 떨친 것으로 큰 긍지를 가질 수 있었다.

광제선사에서 2년 가까이 지낸 스님은 공민왕 6년에 원院에서 물러나와 다시 원근의 명산대찰名山大刹을 돌아보다가 법원사法源寺의 지공선사에게 배알하였다.

# 나옹보제존자
## 懶翁普濟尊者
하下

스님은 선사에게,

"이 불민한 제자는 장차 어디에 거주하오리까?"

선사는 이르시되,

"그대는 본국에 돌아가거든 삼산양수간三山兩水間에 거주하거라. 그리하면 크게 법화法化를 떨칠 것이니라."

스님은 스승의 가르침을 명심해 두었다. 이듬해 3월 23일에 스승에게 하직을 아뢰고 본국으로 돌아오는 도중에 요양遼陽 평양平壤 동해東海 등지를 거치면서 수기설법隨機說法하였다.

공민왕 9년 가을에 스님은 오대산 상두암五臺山象頭庵으로 들어가서 산사의 정적에 깊이 파묻혀 선열삼매禪悅三昧에 들어 세상의 번거로움을 잊었다.

이듬해인 공민왕 10년에 스님의 나이는 42세였다. 왕은 스님의 도예道譽를 들은 지 이미 오래였고 연경에서 사자후를 떨친 소식도 자세히 듣고 계셨다.

그래서 스님의 거처를 수소문하여 곧 개경開京으로 모시기 위해 내첨사 방절內瞻寺方節에게 내승마內乘馬를 주어 오대산으로 보냈다.

스님은 이에 곧 상경하니 왕은 내삼전內三殿으로 맞아들여 스승의 예로 인사를 드리고 심요心要를 설하시기를 청하니 스님은 두 송[二頌]을 지어 진정進呈하고 보설普說하였다.

공민왕은 조칙을 내려 스님에게 해주 신광사海州神光寺에 주석하게 하시매 스님은 굳이 사양하여 아뢰기를,

"산승은 다만 산에 돌아가서 오롯한 마음으로 성상을 위해 축원코 져 하오니 성자聖慈를 드리우소서."

하니 주상主上께서는,

"만일 그렇게 한다면 짐도 또한 불법에서 물러나리라."

하시고 근신 김중원金仲元을 보내어 보필하여 가게 하시니 스님은 마지못하여 10월 20일에 입원入院하였다.

그해 11월에 홍건적紅巾賊이 침입하니 백성들은 모두 남방으로 피난을 갔지만 스님은 대중을 거느리고 안좌부동安坐不動하였다.

그 후 적군이 몰려와서 만행을 부리려다가 큰스님이 엄의嚴儀를 보더니 도적의 우두머리가 도리어 큰스님에게 예배하고 침향沈香을 올리고는 조용히 물러나는 것이었다.

그러나 대중은 더욱 무서워하여 큰스님에게 피난하기를 강권하였지만 큰스님은 듣지 않다가 대중의 청이 간절한지라 내일은 떠나리라고 맘먹고 있었는데 그날 밤 꿈에 산신山神이 만류하므로 피난을 포기하고 산문을 떠나지 않았다.

그 뒤 홍건적은 저희들끼리 의논을 정하여 큰스님의 주변에 접근하지 않기로 하니 신광사는 화를 입지 않았다.

공민왕 12년 7월에 스님은 재삼 글을 올려 퇴휴退休를 빌었으나 주상

은 윤허하지 않으므로 스님은 스스로 신광사를 떠나 구월산 금강암九月山金剛庵으로 옮겼다.

그러나 주상은 스님이 신광사에 더 주석하기를 청하는지라 10월에 다시 신광사로 돌아가 2년을 더 주석하였다.

공민왕 14년, 스님이 46세인 3월에 상경하여 친히 궁중에 나아가 사퇴를 윤허 받고 비로소 홀가분한 몸이 되어 용문산龍門山, 원적산圓寂山 등 여러 산에 노닐다가 이듬해 봄에 금강산金剛山으로 들어가 정양암正陽庵에 석장錫杖을 높이 걸었다.

이듬해 가을에 다시 조칙을 받아 청평사淸平寺에 주석하더니 겨울에 보암장로普嚴長老가 친히 지공화상指空和尙의 유촉을 받아서 가사와 수서手書를 가져왔으므로 스님은 이를 받고 지공화상을 위해 염향拈香하고 보설普說하였다.

공민왕 17년 9월, 스님은 병환을 빙자하여 청평사를 사퇴하고 오대산 영감암五臺山靈感庵으로 들어갔다.

9월에 이르러 나라에서는 개경의 광명사廣明寺에서 제산諸山의 납자들을 크게 모아 공부시工夫試를 베풀었으니 이는 통합 후 처음 실시하는 것이었다.

이에 스님을 맞이다가 주맹主盟을 삼고 16일에 선석選席을 열었는데 주상께서 여러 왕자와 문무백관을 거느리고 친행親行하셨다.

공민왕 16년 스님이 52세 되던 해의 8월 26일에 주상께서는 공부상서 장자온工部尙書張子溫에게 국서國書·인신印信·금란가사金襴袈裟·내외법복內外法服·발우鉢盂 등을 보내어 스님에게 구의지례摳衣之禮를 펴시

백운지흥 白雲知興

고 왕사王師를 봉하사 왕사 대조계종사 선교도총섭 근수본지 중흥조
풍 복국우세 보제존자 王師大曹溪宗師禪敎都摠攝勤修本智重興祖風福國祐世普
濟尊者의 법호를 가하였다.

왕께서는,

"송광사松廣寺는 동방제일도량東方第一道場이다."

하시고 스님에게 주석하기를 명하시니 스님께서는 시자 설악雪嶽을
데리시고 회암사를 떠나 달포 만에 송광사에 이르셨다.

이듬해 가을에 스님께서는 지공화상께서 삼산양수간三山兩水間에 거
주하라시던 말씀을 상기하고 회암사로 옮기시니 주상께서는 이사위李
士偉를 보내시어 스님을 모시도록 하시었다.

그때 스님은 지공화상의 사리舍利를 회암사의 북쪽 봉우리에 탑을
세워 모시었으며 이듬해에는 서운산瑞雲山, 길상산吉祥山 등지를 순석巡
錫하시었다.

우왕禑王이 즉위하사 시신侍臣 주언방周彦邦을 보내시어 내향內香을 내
리시고 인보印寶를 돌려보내시며 왕사王師를 재차 봉하시었다.

우왕 2년에 중수불사가 마쳐짐에 4월 15일에 낙성법회를 크게 베풀
었는데 주상께서도 신하를 보내어 향을 올리게 하였으며 원근에서 사
부대중四部大衆이 구름처럼 모여서 법석法席의 성함이 일찍이 그 예가
없었다.

큰스님은 자신의 운명을 예감하고 회암사를 떠날 적에 정문이 아
닌 열반문을 통하여 나가시니 산내의 제자들은 방성통곡을 하는 것
이었다.

형원사로 내려가는 도중 큰스님의 병환은 더욱 위중하여 중도에 여주 신륵사驪州神勒寺에서 잠시 쉬어가기로 하였는데 호송관 탁첨卓詹은 간신배들의 사주를 받은 터라 빨리 가기를 재촉하는 것이었다.

큰스님은 저들의 독촉에 이르시기를,

"그대들의 청이 그러할진대 내 마땅히 아주 멀리 가겠노라."

하시고 문도들에게 일일이 유촉하신 후 문법問法에도 자세히 답하시고 5월 15일 진시辰時에 대적삼매大寂三昧에 드시었다.

스님의 휘諱는 처음에는 보허普虛라 했는데 뒤에 보우普愚로 고쳤으며 법호는 태고太古이고 속성은 홍씨洪氏, 고향은 홍주洪州이며 아버지는 상주국上柱國 벼슬을 했다.

어머니 정씨鄭氏가 해를 품에 안은 꿈을 얻고 임신을 하더니 고려 충렬왕 27년 신축辛丑 9월 21일에 양근에서 탄생하였다.

13세에 양주 회암사揚州檜巖寺의 광지선사廣智禪師에게 의지하여 출가하고 제방諸方의 총림에 다니며 도를 묻다가 19세에 만법귀일 일귀하처萬法歸一一歸何處의 화두를 참구하였다.

33세 때 성서城西의 감로사甘露寺에 우거寓居하더니 하루는 의단擬團을 타파하고 팔구八句의 송頌을 지으니 그 내용은 이렇다.

"一亦不得處 踏破家中石

回看沒破跡 看者亦已寂

了了圓陀陀 玄玄光爍爍

佛祖與山河 無口悉吞郤

(하나 또한 얻을 것 없는 데서

집안의 돌을 밟아 깨트렸네

되돌아보니 깨트린 자취 없어

본 것조차도 이미 고요하고저

요요하고 뚜렷하고

현현하여 빛나도다

부처와 조사와 산하까지를

입 없이 모두 삼켜 버렸네)"

충숙왕忠肅王 6년 스님의 나이 37세 때의 가을에 불각사佛覺寺에서
『원각경圓覺經』을 보다가

"일체가 모두 멸해 다하면 이를 부동不動이라 이름한다."

위의 대문에 이르러 그동안 스스로 알았다고 하는 소지所知가 말끔
히 떨어졌으니 이를 송하기를,

"靜也千般現 動也一物無

無無是什麼 霜後菊花稠

(고요할젠 온갖 것이 나타나고

움직일젠 한 물건도 없도다

없다는 것도 없앤 이것이 무엇인고?

서리온 뒤 국화 향기 진하구나)"

그 뒤 전단원栴檀園에서 무자화두無字話頭를 참구하는데 마치 뜨거운
쇳덩어리를 씹는 것과 같아서 도무지 입에 넣을 수가 없었다.

화두를 붙잡고 씨름하기를 석 달 남짓, 이듬해 정월 7일에 이르러 스
님은 마침내 화두를 파타하고 크게 깨치니 이를 송頌하되,

"趙州古佛老 坐斷千聖路

吹毛覿面提 通身無孔竅

狐兎絶潛蹤 翻身獅子露

打破牢關後 淸風吹太古

(조주의 옛부처 늙은이가

앉아서 천성의 길 끊었네

취모리검을 얼굴에 들여대어

온몸이 빠져나갈 구멍도 없네

여우와 토끼가 자취 감추니

몸을 뒤쳐 사자가 드러났네

뇌관을 타파한 뒤

맑은 바람이 태고에 부네)"

이에 전단원의 주인인 채중암蔡中庵과 만나자 스님은 깨친 얘기를 들려주었다. 채중암은 심히 감격해하며 묻기를,

"불법이 훌륭함을 이제야 알겠습니다. 어떠한 데서 조주선사를 보았습니까?"

"물결의 앞이요 물의 뒤[波前水後]."

스님은 이를 읊기를,

"古澗寒泉水 一口飮卽吐

却流波波上 趙州眉目露

(옛 시내의 차가운 샘물을

한입으로 마시고 뱉도다

흐름을 거스른 저 물결 위에

조주선사의 미목이 드러나네)"

채중암은 다시 묻기를,

"설산에서 소 먹이는 일이 어떠합니까?"

스님은 이에 다시 여덟귀의 송으로 답하였는데 맨 끝귀절에,

"습득이 크게 웃음에

한산이 입을 크게 벌리네."

하고 읊었다.

그해 3월에 고향인 양근초당楊根草堂으로 내려가 부모님께 인사를 드렸다.

스님은 일찍이 천칠백 공안을 점검하다가 암두巖頭선사의 밀계密啟한 대목에 이르러 잘 통과되지 않았다.

그래서 이를 면밀히 사유하다가 드디어 확연히 깨닫고 냉소를 금치 못하면서 스스로 이르기를,

"암두화상이 활을 잘 쏘지마는 이슬이 옷을 적시는 줄은 몰랐구나."

이어 이르기를,

"말후末後의 글귀를 아는 이가 천하에 몇사람이나 될 것인가?"

하고 20년간이나 고심하던 큰일[大事]을 여기에서 모두 끝냈으니 스님의 나이 38세 때의 일이다.

이듬해인 기묘년 봄에 부모님을 하직하고 소요산 백운암에 머물면서 한가롭고 탈속한 생활을 영위하며 스스로 천상天常을 즐기면서 『백운가白雲歌』 1편을 지었다.

중국의 스님인 무극無極은 배를 타고 항해하여 우리나라에 왔는데

재주가 있고 변재가 있었다.

무극은 제방에 다니면서 법거량을 했는데 감당할 스님이 없었다. 하루는 마침 태고 스님을 만나 문답을 나누더니 크게 감복하여 말하기를,

"소승의 소견은 이것뿐입니다. 어찌 더 바랄 것이 있으리까?

중원의 남방에는 임제臨濟의 정맥이 끊어지지 않고 전하여 오고 있으니 가히 가서서 인가印可를 받으심이 좋을 듯 하옵니다."

하고는 어느 스님은 창도사唱導師이고 어느 어느 스님은 본분작가本分作家로서 아무 산에 거주하면서 보본납승을 기다리고 있은지 오래입니다, 하고 자세히 설명해주는 것이었다.

그 스님이 본분작가라고 말한 스님은 임제선사의 법통을 이은 설암선사雪巖의 적손인 석옥청공石屋淸珙 등의 몇몇 분을 가리킨 것이었다.

스님은 듣고 매우 기뻐하여 충혜왕 2년에 중국의 남방을 찾아가려 하였는데 때마침 채하충蔡河沖, 김문귀金文貴 등 대신들이 스님을 흠앙하여 삼각산 중흥사三角山重興寺에 맞아들였다.

이에 스님은 동쪽 송림이 우거진 곳에 조그만 난야蘭若를 짓고 태고암太古庵이라 현판을 부치고 조촐하게 살면서 긴 노래를 지었으니, 그 노래가 냉랭하면서 청아하고 고상하여 소리를 알아주는 이가 드물었으며 이따금 솔바람 소리가 화답할 따름이었다.

여기에서 이렇게 살기를 5년, 충목왕 2년 봄에 이르러 스님은 드디어 유학의 길에 나섰다.

연도燕都에 닿아 대관사大觀寺에 유숙하더니 스님의 도예道譽가 천자

에게까지 들리매 겨울 동짓날 24일 태자太子의 생일에 천자의 특청을
받아 반야경을 연설하였다.

　이듬해 4월에 축원성竺源盛 선사께서 남소南巢에 계심을 듣고 스님은
천리를 멀다 하지 않고 찾아갔으나 큰스님이 이미 입적하신 뒤였다.

때는 바야흐로 7월이라, 스님은 곧 옷을 떨치고 호주湖州의 하무산霞霧山을 향하여 천호암天湖庵에 이르러서 과연 석옥화상을 뵈었다.

화상은 연하煙霞에 휩싸인 도인다운 모습이 마치 산이 높이 솟은 듯하였다.

스님이 위의를 갖추고 앞으로 나아가 우뚝 서니 화상은 눈을 뜨고 바라보았으며 이에 스님도 눈을 들어 마주 바라보다가 예의를 갖추어 인사드리고 물러났다.

이튿날 스님은 다시 방장으로 가서 증득한 것을 말씀드리고 또 「태고암가太古庵歌」를 드리니 화상은 매우 기특하게 여기고는 짐짓 시험하여 묻기를,

"그대가 이미 이러한 경계를 지나긴 했지만 다시 조사의 관문이 있음을 아는가?"

"무슨 관문이 더 있습니까?"

"그대의 얻은 바를 의거하건대 공부가 올바르고 지견이 명백하긴 하지만 그러나 낱낱이 놓아버려야 하느니라.

만일 그렇지 못하면 이는 이치의 장애가 되어서 바른 지견을 장애하게 되느니라."

"예, 그렇습니다. 소승은 놓아버린 지 이미 오래입니다."

화상은 고개를 끄덕이고는,

"오늘은 이만 쉬기로 하자."

다음날 스님은 위의를 갖추고 화상에게 나아가니 화상이 이르되,

"부처님네와 조사들께서 오직 일심一心을 전하셨고 다시 다른 법이 없으셨느니라."

화상은 이에 마조馬祖선사가 한 중을 시켜 대매상大梅常화상에게 묻게 한 인연을 들어서 이르시기를,

"갓 이 조그마한 광명이라도 그것을 실제의 것으로 여김이 있다면 광명의 그림자 속에 떨어져 있어서 활계活計를 짓게 될 것이니라.

그러므로 예로부터 여러 조사께서 이 사람의 병통을 보고는 어찌할 수 없어서 맑고 평화로운 경계 위에 관문을 시설하여 얽매인 것을 풀어주셨느니라.

만일 진정으로 사무쳐버린 이에게는 모두 부질없는 가구일 것이나 또한 그대는 무인지경無人之境에서 혼자가 어찌 그리 갈림길을 명백하게 가려냈는고?"

스님이 공손히 대답하기를,

"부처님과 조사스님네가 드리워 보이신 방편이 갖추어 있었기 때문입니다."

"참으로 장하다. 숙생에 심은 바른 인[正因]이 아니더면 또한 삿된 그물을 벗어나지 못하였을 것이니라.

노승이 비록 깊은 산중에 있지만 항상 조사의 문을 시설하여 그대

같은 아손을 기다린 지 오래였느니라."

"선지식은 호겁浩劫에도 만나기 어렵습니다. 맹세코 큰스님 슬하를 떠나지 않겠습니다."

하고 스님은 화상에게 공손히 예배하였다.

"노승도 역시 그대와 함께 고요함을 달게 맛보고 싶으나 혹 후일에 돌아갈 길이 막힐까 염려되노라.

그러나 법은 만나기 어려운 것이니 반달 가량 머물면서 이야기를 나누는 것이 좋을 듯하노라."

이렇게 해서 스님은 근 달포를 그곳에 머물면서 많은 도화道話를 나누었을 터인데 기록으로 남아 있지 않아서 상고할 길이 없어 유감이다.

스님이 고국으로 돌아올 적에 석옥화상이 당부하면서 묻기를,

"어떤 것이 일용日用에 함양하는 일인가? 어떤 것이 향상向上하는 파비巴鼻인가?"

스님은 이에 대해 병의 물을 쏟듯 거침없이 대답하였다. 그리고는 다시 화상 앞으로 나아가 여쭙되,

"알지 못하겠나이다. 이 외에 도리어 다시 무슨 특별한 일이 있나이까?"

화상은 경탄하면서 이르기를,

"노승도 또한 이러하고 삼세불조도 역시 이러할 뿐이거늘 장로여, 무슨 특별한 도리가 있겠으며 설혹 있다면 어찌 내가 말하지 않을 것이랴?"

스님이 예배하고 여쭙기를,

"예로부터 부자父子 간에도 전할 수 없는 묘법이 있기에 말씀드리는 것이옵니다. 제자가 어찌 감히 큰스님의 큰 은혜를 저버리겠사옵니까?"

하고 머리를 조아리며 합장하니 화상은 크게 웃으면서,

"장로여 그대의 3백 6십 골절과 8만 4천 털구멍이 오늘날 모두 열렸구나. 노승이 70여 년 동안 장만한 집안일을 모두 그대에게 빼앗겼도다."

화상은 다시 말씀을 잇되,

"노승이 오늘에야 비로소 3백 근이나 되는 무거운 짐을 벗어 그대에게 짊어지우고 두 다리를 쭉 뻗고 잠자게 되었구나."

스님이 하루를 더 머무니 화상은 「태고암가太古庵歌」에 발문跋文을 써주시었다. 그리고는 묻기를,

"우두牛頭선사가 사조四祖를 뵙기 전에는 어찌하여 온갖 새들이 꽃을 물어다 공양했는고?"

"부귀는 사람들이 모두 우러러 보기 때문입니다."

"뵈온 뒤에는 어찌하여 온갖 새들이 꽃을 물어다가 공양하지 않았는고?"

"아버지가 청빈하매 아들들의 발길이 뜸해지는 것입니다."

"공겁 이전에도 태고太古가 있었는가 태고가 없었는가?"

"공空이 태고의 가운데서 생겼습니다."

화상은 미소하면서 이르기를,

"불법이 동방으로 가는구나."

하시고 드디어 가사袈裟를 믿음의 상징으로 주시면서,

"이 가사는 비록 오늘날 전하지만 법은 영산회상으로부터 유전하여 오늘에 이른 것이니라. 내 이제 그대에게 부치노니 그대는 잘 호지하여 끊어짐이 없게 하라."

화상은 다시 주장자를 건네어 주시면서 부촉하시기를,

"이는 노승이 평생을 사용하고도 다 쓰지 못한 것인데 이제 그대에게 부치노니 그대는 이를 가져 잘 길잡이로 삼을지니라."

스님은 절하여 받고 아뢰되,

"지금에 있어서는 여쭙지 않겠사오나 나중에는 어떻게 하리까?"

"지혜가 스승보다 나은 이는 천년을 지내어도 만나기 어렵느니라. 만일 그러한 이를 만나거든 곧 마땅히 분부分付하도록 하라.

다만 위로 좇아 내려온 불조의 명맥이 끊어지지 않게 하기를 귀히 여길지니라."

스님이 절하고 하직할 제 아직도 못 잊어 하는 기색이 역력한 화상은 수십 걸음을 따라오면서 스님을 불러 말씀하시기를,

"장로여, 우리 집안에는 본래 이별이 없는 법이니 이별의 생각을 말라. 이별이니 이별이 아니니 하는 생각은 옳지 못하니 오직 힘쓰고 힘쓸지니라."

스님은 "예" 하고 하직하고 물러났다.

8월 1일에 호주를 떠나서 10월 16일에 연경燕京에 도착하니 스님의 명성이 벌써 중원천지에 널리 전파되었다.

그 때에 영녕사永寧寺 장로 여철강如鐵䃁화상과 공덕주인 원사院使 곽목적립郭木的立이 스님에게 영녕사에 머물기를 간청하였고 남북 두 성의 여러 절 장로들이 소疏를 써서 이 일을 널리 알렸으며 우승상右丞相은 황제에게 아뢰었다.

때마침 태자의 생일을 맞아 여러 신하들은 황제의 특명을 받들어 스님을 영녕사 주지로 개당開堂하게 하니 황제의 스승과 정궁황후와 두 궁의 황후와 태자 등이 모두 향과 폐백을 올렸다.

이에 스님은 두 궁의 황후가 올린 금란가사를 수하고 우레 같은 법음을 크게 떨치니 많은 사서士庶가 크게 감동하였다.

현릉玄陵이 당시 세자世子로 연경에 와서 있었는데 이 성스러운 광경을 보고 크게 감동하여 말하기를,

"소자小子가 만일 고려에 돌아가 새로 정사를 맡게 되면 반드시 스님을 스승님으로 모시겠소" 하였다.

충목왕 4년 봄에 본국에 돌아와서 중흥사重興寺에 석장을 걸고 여름 결재를 끝내고는 숨어지내려 하여 미원장迷原莊을 지나게 되었다.

그때에 선대善大라는 늙은 아전이 스님을 흠앙하여 울면서 만류하므로 스님은 마지못하여 그를 데리고 용문산의 북쪽 기슭에 들어가 푸른 숲이 우거지고 운무가 자욱한 곳을 골라 이에 띠집을 짓고 소설산小雪山이라 이름하여 세상을 멀리하고 종신할 처소로 삼았으며 여기에서 「산중자락가山中自樂歌」 한 편을 읊었다.

공민왕 원년 봄 주상主上은 대호군 손습을 보내어 스님을 모셔오게 하니 스님은 응하지 않다가 재차 모시러 오므로 그를 따라서 개경으로 나왔다.

주상은 궁중으로 맞아들여 법문을 청하니 진리의 음성이 맑게 떨쳤으며 주상은 매우 기뻐하여 경하하면서 경룡사敬龍寺에 머물기를 청하니 스님은 이에 응하였다.

주상은 말하기를,

"감사한 일이다. 미원장의 아전이 스님의 훌륭함을 알아보고 받들어 잘 모셨구나."

하고는 장莊을 현縣으로 승격시켜 현사평賢司平이라 불렀다.

이 때에 장안의 선남 선녀들이 스님의 법문을 들으려고 구름처럼 몰려와서 예배하였다.

장안에서 여름을 지낸 뒤, 스님은 나라에 변고가 있을 줄 미리 알고 사퇴하여 소설산으로 돌아갔는데 얼마 안 되어 일신日新의 난이 있었다.

공민왕 5년 2월에 주상은 문하평리門下評理 한가귀韓可貴를 보내어 스님을 재차 부르는지라 두 번 사양하다가 마침내 개경으로 나오셨다.

그해 3월에 스님을 맞아 봉은사奉恩寺에서 개당開堂하게 하니 선교禪敎의 납자들이 구름처럼 운집하였다.

주상도 태후太后를 모시고 법회에 참석하고 만수가사滿繡袈裟와 좌구, 수정염주, 침향불자 등과 일용품을 스님에게 올렸다.

스님께서 법좌에 올라 크게 사자후를 외치시니 주상께서 친히 보시를 행하셨다.

이보다 앞서 원나라의 천자도 여러 가지 색깔의 비단가사 3백 벌을 보냈는데 이 법회에 참석한 고승들에게 나누어 주었으니 법연의 성대한 모습은 예전에 일찍이 없었다.

주상께서 금자金字로 대장경 만들기를 원하시므로 스님은 앞서 보시받은 금을 모두 내어 대장경 쓰는 데에 보태었다.

불사가 끝난 뒤 스님은 산중을 그리워하여 글을 올려 돌아가기를 청하니 주상은 이르기를,

"과인이 스님의 도덕을 오래 전부터 사모해 왔으니 과인의 뜻을 꺾지 마시기 바라오."

하고는 4월 24일에 왕사王師로 책봉하였다. 이때 오랜 가뭄 끝에 단비가 내리니 주상께서 기뻐하시며 "왕사의 단비가 내린다" 하시었다.

며칠 뒤 칙명으로 광명사廣明寺에 원륭부圓融府를 설치하여 관리를 두니 장관은 정삼품正三品이며 모든 기구는 금과 옥으로 만든 것이었다.

그리고 스님의 고향 홍주洪州를 목牧으로 승격시켰으니 이는 대개 도덕 있는 분을 높이 표창하는 지성에서 한 것이었다. 그러나 스님께서

는 담담하여 뜬구름 같이 여기셨다.

스님은 주상께서 나라 다스리는 법을 물으시자 이렇게 대답하였다.

"국왕의 인자한 마음이 만백성을 교화하는 근본이요 정치를 잘하는 원리이오니, 청컨대 마음을 돌이켜 한번 살펴보십시오.

또 시대의 폐단과 운수의 변화 등을 관찰하십시오. 옛날 성조聖祖께서 3국을 통일하시어 후손 만대에 복을 드리워 주셨음은 불법의 힘을 입었기 때문입니다.

그러므로 반천半千이 넘는 선찰을 세워 조사의 도리를 크게 선양하시니 용과 하늘이 도와주고 부처님과 조사께서 가호하여 주셨습니다.……"

이어서 스님은 음양의 이치로써 국가의 장래와 선교 양종의 중흥을 도모하는 계책을 상세히 말씀하니 주상은 크게 감격하여 스님의 말씀에 따르도록 좌우 신하에게 칙명을 내렸다.

이때의 법문은 오로지 종교를 바로잡아 중흥시키고 왕화王化를 도우려는 충정에서 우러난 것이었다.

공민왕 7년에 스님은 주상에게 아뢰어 도성의 성곽을 중수하게 하였다. 스님은 오래지 않아 홍건적紅巾賊의 침입을 예견하였던 것이다.

동왕 10년 11월에 과연 홍건적이 침입하니 국왕은 안동安東으로 파천하시고 스님은 미지산彌智山의 초당으로 옮기시니 거기에는 적군의 침입이 없었다.

공민왕 11년에 홍건적이 패하여 달아나자 주상은 스님을 양산사陽山寺에 주지하게 하니 스님은 대중을 거느리고 그 절로 가서 중수불사에 착수, 대중과 함께 주야로 일하여 마침내 낙성을 보았다.

공민왕 12년 정월에 국왕이 환도하시자 스님을 가지사迦智寺 주지로 임명, 크게 종풍을 떨치게 하였다.

그때에 신돈辛旽이 정치에 참여하여 주상의 총애 받음을 기화로 어진 이를 모함하여 나라의 기틀을 위태롭게 하므로 스님은 개연히 일어나서 신돈을 탄핵하니 신돈은 스님을 죽이려고 하므로 스님은 왕사王師의 직을 사퇴하고 전주 보광사普光寺로 내려가셨다.

공민왕 17년, 스님은 신돈辛旽의 모함과 계략으로 마침내 속리산에 유배, 감금되었다. 신돈이 사문沙門의 신분으로 정치에 가담하여 사문의 위상을 떨어뜨림을 스님께서 탄핵한 것이 불씨가 되어 결국 신돈에게 보복을 당한 것이다.

스님은 초근목피草根木皮로 간신히 연명하면서도 조금도 원망하는 기색이 없이 태연자약하셨다.

이듬해 3월에 주상은 스님을 유배시킨 것을 후회하고 스님을 방면放免하니 스님은 다시 소설산으로 돌아와 문을 닫고 정진으로 일관하시었다.

공민왕 20년 7월 주상은 신돈의 죄상이 점점 무거워지자 태고 스님의 상소가 옳음을 절감하시고 신돈을 처형하였다.

이어 주상은 예부상서 홍상재와 내시 이부를 보내어 예의를 갖추어 스님을 국사國師로 책봉하시고 법호를 내리셨다.

또 양근楊根은 스님의 어머니 고향으로서 본시 익화현益和縣이던 것을 승격시켜 양근군楊根郡을 만들었다.

또 주상께서는 스님을 영원사의 주지로 임명하였는데 스님은 칭병하고 사양하였으나 윤허하지 않으시므로 소설산에 있으면서 멀리 영원사의 일을 보살피기를 7년이나 하였다.

우왕禑王 4년 겨울에 주상의 간청을 받고 영원사에 내려가서 1년을 주석한 뒤 다시 소설산으로 돌아오셨다.

우왕 7년 겨울에 스님은 양산사로 옮기셨는데 그 절에 부임하시는 날을 기하여 나라에서는 스님을 국사國師로 책봉하였으니 대개 이는 선왕의 뜻에 순종한 것이었다.

이듬해 여름에 스님은 제자들에게 이르시기를,

"돌아가겠노라, 돌아가겠노라."

하시고는 곧 소설산으로 돌아오시니 대중들은 이 뜻을 이해하지 못하였다.

그해에 연못의 연꽃이 마르고 여덟 그루의 낙락장송 중에서 네 그루가 말라죽었다.

섣달 열이레, 스님께서 미질微疾을 보이시더니 23일에는 문인을 불러 이르시기를,

"내일 유시에 내 마땅히 갈 것이니 곧 군수를 불러 국사의 인장을 봉하도록 하라."

이에 양근군수 이양생李陽生을 불러다가 임금에게 올리는 유주遺奏와 대신들에게 보내는 '세상을 하직' 하는 글장 여섯 봉을 입으로 불러주시었다.

이튿날 새벽에 목욕하고 옷을 갈아입으시고는 조용히 앉아 삼매에 드시더니 유시가 되자 임종게臨終偈를 설하시니,

"人生命若水泡空 八十餘年春夢中

臨終如今放皮垈 一輪紅日下西峰

(인생의 목숨은 물거품처럼 부질없는 것

80여 년 살아온 것 봄꿈 속일세

임종에 이른 이제 가죽부대 놓노니

바퀴 같은 붉은 해가 서쪽 봉에 내리네)"

게송 읊기를 마치자 곧 세상을 떠나시니 세속 나이는 82세이고 법랍은 69하夏였다.

주상은 부음을 들으시고 심히 애통해하시고는 전농부정典農副正 전저田沮를 파견하시어 예에 맞춰 향과 부의를 보내시었다.

이듬해 정월 12일에 다비를 모시니 그날 밤 하늘에 광명이 뻗쳤고 사리가 무수히 나왔으며 나라에서는 시호를 원증圓證, 탑호를 보월승공寶月昇空이라 내리셨으며 사리탑을 중흥사의 동쪽 봉우리에 세웠다.

스님의 사리탑은 양산사·사나사舍那寺·청송사·태고암 등 네 곳과 또 소설산에도 세웠다.

스님의 상수제자는 환암혼수幻庵混修이니 뒤에 국사가 되었고 그 다음으로는 고저高楮화상인데 뒤에 왕사가 되었으며 스님을 가장 오래 모셨고 입적하신 뒤의 큰 일을 부촉받은 이는 철봉哲峰화상이며 그밖에 종사宗師가 된 이는 이루 헤일 수 없이 많았다.

끝으로 스님의 오도송悟道頌이자 백미白眉의 시에 속하는 「태고암가」를 덧붙인다.

「太古庵歌」

내가 머문 이 암자 나도 몰라라

깊숙하고 은밀해도 옹색함 없네

하늘 땅 뒤덮어서 앞뒤 없으며

동서와 남북에 머물지 않네

구슬누각 옥궁전도 상대되지 못하고

소실의 법도도 본받지 않네

8만4천 온갖문을 모두 파하니

저쪽 구름밖의 청산이 푸르고녀

산위의 흰구름은 희고 또 희고

산중의 흐르는 샘방울 또 방울

뉘라서 흰구름의 모습 볼줄을 알까?

개었다 비오다가 번개도 치는 것을.

뉘라서 샘물소리 들을 줄 알까?

천구비 만구비를 쉬임없이 흐르네

한생각 안낼 때도 벌써 어긋나고

다시 입을 열면 어지러움 이루네

서리와 비 지내길 여러 춘추인데

무슨 부질없는 일로 오늘을 안다 하는가

거칠어도 음식, 정갈해도 음식이니

사람마다 닥치는 대로 먹을 것일세

운문이 호떡과 조주의 차맛인들

암중의 맛없는 음식과 어찌 같으리?

본래로 이러하여 옛 가풍 그대론데

뉘 있어 그대와 기특함을 논할손가

한 터럭끝 위에 있는 태고암은

넓어도 넓지 않고 좁아도 좁지 않네

겹겹의 화장세계 이 속에 들어있고

상근기 곧은 길이 하늘까지 트였네

삼세여래도 모두 알지 못하고

역대조사들도 나갈 수 없네

어리석고 어눌한 이 암자의 주인공은

거꾸로 행하고 역으로 베풀어 법도가 없네

청주의 헤어진 베옷 걸쳐 입고서

등나무 칡넝쿨속 절벽에 기대섰네

눈앞에 법이 없고 사람도 없어

아침 저녁 부질없이 청산만 대하네

일 없이 우뚝 앉아 이 곡조 노래하니

서천에서 온 가락 더욱 더 멋지네

# 환암보각국사
# 幻庵普覺國師

상上

스님의 휘諱는 혼수混修 자字는 무작無作이며 법호는 환암幻庵 속성은 조씨趙氏이고 광주 풍양현廣州豐壤縣 사람이다.

아버지의 휘는 숙령叔鴒이니 헌부산랑憲部散郞의 벼슬을 지냈고 어머니는 경씨慶氏이니 본은 청주淸州이며 모두 사족士族이다.

스님은 고려 충숙왕高麗忠肅王 7년 경신庚申 3월 13일에 아버지의 부임지赴任地인 용주龍州에서 태어났다.

아버지가 일찍이 하루는 사냥을 나갔다가 사슴 한 마리를 발견하고 줄곧 그 뒤를 쫓아갔다.

사슴은 도망가다가 걸음을 멈추고 뒤를 돌아보곤 하는 것이었다. 아버지는 화살을 활시위에 얹어 쏘려다가 사슴의 행동이 수상쩍어 뒤를 돌아보니 등 뒤에 새끼사슴이 어미사슴을 쫓아 달려오고 있었다.

이를 본 아버지는 탄식하기를,

"비록 짐승이긴 하지만 어미를 따르는 새끼의 마음은 사람과 어찌 다르랴?"

아버지는 그 즉시 활을 꺾고 다시는 수렵하지 않았다.

이로부터 몇 달이 안 되어 아버지는 외지外地에서 유명을 달리하였다. 어머니는 상喪을 치르고 품속의 갓난아이인 스님을 안고 고향으로 돌아왔다.

스님은 홀어머니 슬하에서 자라면서 자주 질병에 시달리곤 하였다. 그래서 어머니는 복자卜者를 찾아가 아들의 미래에 대한 점을 쳤다.

복자卜者는 말하기를,

"이 아이는 출가하면 다시는 병치레를 않을 것이요, 틀림없이 대화상大和尙이 될 것입니다."

스님이 겨우 열 살이 되었을 적에 어머니는 말하기를,

"네가 갓 태어났을 적에 네 아버지는 너를 어여삐 여긴 까닭으로 어미사슴과 그 새끼의 정에 감동하여 활을 꺾고 사냥을 그만 두었느니라.

그로 미루어 너의 자비롭고 어질고 생명을 아끼는 도리가 이미 강보에 싸였을 적에 나타난 것이 아니겠느냐?

또 복술가卜術家에 물으니 너를 출가시켜야만 건강하게 잘 자랄 것이라 하면서 네가 출가하면 반드시 큰스님이 되리라 하더구나. 네 의향은 어떠냐?"

"어머님 말씀대로 따르겠습니다."

이렇게 하여 열세 살 적에 대선사 계송大禪師繼松에게 나아가 축발祝髮 수계受戒하였다.

이로부터 내전內典과 외전外典을 훈습訓習하였는데 본시 총혜聰慧가 평범한 사람들과 달리 매우 뛰어나서 날과 달이 오래지 않아 많은 대중 가운데 홀로 우뚝 솟아나 신동神童이라는 찬사를 들었다.

그래서 언제나 수석의 자리에 올랐으며 수학을 마칠 때까지 둘째 자리에 내려오지 않았다.

충혜왕忠惠王 재위在位 2년(서기 1341년)에 22세의 나이로 선시禪試에 나아가 상상과上上科에 올랐으며 이로부터 유석儒釋의 명사들과 교유交遊함이 잦아져서 날로 친부親附한 이가 많아졌다.

그러나 스님은 매양 우리의 신명身命이 환화幻化와 같이 무상無常함을 탄식하여 세상에 이름을 드날리고자 하는 생활에서 초연히 벗어나기를 생각하곤 하였다.

충목왕忠穆王 4년 가을에 이웃에서 폭사暴死한 이가 있음을 듣고 더욱 깊이 느껴 산중에 몸을 숨기고 수행하기를 결심, 이를 어머님께 아뢰고 장차 떠나려 했다.

그러던 어느 날 꿈에 햇빛이 스님의 얼굴에 화사하게 비춤을 보고 크게 기뻐하며 곧바로 금강산으로 들어갔는데 이때가 스님의 나이 29세 때의 일이다.

스님은 금강산에 들어가 이후 마음을 거두어 잠을 자지 않았으며 또 옆구리를 자리에 대지 않았다. 그래서 공부는 날로 진도가 있었으니 이러기를 2년이나 하였다.

이 때 고향의 어머니 소식이 날아왔다. 홀로 계시면서 아들을 생각하시다가 병석에 누워 계신다는 것이었다.

본시 효심孝心이 두터운 스님은 곧 걸망을 챙겨 고향으로 돌아가 어머니를 뵙고 위로해 드리고는 경산京山에 우거寓居하여 멀리 노닐지 않기를 5, 6년.

그 뒤 어머니께서 세상을 떠나시자 『대자법화경大字法華經』을 손수 써서 어머님의 명복을 빌었다.

그 뒤 선원사禪源社에 나아가 식영연감息影淵鑑화상을 배알하고『능엄경楞嚴經』을 배워 깊이 그 골수骨髓를 얻었다.

재상宰相 조쌍동趙雙童이 새로 휴휴암休休庵을 짓고 스님을 맞아 능엄요지楞嚴要旨를 강연하게 하매, 스님은 변재가 청발淸發하여 사자후獅子吼를 토하니 수많은 청중은 모두 기쁨을 이기지 못하는 것이었다.

이 법회를 계기로 하여 3년을 머물다가 충주忠州 청룡사靑龍寺의 서쪽 기슭에 있는 옛 절터를 찾아갔다.

계곡 위편에 있는 이 절터는 산봉우리가 감아 돌아 감싸고 있어서 도량이 고요하고 아늑하여 마음에 썩 들었으므로 스님은 손수 흙과 돌을 날라다가 토굴을 얽으니 편액을 연회암宴晦庵이라 하였다.

공민왕恭愍王이 스님의 이러한 행의行誼를 높이 사서 회암사檜巖寺에 주석하기를 청하셨으나 스님은 이를 사양하고 금오산金鰲山으로 들어갔다가 다시 오대산五臺山으로 들어가서 신성암神聖巖에 석장錫杖을 높이 걸고 참선에 몰두하였다.

이때 나옹화상懶翁和尙이 또한 한산 중의 고운암孤雲庵에 주석하고 계셨는데 자주 찾아뵙고 도요道要를 여쭙곤 하였다.

이에 나옹화상은 스님이 법기法器임을 간파하시고 금란가사金襴袈裟와 상아불자象牙拂子와 산형장山形杖을 스님에게 주시며 믿음의 표로 삼으셨다.

공민왕 10년(서기 1361년) 가을에 강릉도江陵道 안렴사按廉使가 스님을 추천해 일으켜서 대궐에 나아가 계단戒壇을 주관하게 하니 스님은 이를 번거롭게 여기고 개경開京으로 가는 도중에 자취를 감추어 산수간山水間에 노닐면서 여러 명산을 두루 돌아다녔다.

명예를 좋아하고 탐하는 스님이라면 대궐에서 설계說戒하는 일이 가장 큰 영광이요 행복이련만 스님은 명리名利를 버린 지 이미 오래여서 대궐행을 우정 기피한 것이었다.

공민왕 18년에 경기京畿 백성군白城郡 현재의 안성군(安城郡) 사람인 김황金璜이 스님을 원찰 서운사願刹瑞雲寺로 영접하여 청하므로 스님은 이에 승낙하고 서운사로 가서 승당僧堂을 열어 회랑을 수리하고 석회釋會를 크게 베푸니 사부대중이 이를 듣고 찾아와 뵙는 이가 구름처럼 많았다.

이듬해 가을 7월에 나라에서는 주상主上께서 친히 공부선장工夫選場을 베푸시고 크게 선교산문禪敎山門의 납자들을 운집하게 하고 나옹懶翁화상에게 명하여 시험을 주관하게 하였다.

스님은 주상께서 장차 원院에 머물기를 명하려 하실 것을 미리 알고 주상에게 아뢰지 않고 살짝 성을 빠져나와 위봉산圍鳳山으로 들어가 은거隱居하였다.

공민왕 21년에는 주상의 명에 눌려 하는 수 없이 불호사佛護社에 주석하였다.

이듬해에는 주상의 칙지勅旨를 받고 대궐 안의 내불당內佛堂에 들어갔다가 야밤중에 가만히 빠져나와 곧바로 평해平海의 서산西山으로 가서 숨었다.

뒤늦게 이를 알으신 주상은 여러 도道에 칙명하여 스님 찾기를 마지않으시는지라 다시 몸을 나타내어 명命에 응하여 이듬해 정월에 다시 원院에 들어갔다.

이에 주상께서는 자주 납시어 법요法要를 자결咨決하시니 스님은 상승법문上乘法門을 곡진曲盡히 설하였으며 왕대비王大妃께서도 경중敬重을 더욱 두터이 하시었다.

그해 9월에 주상께서 빈천賓天하시고 강선군康宣君이 즉조卽祚하시니 이 분이 곧 우왕禑王이시다.

왕께서는 스님에게 광통무애원묘대지보제廣通無碍圓妙大智普濟의 호를 내리셨으며 이듬해의 가을에는 송광사松廣社에 주석하기를 명하시었다.

그러나 스님은 이듬해 3월에 사원辭院하시고 서운사瑞雲寺로 돌아가셨으며 우왕禑王 4년, 스님의 59세 때에 원주原州 치악산雉岳山에서 연회암宴晦庵으로 이석移錫하셨다.

이때 주상께서 중사中使를 보내 광엄사光嚴寺의 주원住院을 청하시므로 마지못하여 부임하사 3년을 주지하시고 사퇴하기를 청하였지만 주상께서 윤허하지 않으므로 곧 원주原州 일운암日雲庵으로 피은避隱하셨다.

이로부터 스님은 다시는 주지직을 맡지 않기로 다짐하고 학처럼 훨훨 날아서 용문龍門·청평淸平·치악雉岳 등 여러 산으로 다니면서 오로지 정진에 힘쓰셨다.

우왕 9년 3월에 조정에서 의논되기를 예전에 시행했던 국사國師·왕사王師의 제도를 부활키로 하더니 조정의 중의衆議가 모두 스님에게로 돌아가더라는 말을 듣고 스님은 다시 피하여 숨기를 작정하였다.

이에 제자인 감로장로 경관甘露長老慶觀이 여쭙기를,

"일신一身의 편안함을 꾀하여 숨으시는 것은 가당치 않습니다. 원컨대 법을 위하여 헌신하소서."

제자의 만류로 떠나지 못하고 그냥 머물고 있는데 4월에 나라에서 상신相臣 우인열공禹仁烈公 등을 보내어 어서御書·인장印章·법복法服·예폐禮幣 등을 받들고 연회암으로 나아가 책冊하기를, "국사 대조계종사 선교도총섭 오불심종 홍자운비 복국이생 묘화무궁 도대선사 정변지지

웅존자國師大曹溪宗師禪敎都摠攝悟佛心宗興慈運悲福國利生妙花無窮都大禪師正遍智知雄尊者"라 하였으며 충주忠州 개천사開天寺를 하산소下山所로 정하였다.

그해 가을에 스님은 서운사瑞雲寺로 가셨는데 주상께서는 정랑 박원소正郎朴元素를 보내시어 안마鞍馬로써 영접하여 개천사로 귀환토록 하였다.

우왕 10년, 해적海賊이 국계國界를 침범하여 깊이 충주지방까지 들어왔으므로 스님이 계신 개천사가 해적의 수중에 들어가면 스님이 위험하게 되겠기에 조정에서는 주상에게 아뢰고 왕의 특사를 보내어 스님을 개경 광엄사光嚴寺로 모셔왔다.

이를 계기로 스님은 개천사와 광엄사의 두 절 주지가 되었는데 스님은 주상에게 아뢰기를,

"노승이 개천사 주지직을 사퇴하지 않은 이 마당에 광엄사까지 맡게 되면 두 절을 맡는 것이 아니리까?

노승은 한 절을 맡는 것도 분수에 넘사온데 두 절을 맡게 하심은 노승의 소지素志에 과분한 일이옵니다.

만일 선왕先王의 명복을 추도追禱하게 하시려거든 개천사를 다른 스님이 주지하도록 하심이 마땅하올 것입니다. 곧 시정하여 주소서."

주상은,

"개천사는 스님의 종주자음終住慈陰의 절이고 광엄사는 과인을 위해 법문을 연설하는 도량이니 겸하여 거느린다 하여도 무슨 방해로움이 있겠오이까."

하고 윤허하지 않는 것이었다.

우왕 14년에 장군 이성계將軍李成桂의 휘하 병졸이 대궐 안으로 들어가서 왕을 감금하고 태자 창太子昌을 국왕으로 세우니 이 임금이 공양왕恭讓王이시다.

여기서 잠깐 스님과 이태조李太祖와의 법연法緣을 언급하기로 하자.

이태조는 아직 천하를 얻기 전에 일찍이 스님을 모시고 대장경불사大藏經佛事를 하기를 발원한 적이 있었다. 그러나 서로가 일이 많아서 그 기회를 얻지 못한채 뒷날로 미루고 있었다.

그러다가 자신이 세운 공양왕 3년 가을에 대장경불사를 원만히 치르고 대장경을 서운사瑞雲寺에 봉안, 이의 경찬회慶讚會를 크게 베풀었던 것이다.

이에 주상께서는 내신內臣에게 향구香具를 보내시고 스님을 청하여 대장경불사의 증명證明이 되게 하시었다.

대장경불사는 표면으로는 공양왕께서 주관하여 하는 것 같았지만 실제로는 이성계李成桂가 관장하여 치르는 불사였으므로 공양왕은 이성계가 시키는 대로 행할 뿐이었다.

이 불사를 치르기 이전부터 나라의 실권은 이미 공양왕에게 있지 않았지만 이를 항의하는 신하도 보이지 않았다.

이듬해 7월에 이성계는 혁명을 일으켜 고려를 거꾸러트리고 조선朝鮮을 세우니 자신은 태조왕太祖王이 되었다.

이에 스님께서는 국사國師의 자리를 사퇴하였는데 이태조는 다시 국사로 책봉하고 존신尊信을 대하는 것이었다.

그러나 9월 18일에 게偈를 설하시고 엄연히 시적示寂하시니 세수世壽는 73 법랍은 60하夏이셨다. 태조께서 크게 슬퍼하시고 시호를 보각普覺이라 하고 탑액塔額을 정혜원융定慧圓融이라 내리시고 내신內臣을 보내어 부도浮屠를 세우게 했다.

그해 섣달 23일에 충주 청룡사의 북강北崗에 탑을 세우고 이듬해에 권근權近이 비명碑銘을 지었다.

스님은 서법書法에 뛰어나서 많은 사서士庶의 다투어 구하는 바가 되었으며 시문詩文에도 조예가 깊었다.

스님의 법사法嗣는 다음과 같다.

소안紹安, 평원平源, 상자尙玆, 경관慶觀, 담원湛圓, 구곡각운龜谷覺雲 등.

스님의 스승은 분명히 나옹懶翁선사인데 사숙師叔되는 태고太古선사의 비문에도 제자로 실려 있으니 어느 스님의 법계法系로 봐야 하는지 실로 난감하다.

# 무학왕사
## 無學王師
### 상上

스님의 법휘法諱는 자초自超, 법호는 무학無學, 실액室額은 계월헌溪月軒, 속성은 박씨朴氏, 아버지는 인일仁一이니 증숭정문하시랑贈崇政門下侍郞을 지냈으며 어머니는 고성 채씨固城蔡氏이다.

스님의 고향인 경남 합천군 삼가면慶南陜川郡三嘉面에서 고려 충숙왕高麗忠肅王 14년(서기 1327년) 9월 20일에 태어났는데 어머니의 꿈에 햇빛이 품을 쏘아보이더니 곧 태기가 있었다 한다.

어머니의 품에서 갓 떨어진 두세 살 적부터 집안을 쓸고 닦는 등 청소를 하는가 하면 취학就學하여서는 무슨 글이고 한번 눈으로 스치기만 하면 모두 외워버리는지라 그의 재주를 따를 자가 없었다.

충혜왕忠惠王 5년, 열여덟 살 되던 해에 문득 출가를 결심, 소지선사小止禪師에게 나아가 머리를 깎고 구족계具足戒를 받았다.

소지선사는 당대의 선지식인 혜감국사慧鑑國師의 상족제자上足弟子이다.

그 뒤 스님은 용문산龍門山에 이르러 혜명慧明 법장法藏의 두 국사國師에게 법을 물었다. 혜명국사가 간결하게 심요心要를 설하니 스님은 곧 그 뜻을 깨달았다. 그랬더니 국사가 칭찬하기를,

"정로正路를 얻은 자는 너를 버리고 누구이겠느냐?"

라고 하시고 부도암浮屠庵에 거주하도록 배려를 아끼지 않으셨다.

어느 날 갑자기 부도암에 화재가 났다. 대중은 불을 끄랴 가재도구를 옮기랴 야단법석이었으나 스님은 큰방에 마치 돌로 깎은 부처마냥 혼자 앉아서 선정삼매禪定三昧에 들어 있었다.

대중들은 스님을 발견하고 간신히 구출하면서도 모두들 이상히 여기는 것이었다.

충목왕忠穆王 2년 겨울에 『능엄경楞嚴經』을 열람하더니 문득 깨친 바가 있어 국사에게 나아가 여쭈었더니 국사께서 매우 기뻐하시며 칭찬해주셨다.

이런 일이 있은 후 스님은 침식을 모두 잊고 오로지 참구參究에만 몰두하였다.

충정왕忠定王 원년 가을, 스님은 진주鎭州 길상사吉祥寺에로 옮겨 정진하였고 공민왕恭愍王 원년 여름에는 묘향산 금강굴妙香山金剛窟로 가서 공부를 더욱 열심히 하였는데 깊이 잠든 중에 신기神祇의 종고鐘鼓소리를 듣고 잠을 깨어 일어난 적도 여러 번 있었다.

스님은 스승을 찾아 멀리 유행遊行할 뜻을 세우더니 이듬해 가을에 드디어 중국 연도燕都를 향해 본국을 떠나갔다.

그 당시 마침 연경燕京에는 서천백팔대조西天百八代祖 지공화상指空和尙이 오서서 크게 법화法化를 떨치고 계셨다.

스님은 먼저 지공화상을 뵙고 여쭙기를,

"소승은 3천8백리 밖에서 찾아와 큰스님을 친견하였나이다."

화상은 미소로써 점두하시고 이르시기를,

"내가 고려 사람을 모조리 타살打殺하려던 참이었는데 내 그대를 만나매 마음이 무한히 기꺼운지라 생각을 바꾸고 용허容許하노라."

이 말씀을 들은 대중은 모두 깜짝 놀라는 것이었다. "도대체 고려에서 온 젊은 비구가 몇 근 무게나 되기에 저렇듯 과찬을 하시는 것일까?" 하고.

공민왕 3년 정월에 법천사法泉寺에 이르러 마침 그 절에 주석하고 계시는 나옹懶翁선사에게 참알參謁하게 되었다.

선사는 스님을 한번 보고 법기法器임을 간파하시고 매우 흡족히 여기시는 것이었다.

스님의 행각行脚은 또다시 이어졌다. 선사를 하직하고 무령霧嶺을 넘어 오대산五臺山을 향하였다.

오대산은 문수진신文殊眞身이 상주설법常住說法하고 계시는 성도량聖道場이므로 승속僧俗을 막론하고 참배하는 이가 연중 끊이지 않는다.

스님도 오대산 참방參訪을 마다할 근기가 아니었다. 본국을 떠나기 전부터 염원해 오던 바였다.

대화엄사大華嚴寺와 금강굴金剛窟에 가서 문수보살님께 예배하고 험준한 오대五台를 한 바퀴 돌면서 지성으로 문수대성을 염송한 뒤 스님은 서산西山 영암사靈巖寺로 갔다.

영암사에는 스님이 이미 마음 속으로 스승으로 모신 나옹선사가 법천사에서 옮겨 주석하고 계셨다.

여기에서 두 사자간師資間은 여러 해를 함께 지내게 되었다.

나옹선사는 법주法主로 계시고 스님은 스님의 시봉侍奉을 드리면서 주야불철 용맹정진으로 일관하였다.

스님은 한번 선정에 들면 스승님에게 시봉드리는 것이며 조석공양 등을 잊고 걸르는 때가 많으므로 나옹선사는,

"너는 죽어버렸느냐?"

하시며 걱정을 하면 스님은 그저 빙그레 웃음을 지을 뿐 대답을 하지 않는 것이었다.

하루는 나옹선사와 스님이 방문 앞 섬돌에서 난초 화분에 물을 주고 손질을 하고 있었다.

선사가 대뜸 묻기를,

"옛적에 조주趙州화상이 수좌首座와 함께 돌다리를 지나시다가 수좌에게 묻기를 '이 다리는 어떤 사람이 놓은 것이냐?' 하시니 수좌가 대답하되 '이응李應이 놓은 것입니다' 했다.

조주화상이 다시 묻되 '어느 곳에서 먼저 착수하였는고?' 하시매 수좌가 대답을 못하였다.

만일 이제 어떤 사람이 너에게 묻는다면 어떻게 대답하겠느냐?"

이는 선사께서 스님의 공부가 얼마나 익었는가를 시험하시는 것이었다. 스님은 곧 두 손으로써 섬돌을 들어 보이는 것이었다.

이를 보신 선사는 아무 말씀 없이 그냥 방장실로 들어가셨다.

그날 밤, 스님이 방장실에 가니 선사는,

"오늘에야 내 너를 알았으니 이후로는 너를 속이지 않을 것이니라."

며칠이 지난 뒤 선사는 스님을 향하여 이렇게 이르렀다.

"서로 알고 지내는 이가 천하에 가득하되 마음을 아는 이는 능히

몇 사람이나 될꼬? 너와 다만 나의 일가 一家일 뿐이리라."

이렇게 마음과 마음이 서로 통한 사자간師資間은 마음 속으로만 기뻐할 따름이지 내색하지는 않았다.

또 며칠이 지난 어느 날 선사는 이르신다.

"도道가 사람에게 있는 것은 코끼리의 이빨과 같아서 비록 감추고져 할지라도 불가능한 것이니라. 다른 날 네가 어찌 남의 선도자先導者가 되지 않으랴?"

이 말씀은 스님이 장차 훌륭한 지도자가 될 것을 예견한 말씀이었다.

다시 스님은 절강성浙江省·강소성江蘇省 등 남방을 순방하려 했는데 마침 그 지방에 소요 사태가 일어나서 시끄러웠으므로 석장을 멈추고 조용히 선정을 닦았다.

나옹선사懶翁禪師는 제자 무학자초無學自超의 귀국을 허락하시고는
손수 송별사送別辭를 쓰기를,

"觀其日用全機에 與世有異하니 不思善惡聖邪하며 不順人精義理하야
出言吐氣를 如箭鋒相拄하고 句意合機를 似水歸水하며 一口로 呑却賓
主句하고 將身透過佛祖關하라

그 일상생활의 온전한 기틀을 살피건데 세상 사람과 더불어 다른 데
가 있으니 선악과 성스러움과 삿됨을 생각지 말며 인정 의리에 순응하
지 말아서 말을 하고 기개를 토로하기를 마치 화살과 창끝이 서로 버
팀과 같이 하고 글귀와 뜻이 기틀에 합하기를 흡사 물이 물로 돌아가
듯 하며 한입으로 빈주구(賓主口를 삼켜버리고 몸을 가져 부처와 조사
의 관문을 뚫어 지내거라)."

이윽고 다시 붓을 들어 송頌하되,

"已信囊中別有天 東西一任用三玄

有人問角忝尋意 打刀面門更莫言

(이미 주머니 속에 달리 하늘 있음을 믿으니

동서로 삼현을 씀에 일임하노라

어떤 이가 너에게 참심의를 묻거든

191

면문을 쳐 거꾸러트리고 다시 말을 말라)"

스님은 스승님 슬하를 하직하고 곧장 귀국하여 제방諸方으로 다니며 오직 보림保任에 힘썼다.

공민왕 7년, 나옹선사는 스승 지공指空화상에게 삼산양수기三山兩水記를 받고 귀국하여 동해변東海邊을 따라 점차 남쪽으로 내려와서 양산梁山 땅의 천성산 원효암千聖山元曉庵에 이르러 석장錫杖을 높이 걸었다.

선사가 개경開京으로 바로 내려오지 않고 동해변으로 우회하여 경상도 최남단의 고봉정상高峰頂上에 위치한 원효암에 머문 것은 중원천지中原天地에 이름을 크게 드날린 것이 이미 본국에까지 전해져 왔으므로 조정朝廷과 많은 사서士庶가 성대히 환영할 것이 분명하므로 일부러 그를 피한 것이었다.

그러나 스님의 자취는 오래 숨길 수 없었다. 이듬해 여름에 제자 무학 스님은 원효암으로 선사를 뵈러 갔다.

선사는 흔연히 맞아주시며 손수 쓰시던 불자拂子를 신표信表로 주셨다.

공민왕 10년 겨울에 나옹선사가 왕명으로 해주 신광사海州神光寺에 주석하시게 되자 스님도 스승님을 모시고 따라갔다.

그때 선사의 제자들은 선사께서 무학 스님을 편애偏愛하시는 것으로 착각하고 스님을 시기하는 이가 한둘이 아니었다.

스님은 대중의 이러한 눈치를 간파하고 선사에게 나아가 슬하를 떠날 것을 아뢰었다. 선사는 스님에게,

"의발衣鉢이 언구言句만 같지 못하다."

하시고 또 이르시기를,

"한승배閑僧輩가 인아심人我心을 일으켜서 망녕되이 시비를 논하는 것은 심히 옳지 못하다. 그대는 이 사구송四句頌으로써 길이 후의後疑를 끊을지니라."

이어 송頌하되,

"分襟別有商量處 誰識其中意更玄

任甫諸人皆不可 我言透過空劫前

(옷깃을 나눌제 달리 헤아릴곳 있음을

뉘 있어 그 중의 뜻이 현미한 줄 알으리?

다른 이들 옳지 못함 그에 맡기고

나는 그대가 공겁앞에 뚫어지났다고 말하리라)"

스님은 선사를 하직하고 고달산高達山으로 내려가서 손수 토굴을 묻고 조용히 마음을 닦았다.

공민왕 20년(서기 1370년) 겨울에 스승이신 나옹선사가 왕사王師의 책봉冊封을 받드시고 조계산 송광사曹溪山松廣寺에 주석하시니 스님은 선사에게 나아가 배알하였다.

선사는 의발衣鉢을 전수하시며 뒷날 불조佛祖의 혜명慧命이 끊이지 않고 영원히 이어가기를 당부하셨다. 이에 스님은 게로서 사례謝禮하였다.

우왕禑王 2년 여름, 선사께서 회암사檜巖寺에 주석하시며 중수불사를 크게 행하시고 낙성법회落成法會를 베풀었는데 선사는 스님에게 글을 보내시어 수좌首座에 천거하시었다.

스님은 전날 같은 문도들이 자신을 시기하였던 것을 상기하고 굳이 사양해 마지않았다.

이에 선사께서는,

"다관多菅이 다퇴多退만 같지 못하나니 임제臨濟 덕산德山도 수좌首座의 자리에 있은 적이 없었느니라."

하시고는 스님의 뜻을 따르시고 뒷방에 편히 있도록 배려하셨다.

그로부터 얼마 되지 않아서 선사께서는 조정 대신들 중 몇몇의 시기함을 입으시고 밀성군密城郡 형원사瑩原寺로 이석移錫하시는 화난을 겪으시게 되었다.

가시는 도중 여주驪州 신륵사神勒寺에 이르러 병환이 위중하시더니 5월 15일에 입적入寂하시었다.

나옹선사께서 제신諸臣들의 시기와 모함으로 인하여 순세順世하신 것은 무학 스님에게는 크나큰 충격이었다.

그래서 스님은 여러 산으로 배회하며 오로지 정진을 더할 따름, 조정에서 큰절 주지로 부름이 여러 번 있었으나 일체 응하지 않았으며 우왕 말기禑王末期에 왕사王師로 책봉하려 한 것에도 아예 먼 변방으로 몸을 숨기고 자취를 감추었다.

공양왕恭讓王 4년(서기 1392년) 스님의 춘추 60세 때의 7월에 이태조李太祖가 등극하였다.

10월에 이태조는 스님을 송경松京으로 맞아들여 11일 태조의 탄신일을 기하여 법복과 도기道器를 갖추시고 스님을 봉封하여, "왕사 대조계

종사 선교도총섭 전불심인 변지무애 부종수교 홍리보제 도대선사 묘
엄존자王師大曹溪宗師禪敎都摠攝傳佛心印辯智無碍扶宗樹敎弘利普濟都大禪師妙
嚴尊者"를 삼으셨다. 이 날의 법석에는 양종兩宗 오교五敎의 제산납자諸
山衲子가 거의 다 모였다.

스님께서 법좌에 올라 염향拈香 축성祝聖한 다음 불자拂子를 일으켜
세우시고 대중에게 보이시며 이르시되,

"이것은 삼세제불이 설하셔도 이르지 못하시며 역대조사가 전하
셔도 미치지 못한 것이니 대중은 도리어 알겠는가? 만일 마음으로
써 생각하고 입으로써 헤아려서 말하려 할진대 어찌 우리의 종宗이
있으랴?"

하시고 주상主上에게 대하여 이르시되,

"석釋은 자慈라 하나니 그 작용은 동일하외다. 백성을 안보安保하되
적자赤子와 같이 하시면 이에 가히 백성의 부모가 되시리니 지인至人
대자大慈로써 방국邦國에 다다르시면 자연히 성수聖壽가 무강無疆하시
고 금지金枝가 길이 무성하시며 사직社稷이 강녕하시리니다."

# 무학왕사
## 無學王師
하下

무학왕사께서 고려 조정에서 내리려던 왕사王師의 작위는 애써 사양하고 이씨 조선李氏朝鮮이 선 지 얼마 안 된 마당에 왕사의 책봉을 기꺼이 받아들인 것은 무슨 연유에서였을까?

첫째는 왕사께서 고려의 멸망을 일찍이 예견한 것이요, 둘째는 고려 조정에서 스승이신 나옹선사를 모함하고 시기한 나머지 멀리 변방으로 유배시킨 일 때문이요, 셋째는 이태조와 일찍이 친분이 있었기 때문이다.

무학왕사는 불경 외에 천문天文 지리地理 역술易術 등에 이르기까지 통달하지 못함이 없는 희세稀世의 대도인大道人이시다.

신라 말기의 도인이신 도선국사道詵國師께서 무학왕사의 출현을 예언한 일은 너무도 유명하거니와 고려 조정의 부패와 무능을 통찰하고 새 왕조가 설 것을 예견한 왕사께서는 새 왕조를 세울 인물로 이성계李成桂 장군을 지목했다.

왕사께서 일찍이 석왕사釋王寺의 한 토굴에서 정진하던 중 이성계 장군의 꿈을 해석하여 준 것을 계기로 창업創業의 비책을 일러준 것으로 전하여 오는 것도 결코 허언이 아니리라.

태조께서 스님을 왕사로 모신 다음 왕사를 회암사檜巖寺에 계시도록

하였으니 태조는 왕사에게 이르기를,

"회암사는 선각왕사先覺王師가 주석하시던 대도량大道場이요."

태조께서 왕사의 스승이신 나옹선사의 유배 사건에 대해 익히 알고 계셨으므로 왕사를 회암사에 주석하시게 한 것이었다.

태조 2년, 태조는 새 수도首都를 물색하기 위해 길을 나서면서 왕사에게 동행 하기를 청하였다.

그러나 스님은 굳이 사양하니 태조는,

"고금에 서로 만나는 것은 반드시 인연이 있어야 가능한 것이니 세속인의 복卜한 것이 어찌 도안道眼과 같으리요."

하고 강권하므로 더는 사양하지 못하고 계룡산鷄龍山과 한양漢陽의 행가幸駕에 모두 호종扈從하셨다.

그해 9월에 주상의 윤허를 얻어 광명사廣明寺에서 지공指空, 나옹懶翁 두 화상을 위해 괘진불사掛眞佛事를 크게 베푸셨다.

왕사께서 스승이신 나옹선사의 진찬眞讚을 이렇게 읊었다.

"指空千劒平山喝 選擇工夫對御前

最後神光遺舍利 三韓祖室萬年傳

(지공의 천검 평산의 할이여

어전에서 공부를 선택하셨네

최후에 신령한 빛은 사리를 남기니

삼한의 조실이 만년을 전하리)"

10월에 나라에서 연복사演福寺에 전장불사轉藏佛事를 베풀고 왕사를 청하여 주석主席을 삼았다.

이듬해 3월 3일에 회암사의 탑명塔銘을 새기시고 6월 25일에는 조파祖派를 평산선사平山禪師의 밑으로 기재하여 『불조종파지도佛祖宗派之圖』를 중간重刊한 뒤 그 판본板本을 난타사難陀寺에 유진留鎭하시었다.

지금까지의 법계法系로는 나옹선사는 구산선문九山禪門 중 가지산문계迦智山門系인데 무학왕사는 나옹선사께서 중국에 가서 임제종臨濟宗의 평산처림선사平山處林禪師에게 사법嗣法한 것으로 정한 것이었다.

이로부터 우리나라의 조계종曹溪宗은 그 이름만 있고 실제로는 임제종이 되어버린 셈이니 무학왕사의 『불조종파지도佛祖宗派之圖』는 중요한 의미를 갖는다.

나옹선사와 평산선사의 문답 내용을 살피건대 서로가 대등한 입장에서 법거량法擧揚을 한 것이지 결코 평산선사가 나옹선사보다 나은 점을 발견할 수가 없다.

태조 6년 가을에 나옹선사의 부도를 회암사의 북애北崖 곧 지공화상의 탑 곁에 세우셨다.

이듬해72세 때 가을에는 노령임을 내세워 회암사를 사퇴하고 용문산龍門山으로 돌아가셨다.

그 뒤 태종太宗 2년 5월에 왕명으로 회암사에 다시 주석하셨다. 그러나 오래 머물지 못하고 이듬해 정월에 사퇴하시고 금강산 진불암金剛山眞佛庵으로 들어가셨다.

태종 5년 봄에 미질微疾을 보이시니 시자侍者가 의약醫藥을 올리려 하매 왕사께서 이르시기를,

"80에 병이 있거늘 어찌 구차히 약석藥石을 쓰랴?"

4월에 이르러 왕사께서 금장암金藏庵으로 자리를 옮기시니 내심內心으로 금장암에서 생애를 마감하실 생각이시었다.

9월 11일에 이르러 질고疾苦가 조금 덜하시는 듯했는데 밤이 깊은 시각에 병석을 지키던 한 납자가 여쭙기를,

"사대四大가 각기 떠나감에 어디를 향해 가시렵니까?"

왕사께서 이르시되,

"부지不知."

모르겠단 대답이시다. 다시 다른 납승이 똑같은 질문을 드리니 왕사께서는 음성을 높여,

"모르겠다."

하셨다. 이번에는 또 다른 납자가 여쭙되,

"화상은 병중이신데 도리어 병나지 않은 이가 있습니까 없습니까?"

왕사께서 손가락으로 곁의 납자를 가리키셨다.

또 여쭙기를,

"색신色身은 이 지수화풍地水火風이라 모두 마멸磨滅에 돌아가지만 어떤 것이 진법신眞法身이닛고?"

왕사께서 두 팔뚝을 서로 버티어 보이시며,

"이것이 이 한 개니라."

하시고 이내 입적入寂하시었다. 왕사의 세수世壽는 79세 법랍은 61하夏이시었다.

태종 7년 12월에 왕사의 유해를 회암사로 옮겨와서 선사先師의 탑 곁에 탑을 세우니 탑액塔額은 자비홍륭慈悲洪融이다.

태종 10년 7월에 상왕上王이신 정종定宗께서 태조의 지志로써 주상主上에게 말씀드리므로 주상은 변계량卞季良에게 명하시어 비명碑銘을 짓게 하셨다.

돌아보건대 여말선초麗末鮮初의 가장 어려운 시기에 태어나서 중국원나라에 유학을 갔는데 원나라 쇠퇴하여 명明나라가 서게 되므로 그 나라도 역시 어수선하기 마찬가지였다.

어수선한 세태 속에서 이를 수행으로 일관하면서 잘 극복한 것은 무학 스님의 인격의 한 면을 잘 반영하는 것이라 하겠다.

스승이신 나옹선사의 죄 없이 유배당한 것과 도중에 입적하신 것 등은 무학 스님에겐 감당하기 어려운 슬픔이었지만 은인자중하여 잘 이겨낸 것도 무학 스님이 아니면 감당하기 어려운 과제였으리라.

이씨 조선의 개국에 일익을 담당한 것은 새 왕조에 의해 무너질지도 모르는 불교를 위한 스님의 충정이었다.

이조 오백년을 통하여 불교가 그나마도 이 땅에서 사라지지 않은 것은 무학 스님의 위법망구爲法忘軀의 헌신적인 노력이 그 바탕을 이룬 것이라 하겠다.

# 대지혜월국사
## 大智慧月國師

스님의 휘諱는 찬영粲英이요 자字는 고저古樗이며 법호는 목암木庵, 속성은 한씨韓氏이고 아버지는 한적韓績이니 양주楊州가 고향이며 어머니 곽씨郭氏는 청주淸州 사람이다.

고려 충숙왕忠肅王 15년(서기 1328년) 1월 8일에 태어났다.

14세에 한양漢陽의 한강변에 노닐더니 멀리 삼각산이 높이 솟은 것을 바라보다가 문득 진세塵世를 벗어날 뜻을 품었다.

그리하여 삼각산의 한복판에 지리산 중흥사重興寺를 찾아가서 원증국사 태고화상圓證國師太古和尙에게 나아가 축발祝髮하였다.

태고화상은 당시 중흥사의 동쪽 언덕에 태고암太古庵을 짓고 호젓이 정진하고 계셨는데 스님이 찾아오자 곧 머리를 깎고 계戒를 주어 시자侍者를 삼으셨던 것이다.

스승님을 시봉하며 수학受學하기 5년, 마침내 스승의 법을 받았다.

이어 전라도 장흥長興 땅에 있는 구산선문九山禪門 중의 큰집 격인 가지산迦智山으로 가서 정혜국사淨慧國師에게 참알參謁하였다.

정혜국사는 조계산 송광사曹溪山松廣寺의 제14대 방장화상方丈和尙으로서 본시 조계산 길상사曹溪山吉祥社에서 중이 된 스님으로서 마침 가지산에 주석하고 계시다가 찬영 스님의 배알을 받고 법기法器로 여겨 제2좌第二座로 삼으셨다.

스님은 다시 행각에 나서 금강산 유점사楡岾寺로 올라가 수자화상守慈和尙에게 참알參謁 법요法要를 물었다.

그리하여 거기에서 선열삼매禪悅三昧에 들어 뼈를 깎는 정진으로 일관하였다. 충정왕忠定王 2년, 스님의 나이 23세에 구산선九山選에 나아가 상상과上上科에 올랐다.

그 뒤 다시 삼각산 중흥사重興寺로 돌아와서 정진하기를 3년, 공민왕恭愍王 8년에 주상께서 스님을 초치招致하여 스님의 법을 존경하고 또한 스님의 상모를 칭찬하여 "벽안달마碧眼達磨"라 하고 양가도승록兩街都僧錄에 임명하였다. 수년을 재직하고 사임하였더니 이번에는 선종禪宗의 수사찰首寺刹인 석남石南 월남月南 신광神光 운문雲門 등에 주석하도록 특명을 내리는 것이었다.

스님은 재직하는 사찰에서 늘 선나禪那를 연설하는 한편 자신의 공부를 게을리하지 않으니 따르는 학인이 언제나 도량에 가득하였다.

공민왕 21년 봄에 주상王上은 스님을 맞이하여 내원內院에 두고 정지원명 무애국일선사淨智圓明無碍國一禪師의 호를 내리시고 의발衣鉢과 불상佛像을 주셨다. 두 해를 지난 갑인년甲寅年 공민왕께서 빈천賓天하시매 스님도 번잡한 서울을 떠나 산중으로 숨으려 하였다.

그러나 새왕이신 우왕禑王은 이를 막고 가지사迦智寺에 주석하게 하는 한편 특히 선교도총섭 정지원명 묘변무애 현오국일 도대선사禪敎都摠攝淨智圓明妙辯無碍玄悟國一都大禪師의 호를 더하시었다.

우왕 3년, 스님은 사퇴하려 하였으나 윤허하지 않으므로 보개산寶蓋山으로 들어가서 항서抗書하여 병을 칭탁하여 사퇴하였다.

이듬해에는 왕명을 받고 가지사에 주석하였으며 동왕 8년에는 청량산淸凉山의 방장方丈이 되셨다.

이 해 섣달 23일에 스승이신 원증국사 태고화상圓證國師太古和尙께서 82세로 입적入寂하시니 스님은 달려가서 상주가 되어 다비행사茶毘行事를 잘 치렀다.

우왕 9년 3월에 스님을 왕사王師로 책봉冊封하고 대조계종 불일명변대지우세 이생보제 무애도대선사 묘변지원응존자大曹溪宗佛日明辨大智祐世利生普濟無碍都大禪師妙辯智圓應尊者의 호를 더하였으며 사신을 보내어 충주 억정사忠州億政寺에 안거安居하게 하였다.

우왕 14년에 주상이 승천昇天하시매 스님은 왕사王師의 인장印章을 나라에 바쳤는데 새왕이신 창왕昌王은 사신을 보내어 이를 다시 스님에게로 들려보내셨다.

그 해 10월에 흥성사興聖寺로 옮기셨으며 다시 이듬해 2월에 공양왕은 스님에게 억정사億政寺에 주석하기를 명하였다.

당시의 정세情勢를 잠깐 살펴보기로 하자. 원나라가 쇠퇴하면서 명나라가 선지 20여 년이 되니 중국은 명나라와 북원北元의 두 나라 형태를 유지하고 있었다.

이에 고려에서는 원나라에 침해를 입었던 것을 설욕하고 옛 강토를 다시 찾고져 하는 부흥운동이 일었으며 온 겨레가 호응하여 군비증강에 박차를 가하였다.

군부는 최영 장군을 총수로 하여 고토광복故土光復의 진군을 감행하였다.

선봉군의 장수는 이성계李成桂였는데 평안도 앞바다 위화도에서 반심反心을 품고 급거 회군하니 고려 태조의 건국 이념인 광복운동이 여기에서 좌절되고 말았다.

조정은 젊은 유학자들이 많이 진출해 있어서 불교의 폐단을 들어 사사건건 탄핵하는데 인색치 않았으며 이성계 장군 일파는 이를 적절히 이용하여 고려를 거꾸러뜨릴 계기만을 노리고 있었다. 그러한 정세 하에서 왕은 스님을 스승으로 모시려 했는데 유생들이 반대하는 바람에 스님은 곧바로 억정사億政寺로 돌아가서 조용히 성태聖胎를 길렀다.

6월 28일에 스님은 대중에게 고하시기를,

"내 마땅히 껍데기를 벗으리라."

하시고는 고덕古德의 송頌을 들어서 말씀하시기를,

"卽此見聞非見聞 無餘聲色可呈君

箇中若了全無事 體用無妨分不分

(곧 이 견문이 견문 아니니

나머지 성색을 그대에 줄게 없네

이 중에 온전히 일없는 줄 알면

체와 용을 나누거나 안나눠도 무방하리)"

이에 문인門人이 유게遺偈를 청하니 스님은,

"비록 다시 천게千偈를 짓는다 해도 내 뜻은 이를 넘지 못할 것이니라."

이 말씀을 마지막으로 머리를 북쪽으로 하시고 오른옆구리로 누우신 채 대적삼매大寂三昧에 드시었다.

다비를 모신 뒤 사리를 수습하여 동쪽 비탈에 탑을 세웠다.

스님의 세수世壽는 63세이고 법랍은 49하夏였으며 나라에서 지감국사智鑑國師라 시호를 내리고 탑호는 혜월원명慧月圓明이라 했다.

이태조가 스님의 덕을 추모하여 태조 2년에 대지국사大智國師란 시호를 더하였다.

# 구곡각운선사
## 龜谷覺雲禪師

스님의 휘諱는 각운覺雲이고 법호는 구곡龜谷이며 자字는 소은小隱이니 호남 용성湖南龍城이 고향이다. 용성은 지금의 남원南原의 옛 이름이다.

어려서 스님의 외숙外叔인 졸암연온선사拙庵衍昷禪師를 따라 그 고을에 있는 승련사勝蓮寺에서 축발祝髮하였다.

졸암선사는 조계산 송광사曹溪山松廣寺의 제13대 방장方丈이신 각진국사覺眞國師의 제자로서 세속 인연으로 졸암선사의 외숙外叔이 된다.

다시 부언하자면 각진국사의 생질이 졸암선사이고 졸암선사의 생질이 구곡 스님이다.

구곡 스님은 주상主上이신 공민왕恭愍王에게 상소로써 『전등록傳燈錄』을 판각할 것을 청하여 수년 만에 완성하니 이번에는 주상께서 스님에게 『전등록』을 강설할 것을 명하시매 스님은 금중禁中에서 1년 남짓을 걸려 30권을 모두 강설하였다.

이에 주상은 스님의 법력을 높이 치하하고 존경해 마지않았으며 본시 그림에 능하신 주상은 달마조사達摩祖師의 「절로도강도折蘆渡江圖」와 「보현육아백상도普賢六牙白象圖」를 손수 그려서 스님에게 내리시고 겸하여 구곡각운龜谷覺雲의 넉자를 손수 써서 주셨다.

또 이어서 스님에게 대조계종사 선교도총섭 숭신진승 근수지도 도대

백운지홍 白雲知興

선사 大曹溪宗師禪敎都摠攝崇信眞乘勤修至道都大禪師의 법호를 내리셨다.

당대의 대학자인 목은 이색牧隱李穡이 이를 찬讚하기를,

"達磨 是身虛空 天水一色 眇然而逝 風淸月白 芥乎其間 惟一不識
普賢 六牙白象 布衣大野 富貴風流 見此粲者 哀哉兔逕 方憑吾駕
龜谷 和氣在天 靈靈在物 惟藏神用 不或天閟 疇均此施 六谷爲一
覺雲 無心爲心 出入太虛 友風子雨 亦曰勤渠 妙悟所以 非師誰歟

(달마,

이 몸은 허공이라

하늘과 물이 한색이로다

아득히 가나니

바람은 맑고 달은 깨끗하도다

그 사이에 끼었으되

오직 한결같이 '모르겠다' 고

보현,

여섯 어금니인 흰코끼리를 타사 베옷에 큰 들판을 달리네

부와 귀를 누리고 풍류 잘하사 이 환히 밝음을 갖추신 이라

쇠잔하도다 토끼의 길

바야흐로 내 수레에 의지하도다

구곡,

화기는 하늘에 있고 신령함은 물건에 있도다

오직 신통 묘용을 갈무리 하사

혹은 막아 못하게 하진 않네

이 베풀을 고르게 하사

육합하여 하나 되도다

각운,

무심으로 마음을 삼고

태허공에 출입하도다

벗의 바람 아들의 비

또한 부지런히 도량을 이룬다 하리

미묘히 깨달은 까닭이사

스님이 아니면 그 뉘이랴?)"

구곡 스님은 외숙이신 졸암拙庵선사에게 중이 되어 은법恩法을 겸하였는데 송광사개창비松廣寺開創碑에는 다음과 같이 적혀 있다.

"普愚傳之幻庵混修混修傳之龜谷覺雲 보우 스님은 환암혼수에게 전하시고 혼수 스님은 구곡각운에게 전하시었다."

또 평안남도 평원군 법홍산 법홍사平安南道平原郡法弘山法興寺 전등법맥傳燈法脈에 기록되기를,

"第一祖太古普愚 第二祖幻庵混修 第三祖龜谷覺雲 第四祖碧溪淨心 第五祖碧松智嚴 第六祖芙蓉靈觀 第七祖淸虛休靜 첫째 조사(祖師는 태고보우선사시고 둘째 조사는 환암혼수선사시며 셋째 조사는 구곡각운선사시고 넷째 조사는 벽계정심선사시며 다섯째 조사는 벽송지엄선사시고 여섯째 조사는 부용영관선사시며 일곱째 조사는 청허휴정선사시며)······."

그런데 남원南原 승련사勝蓮寺는 졸암선사가 방장方丈으로 계시면서

생질인 구곡 스님의 첫 출가를 맞으신 가람이요 또 제자 구곡 스님에게 전법傳法과 아울러 물려주신 절이다.

졸암선사와 구곡 스님에게는 근본도량인 셈인데 당대의 석학碩學인 목은 이색牧隱李穡선생이 쓴 『승련사기勝蓮寺記』가 있어 주목을 끈다.

"大禪師拙庵 諱衍昷者 爲曹溪之老弘慧之徒所推讓 合辭立券契俾拙庵 主之……

戊戌之秋 其將示寂也 以雲師覺雲 於族爲甥 於法爲嗣 付以寺事 拙庵 姓柳氏 文正公璥之曾孫……忝學道首四選 赴試中申科 歷住名山 道譽遂 然 雲師柳氏之甥 學邃行高 筆法妙一時……至正二十四年六月日記대선사 졸암의 휘가 연온인 이는 조계의 노화상인 홍혜의 문도로서 추양한 바인데 사양함에 알맞게 권계(증서를 세워서 졸암으로 하여금 그를 주관하게 하였다……. 무술년 가을 그가 장차 시적示寂하려 하니, 각운 스님은 씨족에 있어서는 생질이 되고 법에 있어서는 후사가 됨이라 절 일을 부촉하였다. 졸암선사의 속성은 유씨이니 문정공 경璥의 증손이 다……. 배움에 참예하여 사선四選의 상수였으며 선시選試에 다달아 갑과甲科에 합격하였다. 명산대찰名山大에 두루 머무니 도예道譽가 매우 성하였다. 각운 스님은 유씨졸암선사의 생질인데 배움이 깊고 행이 높으며 필법의 오묘함이 한 시대에 으뜸이었다……. 지정至正 24년 유월일에 기록하다)."

지정 24년은 공민왕恭愍王 13년(서기 1364년)이니 졸암선사가 입적하신 지 6년이 되는 해이며 구곡 스님이 공민왕에게 청하여 『전등록傳燈錄』을 중간重刊하기 8년 전이다.

『승련사기』를 쓸 당시는 구곡 스님은 졸암선사의 법통을 이어 승련사 주지로 재직하고 있었으니 이때로서는 각진국사-졸암선사-구곡 스님의 법맥이었음이 분명하다.

그러나 구곡 스님이 입적하시자 목은牧隱선생이 만사挽詞를 썼는데 그 글에 임제손臨濟孫으로 갔다는 내용이 실려 있어서 스님의 만년에 환암선사의 제자가 되었음을 뒷받침하고 있다.

"哭龜谷 龜谷衣冠胄 去爲臨濟孫

구곡 스님 의관의 후예는 가서 임제의 법손이 되었네."

『승련사기勝蓮寺記』를 쓴 목은선생이 구곡 스님의 입적하신 것을 곡하며 쓴 만사挽詞의 1절에 임제의 법손이 되었다고 한 것은 구곡 스님이 만년에 태고-환암으로 이어지는 임제종臨濟宗의 후예로 되었음을 뜻하는 것이다.

『승련사기』를 쓴 때에는 분명히 외숙인 졸암拙庵선사의 제자였지만 만년에는 환암혼수국사幻庵混修國師의 법통을 이은 것으로 봄이 옳을 듯하다.

환암국사도 나옹왕사懶翁王師의 법사法嗣냐, 태고국사太古國師의 법사法嗣냐?로 물의를 빚고 있는데 구곡 스님도 졸암선사와 환암국사 중 어느 법사法嗣로 봐야 옳은지 실로 풀기 어려운 난제難題로 아직 남아 있는 것이다.

### 杲庵禪師

스님의 휘諱는 일승日昇, 법호는 고암杲庵이니 나옹선사에게 중이 되었다.

일찍이 공민왕恭愍王의 지우知遇를 받고 광암사光巖寺에 주석하기를 10년.

왕께서 일승고암一乘杲庵이라는 넉자를 친히 쓰셔서 내리셨다. 그만큼 신임이 두터웠던 것이다.

광암사에 너무 오래 주석하였으므로 물러나 쉴 것을 청하였으나 왕께서는 끝내 윤허하지 않으셨다.

이어 우왕禑王의 대에 이르러서도 세 번이나 사직하기를 청하였지만 허락지 않으므로 결국은 도망하여 산중에 은거隱居하였다.

그 뒤 남방으로 내려가 제방諸方에 노닐면서 두루 선지식善知識을 참방參訪하였으며 다시는 주지직에 머물지 않고 오로지 정진으로 일관하였다.

스님이 조계산에 머무신 것도 바로 이 무렵이며 송광사松廣社에는 사형사제간師兄師弟間인 고봉법장高峰法藏선사가 주지로 있으면서 가람을 일신하고 있었으므로 여러 해를 주석하셨던 것이다.

## 正智國師

스님의 휘는 지천知泉, 법호는 축원竺源이며 속성은 김씨金氏, 황해도 재령黃海道載寧이 고향이다.

충숙왕忠肅王 11년(서기 1324년)에 태어나서 19세에 장수산 현암사長壽山懸庵寺에서 축발祝髮하였다.

현암사는 스님의 고향인 재령에 있는 절로서 거기에서 선지禪旨를 참구한 뒤에 교학敎學에 열중,『능엄경楞嚴經』을 배우다가 그 대의大義에 통함을 계기로 경안經眼이 열려서 학해學海로써 도달하지 못함이 없었다.

29세 때인 공민왕 2년(서기 1353년)에 세 살 아래인 무학자초無學自超와 함께 연경燕京으로 들어가서 법운사法雲寺의 지공선사指空禪師에게 참알參謁하였다.

이보다 앞서 나옹선사懶翁禪師는 연경에 들어가서 지공선사의 인가印可를 받고 제방에 노닐어 도예道譽가 널리 현저하였다.

이에 스님은 무학 스님과 함께 나옹선사를 찾아뵙고 입실入室, 3년을 모시고 정진하다가 공민왕 5년에 귀국하였다.

귀국한 뒤로는 도반무학 스님과 헤어져서 여러 명산에 노닐면서 매양 뒷방 하나를 얻어 입을 다물고 정진에만 힘썼다.

스님은 나라의 부름에도 응하지 않았고 주지직에도 머물지 않았으며 혹 학인이 도를 물으면 그에게 대답해 줄 뿐, 대중이 청하는 법석法席에도 오르는 법이 없었다.

조선 태조朝鮮太祖 4년(서기 1395년)에 개성開城의 천마산 적멸암天磨山寂滅庵에서 좌화坐化하니 춘추는 72세 법랍은 54하夏였다.

태조께서 스님의 도덕道德 있음을 듣고 정시국사正智國師라 시호를 내리셨으며 제자들이 미지산 용문사彌智山龍門寺에 비碑와 부도浮屠를 세웠다.

## 野雲禪師

스님의 휘는 간玕, 법호는 야운野雲이니 나옹선사의 상족上足으로서 오랫동안 스승의 좌우座右에 있으면서 수선修禪으로 일관하였다.

성품이 청근淸謹하고 정실精實하여 스승의 사랑이 두터웠다.

스승이 입적하신 뒤 사형사제師兄師弟 되는 각웅覺雄과 함께 중국에 들어가서 제방 선지식을 찾고 오로지 수행에 힘썼다.

스님은 자기 자신을 경책警策하는 글인 『자경문自警文』을 지었는데 훗날 후학後學들의 길잡이인 교과서로 강원講院에서 가르치고 있다.

당시 학자인 도은 이숭인陶隱李崇仁이 스님을 기리는 「야운송野雲頌」을 지었으니,

"英英野雲 杳平無迹

惟其然迹 所以無者

南北東西 惟適其適

出乎膚寸 彌平六幕

其舒其卷 其體自若

萬物發榮 施雨之澤

(영특하고 영특한 야운이여

아득하여 자취가 없도다

오직 그러한 자취여

그러므로 집착함이 없도다

남과 북, 동과 서로

오직 갈적엔 그렇게 가도다

부촌짧은 거리에 나가되

육막천하에 두루 미치도다

그 펴고 그 마름에 있어

그 체가 자약 하도다

만물이 번성 하여짐은

비를 베푼 혜택이로다)"

### 覺雄禪師

스님의 휘는 중영仲英, 법호는 각웅覺雄이니 나옹선사 회상의 서기書記 소임으로 있으면서 스승을 극진히 섬겼다.

스승이 입적하신 뒤 스승의 부도浮屠 곁에 움막을 짓고 있기를 6, 7년.

스승을 그리는 마음이 너무도 간절하여 부도를 배회하며 떠나지 못하다가 뒤에 분발심을 일으켜 천하를 주유하며 심사방도尋師訪道하니 목은牧隱선생이 이를 기려 「중영설仲英說」을 지었다.

### 雲雪岳禪師

나옹선사의 문인에 운설악雲雪岳이 있어 스승을 섬기기를 20년.

목은牧隱선생이 당호堂號를 부훤負喧이라 명명하고 그 기記를 지었으며 권근權近이 송서送序를 지었다.

## 友雲和尙

공민왕의 지우知遇를 받은 우운화상友雲和尙은 나옹선사의 제자이니 시중 죽헌 김공侍中竹軒金公의 아들이다.

처음 화엄종華嚴宗에 출가하여 교관敎觀에 통달하고 나아가서 연도燕都에 들어가서 남방의 강소성江蘇省·절강성浙江省의 명찰을 두루 심방하며 선지식을 가까이하였다.

스님은 이르는 곳마다 존숙尊宿들에게 법기法器임을 인정받았으며 늘 융숭한 대우를 받았다.

귀국한 뒤에 스님의 가제家弟인 조계잠공曹溪岑公과 이름을 가지런히 드날렸고 공민왕의 지우知遇를 받아 여러 명산대찰名山大 의 주지를 지냈다.

늙어서는 계림鷄林의 단암檀庵에 퇴거退居하여 산수간山水間에 노닐기를 5, 6년이러니 왕명에 의하여 팔공산 부인사八公山符仁寺에 주석하다가 송경松京의 법왕사法王寺로 이석移錫하였다.

화엄종사華嚴宗師로서 종풍宗風을 부수扶樹하기를 1년 남짓에 그 지위를 사양하고 산중으로 떠남에 이르러 목은선생 등이 시가詩歌를 보내어 스님의 청고淸高한 행行을 기렸다.

이밖에도 나옹선사의 문하에는 일방종사一方宗師가 즐비하였지만 그 전기傳記를 상고할 길이 없어 모두 싣지 못하여 아쉽기 그지없다.

# 함허선사
## 涵虛禪師

스님의 휘諱는 기화己和이고 법호는 득통得通이며 거실居室을 함허당
涵虛堂이라 했다.

처음 이름은 수이守伊이고 법호는 무준無準이었는데 뒤에 고쳤다. 속
성은 유씨劉氏, 충주忠州가 고향이며 고려 우왕禑王 2년(서기 1376년)에
태어났다.

어려서 성균관成均館에 들어가 경사經史·문장文章을 배워 동료들 간
에 단연 두각을 나타내더니 문득 하루는 동관同館의 벗이 요절함을 보
고 무상無常을 절감, 마침내 출가하니 그의 나이 21세 때였다. 스님은
관악산 의상암冠岳山義湘庵을 찾아가서 머리를 깎았다.

이태조李太祖 6년 봄, 양주 회암사楊州檜巖寺에 나아가 무학왕사無學王
師에게 참알參謁, 친히 법요法要를 들었다. 뒤에 여러 산을 유력遊歷하며
선지식善知識을 찾아 도道를 묻다가 태종太宗 4년(서기 1404년)에 다시 회
암사에 돌아와서 뒷방 하나를 얻어 홀로 들어앉아 보고 듣는 것을 모
두 끊고 고수정진苦修精進하였다.

정진에 몰두하기를 1년 남짓, 하루는 밤중에 도량을 거닐며 화두話頭
와 씨름하더니 자기도 모르는 사이에 입에서 게송이 튀어나왔다.

그 때는 마침 비가 내린 뒤의 밤중이어서 낮은 구름이 오락가락 하
고 있었다.

"行行忽廻首 山骨立雲中

(도량을 거닐다가 문득 머리를 돌이키니

산 뼈가 구름 속에 선고녀)"

구름을 뚫고 산봉우리가 뾰족이 나타난 것을 바라보며 저도 모르게 내뱉은 게송이었다.

또 하루는 아침공양을 마치고 뒷간에 갔다가 볼일을 끝내고 일어서면서 문득 세통洗桶을 떨어뜨리니 쾅 하는 소리가 났다. 그 소리를 듣는 순간 스님의 입에서 튀어나온 한 소리,

"唯此一事實 餘二則非眞 此言豈徒然哉오직 이 한 사실일 뿐 나머지 둘이면 참됨이 아니라. 이 말씀이 어찌 한갓됨이랴?"

태종 6년에 공덕산 대승사功德山大乘寺로 돌아가서 반야강석般若講席을 베풀었다. 공덕산은 스님의 노스님이신 나옹선사懶翁禪師께서 출가 득도出家得度하신 묘적암妙寂庵이 있는 산이다.

태종 10년에 개성開城의 천마산 관음굴天磨山觀音窟에 주석主錫하여 크게 현풍玄風을 떨쳤다.

이듬해에 불희사佛禧寺로 옮겨 3년을 안거하며 당우堂宇를 중신重新하고 조풍祖風을 크게 선양宣揚하였다.

태종 14년(서기 1414년), 스님의 나이 38세에 평산平山의 자모산 연봉사慈母山烟峰寺로 가서 작은방 하나를 점占하고 거실 이름을 함허당涵虛堂이라 하였다.

7년을 함허당에 독거獨居하며 정진으로 세월을 잊던 스님은 세종世宗 3년에 왕명을 받고 개성의 대자사大慈寺의 주지가 되었다.

대자사는 왕실王室의 원찰願刹로서 옛날 같으면 왕사王師나 국사國師라야 주지직에 앉게 되는데 당시는 숭유배불정책崇儒排佛政策을 시행하고 있어서 왕사 국사의 제도가 없었다.

세종께서 스님을 특별히 청한 것은 선비대비先妣大妃이신 천경왕태후天敬王太后의 명복을 추천追薦하기 위함이었다.

그해 가을에 대자사에서는 스님을 법주法主로 모시고 천경왕태후를 추천追薦하는 대법회가 열렸다. 이 대법회에는 왕실王室의 왕비·왕자 공주 등과 조정의 신하들이 모두 참예하였으며 또 수많은 사서士庶가 도량을 꽉 메운 가운데 스님의 상당법문上堂法門 등으로 베풀어졌다. 스님의 법문을 들은 사부대중四部大衆은 크게 감명을 받았으며 왕사 국사의 제도가 폐지된 이래 스님에게 이에 준하는 예우를 드린 것이다. 3년 뒤인 세종 6년에 주상主上에게 글을 올려 대자사를 사퇴한 스님은 마치 걸림이 없는 학마냥 길상산吉祥山·공덕산功德山·운악산雲岳山 등 여러 산으로 다니며 일승一乘을 천명하였다.

세종 13년(서기 1431년) 스님은 문경聞慶 땅 희양산 봉암사義陽山鳳巖寺로 가서 석장錫杖을 높이 걸고 종신지지終身之地로 삼았다. 당시 봉암사는 가람이 퇴락하여 무인지경無人之境이나 다름없었다. 그러나 스님이 주석하게 되자 사방에서 참학납승參學衲僧이 구름처럼 몰려와서 수용할 방사房舍가 모자랐다.

이에 스님은 먼저 중수불사에 착수하여 대중과 더불어 노구老軀를 무릅쓰고 날마다 일을 했다. 스님은 낮에는 가람을 수리하고 전원田園을 가꾸는 일을 하는 한편 학중學衆을 가르치고 밤에는 촛불 아래에서 붓을 들어 저술著述에 몰두하였다.

여기에서 탄생한 저서가 바로 저 유명한 『반야경오가해설의般若經五家解說誼』 2권이다.

스님은 중수불사를 하면서 낮에 틈틈이 학중을 위하여 반야경을 강설하였는데 경문만 강설한 것이 아니고 중국의 오조사五祖師의 주해注解를 곁들여 설하였다.

오조사의 주해란 육조六祖의 구결口訣·부대사傳大士의 찬贊·규봉圭峰의 찬요纂要·야부冶父의 송頌·종경宗鏡의 제강提綱 등이 이것이다.

스님은 경문과 오조사의 글을 해석하는 설의說誼를 지어 학중에게 강설하였으며 또 이를 경문에 삽입하여 책을 엮으니 『반야경오가해설의般若經五家解說誼』 2권이 바로 이 책이다. 그러나 스님은 이를 출간出刊에 붙이지 않고 항아리에 담아 도량 안의 대숲 속에 묻어 두고 입적하셨는데 입적하신 후 대숲에서 여러차례 방광放光하는지라 대중이 의논하여 찾아보니 땅속에 묻힌 항아리가 발견되었다. 스님의 문인門人 등이 이 원고를 나라에 상주上奏하니 나라에서 간행刊行하여 전국의 도속道俗이 애송하기에 이르게 되었던 것이다.

세종 15년 4월 1일. 스님은 7일 전에 미리 원적圓寂할 것을 말씀하시더니 이날에 이르러 탁연卓然히 정좌靜坐하고 말씀하시기를,

"湛然空寂 本無一物

靈光赫赫 洞徹十方

更無身心 受彼生死

去來往復 也無罣碍"

(맑고 고요하며 공적하여

본래 한 물건도 없으며

신령한 빛 환히 빛나서

시방세계에 밝게 사무치도다

다시 몸과 마음이

저 생사 받음이 없어서

가고 오기를 왕복함에

또한 걸림이 없도다)"

잠시 침묵하시다가 다시 이르시되,

"臨行擧目 十方碧落

無中有路 西方極樂

(떠나감에 이르러 눈을 드니

시방세계가 푸른하늘이라

없는 가운데 길 있으니

서방 극락이로다)"

말을 마치고 장서長逝하시니 세수世壽는 58이요 법랍은 37하夏였다.

스님의 법명은 천희千熙 법호는 설산雪山이며 경북 영덕군 흥해慶北盈德郡 興海가 고향이며 고려 충렬왕忠烈王 33년에 태어났다.

13세에 화엄반룡사주華嚴盤龍社主 일비화상一非和尙에게 머리를 깎았으며 19세 때 상품선上品選에 올랐다. 스님은 조지操志가 고매하였고 매양 선지禪旨를 참구하는 것으로 업을 삼았다.

제방諸方에 유력遊歷하며 심사방도尋師訪道하기를 40년, 주지직住持職에 오름이 없이 오로지 수행승修行僧으로 일관하니 많은 도속道俗이 스님을 흠앙하기를 마지않았다.

공민왕恭愍王 13년(서기 1364년) 스님의 나이 58세에 평생을 두고 맘속에 간직하고 있던 중국 유학의 꿈을 실현하였다. 서해를 건너 중국 항주杭州에 도착한 스님은 휴휴암休休庵에 가서 몽산화상蒙山和尙의 진당眞堂에 참배하였다. 몽산화상은 당대 선종계禪宗界의 거장巨匠으로서 「휴휴암주 좌선문休休庵主坐禪文」·「수심결修心訣」 등 많은 선문禪文을 남겼으며 고려의 유학승이 원나라에 가면 거의가 화상의 가르침을 받아왔다.

화상의 방장실方丈室에 들어가보니 경률이 매우 견고한 품이 마치 보물을 갈무리해 둔 창고 같았다. 벽에 삼전어三轉語가 걸려 있는데 안내하는 스님이 답해보라고 한다.

스님은 머뭇거림이 없이 이내 답을 하니 문득 자물쇠 소리가 나면서 방문이 열리는 것이었다.

안내하는 스님이 이르기를,

"이 삼전어三轉語에 대답하는 이에게 방장실을 열어드리라는 큰스님의 유촉이 있었습니다."

방장실에 검은 칠을 한 궤가 하나 놓여 있었는데 거기에는 방불棒佛이 들어있었다.

"이것은 큰스님께서 스님께 주시는 것입니다."

하고 건네어주므로 스님은 잠자코 받았다. 또 한켠에는 역시 검은 칠을 한 작은 궤가 놓여 있었는데 잠그지 않고 궤에 쓰여 있기를,

"時未至而啓者 天心譴때가 이르지 않아서 여는 이는 하늘이 반드시 꾸짖으리라."

이를 본 스님은 안내인에게,

"이 궤속에는 틀림없이 문서文書가 들어 있을 것입니다."

궤를 열어 보니 과연 책 두질二秩이 이었다.

안내인은,

"이 책도 스님의 몫이외다."

스님은 말없이 모두 받았다.

공민왕 15년에 성안사聖安寺로 가서 만봉선사萬峰禪師에게 참알參謁하니 선사는 이르시기를,

"내 병이 든 지 오래도다. 뉘 좋은 안목이 있어 내 병을 보살펴 줄 것인가?"

이에 스님은 주먹으로 선사의 등을 어루만져 주었다. 그날 밤 삼경三更에 선사는 가만히 스님을 불러 가사袈裟와 선방禪棒을 주시는 것이었다.

선사의 휘諱는 시울時蔚이니 천암원장선사千巖元長禪師의 법사法嗣이고 천암선사는 중봉명본선사中峰明本禪師의 법을 이었으며 중봉선사는 고봉원묘선사高峰元妙禪師의 제자이니 모두가 임제적손臨済嫡孫이요 당대제일當代第一의 선지식善知識이다.

스님이 중원中原을 두루 돌아다니며 제방 선지식을 역참歷參하였으나 그들의 기봉機鋒이 그만하므로 더 참방參訪할 것이 없음을 깨닫고 마침내 귀국의 길에 올랐다.

공민왕께서는 스님이 무사히 돌아온 소식을 들으시고는 스님을 대내大內로 맞이하여 위로함이 자못 두터웠으며 많은 사서士庶가 앞을 다투어 찾아와서 예배를 올리고 법을 물었다.

스님은 경사京師의 생활이 너무 번거로워 몰래 도망하여 동해東海에 노닐다가 양양 낙산사洛山寺에 기숙寄宿하였다.

바닷가에 제비집 마냥 얹혀진 홍련암紅蓮庵의 법당에서 관음정근觀音精勤에 들어간 스님은 시공時空을 모두 잊었다.

하루는 한밤중에 법당 안에 관음상이 방광을 하니 법당 안과 온 도량이 대낮처럼 밝았다.

기이한 향이 가득하고 법당 밑의 조수潮水가 밀려오고 밀려가는 소리는 하늘의 음악과 어울려 심금을 더욱 싱그럽고 상쾌하게 하였다.

이듬해에 원주 치악산原州雉岳山의 구은舊隱으로 돌아가서 문빗장을 굳게 닫고 호젓이 삼매三昧에 노닐었다. 스님은 조정의 대신들이나 지방 관리들이나 신남신녀信男信女들이 끊일 새 없이 찾아와서 자신을 떠받드는 것을 가장 싫어했다. 조그만 암자에서 조용히 정진하는 것이 그럴 수 없이 좋았으며 큰절 주지 노릇은 더더욱 원치 않았다. 그래서 치악산에 묻혀서는 일체 출입을 끊고 뒷방에 칩거하며 자신의 신분을 감추었다.

그러나 예로부터 송곳의 날카로운 끝은 아무리 깊숙한 주머니 속에 감춰도 밖으로 나오기 마련이고 향내음 짙은 전단향은 몇 겹을 싸도 그 향내음이 새어나오는 법이다.

주상主上께서는 은밀히 사자使者를 보내어 스님의 거처를 알아내시고 경사京師로 올라올 것을 어명으로 재촉하시었다. 주상께서는 칙서勅書로써 스님을 국사國師로 봉하고 시호諡號를 진각국사眞覺國師라 하였다.

공민왕 19년(서기 1370년) 주상께서 납자들을 시험하는데 시험관은 나옹선사懶翁禪師이고 증명證明법사로는 스님을 모셨다.

이런 공부선功夫選을 고려조高麗朝에서는 자주 열었으니 대개 수행납자들의 등용문登龍門의 구실도 되었으려니와 납자들의 공부를 채찍하는 의의도 자못 컸던 제도이다. 이 공부선功夫選에서 증명법사는 무슨 구실을 하느냐 하면 시험관인 나옹선사와 수험생인 납자와의 문답에 혹 잘못된 점이 있으면 이를 시정하는 임무를 맡은 것이다. 공부선은 대개의 경우 시험관은 묻고 수험생인 납자 측은 답하기 마련인데 문답 내용을 면밀히 관찰하여 하자가 없도록 하는 책무를 증명법사가 맡고 있는 것이다.

그러므로 증명법사는 시험관과 수험생의 양쪽을 모두 감독하게 된다. 이런 점을 감안할 적에 시험관보다 증명법사의 비중이 더 크다는 것을 알 수 있겠다.

당시 불교계는 태고太古, 나옹懶翁의 두 선지식이 가장 이름난 고승高僧임에는 틀림이 없으나 이 두 큰스님의 그늘에 가려 잘 나타나지 않는 선지식이 많았던 것도 사실이다.

그 하나의 예로 바로 설산 스님의 경우인 것이다.

공부선이 치러진 두 해 뒤 스님은 태백산 부석사太白山浮石寺로 내려가서 전우殿宇를 중영重營하여 종신지지終身之地로 삼았다.

그로부터 10년 뒤 스님은 76세를 일기一期로 입적入寂하시니 문인은 스님의 비를 경기도 수원 창성사京畿道水源彰聖寺에 세웠다.

스님은 일찍이 『삼보일경관三寶一鏡觀』약간권若干卷의 저술을 남겼다.

# 벽계정심선사
## 碧溪淨心禪師

　스님의 휘諱는 정심淨心이고 법호는 벽계碧溪이며 속성은 최씨崔氏이고 금산金山이 고향이니 금산은 지금의 경북 성주星州이다.

　일찍이 명나라에 가서 임제종하臨濟宗下의 총통화상摠統和尙에게 참알參謁하고 고수정진苦修精進 끝에 마침내 법인法印을 얻었다. 그 뒤 수년 만에 귀국하여 제방諸方에 다니면서 보림保任에 힘썼다. 스님은 비록 명나라에서 임제종의 법인法印을 받아오기는 하였지만 그 법계法系를 이을 생각은 없었다.

　당시 우리나라는 태고太古-환암幻庵-구곡각운龜谷覺雲으로 이어오는 법통法統이 가장 대표적인 정전正傳으로 인정받고 있었다.

　그래서 스님은 멀리 구곡 스님의 법을 계승할 것을 천하에 천명하였으니 이른바 원사구곡遠嗣龜谷이 그것이다.

　멀리 구곡선사를 이었다는 말은 연대年代가 먼 것을 뜻하는 것이 아니라 구곡선사는 개경開京에 계시고 벽계 스님은 남방南方에 주석하고 있었으므로 각기 살고 있는 처소가 먼 것을 가리킨 말이다.

　이씨 조선 태종조太宗朝에 이르러 유생儒生들의 득세得勢로 불교를 사태沙汰시키자 스님은 황악산黃嶽山으로 들어가 고자동 물한리古紫洞勿罕里곧 수다촌(水多村이다)에 움막을 짓고 자취를 감추고 은둔隱遁하였으므로 자호自號를 휘은晦隱이라 하였다.

스님은 승려의 신분을 숨기기 위해 장발長髮하고 시봉하는 청신녀와 마치 부부지간夫婦之間인 양 함께 정진하였다. 이 은둔 생활에 관한 설화說話가 다양하게 전하여 오는데 이를 간추려 소개한다. 스님이 중국에 다녀온 것은 이조 초기 이었고 남방으로 내려와 사태沙汰를 만난 것은 성종 시대成宗時代이다.

태종은 자기 이복동생異腹同生을 죽이고 형님이신 정종定宗에게 양위讓位를 강요하여 등극하였는데 태종을 따르는 과격한 유생들이 정권을 쥐자 노골적으로 불교를 배척하기 시작했다. 조정에서는 많은 사원寺院을 폐하고 그 토지는 몰수하였으며 승려의 숫자를 제한하여 불교의 발전은 고사하고 현상 유지도 할 수 없게 하였다.

또 여러 종파를 통폐합하여 칠종七宗만 두었다. 또 사원의 노비를 빼앗아 군정軍丁에 충당하기도 하였다. 이러한 사태沙汰를 당하자 도시에 있는 절을 빼앗긴 승려는 산중으로 숨고 사원과 토지를 잃은 많은 승려들은 혹은 환속하고 혹은 산사山寺로 옮기니 실로 엄청난 법난法難이었다.

이어 세종世宗도 부왕의 뒤를 이어 억불 정책을 감행, 7종이던 것을 선교양종禪敎兩宗으로 줄였다. 그러나 세종왕이 장성하여 친정親政을 하면서 신불자信佛者가 되고 불교 탄압을 중지하였으며 많은 불사佛事를 하기도 하였다. 문종文宗·단종端宗·세조世祖에 이르기까지는 그런대로 배불 정책을 완화하여 심한 타격을 입지 않았으나 성종조成宗朝에 이르러 태종 시대 마냥 배불 정책을 감행하니 이때 도시에 남아있는 사원 거의가 폐사되었으며 환속하는 승려도 허다하였다.

❀

이 두 번째의 법난 속에 휩싸였던 벽계 스님도 결국 황악산으로 은둔하게 되었던 것이다.

여기에서 벽계 스님의 은둔지인 황악산의 소재所在에 대하여 잠시 살펴보기로 하자.

일반적으로 알려지기로는 김천 직지사金泉直指寺의 주산이 황악산인데 직지사에서 바라보는 황악산 너머의 한 곳에 고자동古紫洞이라는 동구가 있고 거기에 물한리勿罕里라 하는 마을이 있는 것으로 인식하고 있다.

그러나 다른 한편으로는 지리산智異山의 중앙지대에 해당하는 함양군 마천면咸陽郡馬川面에 벽계 스님의 제자인 벽송지엄碧松智嚴 스님이 창건한 벽송사碧松寺가 있는데 절 아래 동리에 벽계 스님이 은거隱居하였다는 설화가 전해오고 있다.

이 일대에서는 지리산을 황악산黃嶽山이라 부른다. 지리산의 중앙에 위치한 뫼라는 뜻으로 황악黃嶽이라 한다고 한다.

황黃은 중앙토中央土이며 중앙은 색깔로 치면 황색黃色이다. 그래서 "중앙의 산" 이란 뜻으로 황악이라 하는 것이다.

벽송사 아래의 마을에 움막을 짓고 은거하던 중 벽송지엄碧松智嚴이 걸망을 메고 찾아왔다.

시봉하는 보살님과 한 방에 살면서 낮에는 땔나무하여 시장에 나가 팔고 보살님은 동리의 이 집 저 집에 나아가 밭을 메거나 길쌈을 하는 등 노동일을 하여 품삯을 받아와서, 두 분이 벌어온 돈으로 생활을 꾸려 갔다.

더러 쉬는 날이면 곧은낚시를 개울에 담가 놓고 큰 삿갓을 쓰고 앉아 참선을 했다.

그러다가 지엄이 찾아온 뒤로는 스승 대신 땔나무장사를 하여 생계를 도맡으니 벽계 스님은 맨날 곧은낚시 드리우고 선정삼매에 우유優遊하는 것이었다.

이러구러 3년이 흐른다. 도道도 안 가르쳐 주고 세월만 흘러가니 지엄은 초조하여 견딜 수가 없었다. 혹 도를 물으면 스승은,

"도는 배워서 얻는 것이 아니다. 스스로 깨쳐야 하느니라."

이 말씀을 지엄은 곡해하고 있었다. 도를 가르쳐 주면 달아날까 봐 일부러 안 가르쳐 주고 일만 시킨다고.

저 노장은 내게 도를 가르쳐 주는 것보다 일 시키기 위해 자신을 받아준 것이라고.

벽계 스님을 시봉하는 보살님도 도인이다. 도인이라야 도인을 알아보는 법.

하루는 품삯일을 나갔다. 점심 때 점심을 먹기 위해 마을 앞 공동 우물에서 손발을 씻으며 손에 낀 은가락지를 반석 위에 빼놓고는 깜박 잊고 그냥 돌아왔다.

3년 뒤, 그 우물에서 자신의 반지를 발견하고 도로 손에 끼웠다. 3년 동안 숱한 사람이 드나든 공동 우물이건만 무심無心도인이 놓아둔 반지를 유심범부有心凡夫들은 발견할 수 없었던 것이다. 지엄은 드디어 걸망을 챙겨 스승의 토굴을 떠났다. 제자의 거동이 심상찮은 줄 짐작한 벽계선사는 곧은낚시를 놔둔 채 곧장 집으로 돌아오니 제자는 마악

떠난 뒤였다. 마을에서 내려가는 길은 가파른 고개길이었다. 고개 위에서 바라보니 제자가 저만치 내려가고 있었다.

"애 지엄아 지엄아."

스승의 음성을 듣고 몸을 돌려 바라보는 지엄. 스승은 손을 번쩍 들어 보이며,

"옛따 도를 받아라."

스승의 이 한 마디에 지엄은 마음의 문이 열렸다. 드디어 깨친 것이다.

뒤에 마을 윗켠에 암자를 짓고 스승의 대를 이어 법을 설했다. 암자 이름은 지엄의 법호를 따서 벽송사碧松寺라 했으며 여기에서 경성일선 慶聖一禪이란 걸출한 제자를 얻었다.

벽계선사는 임종에 이르러 선禪은 벽송碧松에게 전하고 교敎는 정련 법준淨蓮法俊에게 전하여 선禪과 교敎가 끊이지 않고 후세에까지 이어지도록 하였다.

스님의 휘諱는 지엄智嚴이고 호號는 야로野老이며 거실居室은 벽송당碧松堂이라 이름하였다.

속성은 송씨宋氏이니 본관本貫은 여산礪山이고 고향은 전북 부안全北扶安이며 아버지는 복생福生이요 어머니는 왕씨王氏이다.

어머니 꿈에 한 범승梵僧이 찾아와서 하룻밤 기숙奇宿하기를 청하더니 스님을 갖게 되었다. 세조世祖 10년(서기 1464년) 갑신甲申 3월 15일에 태어났는데 스님의 골상骨相이 기수奇秀하고 웅무雄武가 보통 사람보다 훨씬 뛰어났다.

어려서부터 글과 검술劍術을 좋아하여 배우기에 힘썼으며 장감將鑑을 더욱 잘하였다.

성종成宗 22년(서기 1491년) 5월에 만주 지방에 웅거하고 있는 여진족이 함경도 지방을 약탈하러 침범하자 성종왕은 허종許琮을 도원수로 하고 스님을 부장副將으로 임명하여 토벌케 하였다.

스님은 일찍이 무과武科에 올라 젊은 장교로서 장래가 촉망되는 늠름하고 용맹한 장수였는데 이번에 부장副將으로 뽑힌 것이다.

복정도원수 허종許琮은 스님보다 30세 위인데 자는 종경宗卿 호는 상우당尙友堂이며 재령군수 허손許蓀의 아들로 태어났다. 24세에 문과文科에 급제하여 여러 요직을 단계적으로 두루 거쳤으며 특히 문인文人이면서 무武를 겸비하여 함길도 절도사가 되어서는 이시애李施愛의 난亂을 평정하였으며 성종成宗 8년(서기 1477년)에는 평안도 도순찰사가 되어 여진족의 침공을 격퇴시켰다. 이어 성종 22년(서기 1491년)에 평안도 관찰사로 있는데 여진족 토벌에 나선 것이었다. 이 토벌 작전에 2만 4천의 대군을 투입하여 여진족군을 두만강 건너 멀리에까지 격퇴하여 허종 도원수는 전공을 세운 공로로 훈장을 받았지만 스님은 전쟁을 치르고 나서 강한 회의懷疑에 빠졌다. 스님은 탄식하기를,

"대장부가 세상에 태어나서 심지心地를 지키기 못하고 동과 서로 분주히 달리며 수고를 하여 비록 한마의 공[汗馬之功]을 얻었다 할지라도 모두 한갓 헛된 이름일 뿐이다."

스님은 전공戰功에 따른 포상을 마다하고 드디어 검劍을 버리고 계룡산으로 들어가서 조징대사祖澄大師를 뵙고 낙발落髮하니 이때는 스님이 28세 된 해였다.

조징대사는 선승禪僧으로서 다녀간 제방선원에 출입하면서 오로지 선수행을 닦다가 만년에 계룡산에 토굴을 묻고 호젓이 안거하고 있는 중이었다.

스님은 스승에게 지엄智嚴이라는 법명을 받았다. 위로 지혜를 닦고 아래도 계율을 엄정嚴淨히 하라시는 스승의 가르침을 담은 이름이었다.

스님은 스승의 가르침 대로 선정禪定을 닦는 것으로 즐거움을 삼았으며 몸가짐이 항상 바르고 지행志行이 탁려卓厲하였다.

스승은 지엄에게 이르기를,

"선정을 닦는 경절문經截門이 수행의 정로正路이긴 하다마는 교학敎學을 등한시해서는 안 되느니라. 나는 본시 수좌생활로 일관하여 삼장三藏에 어두우니 연희화상衍熙和尙에게로 가서 배우거라."

지엄 스님은 곧 스승을 하직하고 갑사甲寺로 연희회상衍熙會上에 나아가서 원돈圓頓의 교의敎義를 물었다.

일대시교一代時敎를 대강 섭렵한 스님은 다시 사교입선捨敎入禪의 길로 접어들었다.

당시는 숭유배불정책을 강력히 펴는 시기여서 도시나 민가 가까이 있는 사찰은 많이 빼앗기고 재산을 몰수당하였으며 스님들은 관가에 붙들려 감옥에 갇히거나 태형을 당하곤 하였으므로 이를 피하여 산중으로 숨어 살게 되었다.

그래서 훌륭한 선지 스님들의 자취를 찾기란 하늘의 별따기여서 공부하려는 납자들의 갈 곳이 거의 없는 형편이었다.

지엄 스님도 선수행을 다시 시작하면서 선사를 찾아 강호에 유력遊歷하는 운수납자雲水衲子가 되어야 했다.

그 당시의 최고 선승으로는 태고太古선사의 법통法統을 이은 벽계정심선사였는데 벽계 스님은 사태沙汰를 만나 지리산 복판의 황악산 고자동 물한리라는 산중에 움막을 짓고 은거隱居하고 있었으므로 천신만고 끝에 가까스로 선사의 행방을 알아내어 선사를 모시고 정진하게 되었다.

견성見性한 스님은 선사의 법인法印을 전수받았다.

중종中宗 3년(서기 1508년), 스님은 금강산 묘길상암으로 가서 석장錫杖

을 높이 걸고 정진하더니 하루는 방선放禪의 여가에 『대혜어록大慧語錄』을 보다가 『구자무불성화狗子無佛性話』를 참구하던 의단疑端을 타파打破하였다.

이어 『고봉어록高峰語錄』의 선요禪要를 보다가 몰록 전에 알았던 것마저 모두 떨쳐버렸다.

이런 사유事由로 스님은 제자들을 제접提接함에 있어 『대혜어록』과 『고봉어록』을 가르치기를 곧잘 하였으므로 스님의 법문은 위의 두 큰 스님의 종풍宗風이 배인 품격이 약여하였다.

중종 15년(서기 1520년) 스님은 벽계선사를 모시고 살았던 지리산으로 가서 고자동 뒷산에 초암草庵을 얽으니 이 암자가 바로 벽송사碧松寺이며 스승님의 영정影幀을 모시고 원근에서 찾아오는 납자들을 크게 교화하였다.

물론 처음에는 찾아오는 납자도 거절하고 인사 오는 신도들도 맞지 않았으므로 스님을 찾아왔다가 친견하지도 못하고 그냥 되돌아가기 일쑤였다.

그러던 중 경성일선敬聖一禪이라는 선객이 멀리 묘향산妙香山에서 남하하여 스님을 찾아와 입실제자가 되면서부터 문호를 개방하였던 것이다.

훼불 정책을 강경히 편 이후 벽송사의 회상이 처음으로 활기를 되찾아 많은 운수납자들이 안심하고 정진에 열중하게 되었으며, 대개 이는 벽송 스님이 세속에서 세운 무공武功을 유생들, 특히 위정자爲政者들이 충분히 인정한 때문이었다.

제 아무리 포악한 유생들이라 할지라도 여진족을 격퇴시킨 스님의 무공을 모른 척할 수는 없었으며 출가 이후의 스님의 수행이 남다르게 돋보인 것에도 그들이 감동하여 고개를 숙였을 것이다.

스님은 지리산의 험준한 고개를 넘어 의신동천義信洞天에도 많이 계셨으며 여기에서 전법제자傳法弟子 부용영관芙蓉靈觀을 만나 법을 전할 수 있었다. 스님이 넘나든 고개를 벽송령碧松嶺이라 하는데 후인들이 벽소령碧霄嶺으로 부르고 있는 것은 잘못이다.

아마 이것도 유생들이 불교를 배척하기 위해 일부러 바꿔 부른 것인지도 모른다.

중종 29년(서기 1534년) 10월 1일 수국암壽國庵에서 제자들에게 법화경을 강설하다가 잠시 쉬는 사이 시자를 차를 시켜 드시고 문을 닫고 단좌端坐한채 그대로 대적삼매大寂三昧는 71. 법랍은 44하夏였으며 벽송사에 탑이 있고 영각影閣이 있다.

# 묘각수미왕사
# 妙覺守眉王師

스님의 휘諱는 수미守眉이고 속성은 최씨崔氏이며 고낭주古朗州지금의 영암(靈巖)가 고향이다.

어머니가 꿈에 어떤 이인異人이 구슬을 주는 것을 얻고 잉태하였으며 태어나서는 기이한 향기가 방 안에 가득하였고 어려서부터 영특하여 세속에 대한 뜻이 없었다.

13세에 월출산 도갑사月出山道岬寺에 가서 출가하였으며 약관弱冠의 나이에 구족계具足戒를 받았다.

강사講肆에 나아가 수학受學하려 하더니 속리산 법주사俗離山法住寺로 가서 경학을 공부하기 시작하였다.

마침 강원에 신미信眉라는 학인이 있었는데 스님과 동갑이고 이름도 미眉자가 들어 미수좌眉首座라 부를 적에는 이름이 같으므로 서로가 혼동하기 십상이었다.

스님은 신미信眉와 이내 친해져서 함께 탁마하며 열심히 공부해 나가 대장大藏과 비니毘尼를 배우고 익혔다.

스님은 자비로운 용모에 도인의 골격을 갖추었고 미목眉目이 준수하고 풍채가 의젓하였으며 사기詞氣가 낭윤朗潤하고 변재가 걸림이 없어서 온 대중이 수미·신미 두 스님을 추천하여 두감로문[二甘露門]이라고 일컬었다.

이렇듯 아직 젊은 나이에 이미 두각을 드러내어 대중의 우두머리 자리를 차지하였다.

그러나 스님은 학문에 묻혀 일생을 보내고 싶지 않았으니, 동학同學에게 이르기를,

"내가 지금까지 배우고 익힌 것은 마치 승요僧繇가 인물을 그린 것과 같도다. 비록 미묘한 그림이긴 하지만 끝내는 살아 있는 것은 아니지 않은가……."

이렇게 소견을 피력하고 드디어 배우던 것을 버린 채 강석을 떠나 우산을 짊어지며 짚신을 신고 선굴禪窟에 출입하였다.

처음에는 구곡각운선사龜谷覺雲禪師에게 참알參謁하였으나 계합하지 못하였고 뒤늦게 벽계정심선사碧溪淨心禪師의 실室에 들어가 입실제자入室弟子가 되었다.

그런데 그 당시는 유교를 국교로 하고 불교를 배척하는 시대여서 불교계는 어둡고 비색否塞한 찬서리에 낙엽이 진 늦가을 같은 시기를 만난 시절이어서 선석禪席은 황폐하여 텅 비고 납자들이 떠나간 뒤의 적요와 쓸쓸함만이 감돌아서 수행납자를 찾아보려 하여도 마치 날이 밝을 무렵의 하늘에 뜬 별처럼 어디를 가나 드문 실정이었다.

서기 1456년 세조(世祖 원년).

세종대왕世宗大王의 둘째왕자인 수양대군首陽大君이 보위寶位에 올랐으니 이분이 세조왕世祖王이다.

세조는 부왕父王의 명으로 『석보상절釋譜詳節』을 짓는 등 부왕의 불사佛事를 도우면서 신불자信佛者가 되었더니 보위에 올라서는 더욱 신

심을 발하여 많은 불사를 했다.

이 세조의 불사에 참여한 고승들이 매우 많은데 그중에서도 수미守眉·신미信眉·학열學悅·학조學祖 등 고승들이 국왕의 신임과 존경을 받았다.

세조는 수미 스님을 판선종사判禪宗事에 임명하여 불교부흥佛敎復興의 대임大任을 맡겼다. 스님은 간악한 유생儒生들의 화살을 슬기롭게 피해 가며 국왕의 뜻에 부응하는 중흥불사에 온 힘을 기울였다.

세조 3년(서기 1457년), 스님은 국왕의 명을 받아 출가본사인 도갑사道岬寺로 돌아가서 전 가람을 중신重新하였다.

이 도갑사는 도선국사道詵國師가 개기開基한 도량으로서 스님에게는 남다른 인연과 애착을 갖게 하는 절이다.

이 불사에 제자 홍월洪月이 가장 수고를 많이 했으며 영응대군永膺大君 이염李琰은 대단월大檀越이 되어 약사여래삼존상藥師如來三尊像을 소조塑造하여 봉안하였다.

도갑사의 중수불사가 끝나자 많은 신남신녀의 발길이 끊이지 않고 이어지면서 사사공양四事供養이 풍족해졌으며 육화六和가 떼 지어 이르렀다.

그리하여 사태불교沙汰佛敎로 수도할 곳을 잃고 산중 깊숙이 숨어 지내던 운수납자雲水衲子들이 일시에 구름처럼 몰려들어 하루아침에 총림叢林을 이루어서 스님은 종풍宗風을 크게 떨친 대법주大法主가 되었다.

세조 4년, 국왕은 해인사海印寺에 봉안된 『대장경大藏經』 50부질部秩

을 인출印出하였었는데 선종판사 수미禪宗判事守眉선사와 혜각존자 신미慧覺尊者信眉, 그리고 선사 학열禪師學悅 등에게 불사를 맡기고 조정에서는 신숙주申叔舟·한명회韓明會 등이 참여하여 돕도록 하였으며 이 대장경 인출의 발문跋文은 김수온金守溫에게 짓도록 하였다.

이 『대장경』은 각도의 명산거찰名山巨刹에 골고루 나누어 소장하도록 하였는데 소요所要된 종이는 38만 8천 9백여 첩貼이나 되었고 불사에 쓰인 식량은 5천 석石이었으며 기타 불사에 쓰인 비용이 엄청났으나 모두 국왕이 전담하였던 것이다.

이 불사를 원만히 회향하자 세조왕은 스님을 책봉冊封하여 왕사王師로 삼고 묘각妙覺이라는 존호尊號를 내렸으며 금란자가사金襴紫袈裟 한 벌과 상모불자象毛拂子·유리수주琉璃数珠 등을 드렸다.

왕사로 모신 뒤 세조왕은 자주 수찰手札을 올려 위문慰問하였고 공경대신公卿大臣이 늘 스님을 부축하고 도와드렸으며 국왕에게와 마찬가지로 서쪽으로 향하여 문후問候하고 북면北面하여 예배하였다.

스님에 대한 공경과 존신尊信은 전조前朝의 왕사王師·국사國師에 예우한 것과 다름이 없었으니 그 일시에 소중히 공경한 것을 이로서도 가히 알만하다 하겠다.

모년 모월 모일某年某月某日에 문인門人·제자 등을 불러 종문宗門의 대사大事를 낱낱이 부촉하신 스님은 앉으신 채 박연泊然히 허물을 벗으시고 대적삼매大寂三昧에 드셨다.

스님의 세수世壽는 63세이고 법랍은 51하夏였으며 다비茶毘를 모신 뒤 절의 동쪽 기슭에 탑을 세웠다.

묘각왕사妙覺王師의 비문碑文은 2백여 년의 세월이 흐른 뒤 글자가 거의 마멸 되어 읽을 수가 없게 되자 숙종肅宗 15년 기사세己巳歲(서기 1689년)에 주지 청신淸信화상의 원력으로 다시 세웠는데 비문은 송광사松廣寺의 백암성총선사柏巖性聰禪師가 지었다.

스님의 휘諱는 설잠雪岑 자字는 열경悅卿이며 이름은 시습時習 호는 동봉東峰·청한자淸寒子·매월당梅月堂·벽산碧山·청은淸隱·췌세옹贅世翁 등이다.

세종世宗 17년(서기 1435년) 한양漢陽의 명륜동明倫洞에서 태어났고 세 살 적에 능히 시詩을 읊고 글을 지었으며 다섯 살 적에 세종 임금이 스님의 소식을 들으시고 궁중으로 부르셨다.

승정원承政院에서 임금님 앞에 꿇어앉은 스님은 학사 박이창朴以昌이 시험관이 되어 묻는 말에 또렷또렷이 답하였으며 또 부르는 운韻에 따라 머뭇거림이 없이 즉석에서 시를 읊었다.

세종 임금은 신동神童임을 직접 보시고는 가상히 여겨 비단 50필을 내리시며 직접 가져가라고 명하신다.

스님은 곧 비단을 풀어서 끝부분을 모두 동여맨 다음 맨 앞에서 잡아당기니 비단은 거침없이 끌려나가는 것이었다.

5세 동자로서 짊어지고 갈 수 없으므로 끌고 간 것이었다.

이를 보신 세종 임금 이하 대신들이 감탄하며 칭찬을 아끼지 않았다 한다.

단종端宗 3년, 삼각산 중흥사三角山重興寺에서 글을 읽던 중 수양대군首陽大君이 어린 조카를 폐하고 스스로 임금이 되었다는 소식을 듣고 통곡을 하며 읽던 유서儒書를 모두 불태우고는 머리를 깎고 중이 되었다.

스님은 자수삭발自手削髮하고 먹물옷을 입고는 스스로 법명을 설잠雪岑이라 하였으며 새왕인 세조世祖를 반대하고 단종의 복위復位를 꾀하다 붙잡혀 형장의 이슬로 사라진 이른바 사육신死六臣의 시체를 노량진 한강변에서 한 분 한 분 업어다가 산 위에 고이 묻어 주었다.

세조 2년(서기 1458년), 스님의 나이 24세에 유방遊方의 뜻을 내어 먼저 관서지방關西地方에 노닐면서 좋은 경치를 만나면 한 수의 시詩을 음영吟詠하기를 주저하지 않았다.

여기에서 지은 시집이 『탕유관서록宕遊關西錄』이다. 스님의 시詩는 다른 물외도인物外道人의 시와는 달리 어떤 울분과 비분강개함이 서려 있음을 본다.

세조 임금이 정도正道를 밟지 않고 조카의 자리를 빼앗은 데에 대한 울분이요 비분강개였다.

다시 2년 뒤 스님은 관동關東으로 유행遊行하여 금강산 오대산 등 명산대찰을 두루 밟으면서 역시 수많은 시를 읊었는데 이 시절의 시도 탈속脫俗한 도인道人의 시라기보다는 청한淸閑을 즐기고 진세塵世를 멀리한 물외한인物外閑人의 시라고 평을 받는다.

스님이 금강산에서 지은 글 중에,

"산을 즐기고 물을 즐김은 사람의 떳떳한 정이로되 내 산에 다달아 울고 물에 이르러 우나니 그 즐김의……."

이렇게 읊조린 것을 많은 사람의 입에 회자된 일은 널리 알려진 일이다.

세조 9년에는 발길을 남쪽으로 돌려 호남지방湖南地方을 순유巡遊하였는데 백제百濟의 고도古都를 돌아보며 무상無常을 노래하고 지리영봉智異靈峰에 올라 대자연을 예찬하였다.

이에 해인사海印寺를 참배하고 신라新羅 천 년의 애환이 서린 경주慶州를 돌아보며 많은 것을 느끼고 또 읊었다.

스님은 본관本貫이 강릉 김씨江陵金氏이니 신라 왕족의 일파이다. 그래서 신라와 경주에 대한 애착도 남다르며 그의 감회 또한 유난히 깊다고 하겠다.

이렇게 관서關西·관동關東·호남湖南·영남嶺南 등 전국 방방곡곡을 두루 유행遊行하며 읊조리고 노래한 시문詩文만 해도 천여 수千餘首에 달한다.

이 여행에서 스님은 강릉 김씨에 본고향인 경주慶州에 주석할 것을 결심하고 남산의 아래편인 금오산金鰲山에 초암草庵을 얽어 용장사茸長寺의 본 이름을 붙였다.

용장사는 신라 시대의 절로서 중간에 폐사되어 절터만 남아 있었던 것이다.

스님은 여기에서 많은 저술을 했다. 『금오신화金鰲新話』라는 한문소설도 바로 여기에서 쓴 것이다.

스님은 금오산에서 종신終身할 생각으로 용장사를 손수 잘 가꿨다. 세상이 싫어서 세상 사람을 멀리하고 살짝 자리 잡았는데도 스님의 위치가 서울에까지 알려진 듯 효녕대군孝寧大君의 서신이 날아왔다.

원각사 낙성경찬회圓覺寺落成慶讚會에 꼭 참석해달라는 내용이었다.

세조 임금은 서울 종로 복판의 흥복사興福寺 터에 원각사圓覺寺를 창건하고 4월 7일에 낙성법회를 성대히 거행하였다.

스님은 세조 임금을 반대한 생육신生六臣 중의 한 분이어서 세조 임금에 대한 응어리가 마음 한구석에 늘 도사리고 있었던 것이다.

이를 익히 잘 알고 있는 효녕대군이 왕과의 화해를 도모코져 법회에 초청한 것이었다.

법석法席에서 왕의 사과를 받은 스님은 승좌설법陞座說法을 마치고 곧 한양을 떠나 금오산으로 돌아와서 그 뒤 여러 차례 부름이 있었지만 다시는 경사京師에 나아가지 않았다.

성종成宗 12년 스님이 47세에 무주 구천동茂朱九千洞으로 가던 도중 설천雪川에서 날이 저물어 안씨댁安氏宅에 하룻밤 유숙하게 되었다.

이 댁은 대대로 벼슬길에 오른 사대부士大夫 댁으로서 자제들에게 사서삼경四書三經을 가르치고 있었다.

본시 학문에 조예가 깊은 스님은 주인과 학문을 논하다가 서로 친숙해져서 학동들을 며칠간 가르치게 된 인연으로 이 댁 따님과 부부의 가연佳緣을 맺고 그냥 눌러 앉아 학동들을 가르치며 3년을 살았다.

그 사이 슬하에 아들을 하나 두었으나 부인이 갑작스럽게 타계하니 신혼의 단꿈도 일장춘몽이었다.

다시 먹물옷을 입고 구천동 백련사에 들어가 부인의 49일재를 지내주고 운수객이 되어 일정한 곳에 머묾이 없이 천하를 떠돌아다녔다.

스님의 도덕을 사모하는 많은 학중들도 마다하고 거짓 미친 체하며 방랑하는데 시봉侍奉 선행비구善行比丘만은 끝까지 따라다니면서 스님을 보살펴 드렸다.

　스님은 한때 취처생활을 했던 것을 못내 후회하고 두타행頭陀行으로 일관하며 자기 수행에 철저히 하느라 따르는 대중도 물리쳤으며 거짓 미친 것처럼 보였던 것이다.

　만년에 홍산 무량사鴻山無量寺로 가서 뒷방 하나를 얻어 수년을 정진 하더니 성종 24년(서기 1463년)에 입적하니 열세閱世는 59세였다.

　스님은 대중에게 미리 떠날 것을 예고하고 시신을 화장하지 말고 그 대로 두라고 당부했는데 3년이 지난 뒤에도 안색이 조금도 변하지 않 았다 한다.

　스님의 저서로는 『매월당집梅月堂集』·소설 『금오신화金鰲新話』…… 『묘법연화경별찬妙法蓮華經別讚』.

# 부용영관선사
## 芙蓉靈觀禪師

스님의 고향은 경남 삼천포慶南三千浦이니 휘諱는 영관靈觀, 자字는 은암隱庵이며 자호自號는 연선도인蓮船道人, 거실居室은 부용당芙蓉堂이라 하였으며 아명兒名은 구언尤彦이다.

성종成宗 16년(서기 1485년) 을사 7월 7일에 태어났다.

8세 때 아버지를 따라 바다에 고기를 낚으러 갔는데 아버지는 낚는 대로 구덕에 넣어 물 속에 담가놓는데 아들은 산 고기를 아버지 몰래 놓아주는 것이었다.

그러다가 아버지에게 들켜 매를 맞았는데 아들은 울면서 말하기를,

"사람이나 미물이나 자기 목숨을 아끼고 아픔을 참는 것은 매일반이 아니리까. 원하옵건대 아버님께서는 노여움을 거두시고 용서해 주십시오."

아버지는 아들의 대견스러운 소견에 감동하여 더는 때리지 않았다.

동리에서 가까운 곳에 큰 저수지가 있는데 거기에는 예로부터 용龍이 살고 있었다. 용은 이따금씩 물 위로 몸을 나타내기도 하고 음악 소리를 내곤 하였는데 스님이 지팡이로 못뚝을 탕 치면 문득 음악 소리가 그치고 몸을 물 속으로 숨기곤 하였으므로 동리 사람들이 이 광경을 보고 스님을 기동奇童이라 일컬었다.

한 번은 어떤 이승異僧이 스님의 아버지에게 이르기를,

"이 아이는 출가할 사람이요."

하고는 이내 사라지고 보이지 않는 것이었다.

스님의 나이 13세 때인 정사년丁巳年 가을의 어느 날 밤에 마치 누구의 인도함을 받은 것처럼 혼자서 집을 나와 80여 리를 걸어서 모래내[沙川]를 건너는데 집에서 기르던 개가 스님의 뒤를 따라왔다. 스님은 개에게 타이른다.

"나는 집을 나서서 멀리 갈 것이니 너는 집으로 돌아가 아버님을 잘 호위하거라."

개는 몇 번이고 그냥 따라오다가 스님이 재삼 간곡히 타이르니 헤어지기 싫은 발걸음으로 오던 길로 돌아가는 것이었다. 스님은 그 길로 곧장 걸어서 덕이산德異山덕유산(德裕山)으로 들어가 고행선자苦行禪子를 찾아뵙고 4년간 시봉드리며 경전을 배우다가 마침내 머리를 깎았다. 17세 때에 신유세辛酉歲, 김천 직지사金泉直指寺의 신총강백信聰講伯에게 나아가 본격적으로 교학教學을 이수한 뒤 위봉선사威鳳禪師에게 선禪을 참문參問하였다.

스님은 덕유산 구천동九天洞으로 재차 들어가서 띠집[茅菴]을 짓고 혼자서 장좌불와長坐不臥하며 화두話頭와 씨름하였다. 중종中宗 4년 봄, 다시 운수객이 되어 구천동을 뒤로한 스님은 경기도 용문산龍門山으로 올라가서 조우선사祖愚禪師에게 참알參謁하여 참선하는 여가에 노장老莊의 학문을 연구하였다. 중종 9년(서기 1514년), 스님은 용문산을 떠나 청평산淸平山의 학매선사學梅禪師에게 예배하고 현미玄微를 고격扣擊하였다.

중종 14년 35세 때, 강원도 금강산金剛山의 대존암大尊庵에서 도반 조운祖雲과 함께 두 여름[二夏] 결재하였다.

금강산은 산세가 수려하여 수행납자가 정진하기 알맞은 도량이다. 그래서 스님은 더 깊은 골짜기인 미륵봉彌勒峰의 내원암內院庵으로 들어가서 대문에 한 게송을 써 붙이니,

"부질없이 세월 보내며 소림굴 생각하니

그렁저렁 귀밑만 희어 이제에 이르렀네

비야리성 옛날은 소리도 내음도 없고

마갈타국 당년은 메아리마저 끊겼네

책상인 듯이 하여 분별의 막고

어리석은 듯하여 시비심을 방비하도다

짐짓 망계를 가져 신선 밖을 날아

종일토록 나를 잊고 푸른 뫼만 대하누나."

혹 길손이 찾아와서 말을 걸거나 하룻밤 묵어가기를 청하면 스님은 대답 대신 대문간에 붙인 이 게송을 가리킬 뿐이었다.

스님은 이 게송을 마지막으로 다시는 붓을 잡지 않기 위해 붓과 벼루를 불살라 버렸으며 경전이고 조사어록이고 간에 일체 펼치지도 않고 오로지 묵언默言과 장좌長坐로 시공時空을 잊기 9년.

중종 25년(서기 1530년), 46세인 스님은 문득 부모님의 망극의 은혜[罔極之恩]에 보답할 것을 결심하고 남방으로 향하였다. 고향인 삼천포三千浦의 시골 마을에 이르자 마침 한 노옹老翁이 소를 몰고 들판을 향해 나오고 있었다. 스님은 합장하여 인사를 드리고 묻기를,

"여기가 삼천포입지요?"

노옹은 스님을 이윽히 바라보며 되묻는다.

"어째서 묻는거요? 여기는 삼천포 땅이 맞소."

"여기가 제가 태어난 곳이온데 저의 부모님이 살아 계신지 몰라서 여쭈어 보려고 말씀드린 것입니다."

"스님의 부모님 성씨는 뉘시요?"

"저의 아버님의 이름은 원연袁演이라 하옵고 저의 아명은 구언九  이옵니다."

노옹은 소 고삐를 놓고 스님의 손을 덥썩 잡으며,

"오늘에사 부자父子가 틀림없구나. 네 이름은 내 아들이고 내 이름은 네 아비니라. 네가 나를 버리고 도주한 지가 30여 년이다. 너를 백방으로 찾았지만 허사였단다. 매양 근심으로 나날을 보냈었는데 네가 찾아왔으니 이 애비의 소원을 이뤄진 셈이구나."

이튿날 옛주인에게 가서 인사드리고 전당문서를 바치며 종僕의 신분을 사면해 주기를 청했다. 옛주인은 스님의 거룩한 모습을 보더니 스님으로서 정중히 대해주며 종문서를 내주었다.

이튿날 아버지에게 하직을 아뢰고 곧 떠나서 화개동천花開洞天에 접어들어 의신동천義神洞天으로 올라가 벽송碧松선사를 뵈었다.

"영관靈觀이 멀리에서 달려왔아오니 섭수攝受해 주옵소서."

"영靈하단 것도 감히 말할 수 없는 것이어늘 관觀은 어디에서 온 것인고?"

영관靈觀이란 이름을 가지고 묻는다. 스님은 큰스님 가까이 나아가

두 손을 맞잡으며,

"스승님께서 살펴보시지요."

큰스님은 웃으면서,

"견뎌 쪼아내고 다듬을 만하구나."

스님은 20년을 두고 의심했던 선禪의 도리를 깨닫고 큰스님에게 입실 제자入室弟子가 되었다.

3년을 집시執侍한 뒤 큰스님이 입적하시자 스님은 팔공산八公山·대승동大乘洞·의신동義神洞·연곡동燕谷洞 등에서 41년을 지내면서 청허淸虛·부휴浮休 등 많은 제자를 기른 뒤 선조宣祖 4년(서기 1571년) 4월 14일에 세수世壽 87세를 일기로 입적하였다.

스님의 법랍은 72하夏였고 문인 법륭法融 등이 영골靈骨을 수습하여 연곡사燕谷寺에 탑을 세웠다.

# 경성선화자선사
## 敬聖禪和子禪師

　스님의 휘諱는 일선一禪 자字는 휴옹休翁이며 법호는 선화자禪和子, 거실居室은 경성당敬聖堂이라 호하였다. 경성敬聖을 경성慶聖으로도 사용하였으며 속성은 장씨張氏, 경남 울산蔚山에서 성종成宗 19년(서기 1488년) 무신戊申 12월 13일에 태어났다.

　아버지는 장윤張胤이고 어머니는 박씨朴氏이니 어머니가 하루는 낮에 잠깐 조는데 꿈에 밝은 구슬을 삼키고 임신하였다.

　스님은 어려서 양친을 잃고 13세 때 단석산斷石山에 들어가 해산화상海山和尙에게 나아가 3년을 시봉하고 16세에 머리를 깎았다.

　24세 때 스승의 슬하를 떠나 평북 묘향산平北妙香山으로 올라가서 문수암文殊庵에 좌정하여 오롯이 고행苦行으로 정진하였다.

　당시 북방에는 선禪을 물을 만한 선지식善知識이 없음을 못내 아쉽게 여긴 스님은 남방 지리산智異山에 벽송碧松선사가 계시다는 소문을 듣자 곧 걸망을 챙겨 남방으로 내려갔다.

　벽송선사는 스님을 한 번 보시고는 곧 법기法器임을 알으시고 슬하에 거두어 주시니 스님은 이내 입실入室하였다.

　벽송선사는 스님을 처음 대하시며 한 게송偈頌을 주시니,

　"바람은 솔솔 달은 밝으며

　구름은 자욱하고 물은 잔잔하다

이러한 일 알고져 하거든

모름지기 조사관을 참구하라.”

스님은 이에 환희심을 이기지 못하며 마을을 활구선活句禪에 두고 열심히 정진하였다.

몇 해를 스승님 슬하에서 정진하던 스님은 다시 행각의 길에 올라 곧장 금강산 시왕동金剛山十王洞으로 가서 토굴을 하나 묻고 주야로 정진에 정진을 더하였다.

하루는 죽비竹篦로 선상禪床을 탁 치며 이르기를,

“조주 스님이 칼날을 드러내니

찬 서리 빛이 찬란하도다

헤아려 어떤가고 물으면

몸을 나눠 두 조각 내리라

꿈속에서 꿈을 말하니

허물이 적지 않도다.”

스님은 자신의 깨침에 대한 인가를 받기 위해 다시 지리산 벽송사碧松寺로 내려가서 위의 게송을 스승님에게 바쳤다.

벽송선사는 제자가 깨친 것을 매우 기뻐하시고 칭찬을 아끼지 않으셨으며 이로부터 늘 좌우에 있기를 명하시니 스님은 마치 스승님의 그림자인 듯 늘 슬하를 떠나지 않았다.

벽송사는 처음에는 삼칸초옥三間草屋에 불과했으나 원근에서 큰스님의 도덕을 흠모하여 찾아오는 납자가 날로 늘어나므로 수제자인 경성 스님이 주동이 되어 선방禪房을 증축하며 많은 땀을 흘리기도 하였다.

중종 29년 봄, 연곡사에서 청허휴정清虚休静이 중이 되는데 스님은 수계사授戒師가 되어 사미계沙彌戒를 설하였다.

휴정休静의 은사恩師는 숭인장로崇仁長老이고 법사法師는 부용선사芙蓉禪師인데 은사·법사·수계사가 모두 벽송碧松 큰스님의 제자이니 이를 특징이라면 특징이라 하겠다.

그해 11월 초하루, 의신동천義神洞天의 수국암壽國庵에서 스승이신 벽송선사가 입적하시자 다비茶毘를 마치고 혼자서 길을 나섰다.

엄동설한임에도 스님은 평안도 묘향산으로 올라가 보현사 관음전普賢寺觀音殿에 석장錫杖을 높이 걸었다.

스님이 주석한 것을 계기로 보현사에는 팔방에서 고사석덕高士碩德이 구름처럼 몰려오므로 스님은 하는 수 없이 경론을 강설하고 현풍玄風을 진작振作하였다.

중종 31년, 조정에서 승군僧軍을 동원하여 신천新川의 뚝을 쌓았는데 그때 마침 스님이 능가산楞伽山에 가는 길에 공사장을 지나게 되었다.

이 공사의 감독관이 스님이 표연히 가는 모습을 보고 비범한 스님임을 짐작하고는 서울의 자기집으로 모시고 가서 극진히 예우하거늘 많은 사서士庶가 스님의 덕음德音을 듣고 다투어 와서 시물施物을 바치니 나날이 문전성시門前成市를 이뤘다.

이를 시기한 유생들은 스님이 세상을 현혹한다는 구실로 금부禁府에 구금하고 법 따라 국문鞠問하는 것이었다.

그러나 스님은 시종 종용자약從容自若하고 답변하는 말이 곧고 이치에 맞으므로 금부에서 국왕에게 주달하여 곧 사면하였다.

이를 계기로 진세塵世가 더욱 싫어져서 묘향산으로 들어가서 정상의 법왕대法王臺에 올라 자취를 끊기를 9년.

명종明宗 13년(서기 1558년), 문인門人 의웅義雄 등에게 명하여 상선암上禪庵을 창건하게 하고 암자의 동쪽에 특히 한 채의 집을 일으켜 경성당敬聖堂이라 이름하였다.

스님은 여기에 주석하여 손수 향로에 전단향을 사르며 날로 성수聖壽를 축원 하였다.

하루는 밤이 깊었는데 제자들을 조실로 불러 이르기를,

"대저 학자는 활구活句를 참구하지 않고 한갓 총혜구이聰慧口耳의 배움을 가져 세상에 자랑하려 하고 실지實地를 밟지 않음에 말과 행동이 서로 위배된다.

그래서 산을 찾고 물을 찾지만 한갓 죽과 밥만 허비하며 경론을 입어서는 일생을 속아 지내니 끝내는 지옥의 찌꺼기만 짓는 것이지 세상을 건지는 배는 되지 못한다.

또 일반적인 사람들은 한가함을 익혀 성품을 이뤄서 사범師範을 구하지 않고 야귀굴중野鬼窟中에서 한갓 수고로이 앉아서 졸기만 하는 것이 마치 보배산에 이르러 빈손으로 왔다갔다함과 같은지라 매우 연민憐愍할 따름이다."

한동안 침묵하던 스님은 또 이르기를,

"너희들 모두여, 자기 영광靈光이 하늘을 덮고 땅을 덮으며 문자文字에 구애 되지 않고 체體가 진상眞常을 드러내며 야승夜繩에도 동하지 않거늘 너희가 의심하면 뱀이 될 것이며 암실闇室이 본래 공空하거늘 너희가 두려워하면 귀신이 될 것이니라.

　심상心上에 진망眞妄의 정을 일으키고 성중性中에 범성凡聖의 헤아림을 세우면 마치 누에가 실을 토하여 스스로 그 몸을 감음이어니 이 누구의 허물이겠느냐? 만일 일념一念에 빛을 돌이키면 실로 이 보리정로菩提正路이니라 운운."

　선조宣祖 원년(서기 1568년) 4월 10일 문도에게 말씀을 마치고 곧 크게 써서 가로되,

"八十人間命 迅如一電光

臨行忍擧目 活路是家鄕"

또 쓰기를,

"年逾八十似空花 往事悠悠亦眼花

脚未跨門還本國 故園桃李已開花"

붓을 놓고 박연泊然히 앉아서 가시니 세수世壽는 81세였다.

# 허응당보우선사
## 許應堂普雨禪師

스님의 행장行狀이 전하지 않아서 스님의 출생 연대와 고향, 그리고 세계世系에 대하여 전연 상고詳考할 길이 없어 유감이다.

스님의 법명은 보우普雨, 법호는 허응당虛應堂, 또는 나암懶庵이며 설악산 백담사雪嶽山百潭寺에서 중이 되었다.

스님은 키가 6척이 넘는 거구巨軀에다 힘이 장사였으며 한 번 포단에 앉으면 사흘 나흘은 보통이요 일주일을 그대로 목석 같이 앉아 선정禪定에 들곤 하였다.

스님이 마침 금강산에서 안거安居하고 있던 중, 중종中宗이 승하하고 명종明宗이 즉위하자 모후母后 문정왕후文定王后가 섭정攝政이 되었다.

문정왕후는 중종왕中宗王의 왕비로서 독실한 신불자信佛者이다. 중종이 조정 유생들의 진언에 따라 불교를 탄압하고 승려들을 박해하였지만 왕후는 도리어 불교를 독실히 믿으면서 흥불興佛의 기회가 오기를 기다렸다.

서기 1544년에 중종이 가고 그의 아들 명종이 12세의 나이로 등극하자 왕후는 스스로 섭정이 되어 일국의 정권을 손아귀에 넣고 평소 불교를 부흥시키려던 대원大願을 실천에 옮기려고 중흥불사를 맡아 실행할 만한 인물을 물색하기에 이르렀다.

왕후의 의도를 알아차린 친정 동생인 윤원형尹元衡은 그와 뜻을 함께 하는 동지들에게 왕후의 의중을 알리니 강원감사江原監司가 보우 스님을 천거하였다.

스님은 왕후를 직접 만나 중흥불사의 의지가 굳은 것을 확인하고 드디어 발벗고 나서게 되었다.

왕후는 보우선사를 판선종사 도대선사 봉은사 주지判禪宗事都大禪師奉恩寺住持로 임명하고 또 수진대사守眞大師를 판교종사 도대사 봉선사 주지判敎宗事都大師奉先寺住持로 임명하는 한편 봉은사를 선종본산禪宗本山으로, 또 봉선사를 교종본산敎宗本山으로 삼았다.

이로부터 스님은 봉은사에 앉아 숱한 유생儒生들의 반발에도 까딱하지 않고 불교 중흥에 박차를 가하였다.

명종 6년에 먼저 승과僧科 예비시험을 치렀다. 승과의 부활은 실로 불교 중흥의 초석이다.

또 그동안 도승제도度僧制度를 중지시켰던 것을 부활함으로써 자유롭게 출가위승出家爲僧하게 되자 많은 인재들이 사찰로 모여들어 승려의 수효가 날로 증가하게 되었다.

명종 7년(서기 1552년)에 지난해에 예비시험에 뽑힌 승려를 중심으로 본시本試를 치렀다.

이 승과고시에서 장원壯元으로 급제及第한 이는 청허휴정선사淸虛休靜禪師였다.

고시관考試官인 보우선사는 휴정 스님의 인물됨을 간파하고 주저함이 없이 급제의 영광을 준 것이다.

이 승과는 식년式年으로 행하였는데 보우 스님이 부활시켜 첫 번째로 행할 적에 휴정 스님을 뽑았고 두 번째 승과에서는 사명당유정泗溟堂惟政 스님이 뽑혔다.

보우 스님은 명종 10년에 휴정 스님을 교종판사教宗判事로 발탁하여 중흥불사의 일익을 맡게 하였는데 석 달 뒤에는 선종판사禪宗判事의 자리를 내주었다.

명종 12년에는 가평加平 청평사清平寺를 중창하고 이 절을 종신지지終身之地로 삼았다.

청평사는 고려 예종睿宗·인종仁宗 때에 진락공 이자현거사眞樂公李資玄居士가 문수원文殊院을 짓고 오래 안거하였던 절이다.

보우 스님은 휴정에게 선종판사직을 내준 뒤에도 계속 중흥불사의 수반으로서 유생들의 도전에 대처해 나갔다.

스님은 봉은사의 지위를 공고히 하기 위해 중종왕의 정릉을 봉은사 근처로 옮기고 봉은사 주지가 능침을 수호하는 책임자가 되게 하였다.

아무리 조정의 유생들이 들고 일어나도 정릉을 지키는 막중한 소임을 맡은 스님들을 어찌하지 못하였던 것이다.

스님이 혼자서 조정의 수많은 유생들과 맞서 싸울 수 있었던 것은 오로지 문정왕후의 절대적인 도움이 힘이 되었음은 두말할 나위 없다.

당시 유생 중의 학자였던 권근權近은 보우 스님에 대해 이렇게 적고 있다.

"나암懶庵보우 스님의 법호는 세족世族으로서 비단옷을 버리고 누더기를 걸쳤으나 그 얼굴은 청수하고 그 행실은 고결하였다. 그래서 나는 스님을 방외方外의 벗으로 삼았다『동국여지승람 권47(東國輿地勝覽

백운지흥 白雲知興

또 사명대사泗溟大師가 스님의 『선게잡저禪偈雜著』라는 저서에 발문跋文을 썼는데 그 한 귀절은 이렇다.

"대사가 동방의 작은 나라에 나서 백세百世에 전하지 못하던 법을 얻었는지라 지금의 학자들이 대사로 말미암아 나아갈 곳을 얻었고 불도佛道가 마침내 끊어지지 아니하였으니 대사가 아니었더면 영산靈山의 풍류風流와 소림少林의 곡조曲調가 없어질 뻔하였다."

위의 두 분의 글을 보아도 스님의 인품이 어떠하였는가를 족히 짐작하고도 남겠다.

명종 20년 4월, 스님은 양주 회암사楊州檜巖寺에서 무차대회無遮大會를 열어 팔도에서 운집한 3만여 납자들을 상대로 연일 상승법문을 설하였다.

이러한 무차대회는 신라·고려 시대에는 자주 있었던 법회였지만 이씨 조선조李氏朝鮮朝에 내려와서는 세조대왕世祖大王이 몇 차례 열었을 뿐이었는데 스님이 불교중흥불사를 시작한 지 15년을 맞는 해에 교세教勢를 떨치기 위해 거행한 것이었다.

제7일째 되던 날 아침, 스님과 신도 등 10만 명의 아침 공양을 수백 개의 큰 가마솥에 지었는데 모두가 핏빛으로 변한 이변이 일어났다.

스님은 이를 보고 법난法亂을 예견하고 기다리더니 서울에서 급히 기별이 왔다.

호법보살護法菩薩이신 문정왕후가 승하한 것이었다. 좌우의 제자들이 스님에게 피신하기를 진언했지만 스님은 이를 거절하고 장차 다가올

화난을 조용히 기다렸다.

　왕후의 장례가 끝나자 전국의 유생들이 서울에 운집하여 보우 스님을 타도하라고 연일 성토와 데모를 하였다.

　스님은 유생들에 끌려 결국 제주도로 유배당했고 조정 신하들의 지지에 의해 제주목 변협濟州牧邊協에게 장살杖殺당했다.

　스님이 입적하자 맑던 하늘에 갑자기 먹구름이 끼이더니 뇌성벽력이 사흘이나 그치지 않았으며 해일海溢이 일어 많은 피해가 나기도 했다.

　한라산 상봉인 백록담 위에 먼 옛날에 쓰여진 삼성입적지처三聖入寂之處란 비문이 있는데 보우 스님이 그 첫 번째로 입적한 성인聖人이시다.

스님의 자는 현응玄應, 법명은 휴정休靜이며 법호는 청허淸虛, 별호는 서산西山 또는 백화도인白華道人, 아명兒名은 운학雲鶴이다.

속성은 최씨崔氏, 본관本貫은 완산完山이며 평안도 안주平安道安州가 고향이고 아버지는 세창世昌이요 어머니는 김씨金氏이다.

하루는 어머니의 꿈에 한 자나 되는 유리병琉璃瓶이 하늘에서 내려 오더니 어머니 품 안으로 날아 들어오는 것이었다.

또 한번은 꿈에 한 노파가 와서 읍하고 이르기를,

"대장부 남자를 잉태하셨기에 이렇게 찾아와서 하례賀禮드립니다."

그 뒤 바로 임신하여 중종中宗 15년(서기 1520년) 경진세庚辰歲 3월 16일에 태어나셨다.

스님의 나이 9세 때 어머니를 여의었고 10세 때 아버지 마저 세상을 떠나니 졸지에 천애고아가 되었다.

다행히 안주 목사安州牧使가 스님이 총명함을 듣고 거두어 주니 이로부터 스님은 목사의 집에 살면서 학문에 열중하였다.

얼마 안 있어 목사 이사증李思曾이 조정朝廷의 내직內職으로 발탁됨에 스님도 목사를 따라 서울로 올라와서 성균관에 다니면서 과거科擧준비에 마음을 쏟았다.

15세에 과거에 응시한 스님은 낙방하고야 말았다. 마음의 울적함을 달래기 위해 함께 배우던 학우學友 서너 명과 함께 여행을 떠났다.

여러 고을을 두루 돌아보며 일행은 지리산智異山으로 접어들었다. 스님은 지리산에 신선이 산다는 얘기를 들은 적이 있었으므로 신선이 살 만한 곳을 수소문하여 화개동花開洞으로 들어갔다.

일행은 쌍계사雙溪寺를 거쳐 의신동천義神洞天으로 올라가서 의신사義神寺에 기숙하게 되었다.

여기에서 신선神仙이 살고 있는 곳을 물으니 스님네가 대답하기를,

"신선은 만나본 적이 없어 살고 있는 곳을 확실히 모르지만 신선처럼 고고하게 수도하며 살고 있는 노승老僧은 이 산에 계시오."

"그 노승이 어느 분이시오?"

"두어 마장 북쪽으로 올라가면 바위 틈에 조그만 암자가 하나 있소이다. 원통암圓通庵이라구요. 거기에 숭인장로崇仁長老께서 동승 하나를 데리고 수도하고 계시오."

학우들은 지리산을 두루 구경하겠노라고 세석평전細石平田을 향해 동쪽 고개를 넘어가고 스님은 혼자서 원통암에 계신 숭인화상을 찾아 뵈었다.

스님은 여기까지 오게 된 자초지종을 말씀드리고 장생불사長生不死한다는 신선을 만날 길에 대하여 여쭈었더니 『능엄경楞嚴經』을 주시며,

"이 경 안에 신선에 대하여 자세히 설하여 있으니 읽어보거라."

능엄경의 끝부분에 신선에 대한 얘기가 있는데 10권을 다 넘기고 나

니 신선보다 성불하는 것이 더 낫다는 것을 깨닫게 되었다.

여기에서 반 년 남짓 머물면서 『능엄경』에 이어 『반야경』·『기신론』·『원각경』 등을 차례로 읽고 난 스님은 머리를 깎고 중이 되니 은사恩師는 숭인장로崇人長老요 법사法師는 부용선사芙蓉禪師이며 수계사授戒師는 경성선사敬聖禪師였다.

이 세 분 스님은 모두 벽송지엄선사碧松智嚴禪師의 제자들이니 당대에 첫손에 꼽히는 선지식들이다.

수계식受戒式을 연곡사에서 갖고 이어 산내山內의 서산굴西山窟이라는 조그만 암자에서 은사 스님을 모시고 참선하기 시작했다.

21세 때에 제방명산諸方名山을 두루 돌아볼 양으로 행각에 나섰다. 며칠을 걸어 남원南原골 역성촌歷星村이라는 마을 앞을 지나는데 홀연히 어느 집에서 낮닭이 운다.

스님은 그 소리를 듣는 순간 문득 크게 깨치고 송頌하여 이르기를,

"髮白心非白 古人曾漏洩

今聽午鷄聲 丈夫能事畢

(머리는 희어져도 마음은 희어지지 않는다고

고인이 일찍이 누설하셨네

이제 낮닭 우는 소리 듣고

대장부 능히 할 일 모두 마쳤네)"

스님은 행각의 길은 중지하고 오던 길로 되돌아갔다. 의신동천義神洞天에 계신 부용선사芙蓉禪師에게 나아가 전에 읊은 오도송悟道頌을 적어서 올렸다.

부용선사는 즉석에서 인가印可를 내리시고 만면에 미소를 머금으신
다.

"이로부터 너는 속지 않고 공부하겠구나. 힘써 보림保任하여라."

여기에서 스님은 법부주法傅主 스님을 3년을 시봉하면서 오로지 보림
에 힘썼다.

이 당시 은사 스님이신 숭인장로는 반야봉般若峰의 금강굴金剛窟에 계
셨으므로 꼬박꼬박 선량禪糧을 손수 지어 날랐으며 은사 스님 법사 스
님을 동시에 모셨다.

명종明宗 원년(서기 1546년), 문득 유방遊方의 생각이 일었다. 작년에 스
승님의 화갑華甲을 차려 드린 후여서 마음도 홀가분했다.

스님은 오대산五臺山·풍악산風岳山 등에 노닐면서 잠시도 정신을 게을
리하지 않았다.

특히 금강산에서는 장안사長安寺 산내에 백화암白華庵을 짓고 호젓이
살면서 스스로 백화도인白華道人이라는 별호를 즐겨 썼다.

스님의 나이 30세에 서울로 올라왔다. 명종의 모후母后인 문정왕후
文定王后가 수렴청정垂簾聽政하면서 불교를 옹호하기 시작하여 차츰 부
흥의 기미가 보였으므로 세상 돌아가는 현상을 직접 알아보기 위함
이었다.

작년명종 6년에 조정에서 승과부활僧科復活을 발표함과 동시에 예시
豫試를 치렀다는 소식을 스님은 백화암에서 들었다.

스님이 서울에 올라오자 바로 승과고시가 있었다. 선과禪科에 응시
한 스님은 봉은사奉恩寺에서 고시관考試官들의 백석 하에 고시의 최고

책임자인 보우선사普雨禪師의 물음에 스님은 주저함이 없이 응구첩대하였다.

이미 어려서 사서삼경四書三經을 읽었고 지리산에서 삼장三藏을 섭렵하였으며 사교입선捨敎入禪하여 칠통을 타파하였으니 선禪과 교敎에 막힐 것이 있을 리 없었던 것이다.

불교 중흥의 큰 원을 세우고 숱한 유생들과 대결함에 있어 조금도 굴림이 없이 중흥불사를 착착 진행하고 있는 희세稀世의 대도인大道人이신 보우선사는 스님을 장원壯元으로 뽑았다.

성인聖人이라야 능히 성인을 안다는 옛 말씀처럼 도인의 눈에 도인이 띄었음은 당연한 귀결일 것이었다.

# 청허휴정선사
## 清虛休靜禪師
### 하下

스님은 승과僧科에 뽑힌 이후 7년 동안 종단의 여러 중책을 맡아 유생들의 갖은 음모와 질시를 물리치고 불사에 임하였지만 늘 산으로 돌아가고 싶은 심정을 지울 길은 없었다.

37세 때, 드디어 중책의 짐을 벗고 지팡이 하나에 삿갓을 쓰고 청산으로 떠났다.

먼저 금강산으로 돌아가서 청한清閑을 즐기다가 다시 묘향산妙香山으로 가서 석장錫杖을 높이 걸고 적정삼매寂靜三昧에 들었다.

여기에서 스님은 서산西山이라는 별호를 얻어 즐겨 쓰기도 했다. 묘향산을 일명 서산이라 하기 때문에 산 이름을 딴 것이었다.

이 무렵, 스님은 「삼몽음三夢吟」이라는 시를 읊었다.

"주인은 꿈을 객에게 말하고

객은 꿈을 주인에게 말하네

이 두 꿈을 말한 객도

역시 꿈 속의 사람일세"

또 향로봉香爐峰에 올라 읊은 시詩,

"만국의 도성은 개미집이요

천가의 호걸은 하루살이일세

창문에 밝은 달밤 베개하고 누우니

무한한 솔바람소리 그지 없고녀"

스님은 자취를 산중에 감추고 이름을 물외物外에 숨겼지만 도성道
聲은 더 멀리에까지 들려서 찾아오는 납자의 수효가 날로 증가하여
갔다.

그러나 도고道高에 마성魔盛이라던가. 스님을 시기하는 사람도 없지
않아서 선조왕宣祖王 22년에 전라도 고부全羅道古阜 사람인 정여립鄭汝立
이 반란叛亂을 일으켰는데 이에 편승하여 무업無業이라는 중이 스님의
향로봉시香爐峰詩를 가지고 정여립과 내통하였다고 무고誣告를 했다.

만국의 도성都城이 개미집 같고 천가의 호걸이 하루살이 같다는 내
용을 곡해하여 모반에 참여하였다고 억지소리를 지어낸 것이었다.

스님은 곧 관가에 붙들려 서울로 압송당하여 이내 하옥下獄되었다.

그러나 스님은 본시 그런 사실이 없는 터라 묵묵히 옥중에서 태연한
자세로 선정에 몰입하고 있었다.

옥리獄吏가 스님의 정진하는 모습을 지켜보고 왕에게 아뢰니 선조
왕은 곧 스님을 풀어줌과 동시에 궁중으로 정중히 맞아들여 도道를 묻
고 위로하였다.

담소談笑가 무르익자 선조는 스님에게 묵죽화墨竹畵를 즉흥적으로 그
려 선사하였는데 그 화제畵題에 이르기를,

"잎은 붓 끝에서 나왔으나

뿌리는 땅에서 난 것이 아닐세

달이 와도 그림자 볼 수 없고

바람이 동해도 소리 듣지 못하네"

스님은 이에 화답和答하는 시를 한 편 지어 왕에게 올리니,

"소상강가의 한 가지 대나무

성주聖主의 붓끝에서 나왔네

산승이 향 사르는 적에

잎마다 가을 소리일세"

선조왕의 시운詩韻에 맞춰 즉석에서 읊은 시건만 왕을 감동시키기에
충분했다.

왕은 스님의 시를 한참동안 음미하더니,

"과인은 죽은 대를 그렸는데 대사께서 산 대로 만들었소이다."

왕은 읊기를 달이 비춰와도 그림자를 볼 수 없고 바람이 불어와도 대
잎이 부딪는 소리가 나지 않는다 했으니 이는 분명 선가禪家에서 말하
는 사구死句에 속한다.

이에 반해 스님은 산승이 향 사르는 적에 잎마다 가을소리를 띄었다
했으니 이는 활구活句 소식이다.

이를 간파한 왕은 죽은 대를 산 대로 승화시켰노라고 찬탄한 것이
었다.

이번의 선조왕과의 대화는 정말로 전화위복轉禍爲福의 좋은 본보기
라 하겠다.

중 무업의 무고로 하옥된 화禍가 도리어 왕과의 만남을 가져왔으니
말이다.

그러나 그 만남이 단순히 만남으로 그쳤다면 복이 된 것이라고 말하

지 못할 것이다. 뒷날 임진왜란王辰倭亂이 일어났을 적에 스님이 구국救國의 대열에 참여함으로써 비로소 화가 복이 되었다고 할 만하였던 것이다.

선조 25년 4월, 동해 바다 건너의 일본日本은 명나라를 치러 갈 터이니 길을 빌려달라는 허울좋은 구실을 붙여 삼천리 강토를 유린하는 대전란을 일으켰다.

이에 선조왕은 의주義州로 몽진蒙塵하였고 스님은 묘향산에 게시다가 80고령임을 무릅쓰고 팔도에 격문을 보내어 의승군義僧軍을 모집하니 전국의 젊은 승려들이 각처에서 일어나서 스님의 휘하에 운집하여 왜군과 싸웠다.

이에 사명泗溟·기허騎虛·뇌묵雷默 등 스님의 제자들이 의승군을 모아 크게 전공을 세웠으며 또 각처의 승군들도 관군과 명나라 군사와 합세하여 혁혁한 전공戰功을 세웠다.

이에 왜군은 승군의 기세에 밀려 쫓겨가면서 대소사찰 거의 모두를 불태우고 보물을 약탈해 갔다.

스님은 선조왕에게 받은 팔도도총섭 겸 의승군대장八道都摠攝兼義僧軍大將의 자리를 제자인 사명당泗溟堂에게 물려주고 묘향산으로 돌아가서 노후를 조용히 보냈다.

선조왕은 스님에게 법호를 내리니, "국일도대선사 선교도총섭 부종수교 보제등계존자國一都大禪師禪敎都摠攝扶宗樹敎登階尊者"라 했다. 묘향산에 돌아간 스님은 십여 춘추十餘春秋를 청한淸閑히 보내면서 후학後學의 공부를 지도하는 데 심혈을 쏟았다.

선조 37년(서기 1604년) 정월 23일에 스님은 스님의 영影에 제題하기를,

"80년 전에 저가 나일러니 80년 후엔 내가 저일레라."

이미 7일 전에 입적할 날을 예언하셨으므로 문인들은 전국에 기별을 보내어 묘향산으로 모이도록 해서 문인들 거의가 모였으나 사명당泗溟堂만은 대일강화사對日講和使로 일본으로 떠나느라 참예치 못하였다.

스님은 선조왕에게 올리는 글을 비롯하여 제자 사명당에게도 유서를 남기고 이어 여러 제자들에게 유언하시고 끝으로 상수제자인 완허玩虛·현빈玄賓·소요逍遙 등에게 막내제자 편양당鞭羊堂을 보살펴줄 것을 신신당부하신 뒤 가부좌한 채로 대적삼매大寂三昧에 드시었다.

스님의 세수世壽는 85세이고 법랍은 63하夏였으며 제자는 천여 명이나 되고 법을 얻은 제자만도 70여 인이요 그 중 반 수 이상이 일방종주一方宗主의 도인들이었다.

스님의 제자 중 사명泗溟·편양鞭羊·정관靜觀·소요逍遙의 문하를 서산문하西山門下의 사대문파四大門派라 일컫는다.

　스님의 휘諱는 선수善修, 법호는 부휴浮休이며 속성은 김씨金氏, 임실군 오수任實郡獒樹가 고향이며 아버지는 적산積山이요 어머니는 이씨李氏이다.

　슬하에 아들이 없자 어머니는 오수에서 팔공산八公山으로 가는 도중의 길가에 서 있는 미륵석불彌勒石佛에게 기도를 드리더니 하루는 꿈에 한 신승神僧이 둥근 구슬을 주므로 어머니는 입으로 삼키고 나서 스님을 가졌다.

　중종왕中宗王 38년(서기 1543년) 계묘세癸卯歲 2월 무자戊子에 태어났는데 어려서부터 고기를 먹는 것을 좋아하지 않았다.

　하루는 부모님께 여쭙기를,

　"인생살이는 마치 허공에 뜬 구름과 같은 것이옵니다. 저는 산사山寺로 가서 스님네를 따라 살겠습니다."

　부모님은 태몽을 기억하고 아들의 출가를 허락하니 스님은 어린 나이임에도 부모님에게 연연하지 않고 뒤도 안 돌아보고 집을 떠나는 것이었다.

　당시 지리산 백장암智異山百丈庵에는 신명장로信明長老라는 선지식이 계셨는데, 스님은 신명장로에게로 가서 머리를 깎고 중이 되었다.

몇 해를 스승님 시봉하며 경론을 배우더니 의신동천義神洞天에 부용선사芙蓉禪師가 계시다는 소문을 듣고 단신單身으로 벽송령碧松嶺 고개를 넘어 의신사義神寺로 가서 부용선사를 배알하고 곧 입실入室을 허락받았다.

이미 장성하여서는 큰 키에 두 볼이 풍부하고, 배가 부르고 장미長眉가 돋보여서 가위 군자君子의 모습이요, 도인道人의 풍모風貌였다.

그러나 어려서 왼손이 소아마비로 자유롭지 못함이 흠이라면 흠이었다.

부용선사에게 법을 얻은 뒤 순천順天에 있는 상국 노수신相國盧守愼 대감 댁의 서재에 묻혀 7년 동안 만여 권의 장서藏書를 모두 읽었다.

노상국의 장서는 유불선儒佛仙 삼교의 경서經書가 대부분이어서 스님은 삼교三敎에 박통博通하였으며 필법筆法 또한 뛰어나서 사명당泗溟堂과 함께 불문의 이난[佛門二難]이라 칭함을 받았다.

노상국盧相國이 내직에 있을 적에 스님의 필적을 받아다가 명나라 사신을 영접하는 영빈관迎賓舘의 벽에 걸어 놓았다.

한번은 명나라 사신이 조선朝鮮에 와서 영빈관으로 안내를 받았는데 그 사신은 관에 들어서자 스님의 글씨와 마주치게 되었다.

한동안 이윽히 바라보더니 말하기를,

"옛 필법을 지닌 명필이긴 하나 필시 수반도인手瘢道人의 휘호임에 틀림이 없도다."

하며 찬탄을 아끼지 않았다. 명나라 사신은 감식鑑識에 일가견을 가졌을 뿐 아니라 서예 또한 잘하는 학자였던 것이다.

선조宣祖 25년 임진세壬辰歲 4월에 왜구가 침노하여 강산을 짓밟자 스님은 덕유산 백련사德裕山白蓮寺에 있다가 왜병이 들어닥치니 절에서 5, 6마장 떨어진 석굴에 은신하였다.

이 석굴은 오수좌굴悟首座窟이라 부르는데 바로 스님의 스승이신 부용선사가 처음 출가하여 살았던 석굴이다.

해가 저물자 왜병이 모두 물러갔거니 하고 제자들을 거느리고 큰절로 내려오는데 갑자기 숲속에 숨어 있던 왜병 10여 명이 병장기를 들고 나타나 스님을 에워싸고 칼을 뽑아 목을 치려 하였다. 그러나 스님은 조금도 두려워하거나 놀라는 기색이 없이 이연怡然히 서 있었다. 왜병들은 스님의 늠름한 모습을 보고 크게 기이하게 여기고는 칼을 거두고 스님에게 절을 올린 다음 스스로 퇴각하는 것이었다.

왜란이 어지간히 가라앉은 다음 스님은 가야산 해인사伽倻山海印寺로 갔다. 의승군대장義僧軍大將인 사명대사泗溟大師의 청을 받은 것이었다.

명나라 장수 이종성李宗城은 명나라 황제皇帝의 명을 받아 조선에 파견된 명군明軍의 총사령관總司令官이었는데 마침 해인사를 방문하고 싶다 하므로 이종성 장군과 대담對談을 나눌 스님이 마땅치 않자 사명대사는 급히 덕유산으로 사람을 보내어 부휴 스님을 모셔온 것이었다.

사명대사는 부휴 스님보다 한 살 아래이고 서로 숙질간叔姪間이라 스님이 사숙師叔이지만 함께 서산대사西山大師에게 수학하였으므로 가장 절친한 사이였던 것이다.

명장明將 이종성은 부휴 스님을 한 번 보자 마치 수십년의 지기知己인 양 이내 친숙해져서 돌아갈 줄을 모르고 담소談笑를 나누는 것이었다. 두 분은 임별臨別에 서로 시詩를 주고 받으며 이별을 아쉬워하였으며 장군은 산문을 나서며 휘하 장병에게,

"부휴선사 같은 훌륭한 도인이 조선 땅에 계신 이상 왜병보다 더 강한 군대가 올지라도 이 나라를 무너뜨리지 못할 것이다."

뒤에 이종성 장군은 서울로 올라가서 선조왕에게 진언하기를,

"소장이 남원南原의 어느 절에 갔더니 차나무가 많이 자라고 있더이다. 이 차 나무를 삼남지방에 많이 재배하여 백성들로 하여금 술 대신 차를 마시도록 하십시오. 차를 마시면 정신이 맑아지고 술을 마시면 정신이 혼미해지는 법입니다. 그러므로 차를 마시는 민족은 흥하고, 술을 마시는 민족은 망하게 되는 것이 천리天理이자 인간의 법도입니다."

이종성 장군의 진언은 조정 대신들에 의해 채택되지 못하였다. 그러나 그는 해인사에서 사흘을 묵으면서 부휴 스님에게 차를 얻어 마시고 또 다도茶道를 들은 것을 계기로 나라에 차나무 심기를 진언한 것이었다.

하루는 오후에 『원각경圓覺經』을 읽고 있었는데 도량의 화초를 가르며 지나가는 소리가 있었다.

두어 시간 가량 독경을 하고 책을 덮자 다시 화초를 가르는 소리가 났다.

이러구러 여름 한철을 보낸 해제解制 후의 어느 날. 이 날도 『원각경』을 독송하고 마악 마치는데 어느 날이나 다름없이 풀섶을 가르는 소리가 나기에 창문 밖을 내다보았더니 절구통만한 대망大蟒이가 크고 긴 몸을 끌고 개울 쪽으로 사라지려는 것이었다.

스님은 얼른 마당으로 내려가서 대망이의 꼬리를 밟았더니 대망이가
고개를 돌려 스님을 이윽히 바라보고는 고개를 숙이고 그 자리를 떠
나갔다.

그날 밤 꿈에 한 노옹老翁이 나타나 스님에게 절을 하고는,

"큰스님의 설법을 힘입어 이제 이 몸을 벗고 떠납니다."

하고는 개울 건너 산비탈 아래에 있는 큰 바위 아래에 허물을 벗고
가니 화장해주십사고 부탁하는 것이었다.

스님의 신이神異와 법력法力은 이렇게 불가사의不可思議하였다.

광해군光海君 시대에 스님은 지리산智異山에 계셨다. 칠불선원七佛禪院에서 백여 대중을 거느리고 전후戰後 복구불사를 회향하고 낮에는 경론經論과 조사어록祖師語錄을 강설하고 밤에는 참선하는, 이른바 선과 교를 겸수兼修하는 것이었다.

당시는 선원禪院의 조실祖室 스님이 경론을 강설하였으므로 따로 경론만 배우지 않고 의례히 선과 교를 겸수하기 마련이었다.

선원과 강원講院이 나뉘어서 교육을 한 지는 일제 시대日帝時代 초기에 비롯된 것이고 그 이전에는 학원이 곧 수좌요 수좌가 곧 학인이었다.

그래서 조실 스님은 선교禪敎를 겸비兼備하지 않으면 안 되었다.

부휴 스님은 지난 날 7년을 서재에 파묻혀서 유불선儒佛仙 삼교의 만권 서적을 독파한 데다 참선하는 도를 깨쳤으므로 선과 강講을 자유자재로 구사하는 대종사大宗師였다.

그런데 일생을 오로지 수도와 전법傳法에만 전념해 온 스님을 어느 광승狂僧이 있어 나라를 모반謀叛하려 한다고 관가에 고발하는 사태가 벌어졌다.

그 광승이 무고誣告하게 된 사유는 그가 칠불선원에 방부를 드리러

왔을 때, 대중이 그의 실성失性한 기미를 알고, 방부를 거절하였더니 큰스님에게 원한을 품고 저지른 짓이었다.

관가에서는 그렇잖아도 승려들을 박해할 구실이 없어서 구실 찾기에 혈안이 되어 있는 터에 고발이 들어왔으니 옳다구나 하고 즉각 체포해 간 것이었다.

이에 제자 벽암碧巖과 함께 포졸에게 체포되어 묶이게 된 스님은 가 타부타 변명도 하지 않고 순순히 포박당하여 서울까지 압송된 것이 었다.

스님과 벽암은 낮과 밤으로 가부좌하고 정진으로 일관하였다. 혹 문 초하기 위해 옥리가 불러도 온화한 안색으로 대했다.

감시하는 옥리들은 이 사자간師資間의 의연한 태도를 보고 대불大佛·소불小佛이라 불렀다. 바로 광해군 4년의 일이었다.

광해군光海君은 스님이 무고로 잡혀온 줄을 통찰하고 곧 석방하여 내전內殿으로 불러 그간의 신고辛苦를 위로하고 도요道要를 물으니 스 님은 상승법문上乘法門을 설하여 임금을 크게 기쁘게 하셨다.

왕은 스님에게 자납紫衲과 염주念珠 등을 하사하였으며 봉인사奉印寺 에 국재國齋를 베풀고 스님을 증사證師로 모시니 스님은 사자후獅子吼 를 하시어 재에 운집한 조정의 신하와 사대부士大夫 일반 신도 등 수만 명의 가슴에 불심佛心을 심어주셨다.

스님이 하옥下獄당한 일과 봉인사의 법회를 계기로 천하에 이름이 나 서 원근에서 스님을 뵙고저 찾아오는 도속道俗이 줄을 이었다.

이보다 앞서 광해군 원년에 스님은 조계산 송광사曹溪山松廣寺의 청으로 조실祖室에 부임하셨다.

송광사에서 스님을 굳이 모신 것은 왜구에 의해 불탄 전당殿堂을 복구하기 위한 것이었다.

스님이 조실을 앉으시어 제자 벽암碧巖을 상수로 하여 복원불사를 강행하도록 독려하시니 온 산중대중이 합심하여 1년여 만에 낙성을 보아 광해군 2년에 낙성법회를 성대히 거행하였다.

칠불암에서 스님을 따라온 대중은 4백여 명이었으며 이 납승衲僧들이 직접 토목공사를 맡아 완공을 보게 된 것이다.

낙성법회에는 대중이 6백여 명이나 되었는데 낙성을 계기로 곧 예전대로 수도에 들어갔다.

스님은 다시 칠불암으로 가서서 강講을 계속하다가 광해군 4년에 미치광이 중의 무고사건을 겪으셨던 것이다.

광해군光海君 5년, 스님은 다시 송광사松廣寺의 청을 받아 수선사修禪寺 법주法主가 되셨다.

지난번 중수불사 때 많은 제자가 참여하였다가 낙성 후에 그대로 눌러앉아 수도에 전념하더니 차츰 뿌리를 내려 자신들의 근본도량으로 굳혀가는 중 큰스님을 모시게 되매 마치 가뭄에 단비 격이었다.

스님은 그 기량器量이 침의沈毅하고 충박沖博하여 가히 헤아리기 어려웠으며, 항상 납자인연衲子因緣이 많아 대중이 7백을 헤이었으며 서산대사西山大師 입적 이후 전국에서 가장 첫손에 꼽는 선지식善知識이었다.

스님의 선게禪偈 한 편을 소개한다.

"解脫非珍貴 涅槃豈妙心

電光追不及 兒輩謾勞尋

(해탈이 보배가 아니어니

열반이 어찌 묘심妙心이랴?

번갯불이 좇아도 못 미치는데

아이들이 부질없이 수고로이 찾네)"

"春早梅花發 秋深野菊開

欲說箇中事 浮雲空去來

(봄은 이른데 매화꽃 피고

가을 깊어지니 들국화 피었구나

이 가운데 일 말하려 하니

뜬구름만 부질없이 오락가락)"

"趙州無字起疑團 十二時中着意看

若到水窮雲盡處 驀然撞破祖師關

(조주의 무자로 의단 일으켜

12시 중에 뜻 붙여 살펴보라

물 다하고 구름 다한 곳 이르면

문득 조사관祖師關을 쳐 파하리)"

광해군 6년, 스님은 송광사에서 지리산 칠불암으로 돌아오셨다. 칠불암의 강석講席은 상수제자上首弟子 벽암碧巖에게 지난해 송광사로 가시면서 물려주셨으므로 스님은 가고 오심에 있어 퍽 자유스러우셨다.

이듬해인 광해군 7년(서기 1615년) 7월에 미질微疾을 보이시더니 상족上

足 벽암을 불러 법을 부촉하시며 이르시기를,

"내 뜻이 너에게 있으니 너는 흠봉欽奉하라."

하시니 벽암은 스승의 유촉을 사양치 못하고 절하고 받았다.

그해 동짓날 초하루 한낮에 시자侍者에게 물을 데우라 하셔서 목욕하시고 새옷으로 갈아입으신 후 법당의 부처님께 하직인사를 올리셨다.

이어 시자에게 붓을 가져오라 하시고는 종이를 당겨 임종게臨終偈를 쓰시기를,

"73년을 환바다에 노닐다가

오늘 아침 껍질 벗고 본고향으로 돌아가네

확연히 공적하여 원래 물건 없거니

어찌 보리와 생사의 뿌리 있으리?"

붓을 던지시고 앉으신 채 박연泊然히 천화遷化하시었다.

스님의 세수世壽는 73세이요 법랍은 57하夏였으며 문인 등이 사유한 후 영골靈骨을 수습하여 송광사·해인사海印寺·칠불암·백장암百丈庵 등에 탑을 세웠다.

스님의 휘諱는 각성覺性, 자字는 징원澄圓이며 법호는 벽암碧巖이고 속성은 김씨金氏요 충북 보은忠北報恩이 고향이다.

어머니 조씨曹氏가 아이들이 없어서 뒤뜰 장독대에 정화수精華水를 떠놓고 북두칠성北斗七星에게 빌더니 하루는 꿈에 옛 거울[古鏡]을 품에 안는 것을 감득하고 이내 임신하여 열 달이 찬 뒤 스님을 낳으니 때는 선조宣祖 8년 12월 23일이었다.

스님은 비록 어린 나이이지만 부모님께 효성스러웠으며 세속의 보통 아이들이 노는 놀음은 아예 좋아하지 않았다.

9세에 아버지를 여의고 홀어머니 슬하에서 서당書堂에 나아가 유서儒書를 공부하던 중 어느 날 한 행각승行脚僧이 스님을 보고 어머니에게 이르기를,

"이 동자는 세속에 머물지 않고 장차 출가하여 대도인大道人이 될 것이요."

이 예언이 적중하여 열 살 적에 화산華山의 설묵화상雪默和尙에게 출가하며 머리를 깎고 14세에 보정율사에게 구족계具足戒를 받았다.

이 때 부휴대사浮休大師가 마침 행각의 길에 화산에 들러 스님을 보시고 법기法器임을 간파하시고 애중히 여기셨다.

스님은 은사 스님의 권유로 부휴대사를, 따라 나섰다. 대사는 속리산
俗離山・금강산金剛山・가야산伽倻山 등 천하의 명산대찰名山大刹을 순행
하며 수도에 전념하셨으며 스님은 시자侍子가 되어 늘 그림자처럼 모시
고 다니면서 진승眞乘을 배우는데 게을리하지 않았다.

임진왜란壬辰倭亂이 일어나자 서산대사西山大師가 묘향산에서 팔도에
격문을 보내어 의승군義僧軍을 크게 일으키니 전국 방방곡곡에서 이에
호응하여 왜군과 싸웠다.

송운대사松雲大師는 관동關東에서 창의여군倡義旅軍하는 한편 부휴대
사에게 사람을 보내어 깊은 산 속으로 피신할 것을 종용하고는 조정에
부휴대사를 천거하여 승군대장僧軍大將이 되게 하매 이에 벽암 스님이
스승을 대신하여 진상陣上에 나아가 명나라 군사와 합세하여 왜군을
격파하였다.

이어 스님은 해전海戰에 참전하여 충무공忠武公 휘하에서 크게 활약
하여 전공戰功을 세우니 명군明軍 장수들이 다투어 찬상讚賞하였다.

당시 해군에는 스님의 사형인 대가희옥待價熙玉 스님의 친형님이신 자
운윤눌慈雲潤訥선사가 충무공의 군사軍師로 있었으므로 자운선사를 따
라 해전에 나 간 것이었다.

선조 28년에 스승을 모시고 가야산 해인사伽倻山海印寺에 있었는데
이 때 명장名將 이종성李宗誠의 방문을 받았다.

부휴선사와 이종성은 필담筆談을 나누면서 며칠을 함께 지냈는데 이
종성은 돌아갈 길을 잊을 만큼 큰스님의 감화를 받았으며 선사의 곁
에 모시고 있는 벽암 스님의 의연한 모습을 보고 이르기를,

"옛날 불도징佛圖澄·도안道安의 사자師資를 해외에서 다시 보도다."

이종성이 말하는 불도징佛圖澄·도안道安은 중국 초기 불교 시대初期佛敎時代에 크게 법화法化를 펴신 고승이다.

불도징은 본시 구자국龜玆國 사람으로 79세 때인 서진書眞의 영가永嘉 4년(서기 310년)에 중국에 와서 근 40년 동안 크게 교화를 폈다.

스님의 문하에서 많은 고승이 배출되었는데 그중에서 도안道安 스님은 중국인으로서는 최초로 가장 널리 교화를 편 고승이다.

선조 33년에 스님은 스승을 따라 지리산 칠불암智異山七佛庵에서 하안거夏安居를 했다.

스승이신 부휴선사는 대중 백여 명을 상대로 강경講經하셨는데 병환으로 말미암아 더 계속할 수 없게 되자 각성 스님에게 전강傳講하셨다.

스님은 26세에 나이로 기라성 같은 선배 스님들에 앞서 스승의 자리를 물려받아 학중을 제접提接하게 된 것이다. 이때 삼남에는 이른바 "남방삼걸南方三傑"이 있으니 운곡충휘雲谷沖徽·소요태능逍遙太能·송월응상松月應祥이 바로 그 분이시다.

부휴선사 회하에 위의 삼걸이 모여 동수정업同修淨業하고 있었으므로 벽암 스님은 이들과 어울려 지내는데 시재詩才에 있어서는 단연 스님이 이 스님들을 압도하였다.

스님은 제자백가諸子百家에 통달하였으며 초서와 예서를 잘 썼다.

스님은 부휴선사를 모시기 20여 년에 스승의 진수를 모두 얻었으며 입실전법入室傳法하여 스승의 뜻에 저버림이 없으며 또한 계행이 청백淸白하여 뭇 대중의 존경을 한 몸에 받았다.

스님이 칠불암의 강석을 이은 뒤 학중이 날로 불어나서 참학대중參學大衆을 모두 수용할 수 없을 지경이었다.

스님은 스스로 삼장三藏을 지어서 학중들을 경계하였으니,

"사불망思不妄·면불괴面不愧·요불굴腰不屈. 생각은 거짓되지 않아야 하고 얼굴은 부끄럽지 않아야 하며 허리는 굽히지 않아야 한다."

생각이 거짓되면 행동도 자연히 거짓되는 것이므로 생각 자체부터 올바르게 하라는 것이요.

남과 마주하여 얼굴을 맞대어도 조금도 부끄러움이 없어야 한다.

허리를 굽히지 말라는 것은 남에게 아부하고 아첨하지 말라는 것이니 대장부 답게 당당하게 처신하라는 뜻이다.

선조 39년, 스님이 서른두 살 되던 해에 고향에서 외롭게 지내시던 어머니가 돌아가시매 도중徒衆의 스승 자리를 사퇴하고 곧 고향으로 돌아가서 속리산 가섭굴俗離山迦葉窟에 머물며 49일재를 정성을 다해 닦았다.

광해군光海君 원년 스승을 모시고 조계산 송광사曹溪山松廣寺로 가서 전후 복구불사戰後復舊拂事에 혼신의 노력을 기울였다.

이 중건·중수불사에 수백 명의 스님들이 동원되었는데 그 절반 이상이 부휴 스님과 벽암 스님을 따라 칠불암에서 온 대중들이었다.

광해군 2년 8월 26일에 사명대사泗溟大師가 해인사海印寺에서 입적하시매 스승을 모시고 가서 장례를 치렀다.

사명대사는 전 동래부사前東來府使의 유족들의 사주를 받은 의원醫員이 대사의 장병환을 치료하는 척하고 침술로 오히려 해치니 이렇게 억

울하게 입적하시자 전국의 승군들이 해인사에 운집하여 장례를 미루고 시해한 장본인을 잡아오라고 시위를 벌였다.

그래서 장례를 석 달이나 미루어 11월 하순에 치렀는데 이 사태를 수습하느라 부휴선사가 친히 해인사에 가셨으며 벽암 스님도 스승을 도와 대중들을 진정시키느라 갖은 애를 다 썼던 것이다.

# 벽암각성선사
## 碧巖覺性禪師
하下

광해군光海君 4년, 한 광승狂僧이 칠불암七佛庵에 방부를 드리려고 찾아왔다.

대중은 광승의 방부를 거절했다. 이에 광승은 조실祖室이신 부휴선사에게 나아가 허락을 얻으려고 하였다.

대중 모두가 반대하는 방부를 조실 스님의 단독으로 받을 수 없는 것이 승가僧家의 전통이며 불문율이다.

그래서 조실 스님도 어쩔 수 없이 광승의 청을 들어주지 못했다.

이에 광승은 조실 스님께 원망과 증오심을 품고 하산하셨다.

그로부터 오래지 아니하여 포졸들이 대거 난입, 조실 스님과 벽암 스님을 체포해 갔다. 모반謀叛을 도모하였다는 죄목을 씌워서였다.

당시의 유생들은 죄목을 부칠 것이 없어 승려들을 놔주는 판국이었는데 승려가 승려를 무고하였으니 이를 이용하지 않을 리 없었다.

부휴선사와 벽암 스님은 곧 서울로 압송당해 하옥下獄되었다. 그러나 두 사자간師資間은 본시 죄 지은 일이 없는지라 좌선삼매에 들어 있었다.

이러한 모습을 지켜 본 옥리獄吏들은 두 스님을 대불大佛, 소불小佛이라 일컬으며 칭송을 마지않았다.

광해군은 두 스님이 죄가 없는 줄 알고 마침내 석방하여 대내大內로 맞이하여 위로하고 법요法要를 들었으며 봉인사奉印寺에 설재設齋하고 부휴선사를 증사證師로 모시니 벽암 스님은 스승을 모시고 재에 참예하였다.

이어 스님은 왕명을 받아 판선교도총섭判禪敎都摠攝이 되어 봉은사奉恩寺에 머무니 많은 경사대부卿士大夫가 찾아와서 교유交遊하였으며 특히 동양위 신익성東陽尉申翊聖과는 친분이 남달리 두터웠다.

스님은 스승의 노환老患이 위중함을 빙자하여 오래지 않아서 지리산으로 돌아갔다.

광해군 7년(서기 1615년) 1월 1일에 스승이신 부휴선사는 칠불암에서 스님에게 후사를 유촉하시고 조용히 입적하셨다.

스님은 선교도총섭직을 내놓고 산으로 돌아온 즉시 다시 대중을 제접하였는데, 대중이 항상 7백 명이 넘었다.

광해군 14년 3월에 나라에서 부휴선사에게 홍각등계대선사弘覺登階大禪師의 법호를 내렸으며 동 9월同九月에는 벽암 스님에게도 대선사大禪師의 호를 내렸다. 인조 2년(서기 1624년) 나라에서 남한산성南漢山城을 쌓음에 있어 임진왜란 당시 용맹을 떨쳤던 승군僧軍을 동원하였는데 서울 성안의 개운사開運寺를 치영緇營으로 삼고 부휴선사의 제자인 대가희옥선사待價希玉禪師를 총섭으로 삼아 감역監役케 하였다.

그러나 대가선사는 완강히 사절하고 사제師弟인 벽암 스님을 천거하였다.

조정에서 순수한 선승禪僧인 대가선사를 총섭으로 임명한 것은 선사의 속형俗兄인 현응당윤눌선사玄應堂潤訥禪師 덕분이었다. 현응선사는 바로 거북선을 창안하여 건조建造한 장본인이요, 해전에 충무공의 군사軍師가 되어 8년 전쟁을 진두지휘하여 해전을 승리로 이끈 주역이다.

전후에 나라에서 자운대선사慈雲大禪師라는 시호를 내린 뒤 주로 자운선사로 불리웠다.

대가선사는 자운선사의 친동생이므로 형님처럼 군사軍事에도 밝을 것으로 믿고 남한선성 축성을 맡겼던 것이지만 끝내 고사固辭하고 사제인 벽암 스님을 천거하였던 것이다.

벽암 스님은 팔도도총섭八道都摠攝이 되어 전국의 젊은 스님들을 동원하여 3년만에 축성을 완공하니 나라에서 보은천교 원조국일 도대선사報恩闡敎圓照國一都大禪師의 호號와 아울러 의발依鉢을 내렸다.

인조 10년에 스님은 지리산 화엄사智異山華嚴寺를 중창하여 대총림大叢林을 이루었다.

인조 14년, 청나라 군사가 대거 침입하니 왕은 스님이 축성한 남한산성으로 파천하였다.

스님은 화엄사에서 이 비보悲報를 접하자 곧 삼남三南의 각 사찰에 전단을 띄워 의승군義僧軍을 모집하니 삽시간에 3천 의승군이 운집하였다.

스님은 3천 의승군을 항마군降魔軍이라 명명하고 스스로 승군대장이 되어 승군을 거느리고 북상北上하였다.

항마군이 공주公主에 진군하였을 적에 서울에서 기별이 왔는데 인조왕이 청군에게 무릎을 꿇었다는 소식이었다.

이에 스님은 북향하여 통곡하고 바로 회군하여 화엄사로 돌아왔다.

스님은 이 해에 화엄사 보제루普濟樓를 중창하였으며 중관해안선사中觀海眼禪師에게 위촉하여 『화엄사사적기華嚴寺事蹟記』를 간행하였다.

인조 18년, 스님은 쌍계사雙溪寺 대중의 청을 받아들여 쌍계사로 옮겨 가서 왜란으로 잿더미가 된 가람을 중창하였다.

이로써 스님은 왜군에 의해 소실된 본산本山인 세 사찰을 중창한 것이었다.

이듬해에 상국 원두표相國元斗杓의 인수印綬를 내리고 무주茂朱의 적상산성赤裳山城에 머물게 하였다.

이에 삼남지방의 승려들 특히 송광사松廣寺 대중들은 상소를 올려 70이 다 된 노승으로서는 산성을 지키는 임무가 무리인 만큼 해직하여 송광사로 돌아오게 해달라고 청원하였다.

그래서 인조 20년에 사임을 허락받고 해인사海印寺로 돌아갔는데 6월에 조정에서 일본日本에 사신으로 가도록 명하였다.

스님은 왕명을 거역하지 못하고 서울을 출발하여 부산포로 내려가는 도중 노병老病이 심하여 사퇴하고 백운산 상선암白雲山上仙庵에 은거隱居하였다가 이듬해에 보개산寶蓋山으로 올라가서 크게 법화法化를 떨쳤다.

이 때 관서關西의 관찰사觀察使 구봉서具鳳瑞가 스님의 도예道譽를 흠모하고 스님을 모셔다가 묘향산에 계시게 하니, 관서지방에 불일佛日이 재휘再揮 하였다.

효종왕孝宗王이 세자世子로 있을 적에 안주安州의 역려逆旅에서 스

님과 만났는데 스님은 화엄華嚴의 종요宗要를 설하여 크게 감화를 주
었다.

뒷날 효종왕이 등극하자 연성군 이시방延城君李時昉에게 스님의 안부
를 여러차례 묻곤 하였다.

이듬해 정월 12일에 제자 등이 스님의 입적이 가까워옴을 느끼고 게
송을 청하니 스님은 붓을 당겨 손수 쓰시기를,

"大經八萬偈 拈頌三十巷

是則兼二利 伺須別爲頌

대경(화엄경의 8만게송과

염송 30권

이는 곧 자리이타를 겸하였거늘

어찌 따로 게송을 읊으랴)"

이렇게 쓰시고 유연悠然히 천화遷化하시니 세수世壽는 86이요 선랍은
72하夏이며 저서로는 『선원집도중결의』 1권 『간화결의看話決疑』 1편,
『석문상의초釋門喪儀抄』 1권 등이 있었다.

스님의 휘諱는 희옥熙玉으로도 씀.

법호는 대가待價이며 탑액塔額은 융묘融妙이고 속성은 자세치 않다.

어려서 출가하여 삼장三藏을 이수하고, 참선으로 일관하다가 부휴선사浮休禪師를 만나 입실入室하고 만년에는 주로 조계산 송광사松廣寺에 주석하였다.

스님은 원래 문장이 뛰어나고 초서草書를 잘 썼으며 시운詩韻에도 선능善能하였다. 스님이 송광사 삼청각三淸閣에 제題한 시詩 한 편이 있으니,

"題三淸仙閣

畵閣臨溪上 風兼水月奇

三淸無限趣 塵世幾人知

(그림 같은 다락이 시내 위에 다다르니

바람과 겸하여 물과 달이 기이하다

삼청선각의 무한한 정취를

티끌 세상의 몇 사람이나 알으리?)"

천운 이범진川雲李範晉이 순천부사順天府使로 있을 당시 송광사에 참배차 와서 스님의 친필 현판을 보고 필체의 웅건하고 화사함과 시귀詩句의 탈속脫俗함에 흠뻑 취하여 스스로 차운次韻을 짓고 스님의 초법草

法을 본받아 일필휘지一筆揮之하여 스님의 현판 곁에 두었으니,

"風月同流水　千年詩墨奇

連臺應現相　客哪能知"

"바람과 달은 흐르는 물 같고 천년의 시묵은 기이하도다. 연화대가 응당 모습 나툰 것을 티끌세상의 객이 어찌 능히 알으리?"

영조英祖 때의 시인 퇴어자退漁子가 스님의 시를 보고 천추에 길이 빛날 시이자 글씨라고 극찬하고는 본인도 스님의 운韻을 따라 한 수 읊기를,

"水月淸兼淳　虹橋筆共奇

希音世無賞　廊侍我來知

(물과 달은 맑고 겸하여 조촐하며

홍교는 붓과 함께 기이하도다

드문 음성을 세상에 감상할 이 없어

응당 내 와서 알아주길 기다렸네)"

스님의 서예와 시재詩才는 당시에는 감히 평할 사람이 없더니 뒷날 많은 선비들과 시인묵객詩人墨客이 와서 감상하며 찬탄하기를 마지않더니 융희隆熙 2년 무신戊申(서기 1908년)에 일군日軍이 늑취勒取해 가 버렸다.

그리하여 다시는 스님의 친필을 감상하지는 못하게 되었지만 스님의 초법草法을 본받아 차운次韻한 천운 이범진 부사川雲李範晉府使의 현판이 아직도 우화각羽化閣에 걸려 있으므로 그 글씨로서 스님의 필법을 어느 정도 추상推想할 수 있겠다.

스님의 세속 인연에 대해서는 상고詳考할 만한 자료가 없어 소개하지

못하나 사 형제四兄弟분이 출가하여 모두 수행을 잘하신 것만은 몇몇 문헌에 실려 있다.

형님이신 현응당윤눌선사玄應堂潤訥禪師는 지리산 화엄사華嚴寺에 출가하여 화엄대선華嚴大選 겸 선교판사禪敎判事를 역임한 고승이다.

임진왜란이 일어나기 이전에 왜란이 닥쳐올 것을 예견하고 그에 대한 대비책을 강구하였는데 첫째는 젊은 승려들을 모아 무술을 가르치는 일이요, 둘째는 왜군의 침입로인 바다를 방어하는 계책을 세우는 일이었다.

스님은 화엄사·연곡사·쌍계사 등지에서 군사 훈련을 연마케 하는 한편 여수麗水 흥국사興國寺를 중심한 해변에서 철갑선鐵甲船 건조에 착수하였다.

이 철갑선의 모양이 마치 거북 모양이었으므로 구선龜船, 또는 거북선으로 불리우게 되었지만 배 전체를 철갑으로 둘러싸서 재래식 목선木船으로는 도저히 공격할 수 없는 만큼 해전海戰을 승리로 이끄는 데 결정적인 역할을 하였다.

임란이 일어나기 7개월 전에 전라좌수사全羅左水使로 부임한 이순신 장군李舜臣將軍이 해전에서 왜군을 쳐부순 원동력이 거북선이었음은 누구나 부인하지 않으면서 7개월이라는 짧은 기간 동안에 어떻게 거북선을 창안하여 건조하였을까 하고 의심하지 않는 것은 무슨 연유에서일까?

왜란이 거의 끝나갈 무렵 이충무공은 휘하 장병의 공로를 조정에 상주上奏하면서 현응군사玄應君師의 공을 첫손에 꼽아올리려 했다.

이에 현응군사는,

"나는 산에서 나왔다가 다시 산으로 돌아갈 사람이오. 세속에 이름 석 자를 남길 필요가 없으니 내 이름은 아예 기재하지도 마시오. 혹 내가 공을 세운 것이 있거든 모두 장군의 몫으로 하여 자손만대에 충신의 귀감龜鑑이 되기 바랍니다."

현응군사는 자신의 공을 모두 이충무공에게 돌려 충무공이 자손만대에 충신의 귀감이 되기를 원했던 것이다.

그래서 현응군사와 주사舟師였던 기암옥형선사奇巖玉洞禪師의 명단을 넣지 않았다.

왜란이 끝나자 현응·기암의 두 스님은 이내 산사山寺로 돌아왔는데 이 논공행상論功行賞이 빌미가 되어 충무공은 관직을 삭탈당하고 말았다.

해전의 공은 현응군사가 세웠는데 그 공을 자기가 차지하기 위해 현응군사의 공을 깡그리 없앴다는 죄목으로 수군절도사의 직위에서 해직되었던 것이다.

뒤에 조정에서는 현응선사에게 "훈일등공신·자운선의대장勳一等功臣·慈雲宣義大將"의 직함을 내렸다. 이로부터 현응선사는 나라에서 내린 시호인 자운선사로 더 많이 불리우게 되었던 것이다.

또 대가 스님에게는 두 아우가 있으니 비능裵能선사와 급암汲巖선사가 그 분이다.

자운선사와 대가 스님은 선비형의 자비심 넘치는 모습이었고 아우인 비능·급암의 두 스님은 무골형武骨型이었다.

왜란 당시 비능선사는 담양潭陽 땅의 금성승장金城僧將으로 9년이나 봉직하였고 급암선사는 장성長城 땅의 입암산성笠巖山城의 승장으로 있었다.

금성산성은 담양과 순창淳昌으로 잇는 산성으로서 전략적 요충지이고 입암산성은 장성과 정읍井邑을 잇는 요새지다.

이 두 승장은 금성과 입암성을 굳게 지키면서 왜군을 무수히 격파하여 호남지방을 횡행하던 왜군에게 치명적인 타격을 입히면서도 단 한 차례도 성을 뺏기지 않았다.

비능·급암의 두 스님은 왜란이 끝난 훨씬 뒤까지 성을 지키다가 다시 산사로 돌아와서는 자취를 감추고 오로지 밀린 공부를 하면서 매년 승군에 의해 죽어간 왜군의 명복을 빌었다.

자운선사는 화엄사로 돌아온 뒤 노고봉老姑峯 문수대文殊臺에 호젓이 은거隱居하여 여생을 정신으로 마쳤다.

한때는 지리산 실상사實相寺 대중들의 청을 받아들여 실상사 복원불사에 법주法主로 계시기도 하였다.

자운선사가 실상사에 주석하면서 복원불사를 발원하자 나라에서는 남원부사南原府使에게 영令을 내려 남원부 산하의 각 고을에서 거둬들이는 공출을 삼 년간 실상사 복원불사에 충당하도록 배려하여 주었다.

이 한 가지 예만 미뤄 보아도 당시 조정에서 자운선사의 공로를 얼마나 높이 샀던가를 짐작하기에 충분하다.

선사는 순수한 선승禪僧으로서 평생을 주지직에 나아가지 않고 오로지 수도에만 전념하다가 송광사에서 입적하였다.

# 고한희언선사
## 孤閑熙彦禪師

스님의 휘諱는 희언熙彦, 법호는 고한孤閑이며 속성은 이씨李氏 명주明州함경북도 명천에서 명종明宗 16년(서기 1561년)에 태어났다.

12세에 칠보산 운주사七寶山雲住寺에 출가하여 이듬해 머리를 깎았으며 운주사에 20년을 머물며 삼장三藏을 이수하는 한편 손수 짚신을 삼기를 주야로 쉬지 않았다.

31세 때 손수 삼은 짚신으로 세포細布 15, 6필과 바꾸어서 세 차례를 한양과 관서關西지방에 오가면서 팔아서 다시 한양에서 세포를 여러 짐 사서 안변安邊, 원산元山 등지에 팔려고 가던 도중 길에서 쉬게 되었다.

스님은 여기에서 문득 세상이 무상無常함을 절감하고 세포를 인근 주민들에게 나누어주고 곧바로 개골산皆骨山으로 들어가서 곡식을 끊고 주야로 정진하더니 크게 깨친 바가 있었다.

도를 깨친 뒤에는 대중 속에 섞여서 평범하게 지냈으므로 스님을 깨친 스님으로 알아보는 이가 없었다.

그러던 어느 날, 벽암碧巖 스님과 만나게 되었는데 벽암 스님은 한 번 보고 기이하게 여기고는 천하고승天下高僧이라고 칭송하기를 마지 않았다.

이를 계기로 서로 도반이 되어 함께 지내니 스님의 이름이 널리 알려지게 되었으며 뒤에 덕유산에 나아가 부휴浮休선사를 배알하고 여쭙기

를,

"화엄경을 요약한 의상조사義湘祖師의 법성게法性偈에 의심이 없지 않습니다."

부휴선사는 6척이 넘는 거구巨軀라서 위풍이 당당한 데다 안색은 준수하면서도, 자비한 모습으로, 상대를 압도하는 풍모를 지녔으므로 학인들이 선사를 대하면 여쭐 말을 잊곤 한다.

그런데 북방에서 내려온 희언熙彥이라는 풋내기 선객은 어떤가?

키는 훤출히 커서 7척에 가까웁고 깡마른 체격에 힘이 장사다. 두 눈에는 형형한 정기가 서려서 빛을 발하고 목소리는 우렁차서 얼핏 보아 함경도 변방을 지키는 무장武將을 연상케 한다.

선사는 희언선객과 첫 대면 하면서 그가 법기法器임을 간파하고 두 눈을 지긋이 감은 채 법성게를 차례로 해석해 주셨다.

"법성法性은 어째서 원륭圓融한 것입니까? 본디 모나거나 둥글거나 길거나 짧은거나를 초월한 모습이라면 어째서 원륭하다는 사족을 붙이는 것입니까?"

"그렇느니라. 본시 모난 것도 아니요 둥근 것도 아니요 긴 것도 짧은 것도 아니므로 억지로 이름 붙여 원륭하다고 한 것이니라"

원륭하다는 말에는 모나고 둥글고 길고 짧고 희고 검고 푸르고 붉은 것 등 온갖 것을 모두 포용하고 있느니라.

옛 조사의 게송에

"摩訶大法王 無短亦無長

本來非皂白 隨處現靑黃

(광대廣大한 대법왕은

짧음도 없고 또한 길음도 없도다

본래 검거나 희지 않건만

곳에 따라 푸르고 누름을 나투도다)

바로 이 게송이 법성이 원융한 소식을 잘 말해주고 있으니라."

선사의 언하言下에 스님은 크게 계합한 바가 있었다.

"다시 한 군데 더 여쭙겠습니다. 법성게의 끝부분에

是故行者還本際

巨息妄相必不得

이를 강원에서 배우기를 '이런고로 수행자가 본제本際에 돌아가려면 망상을 쉬지 않고는 반드시 얻지 못하리라' 고 새기던데 저는 이견이 없지 않습니다."

"무엇이 의심이 되던고?"

"망상을 쉬지 않고는 본제본고향에 돌아갈 수 없다고 한다면 본제와 망상이 따로 있는 것이겠습니다.

그러나 망상의 실체는 본래 공한 것이어서 실체가 없는 것인데 쉬어야 할 망상이 어디 있습니까?

만일 본제와 망상이 따로따로 있는 것이라면 이는 일승법문一乘法文이 아닙니다.

앞서 말씀하신 원융圓融한 법성法性은 오직 일원적一元的인 것인데 어찌 쉬어야 할 망상의 실체가 있겠습니까?"

선사는 내심으로 못내 감탄하면서 묻기를,

"그렇다면 네 소견으로 한 번 새겨 보아라."

"망상을 쉬려는 것은 옳지 못합니다. 왜냐하면 망상은 반드시 얻지 못하기 때문입니다."

선사는 크게 기뻐하시며 긍정하셨다.

"그렇다. 네가 옳게 보았도다."

스님은 선사의 제자가 되어 3년을 시봉하였는데 주로 땔나무해오는 부목負木일을 했다.

덕유산에 들어온 뒤 다시는 머리를 깎지 않았으므로 자연히 봉두난발蓬頭亂髮인 데다 금강산에서 입고 온 누더기를 마냥 입고 살았으므로 때국이 묻어 사문沙門인지 속한俗漢인지 구별하기 어려웠다.

스님은 겨울에도 버선을 신지 않고 맨발로 눈 속을 다니면서 땔나무를 저나르면서도 추운 기색이 없었다.

또 겨울에도 방에 군불을 지피지 않고 포단 위에 앉아서 선정에 들기를 일주일 내지 십여 일이나 지냈지마는 배고픈 기색이 없음은 물론이요, 꼿꼿이 앉은 자세가 흐트러지지도 않았다.

그래서 대중들이 외롭게 살면서도 늘 한가한 마음을 지닌 스님이라 해서 고한도인高閑道人이라 호하여, 끝내 고한이라는 법호로써 부르게 되었다.

한번은 행각승이 되어 서울에 올라가서 돈의문敦義門을 지나는데 소년들이 스님을 놀리기를,

"당신은 방도승訪道僧인가? 걸반승乞飯僧인가?"

스님은 대꾸하지 않고 길 옆에 단정히 앉아 있었다. 소년들은 모래땅

을 파고는 스님을 목에까지 묻었다. 그래도 가만히 있었더니 어떤 청신

사淸信士가 보고는 달려와서 소년들을 꾸짖어 쫓고 스님을 구출해주는

것이었다.

　스님은 누가 인사를 하면,

　"성불 성불."

이렇게 대답했다. 스님은 늘 움막을 짓고 호젓이 살기를 좋아했으며

혹 누가 진수성찬으로 대접을 하면,

　"나는 남에게 응공應供의 덕이 없소."

하고 공양 받기를 사양했고 또 혹 큰절에 조실로 모시려 하면,

　"나는 도道에 있어 공경을 받을 만한 행이 없오."

하고 마다하였으며 늘 남루한 누더기 행색에다 일만 했으므로 마치

나무꾼이나 일꾼으로 알고,

　"고한큰스님이 어디 계시는지요?" 하고 물으면,

　"나는 그런 분을 모릅니다." 했다.

　또 스님에게 가르침을 청하면 법성원융法性圓融의 뜻을 일러주었다.

　스님이 62세(서기 1622년)때 나라에서 관악산 청계사淸溪寺에 재齋를

베풀고 스님을 증사證師로 모셨는데 스님에게 금란가사金欄袈裟를 드리

자 재를 마치기 전에 모두 놔두고 몰래 숨어버렸다.

　인조仁祖 20년1642년에 팔공산八公山전북 장수군 소재에서 안거하더

니 벽암 스님이 외국에 사신으로 가다가 병환으로 도중에서 산으로 돌

아가면서 스님과 해후하여 형제의 정을 나누었다.

스님의 자字는 수현守玄 휘諱는 청학淸學이며 법호는 영월詠月이고 속성은 홍씨洪氏요, 아버지는 선명先明이며 어머니는 강씨姜氏이다.

스님의 고향은 장흥군 관산 승부長興郡冠山勝府이며, 선조 3년(서기 1570년)에 태어났다.

13세에 세상을 싫어하여 어버이를 하직하고 가지산 보림사迦智山寶林寺에 나아가 머리를 깎았다.

그로부터 경론經論과 조사어록祖師語錄을 배우기를 수년, 마침내 내전內典을 이수하였으며 시문詩文에도 능했다.

구족계具足戒를 받은 뒤 선객禪客이 되어 남방의 여러 사찰을 다니면서 선지식善知識에게 법을 묻고 참선도 게을리하지 않았다.

뒤에 부휴浮休선사의 회하에 나아가 법을 묻고 안거하였으며 다시 묘향산妙香山으로 가서 청허淸虛선사에게 입실入室하여 천 번이나 지혜의 불길을 정미롭게 하고 백 번이나 현미玄微의 화로를 단련한 끝에 마침내 스승의 심인心印을 얻었다.

이로부터 대자유인大自由人이 되어 어디에도 구속됨이 없이 우유자재優遊自在하며 출가인을 만나면 출가인을 가르치고 세속인을 만나면 세속인을 깨우쳤다.

뒤에 봉래산蓬萊山으로 들어가서 법기보살法起菩薩에게 예배하였고 다시 남쪽으로 내려와서 방장산方丈山에 석장錫杖을 높이 걸고 정진에 힘썼다.

광해군光海君 10년1618년 무오戊午세에 나라에서 대궐을 경영하면서 팔도八道의 승속僧俗을 소집하여 취역就役하게 하였다.

이에 많은 젊은 승려들이 역사役事에 징발되어 대궐을 짓는데 혹 언행이 좋지 못한 승려가 있으면 호되게 형벌을 주는 것이었다.

말하자면 세속인은 관대히 봐주고 승려들에게는 중벌을 주는 등 노골적으로 승려들을 학대하고 천대하는 것이었다.

이를 지켜본 영월詠月 스님은 분연히 붓을 들어 항소抗疏하기를,

"저윽이 생각하건대 사람이 세간에 있으매 왕의 신하가 아님이 없으므로 아들들이 왕사王事에 온 것은 이에 그 직분입니다.

그러므로 요즘 궁궐을 경영하기를 시작한 즈음에 승도僧徒가 역시 이르렀습니다만 이들은 모두 오합쇄말烏合瑣末의 무리로서 이제 겨우 조백皂白을 가릴 줄 아는 무리이기에 반드시 외람되이 왕을 등지고 나라를 그릇칠 흉모에는 미치지 않을 것입니다.

그저 다만 비리鄙俚한 언사와 희학戲謔의 들뜬 행실이 있을 뿐일 것이며 겨우 상소리로 허튼 소리를 하면서 군중軍中에서 곤히 부역에 임하니 마치 반승반속半僧半俗의 뒤섞인 무리입니다.

이들의 구업口業의 화禍가 예기치 못한 데에서 싹터서 무심無心의 지역에 까지 뻗었으니 가위 '재앙이 연못 속의 고기에 미치고 화禍가 숲에까지 뻗은 것'이라 하겠습니다. 엎드려 바라옵건대 산숲에 숨어 정진하고 연하咽霞에 외로이 살아감을 헤아리사 특히 인은仁恩을 베푸시

어 그들로 하여금 향을 석실石室에서 사르고 날로 왕화王化가 멀리까지 창성하기를 축원하게 하소서.

소승이 병영屛營을 이기지 못하여 삼가 죽기로써 아뢰나이다."

스님이 48세 때의 일이라 아마도 직접 이 역사役事에 징발되었을 것으로 여겨지나 유생儒生들의 횡포에 정면으로 항소抗疏한 것만 보아도 스님의 대담한 면모를 짐작할 만하다 하겠다.

또 당시 스님들이 남한산성南漢山城을 축성築城한 것이나 동래東萊 금정산성金井山城을 쌓은 것 등과 연관지어 살펴보건대 부당하게 나라의 역사役事에 혹사당했음을 충분히 헤아리고도 남는다.

스님은 만년에 금화산 징광사金華山澄光寺에 덕德을 숨기니 이는 마치 신룡神龍이 바다 밑에 숨은 것이요, 이름을 연동蓮洞의 문표文豹에 숨겼으니 이는 마치 숲속에 잠김이라 하겠다.

물과 구름을 의지하여 깃들어 한가히 지내고 쇠소[鎖牛]를 채찍하여 달을 효후哮吼하며 겹시내[複溪]를 늪을 삼아 마음대로 노닐고 돌말[石馬]을 고삐 당겨 바람을 울부짖도다.

아! 임종게臨終偈를 설하시고 돌아가심에 다달아 신족神足에게 유언을 남기시고 박연泊然히 대적삼매大寂三昧에 드시니 때는 효종孝宗 5년(서기 1654년) 10월 29일이었다.

스님의 세수世壽는 85세요, 법랍은 73하夏이다.

돌아보건대 스님은 법호 영월詠月이 가리키듯 평생을 자연을 벗삼아 바람을 읊고 달을 노래하며 청한淸閑히 배우는 자세로 살으셨다.

스님의 문집인 『영월집詠月集』 한권이 세상에 전하는데 그리 많은 편은 아니지만 시문詩文 모두가 선禪을 담고 대자연을 노래한 것으로 일관하였다.

스님의 시詩를 통해 스님의 수행력修行力 내지는 스님의 마음을 음미해 보기로 한다.

먼저 선미禪味가 가득 담긴 시를 음미해 보자.

"子空花不實  知水月非眞

風起微雲斷  性天智月新

(허공의 꽃 실제 아님을 깨치고

물 속의 달 참 아님을 알도다

바람 일어 가는 구름 끊어지니

성품 하늘에 지혜 달이 새롭고녀)"

"活物通三界  何曾滯死空

不關成敗數  高出有無中

(산 물건, 삼계에 통하거니

어찌 일찍이 죽은 공에 걸리리?

이루고 패하는 수에 상관 없이

높이 유와 무 중을 벗어났네)"

"마음에는 하늘 찌를 기개 갖추었고

성품에는 땅을 뚫을 재주 가졌네

실령한 빛, 길이 멸하지 않나니

밝은 거울 높은 대에 걸도다"

"변하지 않는 천진한 성품

길이 오온산에 살도다

아침에 조각 구름 바라보고

저녁엔 잔잔한 물소리 듣네"

"산하로 자기를 삼으니

만물은 내 마음일세

온 누리가 모두 적멸이라

그 가운데 고금이 없도다"

"처마의 흰구름으로 휘장을 삼고

창가의 명월로 등불을 만든다

도는 소리와 빛의 밖이 아니거니

어찌 반드시 고승에게 물으리?"

다시 산중의 청한淸閑을 즐기는 스님의 심경을 음미해보자.

"산 아래에 움막 짓고 그 아래엔 샘

서강 10리의 푸른 빛 하늘에 닿았네

눈동자에 맑은 달빛은 창가에 이르고

귀에 상쾌한 솔바람소린 책상 앞에 떨어지네

이 몸이 고요 속에 있으니 한세상이 달고

정신이 물외에 노니니 생애가 즐겁고나

사람들아 장생의 약 캐려 말아라

반나절 청한하면 반나절 신선이리"

# 취미수초선사
## 翠微守初禪師

스님의 휘諱는 수초守初, 자字는 태혼太昏이니 세조世祖 당시의 사육신死六臣의 한 분인 성삼문成三問의 방예旁裔이다.

선조宣祖 23년(서기 1590년) 6월 3일에 서울 반궁頖宮의 북쪽에서 태어났다.

어려서 부모님을 잃고 형님의 부양扶養을 받으며 자랐는데 항상 학문을 배우고져 하는 뜻을 가졌지만 집안 형편이 여의치 않아 고심하다가 15세 때에 출가出家할 것을 결심, 형님에게 자신의 심경을 고백하였더니 일언지하一言之下에 거절하는 것이었다. 그래서 하는 수 없이 어느날 새벽에 식구들이 잠에서 깨어나기 전, 몰래 성문을 나와 곧장 설악산雪嶽山으로 향하여 경헌장로敬軒長老에게 나아가 머리를 깎았다.

17세 때(서기 1605년)에 남방으로 내려가서 지리산 칠불암智異山七佛庵의 부휴선사浮休禪師에게 배알하고 구족계를 받은 뒤 시자侍子가 되어 좌우를 떠나지 않았다.

스님은 조실祖室이신 부휴선사에게 경론을 배워 나가는데 총명이 뛰어나서 늘 배운 글을 외우곤 하므로 조실 스님은 시자를 매우 아끼셨다.

이 당시 벽암碧巖 스님이 제1좌第一座로 있었는데 부휴선사는 상수제자인 벽암 스님에게 이르시기를,

"뒷날 나의 도를 크게 할 사람은 반드시 이 사미일 것이니라. 내 이미 노쇠한데다 병이 깊으니 얼마 살지 못할 것 같구나. 이 사미를 네게 부탁하는 바이니 잘 가르치고 두호하기 바라노라."

3년을 조실 스님 슬하에서 삼장을 이수한 스님은 20세에 이르러 여러 산을 두루 밟으며 제방諸方의 선지식을 참방參訪하였는데 머무는 곳마다 대중의 상석上席에 추대되곤 하였다.

그러다가 외전外典을 익힐 것을 생각해내고 서울로 올라가서 한상翰相의 문을 출입하면서 분전墳典을 강습講習하여 드디어 내외전內外典을 박통博通하기에 이르렀다.

이 무렵 벽암선사는 관동關東에서 많은 학중學衆을 교화하고 계셨다. 스님은 곧 관동으로 나아가서 배알하니 선사는 이르기를,

"출가자出家者는 힘씀이 옳겠거늘 어찌 일향一向에 속전俗典에까지 힘을 쓰느냐?"

스승님의 충고를 달게 받아들인 스님은 이내 사교입선捨敎入禪하였다.

하루는 벽암선사가 법좌에 올라 설법하심을 만나 서로 도화道話를 나눌 기회가 생겼다. 벽암선사가 묻는다.

"어디에서 한 짐 비단을 짊어지고 왔는고?"

스님이 답하되,

"내려놓으려 하오나 내릴 곳이 없습니다."

선사가 다시 이르기를,

"이 다음에 서로 만나보리라."

이에 스님이 소매를 떨치고 거처하는 요사寮舍로 돌아갔다.

이 법담을 계기로 벽암선사는 전에 스승이신 부휴浮休선사께서 은근히 위촉하시던 일을 연상聯想하시고 밀지密指와 현유顯諭로써 종횡으로 격발해주셨으며 스님도 스승을 시봉하며 더욱 공부에 힘써서 마침내 깊이 현지玄旨에 사무쳤다.

벽암선사가 다시 남방으로 내려가시자 스님은 무렴계훈無染戒訓선사의 교장敎場으로 나아가서 예전에 미처 못 다 본 계경契經을 죄다 펼쳐 섭렵했다.

당시 무렴선사는 경교經敎로써 동방에서 제1인자로 자타가 평가하는 대석학大碩學이었다.

스님은 다시 벽암선사의 회하會下로 가서 스승님에게 집시執侍하며 참현參玄하기를 수 년, 마침내 선교禪敎를 겸비하여 종문宗門의 준적準的이 되었다.

인조仁祖 7년(서기 1629년), 스님의 나이 40세 때 대중이 스님의 출세를 청하기를 간절히 하는지라 스승이신 벽암선사는 곧 허락을 내리셨다.

그래서 전북 순창군淳昌郡 옥천玉川의 영축산 축암사靈鷲山鷲巖寺에서 개당開堂하니 학중이 폭주하였다.

이 무렵, 상국相國 장유張維가 희고상인希古上人에게 명하여 북산北山에 결사結社, 스님에게 주석主席을 누누이 청하였으나 스님이 굳이 사양하고 응하지 않으니 이에 더욱 경중敬重하여 연거蓮渠로 만든 염주를 예송禮送하였다.

인조 10년(서기 1632년)에 청함을 받아 함경도咸鏡道의 오도산悟道山, 설봉산雪峰山 등 여러 산에 주석하여 크게 법화法化를 떨치니 사방에

서 현도玄徒가 모여들었으므로 북녘 땅에 선법禪法의 성황을 이룸이
이로부터 비롯하였다.

오래지 않아서 스님은 중국으로 건너가 나머지 의심을 자결諮決하려
고 동지 네 사람과 함께 출발하여 평안북도平安北道 양덕陽德에 이르니
마침 토비土匪가 출몰하여 교통이 막히므로 하는 수 없이 돌아오고 말
았다.

인조 15년(서기 1637년)에 태백산太白山으로 들어가 1년을 안거한 스님
은 다시 남방으로 내려가 지리산 화엄사華嚴寺의 방장方丈으로 계시는
스승이신 벽암碧嚴선사를 배알하였다. 이 무렵 벽암선사는 청나라 병
사가 한양성으로 몰려오매 인조왕이 남한산성南漢山城으로 몽진하여
청군과 대항하고 있었으므로 선사께서도 화엄사에서 삼남지방에 격문
을 보내어 승군 3천 명을 모아 항마군降魔軍이라 칭하고 청군을 무찌르
러 북상하였다.

항마군을 손수 진두지휘陣頭指揮한 선사는 항마군의 맨 앞에 서서
진격하여 충청도 공주公州에 이르렀을 적에 왕이 청군에 무릎을 꿇었
다는 전갈을 받고 북향하여 통곡하고 회군하였던 것이다. 회군한 선사
는 주로 화엄사에 주석하여 보제루普濟樓 중창을 마쳤으며 중관해안中
觀海眼선사에게 의뢰하여 『화엄사사적기華嚴寺事蹟記』를 써서 이를 간
행하였다.

이 두 가지 불사가 끝나자 제자인 취미翠微 스님의 배알을 받았으니
스승의 기쁨은 말할 수 없이 컸으리라.

스님은 오래지 않아 순천順天의 계족산 정혜사鷄足山定慧寺로 가서 천

화<ruby>闡化<rt></rt></ruby>하였으며 다시 광양<ruby>光陽<rt></rt></ruby>의 백운산 용문사<ruby>白雲山龍門寺<rt></rt></ruby>로 옮겨가서 학중을 제접<ruby>提接<rt></rt></ruby>하였다.

인조 21년 54세 때, 진주목<ruby>晉州牧<rt></rt></ruby> 이소한<ruby>李昭漢<rt></rt></ruby>이 스님을 청하여 지리산 칠불암<ruby>七佛庵<rt></rt></ruby> 법주<ruby>法主<rt></rt></ruby>로 모시니 학중이 3백을 넘었다.

이어 강대수<ruby>姜大遂<rt></rt></ruby>가 후임 주목<ruby>州牧<rt></rt></ruby>으로 부임하여 스님을 더욱 존중하였으며 자주 찾아 뵙고 법요<ruby>法要<rt></rt></ruby>를 묻곤 하였다.

진주목 이소한<ruby>李昭漢<rt></rt></ruby>의 방문을 받았을 때 쌍계사를 참배하며 읊은 시<ruby>詩<rt></rt></ruby>가 있으니,

“陪李師君昭漢遊雙磎寺次韻

明月雙磎寺 風流太守行

樹因秋色老 山雜水容淸

自可遊仙境 何須憶帝城

早知禪社約 僧出石門迎

(이사군 소한을 모시고 쌍계사에 노닐며 다음으로 운하다

달이 밝은 쌍계사에

풍류 즐기는 태수와 갔네

나무들은 가을 빛 띠어 늙고

산은 우거지고 물은 맑도다

내 가히 선경에 노닐거니

어찌다 번화한 서울을 생각하리?

일찍이 방문함을 기약했기로

스님네가 석문까지 마중나왔네)”

# 침굉선사
# 枕肱禪師

스님은 전남 나주읍全南羅州邑이 고향이니 법휘法諱는 현변懸辯, 자字는 이눌而訥, 속성은 윤씨尹氏이며 아버지의 휘諱는 홍興, 어머니는 최씨崔氏이다.

스님의 선세先世는 서화西華의 망족望族이었는데 남방으로 낙향하였다가 다시 돌아가지 못하고 나주에 그냥 눌러 살아왔다.

스님은 광해군光海君 8년(서기 1616년) 6월 12일에 태어났으며 어려서 총민하다고 널리 이름이 날 만큼 동학同學 가운데서 가장 뛰어났다.

한 번 눈으로 슬쩍 스친 글은 곧 입으로 외웠으며 마음에 새겨 다시는 잊지 않았으므로 사람들이 금리신동錦里神童이라도 칭찬해 마지않았다.

7세 때 아버지를 여의고 진세塵世에 묻힐 뜻이 없어지더니 어머니에게 졸라 출가하기를 간절히 바라자 마침내 어머니는 허락을 내렸다.

그래서 보광법사건우화상葆光法師虔佑和尙에게 의탁하고져 하였다.

법사는 금리신동에 대해 귀로 그 이름을 듣고 눈으로 그 모습을 본지 오래어서 매우 기뻐하여 말하기를,

"부처님께서 이 몸에게 훌륭한 사미沙彌를 기꺼이 보내시는구나."

금리신동은 곧 보광법사를 따라 천풍산 탑암天風山塔庵으로 가서 머리를 깎고 중이 되어 불경을 익히기 시작하였다.

원래 천품이 총명한 스님은 몇 해 안 가서 삼장三藏을 모두 이수하고 13세에 지리산 연곡사智異山鸒谷寺로 소요선사逍遙禪師를 배알하였다.

소요태능逍遙太能선사는 서산대사西山大師의 고제高第로서, 선교禪敎를 겸비한 당대 제1의 선지식이니, 스님을 한 번 보시고 법기法器임을 짐작하시고 슬하에 거두어 주셨다.

선사는 어린 사미인 스님이 이미 삼장에 통달하였음을 알으시고 더욱 애중히 하시며 미흡한 부문을 자세히 가르치고 이어 사교입선捨敎入禪의 길로 나아가게 하시었다.

예로부터 "사자굴 속에 사자새끼 외에 다른 짐승이 없다"고 하였듯이 대선지식 슬하에 들어온 후 일취월장日就月長하여 오래지 않아 스님의 이름이 원근에 널리 퍼졌으며 모두들 소요문하逍遙門下의 신동神童을 한 번 보기를 원하는 것이었다.

18세 때 대중이 나무를 베러 산에 갔는데 넘어지던 나무에 한 사람이 치어 즉사 하는 불상사가 일어났다.

소위 삼장을 이수履修하였다는 주제에 이런 작은 재앙을 미리 구하지 못하였다는 자책감에 사로잡힌 스님은 크게 결심하고 참선에 전력하기로 하였다.

이 사건을 뒷날 환성喚醒선사는 이렇게 탄식하였다.

"讀破萬經 不救一耆

佛其遠乎 心卽是佛

(일만 경을 읽고도

조그만 재앙을 못구하였네

부처란 먼 것인가?

마음이 곧 부처일세"

19세 때 송계당松溪堂을 따라 복현福縣에 노닐더니 현감이 객사客舍의 상량문上樑文을 청하거늘 송계당이 스님에게 사양하는 것이었다.

스님은 마치 시험대에 올라선 기분이었으나 주저하지 않고 명문名文을 지으니 현감 이하 관원들이 상량문을 읽고 보니 모두들 경탄해 마지않으며 높이 칭송하였다.

뒤에 해남海南 땅 백련동白蓮洞으로 참의參議 윤선도尹善道의 문을 두드렸다.

그 때 마침 윤참의는 둘째 아들 의미義美를 잃은 직후였는데 스님의 예방을 받고 음성이며 용모가 아들과 너무나 흡사한지라 눈물을 흘리며,

"너는 돌아가지 말라."

윤공尹公은 스님을 죽은 아들로 여기고 대를 잇게 할 생각이었다. 본시 스님은 윤씨집 태생이니 윤공과는 한 집안이었으니 그럴 만도 하였다.

윤공은 스님에게 은사 스님이신 보광화상에게 하직의 글을 올리도록 하였다.

제자의 서찰을 받고 이내 달려온 보광葆光화상은 울면서 품속에서 비수를 꺼내 자신의 목에 대고 이르기를,

"네가 속인이 아니거늘 내가 어찌 목을 베어야 하느냐? 만일 네가 속인으로 돌아가려면 먼저 내 목을 베거라."

이 광경을 보고 윤공은 크게 느끼는 바가 있어 이르기를,

"불가佛家의 스승과 제자는 속가의 부자지간父子之間이니 저승으로 떠나간 아들을 아프게 여긴 내 심정이나 제자를 속가로 돌려 보내는 스승의 마음은 매일반이니 내가 양보하리다."

이렇게 하여 스님은 스승을 따라 윤공 댁에서 떠나 다시 산으로 돌아올 수 있었다.

대가 스님이 윤공의 만류를 뿌리치지 못한 것은 정情에 약해서가 아니라 원래 한 집안인데다 윤공의 죽은 아들과 용모와 음성이 닮았다는 말에 감동되었던 때문이다.

뒷날 윤공은 국제國制를 쟁론하다가 상대 세력에 밀려 광양光陽으로 유배당하는 신세가 되었다.

이에 스님은 이 소식을 듣고 바다를 건너 뵈오러 갔다. 윤공은 말하되,

"예禮는 정情으로 짓는 것이거늘 스님이 나를 뵈임은 어떤가?"

스님은 대답하기를,

"예경禮經은 또한 많습니다만 예 밖의 정과 정 밖의 예에 있어 예禮는 어떤 것입니까?"

스님의 식견이 이러함을 간파한 윤공은 매우 기뻐하고 더욱 애중히 여겼다.

스님은 지리산에 있다가 송광사松廣寺로 옮기고 다시 선암사仙巖寺로 이석移錫하여 많은 대중을 거느리고 화엄華嚴의 일승법문을 가르치는 한편 참선대중을 위해 선지禪旨를 선양하였다.

만년에는 금화산 징광사金華山澄光寺로 옮기니 바로 입적하신 해인 갑자세甲子歲의 이른 봄이었다.

4월 12일, 산중이 결제結制를 준비하느라 한창 바삐 움직이고 있을 때 스님은 대중에게 하직을 알리고 서쪽을 향해 가부좌한 채 시적示寂하시니 세속 나이는 69세이고 법랍은 57하夏였다.

스님은 평일에 유촉하시기를,

"내가 가거든 화장하지 말고 산 속에 버려 미물 중생에게 공양하도록 하라."

그래서 시신을 산 중턱의 바위 사이에 안치하였는데 변하지 않았다.

스님은 참선하고 학중을 가르치는 여가에 늘 아미타불을 염송하였으며 더러 시우詩友인 사대부士大夫들과 시회詩會를 가질 적에는 한 잔의 술은 사양하지 않았으나 두 잔을 들지는 않았다.

스님의 시詩 두어 수를 소개한다.

呈岑道人

"西來一寶燭 何必苦推尋

夜深山雨後 凉月上東岑

(서쪽에서 온 한 보배촛불을

하필이면 애써 찾으려 하는가

밤 깊은 산에 비온 뒤

서늘한 달 동쪽 뫼에 오르네)"

次頤菴韻

"語妙何曾妙 言眞豈是眞

非眞非妙處 雪月影侵入

(말이 묘한들 어찌 일찍이 묘하며

말씀이 참된들 어찌 이 참됨인가

참됨도 아니고 묘함도 아닌 곳

눈 달 그림자가 사람에 침입하네)"

스님의 휘諱는 처능處能, 법호는 백곡白谷이며 자字는 신수愼守, 속성은 전씨全氏이다.

광해군光海君 9년(서기 1617년)에 태어났으며 12세에 의현義賢화상에게 글을 배우면서 불교에 접하게 되었고 차츰 출가의 뜻을 키워 나갔다.

그러다가 15세 되던 해 마침내 출가하여 사미계沙彌戒를 받고 정식으로 중이 된 뒤 속리산俗離山 법주사法住寺에서 경론을 배웠다.

스님은 천성이 총민하여 한 번 읽은 글은 모두 기억하였다.

스님은 많은 학중學衆과 함께 강원講院에서 경론을 익히는 것에 만족하기에는 스님의 총명이 너무도 출중하였다.

17세 되던 해 스님은 산사山寺를 나와 서울로 올라갔다. 본격적으로 학업에 전념하기 위함이었다.

스님은 동양위 동애 신익성東陽尉東涯申翊聖(서기 1588년~1644년)을 소개받아 찾아갔다.

신익성은 선조대왕宣祖大王의 부마駙馬로서 3년 뒤 병자년丙子年에 청병清兵이 우리 강토를 침입하였을 적에 청병에 항거하기를 주장한, 이른바 척화오신斥和五臣중의 한 사람이다.

스님은 부마댁에 머물며 부마에게 경사經史와 제자백가諸子百家의 학문을 배웠다.

스님은 부마댁에 4년을 머무는 동안 많은 사대부士大夫들과 교유交遊하며 학문을 토론하기도 하고 시회詩會를 갖기도 하였는데 그럴 적마다 스님은 늘 수석을 차지하였다.

21세 때 서울을 떠나 지리산으로 내려갔다. 지리산 쌍계사雙磎寺에는 삼남三南에서 첫손에 꼽는 고승이신 벽암각성선사碧巖覺性禪師(서기 1575년~1660년)가 주석하고 계셨는데 스님은 선사에게 나아가 입실入室을 허락받고 제자가 되었다.

스님은 서울에서 수학한 뒤 문장에 탁월하고 서예에도 뛰어나서 승속 간에 널리 이름이 났는데 특히 벽암지실碧巖之室에 들어온 이후에 참선에 정진하여 선교禪教를 겸비한 대선지식이 되었다.

스님은 이후 23년 동안 강석講席에서 학중學衆을 가르쳤는데 원래 성품이 총명한 데다 내외전적에 모두 통달하여 무소부지無所不知하였으므로 배우고 따르는 제자가 항상 수백 명이 넘었다.

중년에는 서울 근교의 여러 사찰에서 수도하였는데 이는 스님과 교분이 두터운 사대부들이 서울에 많이 살았고 또 조정에 나아가 벼슬길에 오른 벗들이 스님과 가까이 지내기를 간청하였기 때문이다.

이 무렵의 스님에게 벼슬하는 선비들이 많이 찾아온 것은 조정朝廷의 장소章疏, 특히 중국에 보내는 글을 스님에게 의뢰하고져 함이었다.

그래서 경기 지방에 머물면서는 많은 조야朝野의 장소章疏를 거의 도맡아서 지었다.

그 결과 뒷날 이런 시귀詩句가 세간에 전해 내려온다.

"白谷猝然 文章勃然起

(백곡 스님이 갑자기 돌아가셨는데

문장도 갑자기 일어나도다)”

백곡 스님은 타계하였지만 스님의 문장만은 죽지 않고 살아 일어난다는 뜻이리라.

스님의 저서에 『간폐석교소諫廢釋敎疏』라는 명문名文이 있으니 이는 당시 조정에서 숭유배불정책崇儒排佛政策을 시행하면서 너무 심하게 탄압하였는데 특히 현종조顯宗朝에 이르러 양민이 머리를 깎고 승려가 되는 것을 법으로 금하였으며, 더 나아가서 승려들을 관에서 강제로 환속시키기도 하였다.

또 현종 2년(서기 1661년)에는 서울 성내에 있는 자수慈壽·인수仁壽의 두 니원尼院을 철폐시키고 나이 어린 사미니沙彌尼는 환속시킨 사태가 일어났다.

이에 스님은 분연히 붓을 들어 이의 부당함을 통박하고 불교 탄압을 철폐하라는 내용의 상소문을 조정에 제출하였으니 그것이 바로 『간폐석교소諫廢釋敎疏』이다.

이 글은 스님이 44세 때 썼는데, 스님이 서울 근교에 주석하면서 두 니원尼院이 헐리는 것을 목격하고 이에 항의문을 썼던 것이다.

이 상소문은 멀리 공자孔子의 가르침으로부터 논술하여 아조我朝에 들어와서 역대 제왕들이 안으로 불교를 믿고 밖으로 그리 심하게 박해하지 않았음을 밝혔다.

그 내용의 일절에 태조대왕전하太祖大王殿下가 무학대사無學大師를 방문하여 한양에 도읍을 정한 것이며, 태종太宗이 각원覺苑에게 공종空宗

불교를 말함을 깊이 캐물었던 일과 세종世宗, 문종文宗이 이를 계승한 것이며 세조世祖는 혜일惠日을 윤승輪昇하고 진풍眞風을 고진鼓振하는 등등을 자세히 밝히고는 끝머리에 가서 대왕현종왕께서는 자수 인수 양니원兩尼院을 철폐한 것을 시정해주시오, 요청하였던 것이다.

현종 15년1674년에 김좌명金佐明의 주청奏請으로 팔도 선교 16종 도총 섭八道禪敎十六宗都摠攝이 되었다.

그리하여 남한산성南漢山城에서 3개월 남짓 근무하다가 사임하고 속리산·성주산·청룡산·계룡산 등지에서 법석法席을 열고 학중을 제접提接하였다.

만년에는 대둔산大芚山 안심사安心寺에 오래 머물면서 정혜定慧를 닦았다.

숙종肅宗 6년1680년 봄에 모악산 금산사母岳山金山寺에서 화엄대법회華嚴大法會를 열고 사자후獅子吼하신 후 7월에 대열반大涅槃에 드시니 세수世壽는 64세이고 법랍은 49하夏였다.

스님의 문하에는 구암승각龜巖勝覺·식영진명息影眞明 등의 제자가 있으며 저서로는 『대각등계집大覺登階集』·『백곡집白谷集』 2권이 있다.

스님의 시를 몇 수 소개한다.

謹呈鞭羊大士

"近不重忝問 徒然夢虎溪

雪中峯上下 雲外路高低

法本無多字 禪何有幾階

久聞南岳馬 騰躍踏江西"

(요즘 참문을 중히 여기지 않고

한갓 호계를 꿈꾸었네

눈 속의 봉우리는 위와 아래요

구름 밖 길은 높고 낮누나

법은 본래 글자가 많지 않은데

선이 어찌 여러 계단 있으리?

오래 전에 들으니 남악의 말이

훨훨 날아 강서땅을 밟았네)”

〈註〉 남악의 말 = 馬祖道一禪師.

出山


“步步出山門  鳥啼花落後

姻沙去路迷  獨立千峰雨

(걸음마다 산문을 나선건

새 우짖고 꽃이 진 뒤일세

연기와 모래에 가는 길 잃고

홀로 천봉우리 빗속에 섰네)”

“岸柳條條綠  溪桃樹樹紅

鳴節獨歸路  山鳥語春風

(강 언덕 버들은 가지마다 푸르고

시냇가 복숭아는 나무마다 붉고나

지팡이 울리며 홀로 돌아가는 길에

산새는 봄바람을 말하누나)"

寄呈江陽金明府

"萬壑秋雲曉 千峰落月時

相思一枕夢 隨鴈到江湄

(만학의 가을 구름에 새벽이 온 건

천봉에 달이 지는 때일세

서로 생각하다 벼개 위 꿈속에

기러기 따라 강가에 다달았네)"

스님은 휘諱는 홍변洪辯. 속성은 조씨趙氏이며 전북 순창淳昌이 고향이다.

어려서 조계산 보조국사普照國師의 문하에 입문하여 중이 되었다.

일찍이 교과敎科에 합격되어 이름을 널리 날렸으니 명리名利를 싫어하여 거삼산巨澘山에 들어가 움막을 짓고 고수정진苦修精進하였다.

스님은 계율을 엄정嚴淨히 가졌으며 사경寫經에 뜻을 세워 법화경 한 부질을 쓰면서 한 글자 쓰고 오체투지五體投地하여 절 한 번을 하였다.

수년을 걸려 드디어 한 부질을 완성하니 글씨도 명필이려니와 책을 매우 화사하게 꾸몄으며 머리맡에 올려 놓고 조석으로 예경禮敬하였으며 지성으로 공양하였다.

고려 강종康宗 원년(서기 1212년), 창복사昌福寺의 담선법회談禪法會에 주맹主盟이 되었으며 고종高宗 초년에 쌍봉사雙峰寺의 주지를 역임하였다.

그러나 본시 산중에 호젓이 살기를 좋아하여, 다시 깊은 산 속에 몸을 감추고 은거하며 정혜定慧를 닦는 것으로 세월을 잊었다.

스님의 문하에는 제자가 많지 않으니 뒷날 조계산 제4조第四祖가 된 진명국사眞明國師는 스님의 상족上足이다.

쌍봉사 주지를 내놓은 뒤 40여 년을 토굴에 은거하다가 세상을 떠나

니 뒷날 납자들이 스님의 고절高節과 수행하신 자취를 더욱 우러른 바
가 컸다.


〈註〉이 홍변선사를 조계고승전 저자이신 금명화상께서 연대를 모
르시고 이조시대의 스님 대열에 기록하였기로 여기에서 소개하는 바
이다.

# 백암성총선사
## 柏庵性聰禪師

스님의 휘諱는 성총性聰, 법호는 백암柏庵이며 속성은 이씨李氏. 아버지는 강橿이고 어머니는 하씨河氏이며 남원南原이 고향이다.

인조仁祖 9년(서기 1631년) 11월 15일에 태어났으며 13세에 출가하여 순창淳昌의 추암사鷲巖寺에서 득도하였으며 사미계沙彌戒를 받았다.

이어 16세에 조계산에서 구족계를 받고 18세에 방장산方丈山 칠불암七佛庵에 계시는 취미선사翠微禪師의 회상에 나아가 9년 동안 모시고 배웠다.

그리하여 마침내 선사의 법을 전해 받고 30세 때 제방에 두루 노닐며 선지식에게 참문參問허였다.

그 뒤 스님은 순천 송광사와 낙안樂安의 징광사澄光寺, 하동 쌍계사 등지에서 주석하며 중을 가르치는 것으로 임무를 삼았다.

스님은 강석講席에서 학인들을 가르치는 여가에 붓을 들어 『치문緇門』 3권을 주해註解하여 손수 힘을 기울여 이를 판각하여 널리 보급하였다.

또 스님은 시詩와 문文에 있어 뛰어나서 삼남제일三南第一의 학승으로 추앙을 받았다.

또 방외方外의 시우詩友로 당시의 쟁쟁한 사대부들이 있었으니 문곡 김수항文谷金壽恒, 동명 정두경東溟鄭斗卿, 호곡 남용익壺谷南龍翼, 서파

오도일西坡吳道一 등이 그 분들이다.

숙종肅宗 9년(서기 1681년)에 서해의 임자도任子島에 큰 배 한 척이 닿았는데 배 안에는 아무도 탄 사람이 없었다.

주인 없는 배에는 많은 경전이 실려 있었는데 원근의 주민들이 이 소식을 듣고 저마다 책을 가져갔으며 가져간 책은 세속인이 볼 수 없는 경전들이었으므로 각기 자기 고향의 사찰에 시주하였다.

뒤늦게 관가에서 이 소식에 접하자 곧 남은 책을 수습하여 나라의 명으로 송광사松廣寺에 주석하고 있는 백암 스님에게 드렸다.

그러나 스님에게로 돌아온 책들은 모두 산질散秩이어서 별로 쓸모 없는 것이었다.

이에 스님은 서해안의 각 절에 넘어간 책을 모으기로 하고 직접 나서서 불갑사佛岬寺, 선운사禪雲寺, 내소사來蘇寺 등 십여 사찰, 전남북을 다니면서 불경을 모았다.

처음에는 거절하거나 냉대를 하던 각 사찰 스님들이 스님의 인품과 성의에 감동하여 뱃사공에게 얻은 불경을 모두 내놓는 것이었다.

이 경전을 모두 수습하고 보니 우리나라에는 아직 전해오지 않은 경전이 대부분이었으며 그중 중요한 경전으로는 명明나라 평림섭거사平林葉居士가 교간校刊한 『화엄경소초華嚴經疏鈔』, 『대명법수大明法數』, 『회현기會玄記』, 『금강경간정기金剛經刊定記』, 『기신론필삭기起信論筆削記』, 『사대사소록四大師所錄』, 『정토보서淨土寶書』 등 사백여 권이나 되었다.

스님은 환희욕약하여 이 서적의 간행에 착수하였다.

간행에 소요된 햇수는 15년이고 경판經板만도 5천여 장에 달했으며 경비는 실로 엄청났다.

이 판각불사는 주로 지리산 의신동천義神洞天의 능인암能仁庵에서 했으며 징광사澄光寺에서는 약간의 경판을 판각하여 동사同寺에 진장珍藏하였다.

또 능인암에서 판각한 경판을 쌍계사雙溪寺에 진장하였는데 쌍계사에 모신 경판은 현재까지 잘 보존되었으나 징광사에 진장한 경판은 이조 말엽에 절이 소실되면서 모두 함께 불에 탔다. 스님이 이 경판을 판각하기 위해 송광사에서 지리산으로 이석移錫할 적에는 따르는 대중이 천오백 명이었는데 걸망을 메고 지리산으로 가는 행렬이 십 리에 뻗혔다.

만년에는 지리산에 계시다가 의신동천 입구에 있는 신흥암新興庵에서 세수世壽 70세 법랍 55하로 입적하였다.

스님의 저서로는 『사집私集』 2권, 『경서經序』 9수首, 『정토찬백영淨土讚百詠』, 『치문주해緇門註解』 등이 세상에 전한다.

다비茶毘를 마친 뒤 정골精骨 두 매二枚를 얻어 송광사, 칠불암 등 두 절에 탑을 세웠다.

스님이 시적示寂하신 66년 뒤에 현법손玄法孫 묵암默庵, 제운霽雲의 두 스님이 스님의 방적芳蹟을 길이 전하기 위하여 송광사의 부도전浮屠殿 북편에 비를 세웠다.

스님은 이씨 조선 후기의 학승學僧 중에 첫손에 꼽는 고승이었다.

특히 앞에서 언급한 바와 같이 우리나라에 유포되지 않은 많은 전적典籍을 판각하여 간행함으로써 압박과 박해 속에 신음하던 교계教界에 새로운 활력소 역할을 하였음은 참으로 장한 일이라 하겠다.

또 시회詩會를 통하여 많은 사대부士大夫들과의 교유交遊를 통해 유
생들의 공격의 화살을 무디게 한 것도 교계를 위해 큰 공덕이었다.

스님은 효종孝宗 2년(서기 1651년) 3월 13일에 태어났으니 휘諱는 수연秀演법호는 무용無用이며 속성은 오씨吳氏요, 아버지는 섬暹이니 벽단첨사碧團僉使라는 무반武班의 벼슬을 지냈다.

또 스님의 고향은 전북 익산군 용안면全北益山郡龍安面이니 대대로 높은 벼슬에 오른 명문名門의 집안이다.

스님은 여덟 살 때효종 9년에 학당에 입학하여 글을 배우는데 한두 번만 읽으면 모조리 배송背誦하니 모두들 신동神童이라 칭송해 마지않았다.

현종顯宗 3년에 양친을 한꺼번에 여의고 형님에게 의탁하여 살았는데 학문을 쉬지 않고 연마하여 백가제서百家諸書를 두루 열람하였으므로 그 명성이 원근에 자자하였다.

19세 때현종 9년 친구들과 명산대찰名山大刹을 순방하는데 조계산 송광사에 이르러 큰절을 둘러보다가 홀연히 익히 살아온 절임을 감득하고 환희심을 이기지 못하였다.

집에 돌아가자 형님에게 이 사실을 여쭙고 출가할 결심을 피력하니 형님은 아우의 뜻을 막을 길 없음을 간파하고 흔연히 허락하였다.

그래서 그 길로 곧장 송광사로 가서 혜관노사惠冠老師에게 나아가 축발祝髮하고 혜공대사惠空大師에게 구족계具足戒를 받았다.

스님은 타고난 성품이 말수가 적고 남의 장단을 말하지 않으며 세상의 명리名利를 좋아하지 않고 오직 자나깨나 빗장을 닫아 걸고 묵묵히 수도하는 것만을 일삼는 것이었다.

22세 때 은사 스님에게서 정혜쌍수定慧雙修라는 가르침을 받아 마침내 송광사의 산문을 나서서 선암사仙巖寺의 침굉선사枕肱禪師에게 나아가 현지玄旨를 물었으며 다시 백운산白雲山의 상봉에 있는 상백운암上白雲庵으로 올라가 호젓이 선정삼매禪定三昧에 들었다.

숙종肅宗 원년(서기 1675년)에는 침굉선사의 권유로 송광사 은적암隱寂庵에 계시는 백암柏巖선사를 찾아뵈었다. 선사는 한 번 보시고 크게 기특하게 여기시고 슬하에 거두어 주셨다.

이로부터 수년 동안을 백암문하에 머물면서 삼장三藏을 섭렵하니 전보다 깨우친 바가 많았다. 이력을 마친 뒤 화순군 동복현和順郡同福縣에 있는 용문사龍門寺로 옮겨가서 다시 선정禪定을 닦기 시작하였다.

숙종 6년, 스님의 나이 30세에 징광사澄光寺의 신불암神佛庵에서 백암선사를 법사로 건당식을 행하고 곧바로 개강開講을 하니 사방에서 학중들이 다투어 운집하였다.

그러나 신불암은 도량이 협소하여 많은 대중을 수용할 수 없었다.

그래서 징광사의 미타전彌陀殿으로 장소를 옮겨 폭주하는 학인들을 제접提接하였다.

숙종 8년에 선암사仙巖寺의 청에 응하여 선암사에서 학중을 맞으니 대중은 더욱 불어나서 수백 명이나 되었다.

이듬해 여름에는 송광사의 청을 사양하지 못하고 삭발본사로 돌아와 강석을 크게 베풀었다.

그러나 학중을 가르치는 일도 중요한 일이기는 하지만 자기 공부는
별로 진취進就하지 못하므로 이를 고민하다가 마침내 야밤 중에 걸망
하나를 챙겨 송광사를 빠져나와 백운산의 상백운암上白雲庵으로 피은
避隱하여 호젓이 선정을 닦았다.

숙종 10년 봄에 고흥군高興郡 팔영산 제7봉하八影山第七峰下에 소옥小
屋을 짓고 시공時空을 잊은 채 선정禪定을 닦으니 여기에서 혜해慧解가
더욱 밝아졌다.

숙종 12년에 선암사仙巖寺의 간청을 재차 받고 이 절의 능인전能仁殿
에서 다시 학중學衆을 위해 강단에 섰다.

이듬해, 송광사의 보조암普照庵으로 옮겨 『연의초演義鈔』를 강수講授하
였다.

숙종 14년 스님의 나이 38세 때 스승이신 백암노선사를 재참再參하
니 선사는 임자도 앞바다에서 얻으신 『화엄소초華嚴疏鈔』를 강의하심
에 스님은 그 골수를 다 얻게 되었다.

이듬해 봄에 백암노선사가 징광사澄光寺에서 『화엄연의초華嚴演義鈔』,
『대명법수大明法數』, 『정토보서淨土寶書』 등을 조간彫刊하시는데 스님
도 참여하여 도와드렸다.

숙종 18년에 선암사의 참선대중이 백암선사를 청좌請坐하고 화엄회華
嚴會를 크게 베푸니 스님도 스승님을 모시고 참석하였다.

그해 겨울에 백암노선사가 지리산智異山으로 옮겨가시니 대중은 스님
을 청하여 법석法席을 잇기를 바라는지라 스님이 법주가 되었다.

숙종 20년 봄에는 송광사의 청으로 산내의 은적암에서 학중을 거느렸다.

숙종 25년, 49세 때 곡성谷城 태안사泰安寺의 청을 받아 강석을 그곳으로 옮겼다.

이듬해 7월, 스승이신 백암노선사가 시적示寂하시니 대중과 더불어 원만히 다비茶毘를 마쳤다.

이어 대중의 청을 거절하지 못하고 스승의 법석法席을 이어 개당開堂하니 대중이 수백 인에 달하였다.

숙종 22년 봄에 칠불암으로 석장을 옮기니 따르는 대중이 뜨락을 메웠으며 이에 스님은 낮에는 강설하고 밤에는 참선을 하도록 하였다.

여기에서 8년여를 학중을 제접한 스님은 대중을 뒤로 두고 용문사의 은봉암隱峰庵으로 퇴거退居하여 조용한 나날을 보내면서 혹은 시심試心에 젖기도 하고 혹은 글을 짓기도 하며 상준常準이 없이 지냈다.

숙종 36년에 보성寶城의 개흥사開興寺를 거쳐 송광사로 돌아와서 절의 동쪽 시내 위에 수석정水石亭을 세우고 자주 이 정자에 소요하며 시게詩偈를 짓기도 하였다.

숙종 45년 봄에 제자 약탄若坦 등이 영호남嶺湖南의 중견 이상의 본분납자 3백여 명을 송광사에 소집하여 화엄 염송拈頌의 대법회를 열고 스님에게 대법주가 되시어 설법하시기를 간청하니 스님은 고구정녕히 법을 설하시었다.

그해 늦여름에 스님은 미질微疾을 보이시더니, 10월에 이르러 미타삼금상彌陀三金像을 개수改修하게 하신 후 17일 사시巳時에 전심專心으로 염불하시며 가부좌한 채 좌화坐化하시었다.

스님의 세수世壽는 69세이셨고 법랍은 51하夏이셨으며 동 23일에 백호등 밖의 오도재 아래에서 다비하니 다비장에 운집한 대중의 많음은 근래에 보기 드문 바였다.

이듬해 봄에 문인 낭형朗炯 등이 부도전에 탑을 세웠다.

스님의 몸매는 장대하였고 이마와 얼굴이 방정方正하고 흉차胸次가 쇄락하시었다.

방외方外의 벗으로는 영상 이광좌領相李光佐·대사성 최창대大司成崔昌大·참판 이진유參判李眞儒·교리 임상덕校理林象德 등 다수가 있었고 제자 약탄이 수집하여 엮은 『무용집無用集』 2권이 있다.

# 영해약탄선사
## 影海若坦禪師

스님의 휘諱는 약탄若坦, 자는 수눌守訥, 영해影海는 법호이며 속성은 광산 김씨光山金氏요 아버지는 중생中生, 어머니는 서씨徐氏이다.

스님은 현종顯宗 9년(서기 1668년) 10월 1일에 고향인 전남 고흥군 분천리高興郡粉川里에서 태어났는데 어머니가 범승梵僧을 꿈꾸고 잉태하였다.

8세에 학당에 들어가서 글을 배우는데 두세 번 읽으면 문득 외우는 것이었다.

10세 때 출가하여 팔영산 능가사八影山楞伽寺의 득우장로得牛長老에게 나아가 머리를 깎고 먹물옷을 입었다.

16세 때 아버지를 잃었으며 17세 때 처음으로 조계산曹溪山으로 가서 무용대사無用大師를 뵈었는데 자기도 모르는 사이 눈물이 왈칵 쏟아지는 것이었다.

18세에 구족계를 받았으며 22세 때 비로소 경법經法을 받아 본격적으로 학업에 전념하게 되었는데 동료들 중 스님을 따르는 이가 없었다.

28세에 이력履歷을 마치고 만법유심萬法唯心의 선지禪旨를 더욱 믿어 마지 않으며 습정균혜習定均慧에 밤낮을 가리지 않고 힘썼다.

37세 때 보성군 문덕면寶城郡文德面에 있는 봉갑사鳳岬寺의 청에 응하여 그 절 자수암慈受庵에서 무용대사無用大師에게 입실入室하였다.

이어 여기에서 개강하니 스님의 이름을 들은 학인들이 구름처럼 몰려오는 것이었다.

대중을 부르지 않되 대중이 스스로 모여들어 삽시간에 수백 명이나 되는 대회상大會上이 되었다.

숙종 45년 봄에 스승이신 송광사의 무용無用노화상을 위해 화엄대회華嚴大會를 크게 열었는데 이에 영호남의 구참납자久參衲子 3백여 명을 특별히 초청하였으며 원근에서 참예한 학중들이 천여 명이나 되어 근래 보기 드문 큰 법회가 되었다.

그 화엄대법회를 마치고 무용 큰스님은 미질微疾을 보이시더니 늦가을 10월에 입적하셨다.

스승의 시적示寂에 화욕火浴과 몇 탑을 세움에 있어 제반사를 모두 스님이 주관하여 주선하였으니 스승에 대한 효심을 이로써 가히 짐작할 만하다 하겠다.

55세 때 화사畵師를 불러 53불 탱화불사를 행하여 불조전佛祖殿에 봉안하였다.

이듬해에는 기인起仁 스님과 합심하여 고봉원高峯原에서 보조탑普照塔을 옛 자리로 옮겨 모셨으며 다시 그 이듬해에는 스승의 『무용사집無用私集』을 간행하여 널리 폈다.

영조英祖 4년, 스님이 회갑이 되는 해에 함양군咸陽郡의 지리산 벽송사碧松寺의 청에 응하여 참학대중을 거느리고 벽송사로 갔다.

그러나 당시의 불교계는 유생들의 심한 박해를 받는 시대여서 스님이 벽송사에 오래 머물 수 있는 여건이 되지 못하였다.

유생들의 박해 중 가장 큰 사건은 영조 원년(서기 1725년)에 김제金堤 금산사錦山寺에서 일어났다.

당시의 대종장大宗匠 중 한 분인 환성지안선사喚惺志安禪師가 금산사에서 화엄대법회를 베풀었는데 전국에서 학중이 무려 천사백千四百여 명이나 운집하였다.

이때 대중들 간에는 부처님 당시 비구가 철발우鐵鉢盂를 사용하고 목발우木鉢盂는 사용하지 않았으므로 우리도 철발우를 사용해야 한다는 주장이 나왔다.

이에 온 대중이 찬성하여 금산사에서는 전 대중이 사용할 철발우 제작에 착수 하였다.

대중들은 직접 쇠를 구입할 자금을 탁발로 충당하기로 하고 원근에 널리 탁발 행각을 나서는 한편 사중에서는 쇠를 구입해 들였다.

금산사의 화엄대법회가 성황리에 이뤄지자 가뜩이나 배를 앓던 유생들이 철발우 제작의 기미를 알고 나라에 모반하기 위해 투구를 만든다고 무고하여 환성선사를 구금하여 제주도로 유배시키고 대중을 강제로 해산시켰다.

이어 각처에서 행하는 법회나 불사는 모두 제지시키는 등 박해의 심도는 날이 갈수록 더해만 갔다.

이런 시기에 스님이 벽송사의 청을 받아 갔는데 대중이 많이 모이는 것을 시기한 유생들의 마수魔手가 지리산의 오지에까지 뻗쳐 강제로 강당을 열지 못하게 하였던 것이다.

금산사의 사건은 제주도로 귀양 간 환성선사가 영조 5년에 입적하는 비극으로 끝이 났다.

영해 스님은 벽송사에서 도저히 학중을 제접할 수 없게 되자 대중을 흩고 자신은 본사인 송광사로 돌아오고야 말았다. 실로 안타까운 교계의 운명이었다.

영조 24년에 삭발본사인 능가사 사적비事蹟碑를 세우는 한편 절의 지축地軸을 돌려놓았는데 절 뒤에서 흐르는 개울물이 절의 반대 방향으로 흘러가는 것을 개울을 새로 파서 수세水勢가 절을 감싸고 돌아나가게 하였다.

스님이 82세 때영조 26년의 봄에 제자 풍암楓巖의 청에 응하여 송광사의 화엄대회에 나아가 회주會主가 되시니 대중이 천여 명에 달하는 등 크게 성황을 이루었다.

그리고는 이듬해에 능가사楞伽寺로 돌아가서 조용한 나날을 보내며 선정삼매禪定三昧에 드셨다.

영조英祖 30년(서기 1754년), 87세의 고령이신 스님은 정월 2일에 미질微疾을 보이시더니 3일 자시子時에 시자侍者에 명하여 목욕물을 데우게 하신 후 손수 목욕하시고 새 옷으로 갈아입으시고는 유게遺偈를 쓰시니,

"凝圓一相誰能嗄 濶步乾坤露裸裸

踏着自家不壞珍 獨尊獨貴唯稱我

(두렷이 어린 한 모습 뉘 능히 외치는가

하는 땅에 활보하니 적나라하게 드러났네

내게 있는 무너지잖는 보배를 밟으니

홀로 높고 홀로 귀해 오직 나′ 라 하도다)"

이렇게 읊으시고는 이어,

"呵呵呵 是什麼

淨灑灑 沒可把

(하하하

이 무엇인고?

깨끗하고 깨끗하여

가히 붙잡을 수 없도다)"

이렇게 덧붙이시고는 단정히 앉으신 채 엄연奄然히 대적삼매大寂三昧에 드시었다.

다비茶毘한 그날 밤에 방광放光하여 산골짜기가 대낮처럼 밝았으며 사리舍利 2과二顆를 수습하며 조계산 송광사와 팔영산 능가사에 탑을 세웠다.

스님의 세수世壽는 87세요 법랍은 77하夏였으며 스님의 유고遺稿는 원래 3권이었는데 두 권은 유실 되고 시詩 1권만 전해오는 것을 순조純祖 원년에 문손 되는 와월臥月 스님이 그 정요精要한 것만을 촬록撮錄하여 간행하였다.

스님의 법사法嗣로는 풍암세찰楓巖世察·연화숭신蓮華崇信·홍파적우洪波的宇·서유축한西遊竺閑·벽정붕민碧井鵬敏·율봉담정栗峯湛淨·죽암창익竹庵暢益·수월징혜水月澄慧·신원信源 등이 있다.

스님의 숙종肅宗 44년(서기 1718년) 4월 15일에 향리鄕里인 곡성군 통명리谷城郡通明里에서 태어났다.

스님의 휘諱는 낭윤朗允, 자는 퇴옹退翁이며 법호는 응암應庵이고 속성은 초계 최씨草溪崔氏요 아버지는 봉의鳳儀, 어머니는 이씨李氏이다.

태어나면서 영특하였으며 어려서부터 집안에서 선생님을 모시고 훈도訓導를 받았다.

13세 때에 양친을 모두 잃고 일신을 의탁할 곳이 없게 되었으며 15세에 삼신산 청학동三神山靑鶴洞을 방문하여 신라 말기의 고운 최치원 선생孤雲崔致遠先生의 유적을 찾다가 칠불암七佛庵에 올라가게 되었다.

칠불암은 옛날 가락국駕洛國 시조 김수로왕始祖金首露王의 7왕자가 입산수도한 이래 2천 년을 내려온 우리나라 최고最古의 가람이다.

도량에는 아자방亞字房이라는 독특한 선방禪房이 있어 동국제일선원東國第一禪院의 명예를 갖고 있다.

도량의 유승幽勝함을 둘러보던 스님은 문득 출가의 뜻을 굳히고 덕균장로德均長老에게 의탁하여 축발祝髮하였다.

뒤에 용담선사龍潭禪師에게 구족계를 받고 수학受學하다가 18세 때에 송광사松廣寺로 나아가 풍암문하楓巖門下에서 4, 5년 동안 진승眞乘을 배웠다.

이때 스님보다 한 살 위인 최눌最訥을 만나 서로 뜻과 원력이 맞아서 도반道伴의 의義를 맺고 함께 수학하였다.

이어 최눌과 함께 이른바 오대종장五大宗匠이라 일컫는 호암체정선사虎巖體淨禪師 등을 차례로 참방參訪하였다.

당시 호암선사는 조계산 선암사曹溪山仙巖寺의 대각암大覺庵에 계셨는데 영조 15년 여름에 배알하였으며 그 이듬해 가을에는 경북 성주慶北星州에 있는 청암사青巖寺로 회암정혜선사晦庵定慧禪師를 참알參謁하였다.

호암선사는 환성지안喚惺志安선사의 제자이며 편양鞭羊선사의 고손高孫이다.

또 회암선사는 벽암碧巖선사의 증손이니 풍암선사의 노스님[師翁]이 된다.

이어 세 번째 참방參訪한 선지식은 용담조관龍潭造冠선사이니 선사는 함양군咸陽郡 벽송사碧松寺에서 개당하여 주로 염송拈頌을 강설하여 학인들의 눈을 뜨게 해주셨다.

선사는 상월새봉霜月璽封선사의 의발衣鉢을 받았으므로 편양선사의 오대손이 되는 고승이며 지리산 감로사甘露寺, 즉 천은사(泉隱寺)가 삭발본사이다.

네 번째 참알參謁한 큰스님은 명진수일冥眞守一선사이니 월저도안月渚道安선사의 제자요 편양선사의 증손曾孫이 된다.

선사는 당시 전북 순창군全北淳昌郡 회문산 법운암回門山法雲庵에서 많은 학중을 거느리고 강설에 힘을 쏟고 있었는데 스님이 찾아뵈온 시기는 영조 17년, 스님의 나이 24세 때 여름이며 작년에 참알한 회암정혜晦庵定慧선사가 입적 5월 20일하신 바로 뒤였다.

25세 때인 영조 18년 가을에는 전남 창평군全南昌平郡 용홍사龍興寺의 중대암中臺庵에 계시는 상월새봉霜月璽封선사를 참알하였는데 이 선지식이 다섯 번째 찾아뵈온 큰스님이다.

상월선사는 월저도안月渚道安선사의 손제자이며 편양선사의 4대손이니, 묘향산妙香山에서 설암雪巖선사의 법을 받은 뒤 주로 남방에 내려와서 많이 계시면서 선과 교를 선양한 고승이다.

스님은 묵암최눌과 함께 오대종장五大宗匠을 두루 섬기면서 법기法器를 크게 이룬 다음 26세 때인 영조 19년 봄에 화순和順 땅 대광사大光寺의 영천암靈泉庵에서 강講하고 계시는 풍암楓巖선사를 재차 배알하고는 여름에 최눌과 함께 풍암선사에게 입실건당入室建幢하였다.

스승이신 풍암선사는 졸지에 두 기린아麒麟兒를 제자로 얻게 되자 만면에 기쁨을 감추지 못하시며 최눌에게는 묵암默庵이란 법호를 주시고 스님에게는 응암應庵이란 법호를 내리시며 이르시기를,

"팔방청안八方靑眼을 이제 얻었으니 이로부터는 두려울 것이 없도다."

하시었다. 이 큰스님의 말씀을 미루어 보아도 묵암, 응암, 두 스님의 혜해慧解가 어떠하다는 것을 족히 짐작하고도 남음이 있겠다.

영조 20년, 능주 땅 쌍봉사 동부도암雙峰寺東浮屠庵에 개강開講하니 쌍봉사의 청함을 받으신 풍암법부주楓巖法傅主의 추천에 의해서였다.

스님은 묵암사형과 떨어지기도 싫었고 또 혼자서 막중한 소임을 감당하기 어려울 것 같아 묵암사형에게 함께 가기를 간청하여 마침내 둘

이서 강석에 임하게 되었다.

묵암사형의 보좌를 힘입은 스님은 첫 강의임에도 병의 물을 쏟듯, 막힘이 없이 학인들을 잘 가르쳤다.

영조 22년 가을, 스님은 강주講主의 자리에 더 머물지 않고 묵암사형과 함께 행각의 길에 나섰다.

영가진각永嘉眞覺선사의 「증도가證道歌」에,

"강과 바다에 노닐고 산천을 밟음은 스승 찾아 도를 묻고 참선하기 위함이다."

이 글에 보이듯 사문沙門이 행각하는 것은 단순히 관광觀光만을 하기 위함이 아니요 눈 밝은 스승을 찾아 도를 배우고 참선하기 위함이다.

묵암·응암의 두 사자아獅子兒는 멀리 금강산金剛山에까지 올라가서 법기보살法起菩薩에게 예배하고 돌아왔다.

그로부터 교망敎網을 버리고 지리산 칠불암의 아자방에 몸을 숨기고 전후 칠하七夏를 안거하니 여기에서 지견知見이 발로發露하여, 온갖 것에 걸림이 없게 되었다.

또 영조 35년 가을에 풍암법부주楓巖法傅主가 베푼 화엄대회에는 묵암 스님과 함께 주관자가 되어 성대히 회향하였으며 법회를 마친 뒤 풍암법부주에게 묵암 스님과 함께 신의信衣 일령一領씩 전수傳受하였다.

영조 41년, 묵암사형默庵師兄과 함께 백암성총柏庵性聰선사의 비를 세우는 데 있어 음으로 양으로 도왔다.

영조英祖 43년(서기 1767년) 7월 8일에 법부주이신 풍암楓巖선사가 입적하시고 정조正祖 14년(서기 1790년) 4월 27일에는 스승에 못지않게 의지했던 묵암사형默庵師兄마저 시적示寂하고 나니 온 세상이 텅 빈 것 같은 심경이었으나 본시 무상無常을 넘어선 스님이신지라 만년을 조용히 관조觀照로써 소일하는 것이었다.

정조 18년 3월 17일에 문인門人 호명虎鳴·무봉鵡峯·금봉錦峯을 부르시더니 이르시기를,

"무상無常이 신속하고 대명大命은 잠시 사이에 옮겨지나니 너희는 오직 근신勤愼하고 세상 인연에 걸리지 말아라."

말을 마치시자마자 엄연히 대적삼매大寂三昧에 드시니 세수世壽는 78세이고 법랍은 62하夏였다.

# 석실명안선사
## 石室明眼禪師

스님의 휘諱는 명안明眼이고 자字는 백우百愚, 법호는 석실石室이며 설암雪巖이라 호號하기도 했다. 속성은 장씨張氏이고 아버지는 근수謹守, 어머니는 신씨申氏이며 경남 진주慶南晉州가 고향이다.

어머니가 꿈에 흰 소[白牛]가 하늘로 오르는 것을 보고 잉태하더니 인조仁祖 34년 병술세丙戌歲(서기 1646년) 7월 4일에 태어났다.

12세 때 진세塵世를 벗어나 출가할 뜻을 갖고 부모님께 허락해 주실 것을 요청하였지만 부모님은 완강히 거절하는 것이었다.

그러나 비록 어린 몸이지만 한 번 먹은 마음을 쉬 포기하지 않고 꾸준히 간절한 마음으로 요청하자 부모님은 하는 수 없이 마침내 아들의 뜻에 따르기로 했다. 그래서 지리산 덕산智異山德山에 있는 대원사大源寺에 나아가 성각장로性覺長老에게 의탁하여 15세에 축발祝髮하였으며 엄비대사掩鼻大師에게 구족계具足戒를 받았다.

이력履歷을 대강 본 뒤 행각에 나선 스님은 무영단헌선사無影亶憲禪師에게 참알參謁하여 선지禪旨를 묻고 섬기기를 10년.

스님은 여기에서 선禪과 교敎에 있어, 얻은 바가 많았다. 그러나 스님이 27세 때(서기 1672년)의 가을에 무영선사가 입적하시니 스님은 걸망을 챙겨 운수객雲水客이 되어 제방諸方을 편력遍歷하는 몸이 되었다.

이 무렵 백암성총柏庵性聰선사는 황령선사黃嶺禪社에서 법화法化를 떨

백운지흥 白雲知興

치고 계셨는데 명안明眼 스님의 인품에 대해 오가는 납자들에게 익히 들으신 바가 있어 글을 보내어 스님을 초치招致하시는 것이었다.

스님은 큰스님의 부르심에 감동하여 곧 나아가 뵙고 집시執侍하기를 4년.

여기에서 화엄원륭華嚴圓融의 지旨를 전수傳受하니 백암선사는 스님을 기재奇才라고 칭찬을 아끼지 않으셨다.

무오년戊午年, 스님이 33세 때 백암선사는 스님을 명하여 방장산 불장암方丈山佛藏庵에 주석하게 하시면서 시詩로써 전송하시기를,

"龍門春暖化爲龍 雷雨飛騰上碧空

鬖鬖脫來頭角聲 早知終不在冶中

(용문에 봄 따스하니 화해 용이 되어

우뢰와 비를 치며 하늘에 오르네

지느러미 벗으니 머리 뿔이 솟아나

벌써 못 속에 안 있을 줄 알았구나)"

스님이 개당開堂하자 원근의 운수납자가 찾아와 배우려는 이가 폭주하니 이로써 호남종장湖南宗匠의 한 사람이 되었다.

그로부터 안국사安國寺의 금대암金臺庵과 지리산智異山의 심적암深寂庵과 오대산五臺山의 내원암內院庵과 방장산方丈山의 대원사大源寺와 율곡사栗谷寺의 쌍명당雙明堂과 삼신산三神山의 신흥사神興寺와 화엄사華嚴寺의 보적암寶積庵과 감로사甘露寺의 약사전藥師殿과 연곡사鷰谷寺의 소요당消遙堂 등에 주석하면서 혹은 수선修禪하고 혹은 개당開堂하여 홍법弘法하였다.

당시 지리산과 그 근방의 대총림大叢林은 거의 스님이 주석하지 않은 곳이 없었으니 스님의 법화法化가 삼남三南에 미치지 않은 곳이 없었다.

만년에는 일향에 염불왕생문念佛往生門에 귀의하였다.

숙종肅宗 35년(서기 1709년)에 지리산 칠불암七佛庵에서 70인의 동지를 모아 서방도량西方道場을 결사結社하여 전일專一히 염불왕생을 발원하였다.

이때 간찰簡札을 가지고 과보를 점치는, 이른바 점찰법요占察法要를 행하였는데 스님이 제1위第一位를 얻었다.

이해 겨울에 회계會稽의 왕산사王山寺에 다달아 해묵은 간청을 들어주시었다.

이듬해숙종 36년 4월, 미질微疾을 보이시더니 13일에 서쪽을 향하여 삼배三拜를 올리고는 박연泊然히 대적삼매大寂三昧에 드시니 세수世壽는 65세이고 법랍은 52하夏이며 개당開堂하여 대중을 제접提接한 것은 33년.

스님은 선禪은 무영無影선사에게, 교敎는 백암柏庵선사에게 받았는데 무영, 백암의 두 문중에서는 제각기 자기 문중 스님이라고 여기고 있다.

그런데 스님이 이를 두고 시詩를 읊으신 것이 있으니,

"初登方丈忝無影 後入曹溪見柏庵

傍人莫問何宗旨 一子均沾兩乳甘

(처음엔 방장에 올라 무영을 참알하고

뒤엔 조계에 들어가 백암을 뵈었네

곁사람은 무슨 종지냐고 묻지 마소

한 아들이 고루 단젖에 젖었다네)"

스님의 문하에는 아래와 같은 용상龍象들이 배출되었으니 다음과 같다.

　은암청윤隱庵淸胤 · 지월인담指月印潭 · 청하성심淸河性諶 · 원조태휘圓照太暉 · 유지태균喩指太均 · 월송만훈月松萬薰 · 현하수화懸河守和 · 취진보율醉眞普悅 · 해월성현海月成顯 · 금공대유金空大柔 · 금하영헌金河靈憲 · 태허취간太虛就侃 · 송계광건松溪廣健 · 천하혜종天河慧宗 · 삼우경환三友敬還 · 용현천묵龍淵天默 · 진곡효일晉谷孝一 · 대눌大訥 등.

　스님의 저서로는 『백우집百愚集』 1권, 『반야바라밀다심경약소연주기회편般若婆羅密多心經略疏連珠記會編』 2권, 『현행법회예참의식現行法會禮懺儀式』 1편 등이다.

念佛歌

如是我聞釋迦佛　稱讚西方彌陀佛

四十八願願成佛　攝化衆生皆成佛

觀音大士助念佛　勢至菩薩引念佛

六方諸佛稱念佛　歷代祖師皆念佛

我今信解心念佛　普勸諸人勤念佛

一切衆生心是佛　精進修行覺悟佛

發菩提心南無佛　懺悔發願南無佛

燒香禮拜南無佛　獻花然燈南無佛

供養三寶南無佛　隨喜讚歎南無佛

持戒修身南無佛　定慧安心南無佛

觀寂滅性南無佛　見端嚴相南無佛

無我無人南無佛　無相無爲南無佛

見佛塔廟南無佛　入僧伽藍南無佛

讀誦經典南無佛　入定觀空南無佛

念國王恩南無佛　恭敬尊長南無佛

報父母恩南無佛　慈愍貧病南無佛

冤親平等南無佛　善惡無心南無佛

貪瞋動念南無佛　癡愛亂心南無佛

殷聲入耳南無佛　喜風當情南無佛

若見寶貨南無佛　若見妖色南無佛

若見殺生南無佛　若見死屍南無佛

若入水火南無佛　若遇重病南無佛

念地獄苦南無佛　念餓鬼苦南無佛

念傍生苦南無佛　救一切苦南無佛

雷霆霹靂南無佛　天崩地裂南無佛

羅刹鬼國南無佛　刀兵賊離南無佛

淫坊酒肆南無佛　虎穴魔宮南無佛

行住坐臥南無佛　著衣喫飯南無佛

語時默時南無佛　睡時夢時南無佛

念念歸於一念佛　一念圓成三昧佛

三昧得見無生佛　始知衆生本成佛

臨終面見彌陀佛　摩頂授記證心佛

스님의 법휘法諱는 정혜定慧이고 속성은 김씨金氏이며 경남 창원慶南昌原이 고향이다.

어머니가 꿈에 해와 달이 함께 솟아나 허공에 떠 있는 것을 바라보노라니 순식간에 어머니의 품속으로 떨어지는 것을 감득感得하고 임신, 달이 차서 태어났다.

해와 달을 징험함이 있었으므로 아명兒名을 명걸明傑이라 했으며 강보襁褓에 싸여 있을 적에 젖도 안 먹고 울지도 않는 것이었다.

어린아이 적에 그 또래의 아이들과 섞여 놀지도 않고 일체 말하려 하지도 않으므로 어른들이 "기이한 동자" 라고 일컬었다.

이렇게 세상일에 물들지 않고 번거로움을 싫어하더니 9세에 출가하기를 부모님께 청하는 것이었다.

그러나 부모님은 완강히 허락하지 않았으며 스님은 혼자서 금정산 범어사金井山梵魚寺로 찾아가 자수선사自守禪師에게 배알하니 선사는 그 준이俊異함을 알으시고 충허장로沖虛長老에게 주셨다.

충허장로는 동자를 데리고 가야산 해인사伽倻山海印寺로 들어가서 보광화상葆光和尙에게 참알參謁케 하였다.

보광화상은 벽암각성선사碧巖覺性禪師의 법자法子인 모운진언慕雲震言선사의 제자이므로 벽암선사의 손상좌요 부휴浮休선사의 증손曾孫인

용상대덕龍象大德이다.

보광화상은 스님을 흔연히 받아들여 구족계具足戒를 주시고 삼장三藏을 가르치시니 스님의 총명은 이를 능히 소화하여 환연煥然히 신해神解하는 것이었다. 이 무렵 묘향산妙香山의 설암추붕雪巖秋鵬선사가 호남湖南에서 강화講化하고 계셨는데 스님은 이 소식을 듣고 참학參學할 뜻을 세우고 보광화상에게 아뢰니 화상이 이르기를,

"풍진風塵이 요요擾擾하여 호련瑚璉이 상할까 두렵구나."

스님이 시로써 여쭈오되,

"綠竹霜中夏 靑松雲裡春

男兒持此節 何畏撼風塵

(푸른대는 서리 속에서도 여름이 옵고

푸른솔은 눈속에서도 봄입니다

남아가 이 절개 지녔거니

어찌 풍진에 흔들릴까 두려워하리까?)"

화상은 이를 보시고 곧 허락하시니 스님은 설암회상雪巖會上으로 가서 뜻한 만큼 배우고는 스승의 슬하로 돌아왔다.

이로부터 스님의 이름은 여러 산중에 높이 났으며 칭송의 소리는 일국을 덮었으니 보광화상은 매우 기뻐하시며 스님에게 의발衣鉢을 전부 傳付하시었다.

그리하여 율사栗寺의 석문石門에서 개당開堂하도록 주선해 주시니 스님의 나이 26세 때이고 숙종肅宗 36년(서기 1710년)의 해였다.

그 뒤 일암一庵·환성喚惺 등 여러 노숙老宿에게 역참歷參하여 더욱 발

명發明함이 있었으며 그런 뒤에 방장方丈·덕유德裕·불령佛靈·가야伽倻·석왕釋王·명봉鳴鳳·직지直指의 여러 산사山寺에 두루 노닐었으니, 자연히 영봉穎鋒이 드러나서 성명聲名을 감추기 어려운지라 학중學衆이 따름이 많아 도처에 저자를 이루었다.

만년에는 불령산 청암사佛靈山青巖寺에 오래 머물더니 미질微疾로써 장차 시적示寂하려면서 문하의 여러 선자禪子를 불러 오직 염불로써 영결永訣하도록 당부하면서 이르시기를,

"염불念佛하되 만일 염念한 것을 생각하지 않으면 염불이 참되지 않느니라."

말씀을 마치자 바로 입적하시니 때는 영조英祖 17년 5월 20일이요 스님의 세수世壽는 57세, 승랍은 41하夏였으며 태어나신 해는 숙종肅宗 11년 5월 2일이었다.

스님은 식견識見이 정민精敏하고 총명이 뛰어나서 하루에 오백줄[五百行]의 글을 외우고 외운 글은 다시 잊지 않았다.

또 성품은 고요하고 기개는 따스했으며 마음은 맑았다.

무릇 언동言動함에 있어 소절小節에 구애되지 않는 등 자못 군자君子다운 자태가 약여하였다.

화엄경은 불교의 극담極談으로서 아는 사람이 매우 드물고 혹 아는 이도 선설宣設하는 이가 적은데 스님은 능히 통효通曉하여 강설하기를 수십 편이나 된다.

또 『주역周易』은 곧 유교儒敎의 대경大經이니 유림儒林의 종장宗匠들도 오히려 자못 뜻[旨]을 잃기 쉬운데 스님은 능히 방통傍通하여 미묘히

깨달음이 초륜超倫하사 고사高士가 문난問難함에 있어 허래실귀虛來實歸하니 스님의 박학博學이 대개 이러하였다.

스님이 주해註解하신 유서儒書가 더러 있었지만 사문沙門의 본분사本分事가 아니라 하여 문하제자에게 편록編錄을 허락치 않으시니 자연히 산실散失되고 말았다.

남아 있는 저서로는 『화엄경소은과華嚴經疏隱科』·『도서절요주해都序節要註解』·『제경론소구절諸經論疏句節』 등이 세상에 전해온다.

대개 안으로 삼장三藏에 박통博通하여 스스로 주석註釋한 것이 있고 밖으로 세전世典에 요달하여 갖가지 경사經史에 통효通曉한 사람으로는 오직 스님이 있을 뿐인가 한다.

그러나 스님의 뜻은 다만 종지宗旨를 밝히려는 데 있고 교상教相에 집착함이 없었으니 하루는 탄식하여 이르시기를,

"만일 한갓 불어佛語만 외우고 본심本心을 모르면 마치 사람이 다른 이의 보물을 헤아리되 자기에게는 반전푼半錢分도 없는 격이로다.

내 이제 교학을 버리노니 청컨대 여러 학인들은 나를 따르지 말기를 원하노라."

하시고 바로 금강산으로 들어가 좌선하면서 화두를 뚫어 파하기를 기약하시었다.

이렇게 하여 스님은 도법道法이 더욱 풍성하시고 덕화德化가 서물庶物에까지 미치니 승속僧俗이 모두 사모하여 개미 모이듯 원근에서 운집하여 힘써 교수教授하시기를 청하는 것이었다.

스님은 자비인서慈悲仁恕로 거절하지 못하시고 도리어 강석講席을 시

설하여 가르치시는 한편 불승佛乘을 연구하여 낱낱이 소화하여 자기 풍광自己風光에 돌아가게 하시었다.

또 경장經藏을 피심披尋하여 말씀마다 중생의 일용日用에 계합케 하시니 강수講授의 묘妙가 당시에 독보적獨步的이었다.

그리하여 뭇 사도邪徒들이 머리를 조아리고 이종異宗이 정성을 다해 귀의하니 진실로 불일佛日이 거듭 빛남이었다.

염천炎天의 더운 날에 떠나실 것을 알리셨고 기이한 향기가 영감靈龕에서 스며 나왔으며 청명한 날씨 속에 화욕火浴을 하였는데 다비장茶毘場에 갑자기 우박이 쏟아지는 것이었다.

다비를 마친 뒤 영골靈骨 두 과二顆를 얻었는데 오색이 영롱하고 빛이 눈을 부시게 하였으며 재齋를 지낼 적마다 그날 밤에는 매양 방광放光하였으니 참으로 지혜의 달이 다시 밝은 것이라 하겠다.

문도들이 합심하여 지리산 의신동智異山義神洞과 불령산 청암사佛靈山青巖寺에 탑을 세우고 또 영정影幀을 그려서 청암사·벽송사碧松寺·석왕사釋王寺 등 여러 명찰名刹에 모셨다.

# 해붕전령선사
## 海鵬展翎禪師

스님의 법명은 전령展翎이고 자字는 천유天游이며 법호는 해붕海鵬이니 전남 순천全南順天이 고향이다.

어려서 조계산 선암사曹溪山仙巖寺에 출가하였으며 삼장三藏을 이수履修한 뒤 제방 선원諸方禪院에 다니다가 송광사松廣寺의 묵암최눌선사默庵最訥禪師의 법인法印을 받았다.

묵암默庵선사는 풍암楓巖선사의 제자이고 풍암선사는 영해影海선사의 제자이며, 영해선사는 무용無用선사의 제자요 무용선사는 백암성총柏庵性聰선사의 제자이니, 스님은 백암선사의 5대법손五代法孫이 된다.

당시 호남지방에는 이른바 호남칠고붕湖南七高朋이라 일컬음을 받는 학자들이 있었다.

이 일곱 분 높은 벗들은 저마다 학문과 식견이 뛰어났으나 벼슬길을 마다하고 초야에 묻혀 은자隱者의 생활을 하는 분들이었다.

이 일곱 분 은사隱士 중에 산사山寺에 몸 담고 있는 두 스님이 있어 배불정책을 감행하고 있는 당시의 시대 상황을 감안할 때 매우 이채롭다 하겠다.

그 일곱 분 높은 벗들은 다음과 같다.

첫째는 노질盧質이니 자字는 수보秀甫요 호號는 하정荷亭이며 함양咸陽 땅에 살고 있었으며,

둘째는 이학전李學傳이니 자는 계명季明이요 호는 복재復齋이며 남원南原 땅에 살고 있었다.

셋째는 김각金珏이니 자는 태화太和이고 호는 운와雲臥이며 함양咸陽 땅에 살고 있었고,

넷째는 심두영沈斗永이니 자는 칠지七之요 호는 영교永橋이며 곡성谷城 땅에 살고 있었다.

다섯째는 이삼만李三萬이니 자는 십천十千이요 호는 강재强齋이고 창암蒼巖 땅에 살고 있었고,

여섯째는 석전령釋展鴒이니 자는 천유天游이고 호는 해붕海鵬이며 조계산 선암사曹溪山禪巖寺에 주석住錫하고 있었으며,

일곱째는 석의순釋意恂이니 자는 중부中孚이고 호는 초의艸衣이며 두륜산 대둔사頭輪山大芚寺에 주석하고 있었다.

위에서 보는 바와 같이 해붕海鵬 스님과 초의艸衣 스님이 학문과 식견識見이 높은 선비들의 모임에 끼어 있는 것은 그 벗들과 어울릴 만한 인격을 갖춘 스님이었기 때문임은 두말할 나위 없는 것이다.

또 경상도 함양咸陽 땅에 사는 두 선비가 호남湖南의 선비들에 끼어 있는 것도 매우 이채롭고 흥미있는 일이다.

함양 땅은 전라도 남원南原 땅과 인접해 있는 고을이요, 또 지리산智異山의 북단北端에서 동서東西로 자리 잡고 있는 고장이다.

옛날 신라新羅시대의 말엽에 고운 최치원 선생孤雲崔致遠先生이라는 대학자가 있었는데 이 선생이 함양 땅에서 학문을 닦고 편 이래로 함양 땅에서는 훌륭한 학자와 선비들이 끊이지 않고 배출되었다.

그래서 예로부터 함양 땅은 "선비의 고장"이라 일컬어 온다.

여기에서 하정荷亭과 운와雲臥의 두 선비가 칠고붕七高朋에 든 것은 결코 우연이 아닌 "선비의 고장"인데서 연유하는 것이다.

해붕 스님과 초의 스님이 사대부士大夫들과의 교유交遊를 통해 유생들의 불교탄압을 어느 정도 누그러뜨렸을 것을 상기想起한다면 두 스님이 사대부들과 어울려 칠고붕七高朋의 일원이 된 것에 찬사를 아끼지 않아도 됨직하다 하겠다.

스님의 저서에 『장유대방록壯遊大方錄』이 있으니 이 저서를 통해 스님의 사상을 살펴보기로 한다.

스님이 저서를 대방大方이라 이름한 연유를 주註에 이르기를,

"天地大方外 心地大方家

(천지는 대방의 밖이요

마음자리는 대방의 집이다)"

하였다. 대방大方이라는 단어의 출처는 『대방광불화엄경大方廣佛華嚴經』의 대방大方에서 유래되거니와 대大는 광대廣大하단 말이요 방方은 방정方正하단 뜻이며 대방은 곧 우리의 마음자리心地를 가리키는 동시에 이 광대무변한 우주宇宙를 지칭하기도 한다.

또 불신佛身에 대하여 설하기를,

"만상 가운데 홀로 드러난 것은 법신불이니라.

일체가 오직 마음이라 그리하여 곧 마음이 곧 부처이니 곧 남녀불이라 해도 또한 옳고 소와 말의 부처라 해도 또한 옳으며 온 하늘 땅 대지 부처라 해도 또한 옳으며 온 시방삼세불이라 해도 또한 옳으니라.

내지 온 허공과 법계에 두루한 제망중중히 다함이 없음과 하늘은 하늘, 땅은 땅, 산은 산, 물은 물, 사람은 사람, 낱낱의 두두물물과 꽃은 꽃, 풀은 풀, 소리는 소리, 색은 색, 티끌과 티끌 같은 세계와 세계 부처라 해도 낱낱이 옳고 옳은 것이니라."

또 청정법신淸淨法身을 보이기를,

"옛 불조 아직 출세하시기 이전에 한 크게 깨치신 분이 있으니 최초에 가장 청정하신 일개 원륭한 참마음인 곧 마음이 곧 부처인 것이 청정법신이니라."

또 유불선儒佛仙을 판석하기를,

"인간에 삼도三道가 있지만 불도佛道가 가장 높으니라."

"유儒는 이치를 궁구하고 성품을 다하여 입신立身하고 이름을 후세에 전함이요, 노老는 진眞을 닦고 성품을 단련하여 욕심을 적게 하고 신선으로 오르는 것을 이상理想으로 삼으며, 불佛은 마음을 밝히고 성품을 보아서 가까이는 입신立身하고 멀리는 성불成佛함을 이상으로 삼는다."

또 유교와 불교의 행실을 비교하기를,

"백 가지 행을 구비한 후에 가히 군자君子라 이를 만하며 효행孝行을 제일로 삼는 것은 유교요, 일만 행을 모두 갖춘 연후에 가히 불자佛子라 이를 만하며 베푸는 행을 제일로 삼는 것은 불교니라."

또 부처와 중생이 한결같음을 이르기를,

"중생의 청정법신淸淨法身은 곧 제불의 비로자나불毘盧遮那佛이니라. …… 중생과 제불諸佛은 한 이치가 가지런히 평등하니라. …… 도道의 눈으로 보아 오면 도道 아닌 것이 없고 부처의 눈으로 보아 오면 부처 아닌 것이 없느니라."

이렇게 백 개의 조문으로 나누어 유불선에 대해 판석하고 선禪과 교敎를 설명하였다.

스님의 문하門下에 네 분의 선덕禪德이 났으니 아래와 같다.

대운능오大雲能悟·태허국일太虛國日·환허원신幻虛圓信·활허성안活虛性安.

스님은 광주光州 무등산 원효암無等山元曉庵에 주석하여 임진왜란 이후 퇴락한 가람을 중창하였는데, 이 절 외에는 주지직에 머문 적이 없이 자신의 수행과 후학을 가르치는 것으로 일생을 보냈던 것이다.

# 회은응준선사
## 晦隱應俊禪師

    스님의 동문同門인 백곡白谷선사의 문집에 스님의 비명碑銘이 실려 있으니 그 제목에 이르기를,

    "정헌대부 팔도도총섭 겸 승대장 회은장로 비명正憲大夫八道都總攝兼僧大將晦隱長老碑銘."

    이 비명에 의거하여 스님의 행장行狀을 살펴보기로 하자.

    스님의 속성은 기씨奇氏, 휘諱는 응준應俊, 회은晦隱회은(悔隱으로도 씀)은 법호이며 전북 남원全北南原이 고향이다.

    어머니 윤씨尹氏가 아들이 없자 지리산智異山에 들어가 칠성七星님께 빌더니 하루는 밤 꿈에 기이한 광명이 품속으로 들어오더니 스님을 잉태하였다.

    선조宣祖 20년(서기 1587년)에 태어난 스님은 어려서 출가하여 의신동천義神洞天의 선지식善知識이신 옥섬노사玉暹老師를 따라 머리를 깎았다.

    장성하여 제방諸方에 수선修禪하러 다니면서 소요消遙·호연浩然·벽암碧巖 등 여러 대종장大宗匠에게 참문參問하더니 마침내 법을 벽암선사에게 받고 입실入室하였다.

    스님은 괴모장신魁貌長身의 무인武人다운 기개가 있어, 비록 몸은 상문桑門에 매여 있지만 경세經世의 뜻을 늘 품고 있었다.

그래서 대중 몰래 틈틈이 무술武術을 연마하곤 하더니 인조仁祖 11년, 스님의 나이 46세 때에 호남湖南의 안렴사按廉使가 스님의 뜻을 듣고 전남 장성全南長城의 입암성笠嚴城 수승守僧의 대장大將에 임명하였다.

스님은 승장僧將의 직이 마치 천직인 양 열과 성을 기울여 성을 수록修築하고 군사를 조련하는 한편, 유사시를 대비하여 군량미를 충분히 비축하는 등 큰 공을 세웠다.

인조 14년(서기 1636년) 겨울에 청나라 3만 대군이 대거 침입하니 왕은 남한산성南漢山城으로 몽진하고 서울을 유린당하였다.

이 때 호남안찰사湖南按察使 이시방李時肪이 화엄사華嚴寺의 벽암선사碧嚴禪師에게 찾아가 반격의 작전을 의논하니 선사는 분연히 일어나 삼남지방三南地方에 격문을 돌려 구국의승병救國義僧兵을 모집하였다.

불과 짧은 시일에 승병의 수효는 3천 명이 넘자, 선사는 의승병대장義僧兵大將이 되고 입암성을 지키고 있는 회은승장晦隱僧兵을 참모參謀로 기용하였다.

이 승군을 항마군降魔軍이라 칭하였으며 청병을 물리치기 위해 북상하여 충청도 공주公州에 진군했을 때 서울에서 청군에 무릎을 꿇었다는 비보悲報가 날아왔다.

이에 승군 모두는 북쪽을 향하여 통곡을 하고 귀환하게 되니 스님은 입암성으로 돌아왔다.

이듬해, 조정에서는 병자호란丙子胡亂 당시 승군을 모병募兵한 공로를 높이 사서 스님에게 절충장군折衝將軍의 작위와 함께 양호도총섭兩湖都

摠攝에 임명 하였다.

여기서의 양호兩湖란 전라도全羅道와 충청도忠淸道를 가리킴이다.

인조 25년 봄에 조정에서는 가선대부嘉善大夫로 승진시키고 팔방도총섭八方都摠攝에 임명하여 남한산성南漢山城에 거주하도록 하였다.

효종孝宗 2년(서기 1651년) 남옹성南甕城 축영築營의 공로를 가상히 여긴 조정에서는 스님을 가의대부嘉義大夫에 승진시켰다.

현종顯宗 원년(서기 1660년) 겨울에 자헌대부資憲大夫로 승진하고 승대장僧大將이 되었다.

이어 현종 4년에 조정에서는 스님에게 정헌대부正憲大夫의 특전을 내리니 정헌대부는 정이품상正二品上이 되는지라 정경正卿과 동격同格이 된다.

스님은 평소 직위에 재임하면서 허리에 칼을 차고 좌우에는 기를 세우며 장군의 군복을 입었으며 평복平服의 차림새에도 반드시 의관衣冠을 갖추고 금옥대金玉帶를 사용하는 등 완전히 재신宰臣과 같이 하였다.

승려의 신분으로서 이렇게 위의를 갖춤에도 사대부士大夫나 관리들이 스님을 어찌하지 못한 것은 스님에게 무장武將다운 풍모와 실제로 훈공勳功이 있었으므로 감히 꾸짖지 못한 것이다.

스님이 굳이 세속 고관高官의 위의를 갖추고 행세한 것은 당시 유생儒生들이 승려를 하시하고 박해하였으므로 이에 항거하고 살아남기 위한 몸부림이었음은 두말할 나위 없다.

스님이 군진軍陣의 티끌을 무릅쓴 지 30년, 옛적에 흑의의 영걸[黑衣

之傑]이 있었다더니 바로 스님을 지칭한 것이라 하겠다.

스님은 무반武班의 높은 직에 수십 년을 종사했으므로 나라에서 받은 녹도 많아서 재산이 많았는데 혹 도반들의 빈병貧病에 처한 이를 보면 재물을 아끼지 않고 듬뿍 시여施與하는 것이었다.

현종 13년(서기 1672년) 봄 3월 15일에 성부산 천주봉星浮山天柱峯 아래에서 입적入寂하시니 세수世壽는 86세이고 법랍은 81하夏였다.

스님의 문도들이 스님의 비를 세우려 하매 수어사守禦使 식암 김석주息庵金錫胄가 쇠 백 근을 보내어 비를 세우는데 쓰도록 하였으며 비는 광양光陽 백운산白雲山에 세웠다.

스님의 문하에서 또한 승장僧將이 배출되었는데 처상處祥은 총섭摠攝을 지냈고 광학廣學은 첨지僉知 벼슬을 지냈다. 그 나머지 제자들은 산중에 묻혀 수행으로 일관하여 세상에 이름을 드날리지 않았다.

대개 살펴보건대 임진왜란壬辰倭亂 이후에 승려들이 정업淨業을 닦는 외에 나라에 헌신하는 풍조가 일어난 것은 시대의 사조라 하겠지만 나라의 권병權柄을 한손에 쥐고 있는 유생들에게 박해를 받고 천대를 받으면서도 나라가 위태로울 때에는 신명身命을 흔연히 바치는 자세야말로 보살도정신菩薩道精神이요 참다운 호국정신護國精神이라 하겠다.

스님의 비문을 쓴 사람은 스님과 사형사제간師兄師弟間되는 백곡처능선사白谷處能禪師인데 다른 스님들의 비에서처럼 어느어느 선사禪師 또는 종사宗師 등의 칭호가 아닌 회은장로晦隱長老라 했는지 궁금하지 않을 수 없다.

또 스님의 문집文集이 전하지 않으니 스님의 수행의 면모를 알 수가

백운지흥 白雲知興

없어 매우 유감스럽다.

　사료思料컨대 백곡선사가 쓴 비명에 스님을 칭하여 장로長老라 한 것
은 스님이 승장으로 재임하면서 유생들에게 꿇림이 없이 굳굳한 자세
로 의젓하게 살긴 했지만 나라를 위한 헌신 따위는 출가승出家僧의 본
분사本分事가 아니었기 때문이 아닌가 한다.

# 두월우홍선사
## 斗月禹洪禪師

스님의 휘諱는 우홍禹洪이고 법호는 두월斗月이며 속성은 광산 김씨光山金氏이다.

아버지는 원준元俊이요 어머니는 박씨朴氏이며 영조英祖 20년(서기 1744년) 11월 21일에 전남 승주군 송광면 장안리全南昇州郡松廣面長安里에서 태어났다.

영조 34년, 15세 때 징광사澄光寺의 화청장로化清長老에게 나아가 축발祝髮하고 해담노사海曇老師에게 구족계具足戒를 받았다.

이듬해 봄에 은사 스님을 따라 송광사松廣寺로 옮겨가서 풍암화상楓巖和尚의 회하會下에서 교전教典을 이수履修하였다.

제방諸方에 참학參學하다가 화봉선사華峯禪師의 법인法印을 받으니 선사는 백암성총柏庵性聰선사의 방전傍傳인 우계선사友溪禪師의 제자이다.

그리하여 스님은 부휴선수浮休善修선사의 7세손이요 태고보우선사太古普愚禪師의 14세손이 된다.

법인을 받은 뒤 심종心宗을 통조洞照하고 단시檀施를 힘써 행하여 달마심達摩心과 보현행普賢行을 양겸兩兼하는 대선지식大善知識이 되었다.

정조正祖 21년(서기 1797년)에 제운노화상霽雲老和尚과 함께 정재淨財를 기울여 천자암天子庵을 중창하였으니 제운노화상과 스님은 이 절의 제4중창주第四重創主가 되었다.

한번은 이런 일이 있었다.

스님이 천자암天子庵에 있을 적에 도둑 몇 사람이 몰래 잠입하여 선량禪糧을 훔쳐갔다.

스님은 이를 미리 알고도 양식을 퍼가도록 내버려 두었으며 그들이 쌀을 지고 떠나가자 그들의 뒤를 밟아 도둑들이 사는 집을 알아두었다가 뒷날 바랑에 쌀을 한 짐 지고 가서 그들을 위로하고 또 양식이 떨어지거든 빌려줄 터이니 찾아오라고 일렀다.

도둑들은 본시 양민良民들이었으나 워낙 여러 해를 흉년이 든 데다 민심마저 흉흉하여서 한때나마 나쁜 마음을 품은 것이어서 스님의 자비심에 감격하여 곧 본심을 회복하고 생업에 더욱 열심히 하는 것이었다.

몇 해 뒤 풍년이 들었을 때 그들은 떡과 과일을 장만하여 스님에게 보은報恩의 인사를 왔는데 그제야 대중 스님들이 전날의 일을 알고 스님을 칭송해 마지않았다.

실로 스님의 이타행利他行과 자비행慈悲行은 악심을 품은 도둑도 능히 감격시켜서 선량한 백성으로 만드는 법력으로 꼭 차 있었다.

또 스님은 천자암을 중창한 이듬해에 만세루萬歲樓를 창건하니 비로소 가람의 구조가 허술한 데가 없이 모두 갖춰졌다.

순조純祖 16년(서기 1816년) 12월 20일에 천자암에서 시적示寂하시니 세수世壽는 73세이고 법랍은 58하夏이셨다.

문인門人들이 보조암普照庵의 동각東閣에 진영眞影을 걸어 모셨는데 뒷날 진영당眞影堂으로 옮겨 모셨다.

그 뒤 서기 1916년 병진년에 원손遠孫인 한붕漢鵬·석옹石翁 등이 부도
전浮屠殿의 북쪽 언덕에 탑을 세우고 2년 뒤 11월에 윤희구尹喜求의 글
을 얻어 일주문一柱門 밖에 비를 세웠다.

# 회계휘종선사
## 會溪輝宗禪師

스님의 휘諱는 휘종輝宗, 법호는 회계會溪이며 속성은 장씨張氏이고 아버지는 문칠文七, 어머니는 이씨李氏이다.

영조英祖 15년(서기 1759년) 2월 15일에 곡성군 서면谷城郡西面 도림사道林寺에서 가까운 마을에서 태어났다.

어머니 이씨는 학문에 조예가 깊었는데 스님을 잉태하고는 태교胎敎에 유념하여 매양 성인의 가르침을 읽곤 하였다.

스님은 태어나면서 골상骨相이 남들과 매우 달랐으며 어려서도 다른 아이들과 섞여 놀지를 않고 돌로 모아 탑을 쌓기도 하고 나무 아래 단정히 앉아 있곤 하는 것이었다.

8세에 향교鄕校에 들어가 배우는데 한 번 배운 글은 모조리 외웠으므로 이웃들이 신동神童이라 칭송했다.

스님은 특히 향교에서 배우는 외에 부모님 슬하에서 가르침을 받은 것이 많았다. 그만큼 부모님은 아들에게 크게 기대하였음은 물론이다.

14세 때 어머니의 가르침에 의하여 출진出塵의 뜻을 키워 마침내 송광사松廣寺의 벽담대사碧潭大師에게 나아가 축발祝髮하고 구족계具足戒를 받았다.

2년 뒤 불전佛典을 배우기 시작하여 8년이 다 차기 전에 그 깊은 뜻을 다 얻었다.

정조正祖 6년에 보조암普照庵에서 벽담노碧潭老의 법인法印을 받고, 이어 개당開堂하여 널리 학중을 제접提接, 크게 종풍宗風을 드날리기를 십여 년.

정조 12년 9월 29일에 법부주法傅主의 상喪을 입고 다비茶毘와 수탑樹塔과 괘영掛影 등 여러 가지 일에 손수 힘을 기울여 원만히 끝맺음했다.

순조純祖 26년(서기 1826년) 봄에 문인 등이 송광사에서 화엄대법회華嚴大法會를 베풀매 스님은 대회주大會主가 되시어 팔방에서 운집한 치소緇素에게 사자후를 토하시니 전대보다 더 성황리에 회향하였다.

헌종憲宗 원년(서기 1835년) 12월 9일에 문인들을 불러 이르시되,

"나는 이제 가고저 한다. 너희는 삼가고 삼갈지니라."

말씀을 마치자 장서長逝하시니 세수世壽는 77세요 법랍은 64하夏이시며 화욕火浴한 후 영롱한 사리舍利 두 알二顆을 얻어 보조암의 북쪽 기슭에 탑을 세우고 동각東閣에 진영眞影을 걸어 모시었다.

환해幻海는 스님의 법호이고 법린法璘은 그 휘諱이며 속성은 임씨林氏, 아버지는 만창萬昌이요 어머니는 유씨柳氏이다.

영조英祖 25년(서기 1749년)에 고흥군 남면 분천리高興郡南面粉川里에서 태어났다.

스님은 골상骨相이 특수하고 총혜聰慧가 초절超絶하여 어려서 능히 시사詩史에 통효通曉하였다.

영조 40년 16세 때에 능가사楞伽寺의 한총장로翰聰長老에게 출가하여 18세에 축발祝髮·수구受具하였다.

이때 스님은 은사 스님의 추천으로 조계산曹溪山의 묵암회상默庵會上에 나아가니 화상께서 한 번 보시자 어진 준마[良驥]임을 간파하시고 교전敎典을 강수講授하셨다.

몇 해 안 가서 삼장三藏을 두루 섭렵하였으며 묵암화상의 법인法印을 받고 의발衣鉢을 전수傳受하였다.

영조 52년 스님의 나이 28세에 개당開堂한 절은 송광사 산내암자인 보조암普照庵이니 보조암은 부휴선사浮休禪師 이래로 많은 고승들이 주석하며 후학後學을 길러낸 도량이다.

본시 총혜로운데다 묵암선사의 흉중에 간직된 풍부한 학문의 세계를 전수한 터라 제자들을 가르침에 있어 문자 그대로 여병주수如甁注水

였다.

　스님의 소문을 들은 학인들은 불원천리不遠千里하고 구름처럼 모여들어서 몇달 안에 큰 회상會上을 이루었다.

　이로부터 능가사楞伽寺의 만경암萬景庵과 태안사泰安寺의 봉서암鳳瑞庵과 그 외 영남嶺南·호남湖南의 여러 이름난 절에서 학중學衆을 많이 가르쳤다.

　만년에는 강단講壇에서 물러나 선지禪旨를 참구하는 데 전념하였다.

　스님은 문장에 능했고 시귀詩句도 잘 읊어서 유고遺稿를 남기기도 했다.

　순조純祖 18년에 능가사의 만경암萬景庵으로 돌아가서 면벽관심面壁觀心으로 세월을 잊더니 순조 20년(서기 1820년) 5월 21일에 조용히 입적入寂하시니 세수世壽는 72세이고 법랍은 56하夏이시었다.

　사유闍維한 뒤 사리舍利 3과三顆를 수습하여 송광사松廣寺의 부도전浮屠殿 북쪽 언덕에 탑을 세우고 보조암普照庵의 동각東閣에 괘진掛眞하였는데 뒤에 진영각眞影閣으로 옮겨 모셨다.

스님의 휘諱는 계오戒悟, 법호는 월하月荷이며 속성은 안동 권씨安東權氏, 영조英祖 49년 계사세癸巳歲(서기 1773년)에 경주慶州 천태산天台山의 아래에서 태어났다.

스님은 태어나면서 총혜聰慧가 절군絶群하여 7세에 향숙에 들어가 글을 배우는데 하루에 천언千言을 능히 외우는 것이었다.

11세 때 부모님의 허락을 받아 출가하여 팔공산八公山의 월암화상月庵和尙에게 나아가 축발祝髮하였다.

뒤에 지봉선사智峰禪師의 법을 이었다.

지봉선사는 회암정혜선사晦庵定慧禪師의 손제자孫弟子이니 스님은 4대손이 된다.

스님의 법계法系는 다음과 같다.

浮休善修-碧巖覺性-慕雲震言……葆光圓旻-晦庵定慧……三傳-智峰-月荷戒悟.

스님은 총명하고 박학博學하여 약관弱冠의 시절에 이미 개당開堂하여 강법講法하였으며 학중學衆이 항상 수백 명에 달하였다.

스님은 효심孝心이 돈독하여 홀로 계시는 어머니를 모셔다가 스님이 기거하는 가람 곁에 토굴을 묻고 손수 시봉하기를 게을리하지 않는 것이었다.

스님은 내전內典인 삼장三藏을 통달하였음을 물론이고 외전外典에도 널리 섭렵하여 경전백가經傳百家의 글을 읽지 않은 것이 없었다.

그래서 당시의 유림儒林들이 스님을 문승文僧이라 일컫고 칭송을 아끼지 않았다.

또 스님은 필법筆法 또한 정미롭고 계戒 지킴은 엄정하였으며 시문詩文으로 사림士林과 교유交遊함이 자못 넓었다.

그러나 나이 회갑回甲을 맞으면서 스님의 생각은 바뀌어 갔다.

그토록 좋아하던 시문詩文을 악업마장惡業魔障이라 매도하고 멀리하고 오직 일심으로 향을 사르고 면벽하여 염불念佛하는 것으로 일삼았다.

헌종憲宗 15년(서기 1849년) 2월에 가지산 연등정사伽智山燃燈精舍에서 문인門人 등을 불러 후사後事를 당부하고 가부좌跏趺坐로 서쪽을 향하여 엄연히 대적삼매大寂三昧에 드시었다.

스님의 세상 나이는 76세이시고 법랍은 66하夏이시며 문인들이 스님이 남기신 시문詩文을 모아 『가산집伽山集』이라 이름하였다.

당시 유학자儒學者 중에 홍매산洪梅山이라는 이가 있어 스님과 교분이 매우 두터웠다.

홍매산은 스님의 시문詩文을 보고 승가僧家의 백미白眉라고 격상激賞해 마지않았다.

홍매산은 스님에게 환속還俗하여 함께 벼슬하며 살자고 권한 글을 보낸 적이 있었다.

이에 스님은 다음과 같은 회답을 보냈다.

"대개 세상의 숨어 사는 백성을 알지 못하는 것은 아니나 그 스스로 처함이 장차 세상에 가히 쓰임이 있겠거니와 자취를 숨기고 빛을 감추어 홀로 그 몸을 선하게 하는 자는 오히려 군자의 기롱을 면치 못하거늘 하물며 허무의 영역에 빠져 버리어서 군신君臣・부자父子의 도가 없음이겠오이까?

이 계오戒悟는 재가在家 시절에 양친을 잃고 일찍이 석씨에 의탁하여 입은 바는 곧 한 가지 불교의 인과설因果說입니다.

대저 세간의 쓴 바 쓰임이 된 자는 위로는 이른바 덕德이요 아래로는 이른바 말이라.

하나도 옳음이 없는 이가 그 힘을 헤아리지 못하고 감히 다른 계교를 내겠습니까? 오늘 산에서 내려가면 내일은 구렁에 묻힐 것이어늘 누가 올바름에 돌아간 사람이라고 이르겠습니까?

비록 몸이 죽어 도道 듣는 귀신이 될지라도 가히 편안하다고 이를 만하겠습니다.

생사심生死心을 이미 파하면 세상의 고락영고苦樂榮枯가 붉은 화로 중의 한점 눈과 같을 것이라 오직 생사가 또한 큰 줄을 알겠습니다만 의리의 마땅히 할 바를 모르겠습니다.

또 하물며 위로는 노모가 계시어 나이가 82세에 당하시는데 저의 바랑 안에 밥과 죽거리가 가득한 것은 모두가 산문山門의 여택餘澤인가 합니다.

그렇거늘 오늘 여기를 버리고 어느 곳으로 돌아가 의지할 것이며 어떤 사람과 더불어 활개치겠습니까?"

# 제운해징선사
## 霽雲海澄禪師

스님의 휘諱는 해징海澄이고 법호는 제운霽雲이며 속성은 칠원 제씨漆原諸氏이다.

아버지는 석준碩俊이요 어머니는 배씨裵氏이며 숙종肅宗 45년(서기 1719년) 10월 13일에 전남 승주군 송광면 내오리全南昇州郡松光面內梧里에서 태어났다.

영조英祖 9년, 나이 15세 때에 송광사松廣寺의 법안화상法顔和尚에게 나아가 축발祝髮하고 해징海澄사미가 되었으며 3년 뒤에 구족계具足戒를 받았다.

19세에 풍암강석楓巖講席에 참예하여 내전內典을 익히기 시작하더니만 6년을 걸려서 대교大敎를 마쳤다.

이력履歷을 마치자 사경寫經을 발원하여 손수 탁발하여 종이와 먹을 구입, 한 글자를 쓸 적마다 향을 사르고 절을 한 번씩 하는 등 정말 뼈를 깎는 정성을 기울였다.

25세 때의 봄에 스스로 탄식하기를,

"출가한 납자衲子로서 다만 다른 이의 보물만 세고, 종일토록 물거품만 움켜쥐면 어찌 옷 속의 보배구슬[寶珠]을 알겠는가?"

스님은 곧 연참鉛槧을 모두 버리고는 걸망 하나에 발우 한 벌과 가사, 장삼을 담고, 손에는 석장錫杖 하나를 짚은 채 원근의 여러 산을 소요하며 오로지 선정禪定을 닦았다.

본분납승本分衲僧의 생활로 10년 남짓을 돌아다니다가 35세 때 귀산歸山하여 보조암普照庵에서 풍암선사楓巖禪師의 법인法印을 전해 받았다.

풍암선사는 백암성총선사柏庵性聰禪師의 현법손玄法孫이니 목암최눌默庵最訥선사와 사형사제간師兄師弟間이 된다.

영조 42년 여름에 묵암默庵사형과 함께 도화사都化士가 되어 사방의 단월檀越들과 문중 스님들을 상대로 모금운동을 전개하여 백암柏庵선사의 비를 송광사 부도전浮屠殿에 세웠다.

정조正祖 21년(서기 1797년)에 스님의 나이는 79세가 된다. 두월斗月 스님과 함께 산내암자인 천자암天子庵을 중창할 것을 발원하여 불사에 착수, 그해에 회향하니 스님은 제4창주第四創主가 되시었다.

순조 4년(서기 1804년) 9월에 미질微疾을 보이시더니 스님의 고제高弟 봉의鳳儀 등에서 당부하시기를,

"나의 이 환구幻軀가 적래적거適來適去함에 성각해중性覺海中에 이 있는 것이냐? 이 없는 것이냐?"

잠시 양구良久하시다가 다시 이르시기를,

"내가 젊었을 적에 이미 그려둔 내 초상과 내가 손수 쓴 『화엄경華嚴經』은 내게 있어서 어찌 제2第二의 달과 그림자 밖의 그림자가 아니겠느냐?

너희는 내 뜻을 체실體悉하여 내가 입적入寂하는 날 모두 불 속에 넣어서 청정함을 기期하는 것이 또한 마땅하지 않겠느냐?"

한 달 남짓 뒤인 10월 6일에 이르러 엄연히 귀진歸眞하시니 세수世壽는 86세이고 법랍은 69하夏이시었다.

문인들이 스승님의 유명遺命을 받들어 진영眞影과 수서手書하신 『화엄경』을 모두 불살라 버렸다.

그후 원손遠孫들이 추모追慕의 예禮로 보조암의 동각東閣에 진영眞影을 그려 모셨는데 뒤에 큰절 진영당眞影堂으로 옮겨 모셨다.

또 광무光武 6년(서기 1902년) 3월에 문손門孫 동호東湖·추파秋波 등이 부도전浮屠殿 북쪽 언덕에 탑을 세우고 서기 1918년에 원손遠孫 경해鏡海·인봉印峯 경봉景鳳 등이 규장각 부제학 정만조奎章閣副提學鄭萬朝의 글을 구하여 일주문一柱門 밖에 정석貞石을 세웠다.

스님의 법사法嗣는 아래와 같다. 보광정선葆光晶宣·퇴은봉의退隱鳳儀·화운정순華雲正淳 등.

스님은 경종景宗 원년(서기 1721년) 2월 16일에 경남 인동군 가지면 삼거리慶南仁同郡加地面三巨里에서 태어났다.

스님의 휘諱는 행인幸仁, 법호는 벽담碧潭이며 속성은 장씨張氏요, 아버지는 봉수鳳守이고, 어머니는 박씨朴氏이다.

스님은 천자天資가 영오穎悟하고 기도器度가 헌앙軒昂하였다.

영조英祖 10년(서기 1734년) 4월에 14세의 나이로 송광사松廣寺로 나아가 풍암장로楓巖長老에게 축발祝髮하고 구족계具足戒를 받았다.

이듬해 봄에 스승의 강단講壇에서 학문을 연마하기 시작하여 6년 만에 이력履歷을 모두 마쳤다.

이로부터 8, 9년을 여러 산에 두루 참예하여 오로지 참선에 몰두하더니 마침내 정혜定慧가 원만圓滿하였다.

영조英祖 25년 2월에 대광사大光寺의 영천암靈泉庵에서 풍암선사楓巖禪師의 법인法印을 전해 받고 이듬해 송광사의 보조암普照庵에서 개강開講하니 치소緇素가 고라니떼처럼 모여들었다.

영조 35년 봄에는 대광사大光寺의 대회주大會主로 부임하여 많은 학중을 제접提接하였으며 동 42년에는 백암비柏庵碑를 세우는 데 크게 애썼다.

영조 51년 봄, 스님은 해남海南 대둔사大芚寺의 대회주大會主로 부임하여 사자후獅子吼를 토하심에 대둔사의 12대강사大講師 가운데 한 분으로 참여하게 되셨다.

대둔사에 계시면서 스님이 사용하시던 백질白質 석인石印에 전하여 오는데 그 인印에는 "碧潭幸仁海東應會"라고 새겨져 있다.

스님이 대둔사의 법주法主로 부임하시기 전인 영조 40년에 사암채영선사獅巖采永禪師가 전주全州 송광사松廣寺에서 간포刊布한 『해동불조원류海東佛祖原流』에 수록된 인명人名이 청허파淸虛派에 편중되었음을 분개하여 전주 송광사로 가서 판목板木 전부를 불태워 버렸다.

이 사건을 두고 어떤 이는 덕산德山 자백紫柏의 가풍家風이 약여하다고 스님을 칭찬하는가 하면 어떤 스님은 너무 성급하고 문중에 도리어 치우친 처사였다고 혹평하기도 했다.

정조正祖 22년(서기 1798년) 9월 29일의 저녁 노을이 천지를 뒤덮을 무렵에 보조암普照庵의 염화실拈花室애서 가부좌跏趺坐하신 채 조용히 대적삼매大寂三昧에 드시니 세수世壽는 78세로 법랍은 65하夏이셨다.

문인 회계會溪 등이 보조암의 북쪽 기슭에 탑을 세우고 동각東閣에 진영眞影을 모셨다.

그리고 서기 1918년에 원손遠孫 호봉浩峯·위송衛松·호명皓溟 등이 전규장각前奎章閣 전제관典製官 윤희구尹喜求의 글을 얻어 일주문一柱門 밖에 비를 세웠다.

벽암碧巖의 제자에 모운慕雲, 모운의 제자에 회암晦庵, 회암의 제자에 한암성안寒巖性眼, 한암의 제자에 추파홍유秋波弘有가 있다. 바로 부휴浮休선사의 5대 법손이다.

스님의 행장은 자세히 전하는 게 없고 다만 스님의 문집인 『추파집秋坡集』 서문序文과 발문跋文에 실린 자료를 통해 대략大略을 살펴보기로 한다.

스님의 휘諱는 홍유弘有, 법호는 추파秋波이며 속성은 완산 이씨完山李氏이니 효녕대군孝寧大君의 후예이다.

조부祖父 이송관李頌寬은 화순현감和順縣監을 지냈다.

스님은 숙종肅宗 44년(서기 1718년) 무술세戊戌歲 5월 20일에 경기도 광주 묵동京畿道廣州墨洞에서 태어났다.

10세 때 이미 백 권의 글을 읽어 총재聰才의 이름이 널리 났다.

그 뒤 당시의 거유巨儒 채희암蔡希庵의 문하에 들어가 학문을 닦았다.

17세 때 과거科擧에 응시할 것을 단념하고 표연飄然히 집을 떠나 남방의 총림으로 가서 출가하였다.

중이 된 뒤 처음 참알參謁한 선지식은 용담조관龍潭慥冠선사이니 선사는 상월霜月선사의 수족首足이라 편양문중鞭羊門中에 속한다.

하루는 용담선사가 이르기를,

"선재동자善財童子가 53선지식을 역참歷參하였듯이 운수객이 되어 제방諸方에 두루 참방參訪하는 것도 공부에 도움이 되느니라."

스님은 옳히 여기고 천하를 두루 노닐며 이름 높은 스승들을 참알하였는데 맨 나중에 한암성안寒巖性眼선사를 뵈옵고 심기心機가 서로 맞아서 선사의 의발衣鉢을 전수傳受하였다.

그 뒤 30여 년을 여러 산문에 머물면서 선교禪敎로써 가르치니 스님의 문정門庭은 항상 학인들로 가득찼다.

영조英祖 50년(서기 1774년) 갑오세甲午歲 5월 13일에 회계會稽 땅 심적암深寂庵에서 천화遷化하시었다.

문인들이 스님의 영정影幀을 심적암에 모시었고 탑은 그 산의 옥류동玉流洞에 세웠다.

스님의 법사法嗣로는 백운문연白雲文演, 해운천제海雲天濟, 경암관식鏡巖慣拭 등이 있었으며 경암鏡巖이 스님의 문집을 내었다.

스님의 임종게臨終偈는 아래와 같다.

"惺惺一著子 何死又何生

留爾傳空鉢 吾行莫糾情

(새록새록한 일착자가

어찌 죽고 또 어찌 생하리?

그대에 빈 발우 전하노니

내 가는 길에 정에 얽히지 말라)"

스님은 선교禪敎에 모두 통달한 선지식이었지만 만년에는 오히려 염불왕생문念佛往生門에 귀의하여 손수 아미타불을 염송하고 또 많은 사람에게도 권화勸化하였다.

스님이 영원만일회靈源萬日會의 서문을 쓰면서 염불문을 권하고 선교
禪教을 닦는 두 문도門徒의 병폐를 들기를,

"슬프다. 근세의 우리들이 모두 그 귀취歸趣에 어둡나니 참선參禪하
는 자는 높이 달리는 병폐가 있고, 혹 참선을 숭상하되 염불念佛을 얕
잡아 보며, 강설講說하는 자는 문자文字에 얽매어 사람을 얻음으로써
임무를 삼으므로 또한 이 염불문에 소홀히 하나니 이것이 말세의 큰병
이로다 운운."

스님의 시詩 한 편을 음미해 보자.

"訪普聞庵主不遇

踏花香滿屐 捫石冷侵衣

沼悵尋朋客 披雲獨自歸

(보문암주를 방문했다가 못 만나다

꽃을 밟으니 향내음이 신에 가득하고

돌을 만지니 냉기가 옷깃에 스미네

설은지고 벗을 찾아온 길손

구름 헤치며 혼자서 돌아가네)"

# 봉암낙현선사
## 鳳巖樂賢禪師

스님의 휘諱는 낙현樂賢이고 법호는 봉암鳳巖이며 속성은 김씨金氏요 곡성군 석곡谷城郡石谷이 고향이다.

어려서 양친을 여의고 집을 떠나 사방으로 유리걸식하며 다니다가 지리산 화엄사智異山華嚴寺에 이르러서 지성장로智性長老를 의지하여 머리를 깎고 구족계具足戒를 받았다.

이어 경론을 배우다가 송광사의 묵암회상墨庵會上의 번성함을 듣고 사모하는 마음이 간절하여 곧 걸망을 챙겨 조계산曹溪山으로 향하였다.

묵암강단墨庵講壇에서 신고辛苦하기를 4, 5년, 스님은 여기에서 일대시교一大時教를 마치고 묵암선사의 법인法印을 허리에 차는 영광을 얻었다.

스님은 스승님의 막중한 법은法恩에 보답하기 위하여 집시執侍를 자원하여 수년을 모시니 세속의 부모에게 못해 본 효도를 스승님에게 모두 쏟았다.

경술년庚戌年(서기 1790년)에 묵암선사가 입적하시자 다비茶毘하고 탑을 세우는 등의 온갖 일을 사형님들과 상의하여 법다웁게 행하였다.

스승님이 입적하신 뒤 비로소 개강開講하여 사방에서 운집하는 학중學衆을 제접提接하였다.

그러나 무상無常이 신속한 줄을 절감하고 있는 스님은 강석講席을

백운지흥 白雲知興

오래 지키지 못하고 바랑 하나로 지팡이를 벗삼아 운수雲水의 길로 나섰다.

점차 남쪽으로 내려가서 고흥高興 땅의 성도암成道庵으로 가서 뒷방 하나를 얻어 스스로 소림가풍少林家風을 지어 벽을 향하여 마음을 관觀하는 것으로 시공時空을 잊었다.

이렇게 정진하기를 4년 남짓, 정조正祖 18년(서기 1794년) 3월 3일에 별로 앓지도 않고 정진하다가 앉은 그대로 대적삼매大寂三昧에 몰입하시었다.

다비茶毘하는 날 저녁에 다비장에서 상서로운 광명이 솟아나 하늘에까지 뻗히니 많은 사부중四部衆이 크게 감격하였다.

화욕火浴한 후 영롱한 구슬 같은 사리舍利 1과一顆가 출현하였는데 사리에 대한 상식이 없는 무식한 제자 하나가 이를 부쉬버렸다.

그 뒤 많은 제자들이 애석해했지만 때는 이미 늦은 뒤여서 슬픈지고.

# 와월교평선사
## 臥月敎萍禪師

스님의 속성은 지씨池氏이고 휘諱는 교평敎萍, 법호는 와월臥月이며 아버지는 득룡得龍 어머니는 이씨李氏이니 곡성군 석곡면 운월리谷城郡石谷面雲月里에서 영조英祖 36년 경진세庚辰歲(서기 1760년) 4월 15일에 태어났다.

12세에 벌써 양친이 돌아가시고 외로운 몸을 의탁할 데가 없게 되자 결국 걸인乞人 신세가 되어 이 고을 저 마을로 전전하게 되었다.

그러던 어느 날 실로 우연히 동리산 태안사桐裡山泰安寺에 들러서 한 끼의 밥을 빌게 되었는데 무성대사無性大師의 눈에 띄어 의탁하게 되었다.

본시 총민한 자질을 지닌 터라 대사의 권유에 쾌히 응하여 축발祝髮하고 구족계具足戒를 받으니 어엿한 한 사문沙門이 되었다.

15세 때 스승의 권유에 의해 송광사松廣寺로 가서 묵암노默庵老의 수제자首弟子인 봉암화상鳳巖和尙에게 경교經敎를 배우기 시작하여 5년 만에 모두 통달하였다. 이는 마치 아침에 태어난 봉추鳳雛가 늙은 봉황보다 더 나은 격이었다.

20세 때 조계산의 묵암默庵 강하講下에 참학하였는데 제제濟濟한 개사開士가 여기에 많이 모여 서로 탁마하며 공부에 전념, 마침내 혜해慧解가 더욱 밝아지니 묵암노화상은 스님을 가상히 여겨 슬하에 거두어 주시기를 허락하니 스님은 마침내 전선제자傳禪弟子가 되었다.

영조 52년 7월 18일 송광사 광원암廣遠庵에 있을 적에 봉암강백鳳巖講伯의 부름을 받고 동리산 태안사桐裡山泰安寺로 가서 봉암강백의 법인法印을 받으니 법호를 와월臥月이라 하였다.

동리산은 구산선문九山禪門의 하나로서 혜철국사惠哲國師의 법향法響이 깃든 도량이며 바로 스님이 출가 득도한 본사本寺인 것이다.

스님은 스승님의 지시에 따라 산내의 봉서암鳳瑞庵에서 개당開堂하여 학중을 널리 제접提接하니 스님의 회하에는 항상 학중이 수백 인에 달하였다.

정조正祖 10년 2월에 순천順天의 해변을 중심으로 양해洋海의 난亂이 재차 일어나자 순천현감順天縣監 유한정兪漢廷은 이 민난을 진압하면서 많은 양민과 함께 산중의 스님들도 체포해 갔는데 스님도 이에 체수逮囚되어 5개월 만에 혐의가 풀려 방면放免되었다.

이처럼 승려들은 걸핏하면 국법國法이라는 미명美名의 덫에 아무 죄도 없이 무력하게 걸려들어 갖은 신고辛苦를 당하곤 하였다.

그렇지만 양보다 순하디 순한 승려들은 반항 한 번 한 적이 없이 혐의사실이 저절로 풀리기만을 기다리곤 하였다.

한 가지 예를 들자면 서산대사西山大師가 정여립鄭汝立의 난에 가담했다는 죄목으로 하옥下獄된 바 있고 부휴대사浮休大師도 어느 광승狂僧의 무고로 하옥된 적이 있다.

서산대사는 무업無業이라는 승려가 모함하였고 부휴대사도 미치광이 중이 모함하여 큰스님이 곤욕을 치른 반면 와월臥月 스님은 관가에서 임의로 체포하여 무려 5개월이나 구금하였던 것이다.

정조 14년 4월 27일에 묵암노사默庵老師의 상喪을 입었는데 스님은 다
비茶毘 모시는 일과 탑을 세우는 일까지 시종 스승님을 모시고 성실히
행하였다.

또 정조 16년에는 송광사 사중의 은청으로 송광사 사적事蹟을 수집
하여 손수 집필하였는데 지금에 이르기까지 스님의 손에 의해 쓰여진
사적기를 모체로 하여 1965년에 기산 임석진 화상綺山林錫珍和尙이 『송
광사지松廣寺誌』를 썼던 것이다.

정조 18년 봄 2월에 법부주法傅主이신 봉암화상鳳巖和尙의 부음訃音은
성도암成道庵에서 접하고 밤새껏 달려가서 상주喪主로서의 정성을 다하
였다.

다비茶毘를 모신 날 밤에 한 가닥 상서로운 광명이 하늘에 뻗쳤으며
화욕火浴 후에 오색이 영롱한 사리舍利 1과一顆를 수습하였다.

그러나 사리를 얻은 기쁨은 잠시의 일에 불과했다. 한 무지無知한 제
자가 평소 사리에 대해 식견이 부족하여 불신不信의 생각이 꽉 차 있어
서 스승님의 사리를 부숴버렸던 것이다.

아! 슬픈지고. 이 무슨 해괴한 짓인가? 스승님께서는 상相없는 가운
데 상相을 나투셨다가 다시 상相없는 데로 돌아가셨으니 이에 근본을
돌이켜 근원으로 돌아가신 자취가 아니겠는가!

그해 4월에 삭발본사削髮本寺인 태안사의 봉서암鳳瑞庵이 도괴 직전에
놓였다는 소식을 듣고 곧 본사로 돌아가서 산중의 여러 노덕老德 스님
과 힘을 합하여 화주化主에 나서서 4년 만인 정조 21년에 중수불사重修

佛事를 원만히 회향回向하였다.

순조純祖 원년(서기 1801년)에 송광사에서 사조師祖이신 묵암선사默庵
禪師의 문집文集과 영해影海선사의 시집詩集을 촬간撮刊하였다.

이어 태안사泰安寺에서 묵암선사가 지은 『화엄품목華嚴品目』과 『제경
회요諸經會要』와 『금강경간정기金剛經刊定記』 등을 간포刊布하였으며 이
판본板本을 조계산 송광사로 옮겨 봉안하였다.

스님이 선사 스님의 유지를 받들어 간행불사를 이룩한 것은 모두가
스님이 혼자서 맨발로 뛴 공로였다.

그러나 스님이 아무리 선사先師 스님네를 위해 효행孝行을 다하여 공
업功業을 크게 이루었지만 이것이 어찌 자신의 정업淨業을 닦는 것만
하겠는가?

스님은 여지껏 이루었던 온갖 일을 몰록 놓아버리고 뒷방으로 물러
나서 향 하나를 사르며 포단 위에 앉아 낮에는 경전을 읽고 밤에는 참
선을 했다.

이러기를 10년, 회갑을 지나고 시작한 공부인데도 주야를 가리지 않
고 시종여일始終如一하게 정진으로 일관하던 스님은 하루는 문도를 불
러 이르시기를,

"환신幻身은 보전하기 어렵고 세상 인연은 쉬 떠나가는데 나인들 어
찌 오래 머물겠느냐? 너희는 정신을 바짝 차려 삼갈 것이니라."

말씀을 마치자 엄연히 대적삼매大寂三昧에 몰입하시니 때는 순조純祖
32년 2월 15일이었으며 세수世壽는 73세이고 법랍은 57하夏였다.

스님의 슬하에는 전법제자傳法弟子 완해의준翫海義準이 있고 완해의

밑에 청암일봉淸庵日峯이 있으며 청암의 아래에는 태허복문太虛馥雯이 났고 태허의 슬하에서는 각해익인覺海益仁이 나서 와월 스님의 법을 끊이지 않고 이어가면서 크게 교화를 떨쳤다.

또 스님의 문하에는 의봉우현義峯友玹과 응봉의수應鳳義修·보광경련葆光敬蓮 등이 나서 각기 일방종사一方宗師가 되었다.

스님은 평소 이광사李匡師의 서도書道를 익혀서 초서 해서에 선능善能하였는데 스님의 필적으로는 송광사의 진영당眞影堂·진여문眞如門·임경당臨鏡堂·삼청선각三淸僊閣·영선문迎仙門의 편액과 「송광사 사적松廣寺史蹟」「중창성공록重刱成功錄」과 그 외 몇 개의 시판詩板이 현재에까지 남아 있어서 스님의 필법을 음미할 수 있다.

백운지홍 白雲知興

# 퇴은봉의선사
# 退隱鳳儀禪師

스님의 속성은 칠원 제씨漆原諸氏이고 아버지는 한성漢城, 어머니는 강씨姜氏이며 대대로 진해鎭海의 하구리河口里에 살았으며, 할아버지 때 순천順天으로 옮겨 왔다.

영조英祖 43년 5월 17일에 승주군 송광면 내오리昇州郡松廣面內梧里에서 태어났는데 휘諱는 봉의鳳儀이고 법호는 퇴은退隱이다.

처음에 어머니가 신이神異한 스님을 꿈꾸고 스님을 잉태하였으며 어려서부터 냄새나는 나물인 이른바 오신채五辛菜를 좋아하지 않았고 또 동리 아이들과 섞여 놀이하기를 싫어하고 다만 한적한 곳에 조용히 앉아 있거나 책을 즐겨 읽었다.

14세 때, 드디어 출가하기를 결심, 부모님께 허락을 재촉하거늘 부모님은 하는 수 없이 아들의 뜻에 응하였다.

그 길로 송광사松廣寺로 나아가 운한장로雲閑長老에게 머리를 깎고 해암선사海巖禪師에게 구족계具足戒를 받았다.

그로부터 2년 뒤인 16세 때 묵암강석默庵講席에 참參하여 오륙성상五六星霜을 부지런히 배워서 삼장법유三藏法乳를 모두 맛들이니 이에 비로소 출가대장부의 진로가 스님의 목전에 활짝 열린 것이었다.

정조正祖 14년(서기 1790년) 스님의 나이 24세 때, 묵암강백默庵講伯께서 시적示寂하시기 바로 전에 수학 제자인 스님을 불러 이르시기를,

"물고기를 보거라. 아직 치어稚魚일 적에는 얕고 잔잔한 물에서 자라지만 일단 큰 고기가 되면 파도가 거센 큰 바다에서 노닐지 않더냐?

네가 비록 이력履歷을 마치긴 하였으되 아직은 더 배우고 닦아야 하느니 만큼 제방의 선지식을 찾아 학문을 더 연마하고 참선하여 대도인이 되어야 하지 않겠느냐?

나는 이미 늙은 몸이라 이제 너를 위해 더 가르칠 기력이 없구나. 그러니 너는 큰 뜻을 이루기까지 더 노력하는게 좋겠구나."

묵암 큰스님은 이제 73세의 고령이시고 또 입적의 시기가 점점 가까워옴을 자각하시고 제자들에게 일일이 유촉하시는 것이었다. 스님은 처연悽然한 생각을 억누르며 여쭙기를,

"큰스님의 하해河海 같으신 가르침과 은혜를 입은 몸이오라 백세후百歲後에나 제방에 나갈까 하옵니다."

"아니니라. 모든 것은 때가 있는 법, 너는 이제 내 슬하를 떠날 시기에 이르렀으니 하루라도 속히 떠나는 것이 현명하느니라."

"그러면 어디로 가는 것이 좋을런지요."

"두륜산頭輪山으로 가거라. 거기에는 많은 선지식이 머물고 있으니 배울 것이 많은 것이니라.

특히 연담화상蓮潭和尙은 나의 막연한 도우道友로서 삼장三藏에 두루 밝은데다 특히 화엄학華嚴學에 있어서는 당대제일 선지식이니 네가 가서 그 스님의 오의奧義를 모두 얻어 오너라."

연담유일蓮潭有一선사는 숙종肅宗 46년(서기 1720년)에 태어났으니 묵암선사보다 세 살 아래이다.

일찍이 묵암·연담 두 선지식이 심성론心性論으로 논쟁을 벌여 교계教界에 신선한 바람을 불러 일으켰던 일은 너무나 유명하여 퇴은 스님도 익히 들어 알고 있는 터였다.

자신의 주장에 정면으로 맞서 논쟁을 벌인 상대방을 막연한 도우라고 추켜세운 묵암선사는 확실히 훌륭한 선지식임에 의심의 여지가 없다.

이에 감격한 스님은 스승님의 가르침을 따라 걸망을 메고 두륜산으로 향했고 그로부터 두어 달 뒤에 묵암선사는 열반에 드셨던 것이다.

스님이 찾아간 두륜산은 12대종사大宗師와 12대강사大講師가 연이어 주석하여 많은 학중을 가르치고 있었으며 스님은 먼저 연담회상蓮潭會上에 들어가기 위해 달마산 미황사達摩山美黃寺로 갔다.

당시 연담선사는 달마산에서 3백여 학중을 상대로 화엄경을 강설하고 계셨던 것이다.

여기에서 채 일 년이 못 되어 연담선사는 두륜산 상원上院으로 옮기셨는데 스님은 선사를 따라 두륜산으로 갔다.

이어 두 해 뒤에는 연담선사가 가지산 보림사迦智山寶林寺의 삼성암三聖庵으로 이석移錫하시니 스님은 다시 달마산으로 가서 영파강석影波講席에 머물었다.

영파강백은 묵암선사보다 11세 연하로서 스님이 찾아간 때는 69세의 노령이었으나 기골이 장대하고 선禪과 교教를 겸비한 선지식으로서 화엄오의華嚴奧義를 선적禪的인 입장에서 판석判釋하는 등, 대사자후大獅子吼를 토하고 계셨던 것이다.

스님은 영파화상에서 선교일치禪教一致의 사상을 배웠으며 이 사상이 썩 마음에 들어서 3년을 배웠다.

30세 때(서기 1796년)에 본사로 돌아와서 재운선사霽雲禪師에게 입실건당入室建幢하고 법호를 퇴은退隱이라 받았다.

재운선사는 풍암종사楓巖宗師의 법제자이니 묵암선사의 사제師弟가 되는 참선납자參禪衲子다.

스님이 굳이 재운선사의 의발衣鉢을 전수傳受한 것은 순전히 영파선사의 영향을 받은 때문이니 영파선사의 선사상禪思想을 이해함으로써 재운선사의 수선위주修禪爲主의 행리가 마음에 들었기 때문이다.

스님은 퇴은이라는 법호를 얻은 것을 계기로 대중의 청과 함께 산중 노덕 스님네의 권유를 받아 보조암普照庵에서 개강開講하였다.

이력을 마치면 의례히 강석에 나아가는 것이 당연한 순서처럼 되어버린 당시의 시대사조에 스님도 순응해야 했던 것이다.

그러나 겨우 두 해를 머문 스님은 잡선의 매력?을 떨쳐 버리지 못하고 마침내 강주講主의 자리를 내놓고 다시 운수객雲水客이 되어 태안사泰安寺의 봉서암鳳瑞庵으로 가서 묵묵히 면벽관심面壁觀心에 들어갔다.

이듬해 혜철암慧徹庵으로 옮겼는데 여기서는 암자를 중수하고 불상佛像과 시왕十王님 등을 새로 조성하여 모시는 등 5, 6년간을 불사에 얽매였다.

순조純祖 14년, 조계산의 은적암隱寂庵에서 하안거夏安居를 나고 이듬해에는 동리산桐裡山의 미타전彌陀殿에서 안거하였다.

순조 17년, 환응장로喚應長老와 함께 관동關東지방으로 여행의 길에 나서서 금강산, 설악산, 낙가산洛迦山 등 명승지를 두루 유람하고 가을에 본사로 돌아왔다.

순조 21년에 송광사에서 청淸나라 스님을 만나 여러 날을 함께 지내면서 담소談笑를 나누었는데 헤어지면서 무슨 부탁이 없느냐 하므로 옥편玉篇이 갖고 싶다 했더니 떠나간 지 수개월 만에 나라의 사신使臣 편에 보내주었다.

순조 24년에 태안사의 명적암明寂庵에 손수 초당草堂을 짓고 참선 여가에 『법화경』 한 질을 썼는데 한 줄을 쓰고 일배하기를 끝까지 하였다.

책을 매어 항상 머리맡에 놓고 매양 수지독송하기를 종신토록 하였으며 글씨가 정교하고 살아 있어서 다른 서예가의 글씨와는 하늘과 연못의 차이가 있었다.

헌종憲宗 9년(서기 1843년)에 송광사의 대법당 점안불사點眼佛事에 증사證師로 청함을 받았으나 굳이 사양하며 이르되, "내 갈 길이 가까웠는데 청정한 불사에 누가 될까 염려되어 사양하는 바이오."

이렇게 굳이 사양하므로 증사로는 허주덕진虛舟德眞선사가 대신 모셔졌다.

이듬해 2월 11일에 과연 병환없이 시적示寂하시니 스님의 영감靈鑑이 대개 이러하였다.

동리산 기슭에서 다비茶毘를 모시니 세수世壽는 78세이고 법랍은 64하夏이시며 제자로는 백허덕언白虛德彦·월주철인月舟哲印·지월예은指月禮銀·연주유전蓮舟裕專 등이 있다.

# 기봉장오선사
## 奇峯藏旿禪師

스님의 휘諱는 장오藏旿이고 자字는 은옹隱翁이며 법호法號는 기봉奇峯 속성은 최씨崔氏요 아버지는 보석寶錫이고 어머니는 조씨曺氏이다.

스님의 선조는 본시 전주全州에서 살다가 뒤에 화순和順으로 옮겨 터를 누르고 살았으며 화순의 별연리鼈淵里에서 영조英祖 52년(서기 1776년) 10월 2일에 태어났다.

태어나기에 앞서 어머니가 꿈에 밝은 별이 하늘에서 떨어지매 품안으로 받아 안은 바 있었으며 또 집채만한 호랑이가 천지를 진동하는 소리로 우는 것을 꿈꾸고, 또 한 번은 범승梵僧이 나타나 지팡이를 주므로 공손히 받은 꿈도 꾼 바가 있었다.

이러한 신이한 꿈을 얻은 뒤 스님을 잉태하였으므로 부모님은 스님이 장차 출세出世의 장부가 되리라고 예견하였던 것이다.

정조正祖 5년, 나이 겨우 6세 때에 학당에 들어가 글을 배우기 시작하여 12세에 경사經史를 읽었는데 특히 『장자莊子』 읽기를 좋아하였으므로 이웃 사람들이 최장자崔莊子라는 별칭으로 즐겨 부르곤 하였다.

그러나 그 누가 예견이나 하였으랴? 12세 때, 부모님이 모두 돌아가시니 어린 동자의 슬픔은 이루 말할 수 없었다.

3년을 시묘侍墓살이 하면서 효성을 다하였는데 혹 동리 어른들이 맛있는 음식을 주어도 먹지를 않고 도리어 부모님을 생각하며 눈물을 짓는 것이었다.

시묘살이가 끝난 뒤 어린 동생과 함께 숙부叔父님 댁으로 가서 살게 되었는데 생활의 안정을 되찾은 스님은 다시금 학문에 전심專心하였다.

스님의 효행孝行과 총민함이 읍내에 널리 알려지자 현령縣令이 듣고 가상히 여기더니 마침 내직內職으로 발탁되어 상경하면서 스님을 데리고 가고저 하였다.

스님의 숙부는 조카의 장래를 위해 흔연히 찬성하는 것이었지만 어린 동생을 떼어놓고 혼자 갈 수가 없어서 심히 망설이다가 주위 어른들의 권유로 유학의 뜻을 굳혔다.

서울로 올라간 스님은 태학太學에 입학하여 공부를 계속하였는데 데리고 간 현령 내외의 지성 어린 보살핌을 받아 생활하는 데는 아무런 불편도 없었다.

그러나 우리나라의 최고 교육 기관인 태학에서의 학구 생활은 시골 소년의 순수한 학구열을 충족시켜 주지를 못하였다.

귀족 출신과 서민 출신의 차별이며 부자와 가난한 사람의 격차 등에서 오는 열등감 내지는 그들을 혐오하는 반항감이 끌어 올라 벼슬길에 대한 어떤 희망과 미련을 깡그리 포기하고 수학한 지 일 년만에 귀향하고 말았다.

물론 태학에서 수학하는 전체 학생이 모두 부패한 것은 아니지만 재산 있고 지체 높은 이와 직접 간접으로 연줄이 있는 이들은 학문을 잘하여 나라에서 실시하는 등용문登龍門에 응시하려 하는 경향이 팽배해 있었던 것이다.

그래서 스님 같이 양친이 안 계신 데다 재산이 없고 지체 높은 이와의 연줄도 전혀 없는 사람의 벼슬길은 강 건너의 불에 불과하였다.

태학에서의 학문 연마는 재산이나 연줄에 의해 벼슬을 따내는 하나의 기정 노정路程의 요식 행위에 지나지 않았다.

스님은 등용문의 길이 이렇게 부정과 부패로 공정심을 잃은 것을 미루어 벼슬길 전반은 물론, 관리들도 세상에 떠도는 소문대로 모두 썩어있다는 것을 피부로 느끼고 벼슬길은 물론, 세상살이에 대한 미련마저도 헌신짝처럼 버리고 출가입산出家入山을 결심하기에 이른 것이다.

귀향하여 숙부에게 태학의 비리非理에 대해 상세히 여쭌 후 출가할 것을 피력하니 숙부도 세상을 보는 안목이 있는 분이라 즉석에서 승락하였다.

그래서 정조 16년에 17세의 나이로 전주全州 봉서사鳳棲寺로 가서 궤운장로軌雲長老에게 의지하여 축발祝髮하고 봉곡강주鳳谷講主에게 구족계를 받았다.

스님이 굳이 봉서사로 출가한 것은 스님의 조상님네 고향이 전주였으므로 본고향으로 돌아간다는 의미로 그리로 갔지만 당시 배움의 전당으로는 조계산이 널리 이름이 났으므로 스승님의 허락을 얻어 송광사로 나아갔다.

스님은 보조암에서 벽담碧潭, 회계會溪의 두 강백에게 진승眞乘을 수학하여 6, 7년의 각고刻苦 끝에 이력을 마쳤다. 이어 두월斗月선사의 법인法印을 받아 건당建幢하고 법호를 기봉奇峯이라 받았으며 이내 강석을 물려 받아 개강開講하니 학중이 강단에 가득하였다.

여기에서 4년을 강설한 뒤 낙안樂安의 징광사澄光寺와 곡성谷城의 태안사泰安寺와 구례求禮의 천은사泉隱寺에서 강수講授하기를 13년.

순조純祖 16년(서기 1816년) 겨울에 법부주法傅主이신 두월斗月선사가 입적하시니 본사로 돌아가 정성을 다해 다비茶毘를 모시고 추복追福의 기원을 봉행하였다.

그 뒤 방장산 화엄사方丈山華嚴寺의 청을 받아 3년 남짓을 강수講授하더니 문득 크게 한숨 쉬며 탄식하기를,

"내 혀를 놀려 삼장三藏을 강설한 것을 돌이켜 생각해 보니 한갓 일생을 허비하였구나."

스님은 강석을 사퇴하고 걸망 하나를 메고 칠불암七佛庵으로 가서 아자방선실亞字房禪室에 방부를 드리고 두구묵언杜口默言으로 선리禪理를 참구하였다.

그 뒤 본사의 삼일선원三日禪院으로 옮겨 오로지 마음 맑히기를 수년에 드디어 지견知見을 결택決擇하니 흉금이 쇄락灑落해졌다. 헌종憲宗 8년 3월 2일에 본사에 화재가 나서 2천 1백 52칸의 서쪽 가람이 모두 잿더미로 화하였다.

대중은 모두 애석함을 금치 못하였으나 복구불사를 서두르는 이는 없었다. 당시 스님은 66세의 고령이었는데 삼보에게 크게 서원을 발하고 수계상좌受戒上佐인 용운사龍雲師와 함께 중창불사에 착수하였다.

스님은 용운을 데리고 상경하여 당시 재상인 권돈인權敦仁에게 진정하여 공명칙첩空名勅帖 7백 장을 얻어 돌아와서 불사를 용운에게 전담시키니 용운은 온 힘을 기울여 3년 만에 중창불사를 마쳤다.

그 뒤 스님은 자정암慈靜庵으로 퇴좌退坐하여 9년을 면벽관심面壁觀心하시다가 철종哲宗 4년 8월 16일에 세욕洗浴하고 새 옷으로 갈아입으신 후 문인門人을 불러 이르시기를,

"세상은 본래 무상無常한 것이라 내 이제 가겠노라."

말씀을 마치고 가부좌하신 채 두 손을 모으시고 조용히 시적示寂하시니 세수世壽는 78세로 법랍은 63하夏이셨다.

스님의 문인으로는 정담예찬靜潭禮讚, 금담호일錦潭浩一, 성담금원性潭錦原, 한담준순漢潭準淳 등이 있다.

이 중 정담靜潭 스님 아래에서 허주虛舟라는 걸출한 고승이 나서 기봉문풍奇峯門風은 물론이요 송광사를 크게 빛냈다.

# 침명한성선사
## 枕溟翰醒禪師

스님의 휘諱는 한성翰醒이고 법호法號는 침명枕溟이며 속성은 경주 김씨慶州金氏요 고흥군 남양방 장담촌高興郡南陽坊長潭村이 고향이다.

아버지는 통정通政 벼슬을 지낸 분으로서 이름은 이혁以赫이요 어머니는 신창 맹씨新昌孟氏이다.

순조純祖 원년(서기 1801년) 신유세辛酉歲 4월 9일에 태어났는데 어려서부터 총혜聰慧가 뛰어났으며 진세塵世를 벗어나 출가할 뜻을 품고 있었다.

15세 때 마침내 뜻을 결행하여 본군 팔영산 능가사八影山楞伽寺에 나아가 권민장로權敏長老에게 축발祝髮하고 춘파대사春坡大師에게 구족계를 받았다.

28세에 송광사 보조암普照庵에서 개강開講하였으며 이듬해 선암사仙巖寺의 대승암大乘庵으로 석장錫杖을 옮겼다.

그 뒤 참선에 뜻을 두고 송광사의 삼일암三日庵과 지리산 칠불암七佛庵 등지에서 안거安居하였으며 사산四山을 유력遊歷하며 여러 선지식善知識에게 참알參謁하였다.

무술년戊戌年 봄에 태안사의 봉서암鳳瑞庵에서 조계산의 은적암隱寂庵으로 옮겨 왔는데 선오善旿라는 시자侍者가 스님을 시봉드리는데 효성이 지극하여 산중 스님네의 칭송을 받았다.

전후 30여 년을 강석講席에 있으면서 학중學衆을 가르치니 삼남지방三南地方의 각 사암에 스님에게 수학한 납자가 거의 없을 정도로 많은 제자를 길러냈다.

그리하여 스님의 강단에서 배출된 많은 납자衲子와 용상대덕龍象大德들이 이 씨 조선 말엽의 암울한 시대에 꺼져 가려는 법등法燈을 밝히니, 한냉한 기운이 감돌던 산문山門이 다시 생기를 되찾게 되었다.

스님에게 선과 교를 겸하여 닦고 선양하도록 영향을 준 스님은 백파白坡선사였다.

초산楚山 용문암龍門庵에서 안거하다가 심지心地를 개통開通하였으며 지리산 영원암智異山靈源庵으로 설파雪坡선사를 찾아가 서래종지西來宗旨를 받았다.

그 뒤 제방에서 삼장을 강수講授하는 한편 참선납자를 제접하니 가위 선문禪門의 종장宗匠이요, 교문敎門의 선지식이었다.

선사는 『정혜결사문定慧結社文』, 『선문수경禪門手鏡』 등 저서를 통해 선지禪旨를 널리 선양, 이조 말엽의 교계에 신선한 선풍禪風을 진작振作하였다.

선사는 임제의현선사臨濟義玄禪師의 삼구三句를 조사선祖師禪, 여래선如來禪, 의리선義理禪으로 배대配對하였는데 종래의 선가禪家에서는 조사선, 여래선은 있지만 의리선은 언급한 분이 없었다.

백파선사가 『선문수경』을 통해 독단적인 이설異說을 제기하여 선학계禪學界에 크게 파문을 일으킨 것만은 확실하나 선사의 영향으로 천하 납자들이 선학禪學에 대해 다시금 관심을 갖고 참선에 참여한 대중이 많았음도 사실이다.

스님이 백파선사를 찾아간 것은 백파선사가 구암사龜巖寺에서 법당
法幢을 높이 세우고 많은 학중學衆을 위하여 선禪과 교教를 선양하고
있는 시기였다.

당시 백파선사는 60여 세의 춘추로서 교계의 거목巨木이었고 스님은
갓 30을 넘은 한창 나이여서 백파선사의 회상에서 안거하면서 선지禪
旨를 참문參問하며 알뜰히 정진하였다.

그러한 스님이 뒷날 출가본사出家本寺인 능가사로 돌아와서 영봉影峯
선사의 법인法印을 받은 것은 영봉선사가 백파선사보다 훌륭해서라기
보다 중노릇을 처음 시작한 뿌리를 잊지 않은 때문이다.

스님의 법계法系는 다음과 같다.

부휴선수浮休善修-벽암각성碧巖覺性-취미수초翠微守初-백암성총柏庵性聰
-무용수연無用秀演-영해약탄影海若坦-풍암세찰楓巖世察-묵암최눌默庵最訥-
환해법린幻海法璘-영봉표정影峯表正-침명한성枕溟翰醒.

위에서 보는 바와 같이 스님은 부휴浮休선사의 10세손十世孫이니 부
휴법통浮休法統의 정맥正脈인 것이다.

이와는 달리 스님에게 선禪의 영향을 준 백파白坡선사는 서산법통西
山法統을 이은 서산의 10세손十世孫이다.

결국 스님은 부휴문하浮休門下에서 수학受學하고 개강開講하였으니 철
저한 부휴문손이어야 옳다.

이 점을 스님은 명심하고 있었으므로 당대 제일의 고승인 백파선사
에게 선禪을 배웠음에도 백파의 법을 잇지 않고, 부휴문손인 영봉影峯

선사의 법통을 계승한 것이다.

스님은 자신의 법호와 법명을 놓고 시詩를 지었으니,

"팔 구부려 벼개 삼아 남쪽바다에 누으니

붓과 먹으로 글쓰노라 꿈을 못깼네

이름과 법호가 실다운 일 아닌 줄 이제 아노니

문을 나선 나무 인간이 어찌 참모습이리?"

또 스님이 입적하시기 전에 병환을 보이시니 문도門徒가 모여 송경誦經하려고 하므로 스님은 손을 저어 만류하시며 이르시기를,

"진송眞誦은 무성無聲이요 진총眞聰은 무문無聞이니라."

참답게 송경하는 것은 외우는 소리가 없이 송경하는 것이요, 참답게 듣는 것은 소리 없이 듣는 것이란 뜻일까?

스님은 평생에 계율戒律을 철저히 지키셨다. 여신도女信徒와는 같은 방에 앉아본 일도 없었고 자신이 입는 옷도 모두 손수 깁거나 제자들이 기운 것이지 여신도의 손으로 기운 것을 입지 않았다.

또 신도의 공양에 응한 적도 없고 늘 밥상을 받지 않고 발우에 밥을 담아 잡수셨으며 대중이 먹는 외의 음식을 대하지 않으셨다.

또 밤중 자시子時에 목탁을 크게 울리고 아미타불을 열 번 불렀는데 비록 술에 취해 잠든 속인이라도 스님의 염불 소리에 놀라 깨어나곤 하였다.

스님은 고종高宗 13년(서기 1876년) 10월 2일에 선암사仙巖寺의 대승암大乘庵에서 시적示寂하시니 세수世壽는 76세요, 법랍은 61하夏이며 전법제자로는 화산오선華山晤善, 보운응준普運應俊, 설저묘선雪渚妙善, 영암상

흔影嚴尙欣, 만암대순萬嚴大淳이 있으며 전강제자傳講弟子에는 함명태선涵溟太先이 유명하고 전선제자傳禪弟子에 설두유형雪竇有炯, 우담홍기優曇洪基, 경담서관鏡潭瑞寬, 용호해주龍湖海珠 등이 있어 모두 법문法門의 용상龍象이었다.

# 이봉낙현선사
## 离峯樂炫禪師

스님의 휘諱는 낙현樂炫이고 자는 천연天然이며 법호法號는 이봉离峯, 속성은 김씨金氏니 가락국왕조駕洛國王朝의 후손이다.

아버지는 김원중金願中이고 어머니는 박씨朴氏이며 그 선조先祖는 영암靈巖 땅에서 대를 이루고 살다가 부조父祖가 나주羅州 땅으로 이사하였다.

스님은 순조純祖 4년(서기 1804년)에 태어났으며 13세에 나주군 청계사淸溪寺에 출가하여 머리를 깎고 구족계具足戒를 받았다.

3년 남짓을 은사 스님 시봉을 드리다가 수학할 것을 결심, 제방諸方을 유력遊歷하더니 조계산 송광사曹溪山松廣寺에 이르렀는데 산 모습이며 절 도량이 너무도 눈에 익어 환희심이 절로 났다.

그래서 강원講院에 나아가 방부를 드리고 책을 펼치니 당시 강백講伯 스님은 회계휘종會溪輝宗화상이다.

회계강백은 벽담행인碧潭幸人선사의 제자요, 벽담선사는 풍암세찰楓巖世察선사의 제자이며 풍암선사는 부휴浮休선사의 6세손이니 부휴문파浮休門派의 적전嫡傳이다.

여기에서 내외전적內外典籍을 10여 년에 걸쳐 두루 열람하니 유불선儒佛仙 3교에 박통博通하게 되었다.

스님은 강석에서 학업을 마치자 곧 행각승이 되어 다시 제산諸山을 두루 밟던 중 가지산 보림사迦智山寶林寺에 이르러 설하정훈說何正訓선사의 법인法印을 받으니 이때의 나이가 30세였다.

이로부터 개강開講하여 학중學衆을 제접提接하였으며 선禪과 교教를 겸비하여 종풍宗風을 크게 떨쳤다.

그 뒤 지도자의 자리에서 물러나 물외한인物外閑人이 되어 관동關東의 금강산金剛山과 태백산太白山, 소백산小白山 등지를 우유優遊하며 선정禪定을 닦다가 지리산 칠불암 보옥대智異山七佛庵寶玉坮에 정착하여 오로지 참선 수행에 매진하였다.

스님은 본시 기우氣宇가 헌앙軒昂하고, 또 시운詩韻에 특장特長하여 머무는 곳마다 승속의 시호詩豪들의 내방來訪이 많아서 이를 피하느라 자주 자취를 깊은 산중에 숨기곤 했지만 마치 주머니 속의 향을 겹겹으로 싸되 그 향내음이 밖으로 드러나듯 늘 시우詩友에 에워싸이곤 하는 것이었다.

스님의 시는 언제나 탈속脫俗하여 사대부士大夫들의 존경의 대상이 되었지만 스님 자신은 늘 겸손하여 옛 조사祖師 스님네의 선시禪詩에 미치지 못한다고 말하였다.

고종高宗 4년(서기 1867년) 9월에 해남海南 대둔사大芚寺의 표충사表忠祠는 청허휴정淸虛休靜선사를 모신 사당이니 청허·사명泗溟, 뇌묵雷默 등 임진왜란 당시의 승장僧將 세 스님의 영정影幀을 모신 사당으로서 표충사를 수호하는 총섭 스님은 나라에서 직접 임명하며 현감縣監이나 관찰사觀察使도 함부로 하지 못하는 특권이 부여되어 있었다.

대둔사는 표충사를 세운 뒤로는 유생들의 박해에서 벗어날 수 있어서 배불숭유排佛崇儒의 시대였던 당시로서는 불행 중 다행이라 하겠다.

스님의 만년에는 보림사寶林寺의 잔상殘狀을 그대로 볼 수 없어서 이를 피하여 보성寶城의 대원사大原寺로 이석移錫하였다.

보림사는 구산선문九山禪門의 맏형 격인 첫째가는 선찰禪刹로서 천하 납승衲僧의 숭앙을 받아오며 번창해 온 대가람이다.

그러나 연담유일蓮潭有一선사(서기 1720년~1799년)의 업적을 고비로 차츰 사운寺運이 기울었는데 지방 유생儒生들의 횡포가 혹심한 것이 가장 큰 사유이기도 하지만 승려들 간에 불화가 날로 깊어가서 사운이 급격히 기울었던 것이다.

이러한 폐해를 스님께서 구해낼 수 없었던 것은 스님이 이미 늙어버린 탓도 있었겠지만 보림사에 승적을 둔 스님들의 분열이 심화된 데다 토반 유생土班儒生들의 악랄한 배불운동을 막을 길이 없었던 때문이다.

그래서 스님은 노구老軀를 이끌고 대원사大原寺로 옮겨갔던 것이다.

대원사는 조계산 송광사의 말사로서 송광사 15국사國師 중 제5대조 원오국사圓悟國師께서 주석하신 도량이다.

임진왜란 이전에는 송광사에 버금가는 대찰이었으나 임란에 전 가람을 소실燒失당하고 그 반도 복원을 못한 채 겨우 명맥을 유지해 오고 있는 실정이었다.

그래서 스님은 대원사에서 여생을 보낼 길이 없어 고종 24년에 84세의 늙은 몸을 이끌고 송광사의 보조암普照庵으로 석장錫杖을 옮기셨다.

송광사에서 스님을 받아준 것은 스님이 회계강백會溪講伯에게 수학했던 인연 때문이었다.

스님은 회계강석에서 이력履歷을 다 마치고도 강석에서 떠나지 않고 여러 해 동안 외전을 열람하였는데 이를 지켜보신 회계강백은 스님의 학구열에 감동하여 많은 편의와 가르침을 주셨던 것이다.

회계강백은 스님을 자신의 친제자親弟資와 같이 여기셨고 뒷날 반드시 자신에게 입실건당入室建幢하리라 여기셨다.

더욱이 회계강백의 상족上足인 낙암樂庵 스님과는 수년을 지리산 칠불선원에서 한솥밥 먹으며 정진한 바 있는 도반이었는데 고령으로 이절 저 절에 떠돌아 다닌다는 소문을 듣고 보조암으로 초빙해 준 것이었다.

송광사 스님들은 승보사찰僧寶寺刹의 스님들답게 포용력이 관대하여 많은 다른 절 스님들을 받아들이는 전통이 있었던 것이다.

스님은 보조암에서 3년을 더 살으시고 고종 28년(서기 1891년) 2월 12일에 미질微疾을 보이시더니 시자侍子를 부르시어 붓을 가져오라 하시어 임종게臨終偈를 쓰신 뒤, 문인들에게 뒷일을 일일이 당부하시고 적연寂然히 귀진歸眞하시었다.

사흘 뒤 절의 북쪽 봉우리에서 다비茶毘를 모시었고 진영眞影을 절의 동각東閣에 걸어 모셨으며 그 뒤 28년 뒤에 문손 우송友松·유산酉山·우화寓和 등이 강화석江華石을 구입하여 이건창李建昌의 글을 얻어 새겨서 큰절 일주문一柱門 밖 부도전浮屠殿에 세웠다.

스님의 세상 나이는 87세이시었고, 법랍은 74하夏이셨다.

돌아보건대 스님은 선교禪敎를 겸비하시고 표충사表忠祠의 총섭摠攝

을 역임하시기도 하셨으나 만년에 의지할 곳을 잃고 세 번이나 자리를 옮기신 것은 실로 한恨스럽고 또 부끄러운 일이라 하겠다.

스님의 법사法嗣는 다음과 같다.

임성도은任性都殷·능파행연綾坡幸淵·송암천순松庵天順·침운윤오枕雲允悟·다월몽오茶月夢悟·춘암대영春庵大榮·호연신화浩然愼華·석하일준石霞一俊 등.

스님은 순조純祖 13년(서기 1813년) 10월 7일에 곡성군 통명리谷城郡通明
里에서 태어났으니 휘諱는 처익處益이요 자字는 경암警庵이며 법호는 용
운龍雲, 속성은 완산 이씨完山李氏이고 아버지는 춘필春弼, 어머니는 밀양
박씨密陽朴氏이다.

　스님의 선대는 본시 남원南原에서 살다가 뒤에 곡성으로 옮겨왔으며
어머니 박씨가 꿈에 한 범승梵僧이 가사袈裟를 입고 찾아와서 공손히
예배를 하더니 이내 스님을 잉태하였다.

　불과 5, 6세 때부터 글을 배우기 시작하였는데 한 번 배운 글은 모두
외우는 것이어서 동리 어른들이 모두들 신동神童이라고 칭송해 마지않
았다. 그러나 스님은 속서俗書에 별로이 매력을 느끼지 못하더니 15세
에 홀연히 출가하여 조계산 송광사曹溪山松廣寺를 찾아가 남일장로南日
長老에게 배알하고 머리를 깎았으며 17세에 기봉대사奇峯大師에게 구족
계具足戒를 받았다.

　이어 침명枕溟·성암惺庵·인파印波 등 여러 선지식에게 참학參學하고
재봉齊峯선사에게 수선受禪하였다.

　헌종憲宗 5년, 27세 때 보봉선조寶峯先祖에게 원사遠嗣하여 건당식建幢
式을 행하고 그해에 해남 대둔사大芚寺의 표충사表忠祠 향역享役에 나아
갔다가 대인大人의 병보病報를 받고 곧 향리鄕里로 돌아갔다.

　스님은 부친의 병환이 위중한 것을 보고 최후 방법으로 자신의 무명

지를 쪼개어 피를 입에 넣어 드렸더니 아버지는 마침내 소생하였다.

헌종 8년 3월 2일 야반夜半에 송광사의 서반부西半部에 불이 나서 불우佛宇와 승료僧寮 1천 1백 52칸이 모두 잿더미로 화하였다.

이때 스님의 나이는 30세였는데 복구復舊의 대원을 세우고 계사戒師이신 기봉화상奇峯和尙을 모시고 상경하여 당시 재상宰相인 권돈인權敦仁 대감을 만나 송광사 복원불사에 협조해 줄 것을 간청하였다.

계사이신 기봉노화상은 66세의 고령이신지라 객지에 오래 머물 만큼 건강이 허락되질 않아 본사로 돌아가고 복구불사의 화주化主는 스님이 도맡게 되었다.

스님은 백방으로 주선하여 마침내 칙첩勅帖 700지七百紙와 예조禮曹의 권축勸軸을 하사받아 돌아와서 이를 바탕으로 모금募金에 착수하는 한편 복구불사에 착수하였다.

3년 간에 걸친 불사를 마친 것은 헌종 10년인데 이때 각 법당을 완공하였고 이어 헌종 13년에 이르러서 각 요사寮舍 등을 모두 복구하였다. 이 복구불사를 완성해낸 스님은 송광사의 제5중창주第五重刱主가 되었다.

그러나 스님은 여기에 그치지 않고 각 지방의 여러 대소사찰大小寺刹을 중창하였으니 해남海南의 표충사表忠祠 어필비각御筆碑閣과 산양山陽의 죽원사竹原寺와 보성寶城의 대원사大原寺와 곡성谷城의 도림사道林寺산내암자인 길상사吉祥寺, 천태암天台庵과 운봉雲峯의 백장암百丈庵과 전주全州의 송광사松廣寺와 금구金溝의 금산사金山寺 등을 중창하였다.

또 금산사의 장육존상丈六尊像과 전주 송광사의 삼불상三佛像 도금鍍金

金을 하는 등 40여 년 간 호남湖南의 승중존僧中尊이 되었다.

이리하여 멀리 경상도慶尙道에서 불사를 하면서 스님에게 화주化主를 요청 하였으니 양산梁山 통도사通度寺의 계단법당戒壇法堂과 합천陜川 해인사海印寺의 장경각藏經閣을 중수할 적에 대화주大化主가 되었다.

그뿐만이 아니었다. 북한산北漢山 태고사太古寺를 두 번째 중수할 적에도 구재鳩財의 화주化主가 되었으며, 해인사의 법보인출불사法寶印出佛事와 봉은사奉恩寺의 화엄경 판각불사華嚴經板刻佛事에도 호남湖南의 화주가 되어 그 소임을 다하였다.

스님은 자신의 수기手記에 이렇게 술회하고 있다.

"至於見性達道則 自愧於古師나 然이나 積功獻誠則 猶讓於古人矣다 견성하고 도에 사무침에 이르러서는 스스로 옛 스승님에게 부끄러우나, 공을 쌓고 정성을 드림에 있어서는 오히려 옛 어른에게 양보하지 않노라."

철종哲宗 10년(서기 1859년)에 스님은 해남 표충사表忠祠 총섭직摠攝職에 재차 부임하였다.

당시 도내道內 도승통都僧統으로 있는 스님이 관리들과 결탁하여 도내의 많은 사찰에 막대한 피해를 끼치고 있었는데 스님은 이 고질적인 병폐를 시정是正하기 위해 백방으로 노력하였다.

그 결과 관찰사觀察使와의 교섭을 성공시킴으로써 도승통의 인신印信을 부숴버리고 도승통직을 아예 없애니 수십 년을 내려오며 많은 스님들을 괴롭히던 폐단을 깨끗이 제거해 버렸다.

고종高宗 3년(서기 1866년) 병인세丙寅歲에 서양인西洋人의 배가 한강을 따라 서울에 올라오매 온 나라가 발칵 뒤집혔다.

이에 직지사直指使는 스님에게 의승병義僧兵을 일으키기를 종용하며 승장직僧將職을 추천하는지라 나라가 위급함을 소홀히 할 수 없어 마침내 허락하고 직소職所로 향해 가던 도중 양선洋船이 퇴거退去하였다는 기별을 받고 산사山寺로 돌아오셨다.

어떤 중이 스님에게 섭섭한 일이 있어서 나한羅漢님에게 7일 기도를 드렸는데 회향날 밤 꿈에 청의靑衣를 입은 거한巨漢이 이르기를,

"용운 스님은 곧 소백산령小白山靈이 강림하여 사문沙門이 되길 세 번째니라."

하였다. 그래서 그 중은 큰스님을 원망했던 자신을 꾸짖고 생각을 쉬었다.

고종 16년(서기 1879년) 여름에는 대구품시왕생칠재大九品十王生七齋를 베풀고 친히 기도를 드리더니 회향일에 서기瑞氣가 법당에서 하늘에까지 뻗혀 많은 승속僧俗을 감동시켰다.

고종 23년에 본쉬本倅 이범진李範晉과 함께 송광사에 축성전祝聖殿을 봉설奉說하였으며 이어 동방장東方丈을 수리하여 삼전패三殿牌를 두었다. 이러한 스님의 일생 동안의 행적을 살펴보건대 우리 법문 중法門中에 대공덕주大功德主라 하여도 과히 지나친 말은 아니리라.

스님에게는 방외方外의 벗으로 상국 권이재相國權彛齋와 상서 신위사尙書申葦史, 시랑 심채석侍郎沈茝石 등이 있어 친분이 매우 두터웠다.

고종 25년(서기 1888년) 5월 5일에 송광사의 해행당解行堂에서 엄연히 천화遷化하시어 세수世壽는 76세이고 법랍은 61하夏였다.

스님의 휘諱는 덕진德眞, 법호는 허주虛舟이며 속성은 김씨金氏요 아버지 이름은 실전失傳되었고, 어머니는 박씨朴氏이다.

순조純祖 15년(서기 1815년) 3월 13일에 태어났다. 백양사白羊寺의 『전기록傳記錄』에 의하면 스님의 고향은 전남 담양군 고지면 어매곡全南潭陽郡古地面御梅谷이며 언양 김씨彦陽金氏이며 순조純祖 6년(서기 1806년)에 태어나서 고종高宗 20년(서기 1883년)에 입적하였다 한다.

그런데 송광사에 전하는 허주선사의 행장은 노덕 스님들의 구술口述에 근거를 둔 것이고 백양사의 『전기록』은 허주선사의 참회제자懺悔弟子가 화담노화상華曇老和尙이 당신의 상족上足 금해사錦海師의 청으로 기록하신 것이다.

그래서 백양사의 『전기록傳記錄』이 신빙성은 있어 보이나 생몰연대生沒年代가 다소 모호한 점이 있어 유감이다.

여기서는 송광사의 구술기록口述紀錄인 『조계고승전曹溪高僧傳』의 내용과 백양사의 『전기록』을 비교절충하여 싣기로 한다.

스님은 어려서 양친을 모두 잃고 의탁할 곳이 없어서 산간 야촌山間野村에 유리걸식하더니 11세 때 우연히 송광사에 이르게 되었다.

스님은 선중禪衆의 열 숟갈의 밥을 빌어 간신히 굶주린 배를 위로하게 되었다.

그런데 하루는 삼일선원三日禪院에서 정진하고 있는 누더기수좌인 귀암선사歸庵禪師를 절문 앞에서 만나니 선사가 말하기를,

"너는 어이 그리 늦게 오느냐? 내가 너를 기다린 지 오래였느니라. 너는 나와 스승과 상좌의 법연을 맺어 함께 절에서 살면 어떻겠느냐?"

걸인동자는 흔연히 받아들여 스님을 따라 삼일선원으로 왔다.

누더기수좌가 걸인동자를 제자로 맞아들인 데에는 그만한 사유가 있었다.

귀암선사는 가난한 스승을 만나 늘 누더기 한 벌로 생활하고 있었으므로 대중이 '누더기수좌' 란 별명으로 곧잘 불렀다.

스님은 너무도 가난한 데다 선방으로만 다니며 참선하느라 슬하에 상좌를 두지 못했다. 스님은 나한전羅漢殿에서 16나한님에게 늘 기원하기를,

"슬하에 유망有望한 제자 하나를 기르도록 해 주십시오."

이렇게 기원하기를 며칠이 지났는데 간밤 꿈에 한 노스님이 이르시기를,

"내일 아침 일찍 절문 앞에 나가서 맨 먼저 오는 걸인아이를 데려다가 기르라."

하였으므로 그 지시대로 이른 아침에 절문 앞에 나가 서 있더니 한 떼의 걸인이 몰려오는데 맨 앞의 동자가 바로 허주선사였다.

귀암선사는 제자의 법명을 덕진德眞이라 지었는데, 선량禪糧이 없어 강원에 보낼 수 없자 상좌에게 신세를 한탄하여 이르기를,

"나는 본시 가난하게 태어나서 가난한 스승님을 만난 탓으로 송곳 세울 땅도 없는데 이제 송곳인 너를 만났으니 장차 어떻게 생활해 가야 할 지 아득하구나."

이에 상좌인 덕진은 태연한 안색으로 이렇게 여쭌다.

"저는 유리걸식하며 자랐습니다. 천촌만락千村萬落이 비록 저의 양식은 아니오나 남시북전南市北鄽에 어찌 저의 옷이 없겠습니까? 옷과 양식은 족히 염려 마시고 오직 원하옵건대 저를 잘 인도하셔서 도를 깨닫게 해주십시오."

이 말을 마치고는 스승님에게 걸망과 발우·요령을 얻어 탁발에 나가니 가는 곳마다 후한 인심 덕으로 오래지 않아 의복과 선량이 풍족해졌다.

그리하여 마침내 스승님은 선방에서 마음 놓고 참선하게 되고 상좌인 덕진은 강사講肆에 나아가게 되니 곧 선암사仙巖寺의 침명강백枕溟講伯에게 참알하여 일대시교一大時敎를 배우기 시작하였다.

스님은 강원에서 학문을 익히면서 자신의 선량은 물론이요 스승님의 선량과 일용잡비日用雜費까지도 손수 탁발하여 대어드렸다.

그래서 효상좌孝上佐로서 그 이름이 널리 났으며 공부 또한 잘하여 항상 수석을 도맡았다.

학업을 마친 뒤 송광사로 돌아와 인파印波선사에게 예禮하고 선지禪旨를 전수傳受하였다.

스님은 일단 삼장을 이수한 뒤로는 책을 가까이 하지 않았다. 책을 가까이 하면 배우고져 하는 학중學衆이 몰려들 것이요, 그리되면 자신의 공부를 하기 어려울 것이기 때문이다.

그래서 본사로 돌아온 뒤로는 선방에 방부드리고 은사 스님 시봉드리며 주야로 정진에 힘썼다.

겨울안거를 준비하던 어느 날, 은사 스님의 방에 도둑이 들어 겨울안거에 충당할 쌀과 돈을 모조리 훔쳐갔다. 은사 스님은 망연자실하여 어찌할 바를 모르고 침식 마저 잊으니 스님이 위로하기를,

"돈과 식량을 가져간 이는 스님보다 더 긴히 쓸 데가 있는 분일 것인데 어찌 그걸로 상심하시고 근심하십니까. 제가 다시 가서 탁발하면 그만한 것은 쉽게 얻을 수 있으니 염려 놓으십시오."

스님은 곧 걸망을 챙겨 눈을 밟고 서리를 맞으며 잠자면서 채 열흘을 넘기지 않고 구순안거九旬安居의 선량을 마련하여 은사 스님에게 받들어 올리니 스승님은 아무 장애 없이 안거를 마칠 수 있었다.

스님은 스승님에 대한 효성을 드림에 있어 남이 참기 어려운 일을 능히 참아내는 끈기와 신심이 있었다.

헌종憲宗 10년, 스님의 나이 30세에 산내암자인 은적암隱寂庵에서 정담선사精潭禪師의 법인法印을 받으니 법호를 허주虛舟라 하였다.

이를 계기로 개강開講하니 사방에서 학중이 구름처럼 모여들어 미증유未曾有의 성황을 이루었다.

학중이 혹 묻는 바가 있으면 스님은 책을 보고 답하는 것이 아니라 반드시 두 눈을 지긋이 감고 문난問難에 답하는데 마치 뽑아야 할 못을 뽑듯 시원하게 일러주는 것이었으므로 학중이 어버이 따르듯 하였다.

하루는 학인들이 산에 놀러간 사이 스님이 불자佛字를 큰 글씨로 써서 강당에 붙여놓고 방장실에 가만히 앉아 있었다. 학인들이 돌아와서 강당에 붙어 있는 불자를 바라보고는 일제히 말하기를,

"이 불자佛字는 누가 쓴 건가?"

이 때 스님이 나가서 이르기를,

"너희가 이미 불자佛字를 알아보는 것을 보니 내 필적에 역시 만족하구나."

하였다. 이는 글씨란 상대방이 알아볼 만큼 쓰면 되었지 꼭이 명필名筆이니 달필達筆이니 하는 글씨라야 되는 것은 아니라는 뜻이다.

# 허주덕진선사
## 虛舟德眞禪師
하下

스님은 학중을 가르치면서 밤 2경이 되어 대중이 모두 잠이 들면 대중 몰래 지장전地藏殿에 나아가 7일기도를 드렸다.

하루는 꿈에 한 보살이 나와 시루떡을 한 시루 주는 것이었다.

이로부터 스님은 자덕慈德이 몸에 가득하고 총혜聰慧가 뭇사람을 넘어서서 불망념지不忘念智를 얻으니 선풍禪風이 멀리 전파되었다.

그런데 스님은 학중을 가르치는 소임에 얽매이는 것을 원치 않아서 마침내 강석을 미뤄주고 걸망 하나로 운수객雲水客이 되어 선원禪院을 전전하면서 오로지 참선으로 일관하였다.

스님의 발길이 닿은 절을 헤이자면 한이 없겠지만 그 대강을 열거하자면 다음과 같다.

첫째, 조계산 선암사仙巖寺를 위시하여 동리산 태안사桐裏山泰安寺·지리산 칠불암智異山七佛庵과 불일암佛日庵·팔영산 능가사八影山楞伽寺·백운산 백운암白雲山白雲庵·두륜산 대둔사頭輪山大芚寺·달마산 미황사達磨山美黃寺·월출산 도갑사月出山道岬寺의 견성암見性庵·가지산迦智山의 내원암內院庵·백양사白羊寺의 물외암物外庵·화엄사華嚴寺의 구층암九層庵·연곡사鷰谷寺의 문수암文殊庵·용흥사龍興寺의 보현암普賢庵·내장사內藏寺의 원적암圓寂庵·선운사禪雲寺의 도솔암兜率庵·임실任實의 상운암上雲

庵과 운문암雲門庵·금당사金塘寺의 안심사安心寺·고산高山의 화엄사華嚴寺·문수사文殊寺 등이다.

이렇게 철새 마냥 여러 산을 누비면서 스님이 주석하면 원근의 사녀士女들이 문전성시門前成市를 이루니 그 절의 주지 스님은 스님을 여불대접如佛待接하는 것이었다.

스님은 찾아오는 신남信男·신녀信女에게 보광명지普光明智로써 법문을 설해주니 신도들은 모두 감탄하여 이르기를,

"얼굴을 뵙는 것보다 귀로 듣는 것이 백 배나 낫도다."

스님이 여산 심곡사厲山深谷寺에 주석할 적에 하루는 뜨락을 산책하다가 세수대야의 물로 손을 씻은 다음 그 물을 그냥 마시니 한 청신녀가 보고는 깜짝 놀라며 말하기를,

"큰스님, 이 물은 더러운 물인데 어찌 마십니까?"

스님은 태연히 대답하되,

"더러운 물 깨끗한 물은 우리네의 분별심에서 생기는 것이요, 그러나 실상은 그 맛에 있어서는 매한가지 한 맛[一味] 아니겠오?"

스님의 임기법어臨機法語는 대개 이러한 유였다.

고종高宗이 등극한 지 몇 해 안 되어 스님은 서울에 머물고 있었다.

당시 섭정攝政으로 있는 대원군大院君이 스님의 도덕을 듣고 운현궁雲峴宮으로 영접하여 작금昨今 나라가 어지러우니 기축불사祈祝佛事를 행하여 나라를 진정시켜 줄 것을 부탁하니 스님은 정중히 받아들여 보개산寶蓋山의 초암草庵과 지장암地藏庵에서 기도를 드렸다.

이어 고종 12년에는 고산 운문사高山雲門寺에서 기축불사祈祝佛事를

행한 다음 서울 동교東郊의 개운사 대원암大圓庵에 주석하시었다.

큰스님이 서울에 머물자 많은 사부대중四部大衆이 폭주하여 수계受戒·수참受懺·수법受法·수업受業 등 여러 불사를 구하므로 하루도 편히 쉴 날이 없었다.

고종 25년에는 왕실의 청으로 동별궁東別宮에서 보광회普光會를 7일 간 베풀고 기축불사祈祝佛事를 행하니 귀비貴妃와 중신重臣이 향을 올리고 사사事師하기를 끊이지 않았다.

숭유배불崇儒排佛의 법난法亂을 치르는 시대에 스님을 궁 안에 청하여 불사를 행하는 것은 정녕 기적에 가까운 일이라 하겠다.

스님의 도덕이 조정 중신들을 감화시킨 덕으로 유생들의 횡포가 어느 정도 완화된 것만으로도 스님은 불교중흥공덕주佛敎中興功德主임에 틀림없으리라.

스님은 왕실 귀족 등 많은 사서士庶의 귀의를 받음과 동시에 그들의 융숭한 공양을 받는 것이 마음에 부담이 되었다. 그래서 스님은 이르시기를,

"홍진紅塵에 싸인 서울은 벼슬하는 이들이 살아가는 곳이요 붉은 기둥, 웅장한 궁성이 어찌 누더기중이 오래 머물 곳이겠습니까?

원컨대 산새 소리 들으며 살도록 허락해 주십시오."

왕실과 중신들은 스님의 뜻에 따르기로 하고 개운사의 대원암大圓庵을 하산소下山所로 정하고 중사中舍로 하여금 배행하게 하였다.

스님이 동별궁에서 대원암으로 옮기시는 길에 신료관속臣僚官屬과 신남신녀 등의 행렬이 10리에 뻗쳤다.

가을이 깊어진 10월 10일에 스님은 미질微疾을 보이시니 상궁 천씨尙宮千氏는 왕실의 명을 받고 친히 시탕侍湯하였고 왕실에서는 어의御醫를 보내시어 약을 쓰도록 하였다.

그러나 스님은 이를 물리치며 말씀하시기를,

"태어났다가 죽고 죽었다가 다시 태어나는 것은 마치 바다에 물거품이 일었다 꺼지는 것이요, 왔다가 가고 갔다가 다시 오는 것은 흡사 고개 위의 구름이 모였다 흩어지는 것입니다. 열반의 길이 현재 발아래 있거니 약을 어찌 쓸 필요가 있으리요?"

하고 탕약을 물리친 지 이틀 후 새벽녘에 목욕하고 새 옷을 갈아입은 뒤 임종게臨終偈를 설하신 다음 그대로 앉으신 채 엄연히 천화遷化하시었다.

이날은 10월 3일로서 귀비貴妃와 신첩臣妾 등이 스님의 입적하신 소식을 듣고 통곡하며 이르기를,

"허주큰스님이 먼저 가셨으니 우리는 누가 건네어 주시랴?"

하고는 다비茶毘에 쓰일 향등香燈과 지촉紙燭, 포백布帛, 전폐氈幣 등을 거리에 가득하도록 가져왔으며 미처 참예하지 못한 궁비宮妃, 부녀들도 모두 향화를 보내며 통곡하였다.

스님의 장례, 행렬이 길게 뻗치고 곡성이 장안에 진동함을 들으신 주상主上께서 하문하시니 신하가 대답하기를,

"허주선사의 장례행렬이옵니다."

하니 주상께서,

"승장僧葬이 문득 인산因山과 같구나."

하시었다. 다비가 한창 진행되자 다비장에서 상서로운 빛이 한 길로 뻗쳐 동구를 비추고 하늘로 솟아오르는 것이었다.

　스님의 세수世壽는 74세이고 법랍은 63하夏였으며 제자로는 부련의성 芙蓮義性·오산행옥悟山幸沃·보련설의寶蓮雪衣·퇴연장순退淵藏順·흥운승한興雲勝閑 등이었다.

# 우담홍기선사
## 優曇洪基禪師

스님은 경북 안동慶北安東 태생으로서 속성은 권씨權氏요 휘諱는 홍기洪基이고 속명俗名은 우행禹行이며 법호는 우담優曇이요 아버지는 권중국權重國 어머니는 조씨趙氏이다.

스님은 천자天資가 영오穎悟하고 기우氣宇가 청수淸秀하며 독서를 좋아하였다.

지학지년志學之年에 출가할 뜻을 가졌으나 부모님이 허락하지 않아 그 뜻을 이루지 못하였다.

그러던 중, 부모님이 일찍 돌아가심에 스님은 드디어 집을 나서서 순흥順興 땅의 소백산 희방사小白山喜芳寺에 나아가 자신장로自信長老에게 머리를 깎았다.

그런데 비록 진세塵世에서 벗어나기는 했지만 아직 불법에 대해 배우지를 못했다.

그래서 심우도반心友道伴과 함께 팔공산八公山으로 가서 혼허대사渾虛大師에게 참알參謁하고 몇 부의 경전을 배웠다.

스님은 이에 만족하지 않고 다시 남방의 여러 산문을 역방歷訪하던 중 조계산 송광사松廣寺에 이르러 문득 오래 머물 뜻을 세우고 지봉장로智峰長老를 은사恩師로 모시었다.

스님은 다시 배울 것을 결심, 인파仁坡·침명枕溟의 두 종장宗匠에게 나아가 아직 배우지 못했던 경론을 모두 수료하였다.

27세 때 헌종憲宗 14년에 연월대사蓮月大師의 법인法印을 받고 광원암廣遠庵에서 개강하였는데 혜해慧解가 초월하고 교안敎眼이 맑아서 설파雪坡·인파仁坡·연담蓮潭·묵암默庵 등 제대종장諸大宗匠을 능가하였다.

또 선禪에 있어서는 백파白坡·초의草衣의 겸추鉗鎚에 겨룰 만하였으니 근세의 보기 드문 선교禪敎의 대가大家라 할 만하였다.

고종高宗 13년, 스님의 나이 55세에 『선문중정록禪門證正錄』을 지어 백파白坡선사의 『선문수경禪門手鏡』을 반박하고 나섰다.

『선문중정록』의 본제本題는 『소쇄선정록掃灑先庭錄』이었는데 뒤에 『선문중정록』으로 바꾸었다.

스님이 이 록錄을 쓰게 된 동기는 백파선사의 『선문수경』에서 비롯된다.

백파선사1767년~1852년는 선교禪敎를 겸비한 데다 계율戒律에도 투철하여 대선사大禪師이자 대강사大講師요 대율사大律師였다.

선사는 순조純祖 26년(서기 1826년)에 『선문수경禪門手鏡』을 지어 고래로 내려오는 조사선祖師禪, 여래선如來禪 외에 의리선義理禪을 창안하여 임제선사臨濟禪師의 삼구三句에 배대配對하였다.

백파선사는 고려조의 진정부암선사眞靜浮庵禪師의 『선문강요禪門綱要』를 바탕으로 하여 『선문수경』을 서술하였는데 이 『선문수경』은 『선문강요』의 내용에 없는 부분을 백파선사의 억단臆斷으로 견해를 피력하였다.

이 『선문수경』에 맨 먼저 반론을 편 스님은 두륜산頭輪山의 초의선사草衣禪師로서, 선사는 『선문사변만어禪門四辨謾語』를 저술하여 순전히 백파선사의 억단부분臆斷部分을 신랄히 공박하였다.

우담 스님은 『선문증정록』에서 초의선사의 경우와 마찬가지로 백파선사가 제창한 의리선義理禪 등 억단부분을 논파한 것이다.

우담 스님은 『선문증정록』에서 여래삼처전심如來三處傳心 외에 달마達磨의 삼처전심三處傳心을 설하여 주의를 끌고 있다.

『선문강요』에서 언급한 삼처전심은 제1분반좌分半座, 제2거염화擧拈花, 제3시쌍부示雙趺인데 백파선사는 여기에 사족蛇足을 붙여 "제1분반좌는 진공眞空이요, 살인도殺人刀이며 곧 제3구第三句 중 제2구句이니 본분급향상本分及向上이므로 다만 불변진여不變眞如만 전하고, 오직 살殺이요 활活이 없는 고로 청원靑原이 그를 얻어 육조六祖의 방전傍傳이 되었다." 하였다.

또 "제2처염화第二處拈花는 묘유妙有요 활인검活人劍이니 곧 제1구句라, 기機살殺용勇활活, 삼요급향상진공三要及向上眞空살활쌍암殺活雙暗 묘유妙有살활쌍명殺活雙明이므로 구족살활具足殺活 삼요三要 쌍암쌍명雙暗雙明향상向上인 까닭으로 남악南岳이 전하여 육조六祖의 정전正傳이 되었다." 하였다.

또 거염화擧拈花와 시쌍부示雙趺를 제1구라 하고 분반좌分半座를 제2구라 하여 제1구는 조사선祖師禪, 제2구는 여래선如來禪이라 하고 제3구를 의리선義理禪이라 하였다.

임제선사가 제3구에 깨치면 자구自救도 불료不了라 한 것을 의리선이라 규정지었는데 『선문강요』에는 없는 내용이다.

이런 억단臆斷을 우담 스님은 『선문강요』를 인용하여 조리 있게 반복하였으며 특히 이채를 띠는 것은 앞에서 언급한 바와 같이 달마達磨의 삼처전심三處傳心이니 이를 간략히 적기로 한다.

一. 覓心了不可得......悟得諸佛印......會得祖師禪.

二. 三拜得髓......親承入室克紹家業......傳衣付法.

三. 手携隻履......此六代傳也.

위의 삼처전심을 진단전심지원鎭旦傳心之源으로 여겼다.

또 스님은 여래선如來禪을 설명하기를,

"여래선이란 것은 여래께서 정각산 앞에서 밝은 별을 보시고 제2구를 증득하사 증득한 대로 화엄등경을 설하시니라.

처음 상서를 나투시고 땅이 움직인 것은 제2구를 보이심이라.

이는 여래께서 스스로 증득하신 선이니 그러므로 여래선이라 하느니라.

이는 마치 상서를 나투고 땅이 움직인 의리를 나타낸 것이라 경교의 자취이니 그러므로 의리선이라 하느니라."

그리고 조사선祖師禪의 기원起源에 대하여 이르기를,

"조사선이란 것은 세존께서 증득하신 바가 아직 지극함에 이르지 못했음을 스스로 알으시고 진귀조사에게 심방하여 비로소 제1구를 증득하시니 마침내 끝코도 찾을 수 없는 심인이니라.

이는 세존이 진귀조사에게 얻은 것이니 그러므로 조사선이라 하느니라.

이는 뿌리조차 빼어버린 것이라 마침내 끝코도 찾을 수 없는 제1구니...... 그러므로 격외선이라 이름하느니라."

"浮休善修-碧巖覺性-翠微守初-柏庵性聰-無用秀演-影海巖坦-楓巖世察-碧潭幸仁-詠月暉洪-樂波覺訓-蓮月以俊-優曇洪基"

고종高宗 18년(서기 1881년) 9월 8일에 미질微疾을 보이시더니 문인 관훈寬訓 등을 불러 이르시기를,

"내 이제 갈란다. 너희는 모름지기 진중珍重하거라."

하시고는 엄연히 천화遷化하시니 세수世壽는 60세이고 법랍은 45하夏였다.

서기 1913년계축세 여름에 문손文孫 용선龍船·위송衛松·호명皓溟·추강秋江 등이 스님의 저서『선문증정록禪門證正錄』을 발간하여 전국 각 사찰에 반포하였다.

# 화산선오선사
## 華山善旿禪師

백운시흥 白雲知興

스님의 휘諱는 선오善旿, 법호는 화산華山이며 속성은 김씨金氏요 승주군 주암면 운곡리昇州郡住巖面雲谷里에서 순조純祖 23년에 태어났다.

어려서 양친을 잃고 사고무친四顧無親의 신세가 되었는데 오직 아우와 함께 서로 의지하여 살아가는 형편이었다.

이 무렵 조계산 송광사松廣寺에는 침명화상枕溟和尙이 개당開堂하여 크게 법화法化를 떨치고 있었다.

그래서 스님은 송광사의 산내암자인 은적암隱寂庵으로 나아가 침명화상에게 배알하니 화상은 한 번 보시고 법기法器임을 짐작, 곧 머리를 깎아 주셨다.

이때 스님의 나이는 17세로서 아우도 데려다가 함명函溟스님의 제자를 삼으니 나이는 11세였으며 법명은 익운益運이라 받았다.

이렇게 하여 형과 아우는 모두 부처님 슬하에 들어가 의식衣食에 구애됨이 없이 공부에 전념하게 되었으니 마치 용龍이 물을 얻음이요 범이 산을 의지함과 같다고 하겠다.

스님이 32세 때 스승이신 침명枕溟화상의 신의信衣를 받고 법호를 화산華山이라 했으니 은법恩法을 겸하였다.

아우인 익운益運도 그의 스승이신 함명函溟화상의 법인法印을 허리에 차니 법호를 경붕景鵬이라 하였다.

함명菡溟화상은 침명枕溟화상에게 전강傳講을 받았고 경붕景鵬 스님은 함명사부菡溟師傅에게 전강받았으니 이 3대의 강백講伯은 근세 우리나라의 백미白眉라 하겠다.

삼남三南의 학승學僧으로서 이 3대의 문정門庭을 거치지 않은 이가 거의 없었으니 학문과 교화를 위해 출현한 보살의 화신化身일 것이 분명하도다.

이 무렵 마침 침명화상이 밝지 않은 등불 아래에서 책을 많이 보시다가 눈이 어두워지셨다.

그리하여 음식을 드심에도 더듬거리고 취침하실 적에도 베개를 제대로 찾지 못하여 여간 고통스러운 게 아니었다.

효행孝行으로 이름난 스님은 스승님을 지극정성으로 봉공奉供하고 잠시도 스승님 곁을 떠나지 않으니 호말毫末 만한 근심도 찾아볼 수 없었다.

스님은 얼굴 가득히 자비로운 마음이요, 온몸으로 근검勤儉한 것을 일일이 들고져 하지 않는 바이나 내지 몸을 가리우고 입에 풀칠함에 있어 추려麁糲한 것을 싫어하지 않았으며, 손님을 상대하고 빈객賓客을 접대함에 있어서는 오직 성찬盛饌을 마련했으며, 일생을 송경誦經하고 염불하신 일과는 백 년의 신불예경信佛禮敬이요, 참으로 본색납자本色納子의 궤범軌範이자 가풍家風이었다.

갑인년甲寅年(서기 1914년) 4월 28일에 엄연히 천화遷化하시었는데 살으신 방 안에는 저축한 한 말의 식량도 없었고 들판에는 한 뼘의 땅도 없어서 천리千里에 적지赤地라 다비茶毘할 길이 없었으니 후학으로서는 송구스럽고 또한 망극할 따름이었다.

진실로 이는 화상和尙의 덕풍德風이요 상제喪制의 효절孝節이 아니겠
는가?

스님의 휘諱는 장선章宣이고 침연枕淵은 스님의 법호이며 속성은 윤씨
尹氏, 본관本貫은 파평坡平이다.

스님은 얼굴은 풍만하고 정수리는 매우 높으며, 입은 바다처럼 넓
고 눈은 연꽃 같으며 성품은 공근恭謹하고 말수는 적어 침묵沈默한
편이다.

어릴 적에 능히 『사기史記』에 통달하였으며 필적은 더욱 기묘하였다.

그러나 14세 때 가만히 집에서 나와 조계산 송광사의 추담대사秋潭大
師에게 나아가 머리를 깎고 청봉율사靑峰律師에게 계戒를 받았다.

18세 때 침명강백枕溟講伯에게 참알參謁하여 6, 7년 간을 경율經律을
배우고 연구하여 마침내 통달하였다.

스님이 청진암淸眞庵의 염화실拈花室 편액을 썼는데 어떤 욕지거리 잘
하는 이가 스님의 글씨를 보고 말하기를,

"그대는 붓을 놓는 게 좋겠구나."

스님은 이 말을 듣고 이내 큰 붓을 태워버리고 다시는 큰 붓을 잡지
않았다.

스님의 필법이 극묘極妙에 이른 것을 시기한 것으로 보아 스님의 필
력筆力을 가히 짐작할 만하다 하겠다.

그 뒤 스님은 같은 산내암자인 은적암隱寂庵·광원암廣原庵·청진암淸

眞庵 등으로 법석法席을 옮겨가며 널리 종풍宗風을 천양闡揚하기를 십여 년이나 하였다.

그리고 법부주法傅主께서 노양老恙으로 자리에 누워 계시는 동안은 스님이 친히 좌우를 여의지 않고 간호를 드리며 효성을 다하였다.

스승님을 간병하면서 땔나무하는 것이나 물을 긷는 등의 일을 다른 동복童僕을 시키지 않고 손수 하였으며 탕약도 늘 손수 숯을 마련하여 스스로 달였다.

이러한 광경을 지켜보는 대중 스님들은 한결같이 스님의 효행孝行이 하늘을 감동시키고도 남음이 있을 것이라고 칭송하는 것이었다.

31세 때 한 상좌를 얻어 손수 가르쳤으니 법명은 지수智藪이고 법호는 대붕大鵬이라 하였다.

그런데 상좌의 효성도 스님의 효도에 못지않으니 이는 어찌 스님의 여경餘慶이 아니고 무엇이겠는가.

중년에 상좌인 대붕大鵬이 악연惡緣에 얽힌 바 되어 스님과 인연을 여의고 슬하를 떠났는데 스님이 이로 인해 상심傷心한 나머지 갑자기 병이 나서 목숨이 호흡지간呼吸之間에 놓이게 되었다.

비록 스님의 슬하를 떠나긴 했지만 항상 스님을 잊지 못해 하던 대붕이 스님이 위중하다는 소식에 접하자 만사를 제치고 스님에게로 달려 와서 스님을 붙들고 통곡하며 참회하니 상좌의 음성을 들은 스님은 비로소 눈을 크게 떠서 상좌를 바라보더니 이윽고 얼굴에 생기가 돌며 차츰 소생하는 것이었다.

그 이후 대붕은 스님이 입적하실 때까지 슬하를 떠나지 않고 정성을 다해 봉양하였다.

　고종高宗 44년(서기 1907년) 5월 8일에 상족上足인 대붕大鵬에게 뒷일을 부촉하고 병환으로 자리에 누운 적도 없이 가부좌한 채 대적삼매大寂三昧에 드시니 세속 나이는 84세이고 법랍은 70하夏나 되었다.

# 연봉봉린선사
## 蓮峰鳳麟禪師

스님은 승주군 송광면昇州郡松光面이 고향이니 휘諱는 봉린鳳麟이고 법호는 연봉蓮峰이며 순조純祖 33년(서기 1833년) 정월 25일에 태어났다.

스님은 동진童眞으로 출가하여 조계산 송광사曹溪山松廣寺에 나아가 한담선사漢潭禪師를 은사恩師로 머리를 깎고 금담사숙錦潭師叔에게 계戒를 받았다.

지학志學의 나이가 되자 침명강헌枕溟講軒에 몸담아 대승경론大乘經論을 배우기 시작하여 불과 20여 세에 삼장三藏을 두루 열람하고 통달하였다.

30세 때(서기 1862년) 은사 스님에게 건당입실建幢入室하고 법인法印을 받으니 당시로서는 흔치 않은 은법恩法을 겸한 제자가 되었다.

산내의 자정암慈靜庵과 청진암淸眞庵에서 염추수불拈鎚竪拂하기를 십여 년. 스님의 강석에는 항상 수백 인의 납승納僧이 운집하여 배우기를 청하였으므로 촌각寸刻의 쉴 틈도 없기가 일쑤였다.

스님의 모습은 질박質朴하고 건실健實하였으며 그 마음은 순순淳淳한 자애慈愛로 가득하였으니 사람을 상대하여 말씀을 나눔에 있어 일찍이 상대방의 마음을 거스른 적이 없었다.

혹 누가 스님에게 물건을 구하는 것을 보면,

"내게 있는 물건은 모두가 남들에게 얻은 것이라 내 소유가 아니로다.”

하고는 모두 내어주어 빈손으로 돌아가게 하지 않는 것이었다.

이 무렵, 자주 흉년이 들어 승속 간에 조석 끼니를 메우기가 힘든 지경이었다.

그래서 이따금씩 아침의 죽공양마저도 걸르게 되는 경우가 있었는데 그럴 적마다 스님은 미리 구해 놓은 식량을 내어 대중을 먹이곤 하였다.

스님의 용심用心하는 자비가 늘 이러하여 스님을 인보살麟菩薩이라 칭호해 마지않았다.

스님은 늘 검소하게 살면서 남을 돕는 일에는 솔선하여 앞장을 섰다.

스님이 거처하는 방사房舍는 비가 새지 않는 것으로 족하게 여겨 정추淨麤를 가리지 않았으며 음식에 있어서도 대중과 똑같이 수용할 뿐, 쌀밥이니 잡곡밥이니를 분별하지 않았다.

스님은 항상 이렇게 지론持論을 펴기를,

“거처하는 방사房舍는 비바람을 피하면 족하고 조석 끼니는 다만 배를 채우면 그만이 아니겠느냐?”고.

스님의 타니대수拖泥帶水하는 품위는 조백棗柏의 가풍家風과 같고 매양 차茶를 마시며 욕심을 버림은 진묵조사震默祖師의 권행權行과 같았다.

스님에게 있어 혹 흠이 되는 것은 다섯가지 인연[五緣]이 구족하지 못한 것과 사대육신四大肉身이 고르지 못한 것이었다.

그래서 본지풍광本地風光을 투철透徹하고도 손과 발을 동작함에 있어 자유롭지 못하여 구부렸다 폈다 하기 힘드므로 그냥 포단蒲團 위에 우두커니 앉아만 있으니 한덩이 환구幻軀의 무상無常함이 어찌 이토록 자심할까?

스님의 만년이 이렇게 병고病苦로 시달리는 불운을 겪으면서도 스님은 결코 좌절하거나 비관하지 않고 시종始終 염불로 고통을 이겨냈으니 출가인의 본분을 잃지 않은 좋은 본보기라 하겠다.

임자년壬子年(서기 1912년) 정월 25일에 세수世壽 79세를 일기로 시적示寂 하시었다.

스님의 휘諱는 관일官一이고 법호는 경해鏡海이며 속성은 엄씨嚴氏요 아버지는 노영魯永이다.

승주군 주암면 갈마리昇州郡住巖面渴馬里에서 헌종憲宗 10년(서기 1844년) 11월 12일에 태어났다.

집안이 가난하여 서당에 나아가 글을 배울 수가 없는 형편이어서 소년 시절을 부모님을 도와 농사일을 하면서 보냈다.

그러나 스님의 마음 속에는 늘 학문을 닦아야 한다는 생각으로 가득 차 있었다.

그리하여 배우겠다는 일념으로, 20세 때 드디어 출가할 기회가 왔다. 곧장 송광사로 가서 경잠대사敬岑大師에게 배알하여 득도得度하고 우담선사優曇禪師에게 계를 받았다.

그로부터 비로소 배우기 시작하였는데 초저녁에 등불을 켜고 글을 읽기 시작하면 새벽이 밝아 해 돋을 무렵까지 계속하는 것이었다.

스님은 제방 선지식善知識을 두루 참알參謁하였으며 그중에도 함명函溟·청공青空·경붕景鵬·보명葆明 등 대석학大碩學에게 경율론經律論 및 통사通史 등을 이수하였다.

그러나 비록 내외전內外典을 두루 섭렵하였지만 이는 오히려 조박糟粕의 맛일 뿐, 진정한 도道에는 아직 들지 못했음을 스스로 자각하고 있었다.

그리하여 불보살의 가피加被를 얻고져 백의대성白衣大聖에게 백일기도를 드렸다. 그 뒤로는 자비와 인욕忍辱이 전보다 증상增上하여 수생하기가 매우 수월해졌으며 이르는 곳마다 대중이 환희심으로 맞아주는 것이었다.

비록 혜해慧解는 확연히 밝지는 못하였지만 산업産業에 있어 차츰 여력이 생겨서 이웃을 돕기에까지 이르렀다.

35세에 응허대사應虛大師의 법을 얻었으며 자정암慈靜庵·광원암廣原庵 등지에 주석하며 학중學衆을 가르치는 한편, 취재取材로 얻은 여분餘分을 자시慈施하는데 힘썼다.

장년壯年 이후 속가의 친족을 구휼救恤하기에 힘쓰니 그동안 모았던 재산을 모두 썼다.

스님이 속가에서 가난의 고통을 뼈저리게 체험했던 것을 감안해 보면 스님의 신분으로 세속의 부모 친척을 위해 전재산을 내놓을 심경을 이해하고도 남으리라.

그래서 스님은 다시 적수공권赤手空拳의 청한선자淸寒禪子가 되어 만년에는 재출가再出家의 심경으로 정진에 힘쓰게 되었다.

오랫동안 궤 안에 넣어 두었던 경론을 다시 펴고 읽으면서 참선參禪으로 잡념을 잊었다.

무진년戊辰年(서기 1928년) 2월 3일에 세연世緣을 거두고 조용히 대적삼매大寂三昧에 드시니 세상 연령은 84세이고 승랍은 64하夏였다.

# 동명지선선사
## 東溟知宣禪師

스님은 휘諱는 지선知宣이고 법호는 동명東溟이며 속성은 김씨金氏니 곧 가락왕족駕洛王族이다.

아버지는 생석生石이요 어머니는 박씨朴氏이며 헌종憲宗 5년(서기 1839년) 정월 15일에 태어났다.

스님은 완만한 뺨[緩頰]에 제비턱[燕頷]을 지닌 상相인데 겨우 여섯 살이 되자 변설辨說이 비상非常하고 능히 한글을 깨우쳐 통달하였다.

또 어른들의 이야기를 귀담아 들었다가 또렷하게 옮겨 이야기하기를 잘하므로 마을 어른들이 숙생에 익힌 신동神童이라고 칭송을 아끼지 않았다.

8세 때 아버지를 여의고 9세 때 연달아 모친상을 당하니 갑자기 의지할 데가 없는 신세가 되었다.

그렇지만 배움 만은 중단하지 않았으니 학상學庠에서 학동들이 글 읽는 소리만 듣고서도 문득 외워 기억하였다.

이러한 정경을 본 동리 어른들은 스님을 아껴 서로 돌보며 가르치기를 멈추지 않는 것이었다.

13세에 경사經史를 열람하였는데 눈에 한 번 스치기만 하면 입으로 반드시 외웠으며 또 글을 잘 지어서 운韻을 부르면 금방 입으로 시詩를 토해내곤 하였다.

또 필력이 뛰어나고 민첩하여 한 번 붓을 들어 휘두르면 이내 여러 줄을 쓰곤 하였다.

14세 때 마침내 출가할 뜻을 품으니, 이는 학상學庠에서 더 배울 만한 글이 없었던 것도 한 동기가 되거니와 비록 사서삼경四書三經을 통달한들 벼슬길에 나아갈 만한 신분이나 형편이 못 되었음을 절감한 때문이었다.

당시 나라의 인재 등용을 거의가 정실情實과 금권金權이 좌우하는 형편이어서 이를 알아차린 사람은 아예 학문을 포기하거나 출가입산出家入山하여 승려가 되는 예가 허다했다.

스님은 결국 학상에서 더 배울 만한 것이 없었고 또 학문을 더 연마하여도 입신출세할 수 없음을 절감한 나머지 출가하게 된 것이었다.

스님은 조계산 송광사로 나아가 계월桂月화상에게 예배하고 득도得道하였으며 운계雲桂화상에게 계를 받았다.

3년을 은사 스님 시봉드린 뒤 16세에 우담강당優曇講堂에서 경론을 배우기 시작하여 몇 해 안 가서 삼장三藏을 모두 열람하였다.

스님이 짧은 시일 안에 이력履歷을 마치자 동학同學은 물론이고 스승이신 우담강백께서도 극구 칭찬을 아끼지 않으셨다.

그 뒤 걸망을 메고 제방諸方을 다니며 선지식을 찾아뵙고 참선에 주력하였으니 함명函溟·설두雪竇·응화應化·용호龍湖 등 제대종장諸大宗匠은 스님이 자주 참알參謁한 고승들이다.

그리하여 본래의 색깔을 쪽빛과 붉은색으로 곱게 물들이니 이로부터 제방諸方에 노닐기를 마치고 본사에 돌아와 은사 스님을 시봉하며 참선에 힘썼다.

23세 때 산내암자인 보조암普照庵에서 용운대사龍雲大師에게 건당建幢하고 의발衣鉢을 전해 받으니 이로부터 법호인 동명東溟으로 불리게 되었다.

입실入室을 계기로 개당開堂하여 수불豎拂하매 사방에서 배우고져 하는 학승이 구름처럼 모여왔다.

청평靑苹, 고대(古代의 명검名劍)과 결록玦綠, 좋은 옥은 정히 설촉薜燭, 도검(刀劍을 잘 감정한 사람)과 변화卞和, 보옥(寶玉을 발견한 사람)의 문門에서 값이 나고, 녹이騄駬, 군마의 이름와 제기騠驥, 준마는 백락伯樂, 준마를 잘 감정한 사람의 마구간에서 채찍함을 봄이로다.

매양 표주박과 호리병으로 청한淸閑히 살기를 생각하여 산과 구름을 벗해 사산四山의 명승지를 낭인浪人이 되어 두루 밟았다.

또 근기를 따라 교화하고 법을 연창演暢하였으며 사대부士大夫들과 어울려 때로는 수창酬唱하니 열복悅服치 않는 이가 없었다.

스님이 사대부와 화답和答한 시詩의 일 절에 이르기를,

"人別十年無舊樣 花逢三月慣新顏

(사람은 이별한지 십년이면 옛 모습 없지만

꽃은 3월을 만나면 새 얼굴이 익숙하네)"

스님은 중생을 건지는 것이 급선무임을 절감하고 석장錫杖을 서울의 남한산南漢山과 북한산北漢山에 높이 걸고 동과 서로 오가며 설법하니 장안의 사서士庶가 귀의하지 않는 이가 없었다.

스님은 광주廣州 청계사淸溪寺를 하산소下山所로 삼아 주석하니 당시

왕궁과 신도들이 바람을 따라 구름이 달리듯 다투어 찾아와서 법문을 듣고 스님을 고해苦海의 방주芳舟로, 교문敎門의 법경法鏡으로 여기니 누가 흠경欽敬하지 않음이 있었겠는가?

교화의 인연이 이미 두루하고 법운法運이 갑자기 옮겨져서 고종高宗 26년(서기 1889년) 3월 5일에 청계사淸溪寺에서 시적示寂하시었다.

슬프다. 덕량德量, 승주군에서 태어나셔서 조계산曹溪山에서 강설講說하시고 청계사에서 천화遷化하시니 사람의 생사生死와 보토報土를 누가 능히 미리 정하겠는가?

청계사의 남쪽 기슭에서 다비茶毘를 모신 뒤 절의 경내에 탑을 세웠으며 스님이 세상에 살으신 연륜은 51세이고 법랍은 37하夏에 달하였다.

돌아보건대 이씨 조선 말엽의 어지러운 세상에서 또한 유교를 숭상하고 불교를 배척함이 가장 심하였던 시절에 도성都城 입성入城을 금지 당하였음에도 불구하고 장안長安의 사서士庶를 교화하는 데 앞장서신 스님의 원력과 신심은 전날 어느 누구에게서도 찾아볼 수 없는 거룩한 보살행菩薩行이라 하겠다.

스님이 만일 깨치신 법력法力과 위법망구爲法忘軀의 대원력大願力, 대신심大信心이 없었다면 어찌 이 같은 거룩한 모습을 후세에 남기셨겠는가?

# 원화덕주선사
## 圓華德柱禪師

스님의 휘諱는 덕주德柱이고 자字는 수징守徵이며 법호는 원화圓華, 속성은 정씨鄭氏요, 담양潭陽이 고향이다.

아버지는 기철基喆이요 어머니는 오씨吳氏이니, 꿈에 성운星隕이 회중懷中에 들어오더니 바로 잉태하였다.

헌종憲宗 5년 5월 25일에 태어났는데 7, 8세가 되어도 집안이 가난하여 학당學堂에 나아가지 못했다.

그러나 놀면서도 반드시 학당 곁에서 놀면서 학동들의 글 읽는 소리를 몰래 듣고는 모두 외우는 것이었다.

그리고는 외운 글을 써보느라 끼니를 잊기 일쑤였으며 하루에 오직 두 끼만 먹고 낮잠을 자는 법이 없이 오직 밤에만 자는데 언제나 남보다 적게 자는 것이었다.

또 눈으로 본 것은 반드시 본받고 귀로 들은 것은 반드시 기억하였으므로 동리의 부로父老들이 한결같이 감탄해 마지않으며 아꼈다.

15세 때 가혹하게도 아버지를 잃으니 스님은 3년을 시묘侍墓살이 하는 등 효행孝行을 다하였다.

17세(서기 1855년) 때 지리산 화엄사智異山華嚴寺에 우연히 들렀는데 산이 웅장하고 가람 또한 다른 데서 보지 못한 거찰巨刹이어서 마음으로부터 환희심이 저절로 우러나는 것이었다.

그래서 출가위승出家爲僧에 대해서는 감히 생각을 내지 못하고 다만 객실에 의탁하고 산에서 땔나무 날라다가 각방 군불을 때는 일을 자청하여 아무런 군말없이 마치 벙어리인 양 입을 봉하고 일만 했다.

다른 부목負木들은 모두 새경을 받고 일하는 것이었지만 스님은 보수를 일체사절하고 절일에 헌신했다.

반 년 이상을 스님을 지켜보던 서우장로西藕長老께서 스님을 기특하게 여기시고 머리 깎고 학문을 닦지 않겠느냐고 권하시매 그제야 신심을 일으켜 머리를 깎고 포허대덕抱虛大德에게 수계受戒하였다.

먼저 삭발본사에서 응월應月강백에게 참알參謁하여 경론을 이수하니 본시 총민한 데다 유학儒學에 통효通曉한 스님인지라 배우는 속도가 다른 학인에 비해 월등히 빨라서 얼마 안 가서 다른 선지식을 찾아가야 했다.

그래서 송광사松廣寺의 우담優曇·함명菡溟의 두 큰스님에게 나아가 삼장三藏과 선禪을 이수履修하였다.

선禪은 주로 우담강백에게 받고 불교사佛敎史는 왕로王老에게 많이 질문하니 그로부터 학문을 대성하였던 것이다.

28세에 화엄사의 두월대사斗月大師에게 입실건당入室建幢하였으니 곧 부휴선사浮休禪師의 12세손世孫이 된 것이었다.

이어 산내의 금정암金井庵에 주석하여 개당보설開堂普說하니 학승學僧이 큰 방을 메우고 뜨락에까지 가득하였다.

스님은 평소 의義롭지 못한 것은 단연코 배격하고 옳은 일이라 여기면 그 뜻을 굽히지 않는 성격인 데다 바른 말을 잘하는 편이었다.

그런데 스님의 이러한 강직하고 의로운 성품이 화근禍根이 될 줄이
야, 그 누가 미리 알았으랴?

30세 때(서기 1868년) 부패한 탐관오리貪官汚吏를 비판한 것이 죄가
되어 역모逆謀를 도모하였다는 죄목으로 금부禁府의 순라꾼에 체포
되었다.

그리하여 죄인을 실어 나르는 수레에 실려 서울로 압송되어 훈련아訓
鍊衙의 뜰에 꿇어앉은 채 포장捕將의 준엄한 문초를 받았다.

당시의 유생儒生들은 불교를 탄압하는 도가 지나쳐서 갖은 공출을
강요하고 조금이라도 자기네 비위에 거슬리면 역모죄로 구금하여 사정
없이 혹독한 고문을 가하는 사례가 전국 도처에서 빈번히 자행되었다.

스님도 아무런 혐의도 없이 붙잡혀서 갖은 고문을 받았으나 원래 역
모한 사실이 없는 만큼 추호도 겁내거나 두려워하는 기색이 없이 물음
에 따라 정중히 대답하였다.

스님을 역모죄로 무고한 사유는 스님이 불경을 강설하면서 유교儒教
를 비판하고 불교의 우수성을 강조한 것이 화근禍根이 되었던 것이다.

그러나 논리정연하게 불교와 유교의 사상을 논판함을 들은 문초관
은 도리어 깊은 감화를 받고 스님에게 죄가 없음을 깨닫고 무사히 풀
어주는 것이었다. 이는 가위 구슬을 용龍의 턱 아래에서 더듬음이요,
살코기를 범의 어금니 안에 던짐이로다.

이로부터 스님의 성향聲嚮이 더욱 널리 퍼지고 명예가 멀리에까지 전
파되었다.

사대암四大庵·수도암修道庵·금보암金寶庵·구봉암九鳳庵 등지는 스님이

항상 발길이 끊이지 않은 도량이다.

손에서는 늘 대비주大悲呪의 염주가 놓이지 않았고 입에서는 법화法華의 패엽貝葉이 거두어지지 않았다.

스님이 저술하신 『법화기회경록法華記會鏡錄』과 손수 쓰신 『칠서대전七書大典』·『남화경어록南華經語錄』 등 도합 백여 권은 사중에 잘 갈무리하여 항상 볼 수 있도록 하였다.

고종高宗 30년(서기 1893년) 5월 25일에 미질微疾을 보이시더니 문인門人을 불러 이르시되,

"사대四大는 거짓된 것이고 오온五蘊도 실다운 것이 아니니 이름을 세상에 나타내려 말고 거짓을 가져 실다움으로 여기지 말라."

하고 준엄히 당부하시고 30일에 이르러 목욕하시고 새 옷으로 갈아입으신 후 가부좌하신 채 엄연히 시화示化하시었다.

화엄사의 남쪽 기슭에서 다비를 모시고 진영眞影을 서당西堂에 걸어 모시었으며 세상에 머무신 나이는 55세이시고 좌하坐夏는 38하夏이시었다.

　스님의 휘諱는 우정宇定이고 속성은 유씨劉氏이며 전남 곡성全南谷城이 고향이다.

　아버지는 한익漢翼이요, 어머니는 장씨張氏이며 헌종憲宗 6년 경자세庚子歲 3월 4일에 태어났다.

　태어나면서 기우氣宇가 헌헌軒軒하고 골상骨相이 탁탁卓卓하며 오악五嶽이 준풍峻豐하고 삼초三焦가 단합端合하여 실로 남아대장부男兒大丈夫의 체상體像이었다.

　한 『주역周易』에 밝은 이가 마침 지나가는 길에 들러 스님을 이리저리 살펴보고는 아버지에게 고하기를,

　"이 아이는 지극枳棘에 깃들일 아이가 아니니 장차 물외연운物外煙雲에 노닐 것입니다만, 만일 진속塵俗에 묻혀 있게 되면 요절하게 되고 어머니를 일찍 여의게 될 것이니 일찌감치 출가出家를 허락하는 것이 나을 것입니다."

　아버지는 그 말씀을 옳게 여겨 마침내 출가하기를 허락하니 14세에 조계曹溪의 순담장로淳潭長老에게 나아가 머리를 깎고 추담화상秋潭和尙에게 예禮하여 계戒를 받았다.

　이어 우담선사優曇禪師의 회하會下에 배알拜謁하고 경론을 배우기 시작하여 함명函溟·응화應化 등 제대종장諸大宗匠에게 참알參謁하기를 5,

6년 만에 일대시교一代時敎를 두루 열람하였다.

스님은 다시 책을 덮어두고 걸망 하나로 제방諸方을 두루 돌면서 참선에 열중 하니 선배스님네의 칭송이 날로 높아만 갔다.

제방에 노닐기를 이미 두루하고서 선禪 받기를 계사戒師이신 추담화상秋潭和尙에게 하였고 법은 은사 스님에게 받으니 선禪과 계戒를 복전複傳하고 은恩과 법法을 거듭 맺은 것이다.

이를 미루어 살피건대 순담淳潭·추담秋潭의 두 큰스님과 무량겁을 내려오며 맺은 기연奇緣이자 법연法緣의 소치가 아니겠는가?

스님의 혜해慧解와 재민才敏은 능히 세 사람의 어리석음과 우둔한 열 사람을 당적할 만하니 그 사봉詞鋒과 방할棒喝이 엄하기가 상풍霜風과 같도다.

또 그 세제 상世諦上의 수예手藝와 교기巧技는 가위 "마치 전단향나무를 쪼개매 조각 조각이 다 전단향이요, 금으로 그릇을 만들매 빛깔마다 다 금빛인 것과 같다." 함이 진실로 속이지 않은 것이로다.

고종高宗 28년, 스님의 나이 52세 때 출가본사인 송광사松廣寺의 총섭攝의 인印을 허리에 차니 사천왕상四天王像을 거듭 수선하였다.

이듬해에 총섭직을 사퇴하고 석장錫杖을 태안사泰安寺로 옮겨 불상佛像을 새로 봉안하고 안거安居하였다.

이듬해 갑오년甲午年(서기 1894년)에 동학난東學亂이 일어나자 산과 들이 소동이 나매 스님들도 자취를 깊숙이 감추는 이가 많았으니 능히 목숨을 보존하기 어려운 때문이다.

스님은 마지못하여 승려들을 창솔倡率하여 동비東匪들을 쳐부어 물리치니 절은 안도의 숨을 쉬게 되고 스님들은 목숨을 보존하게 되었다.

스님이 동비東匪 토벌에 나선 것은 동비의 난을 나라에 대한 반역으로 규정짓고 조정에서 토벌에 나섰으며 전국에 의병義兵이 일어서기를 촉구하는 격문이 발표되었기 때문이다.

이만큼 승려들은 나라를 아끼고 지키려는 호국애족지심護國愛族之心이 투철하였던 것이다.

동학난을 평정하는 데 대담하게 일어선 스님의 의로운 기개야말로 배불정책排佛政策의 고삐를 바짝 조여매던 유생들에게 큰 충격을 주고도 남음이 있다 하겠다.

이씨 조선 말엽에 접어들며 탐관오리와 그에 동조하는 유생들은 불교 탄압에 그치지 않고 사찰 토지 약탈에 혈안이 되어 인가가 많은 읍면邑面에 있는 사찰을 폐사시키고 사찰에 딸린 토지를 빼앗아갔다.

이런 폐단이 전국 도처에서 자행되어 스님들의 위치가 흔들리고 위축된 마당에 남화 스님의 의거義擧는 스님들에게 용기를 심어주었고 유생들에게 경종을 울려주었던 것이다.

이로부터 태안사泰安寺는 정말로 태안泰安해졌으니 태안사에서 공功이 높고 덕德이 큰 이로는 스님을 지낼 만한 이가 없다고 단언하여도 크게 어긋난 말은 아니리라.

만년에는 조용히 적정삼매寂靜三昧에 들어 세상을 관조觀照하면서 늙어감을 잊고 살았다.

스님의 시야에 들어오는 산하대지는 온통 금색세계金色世界일 뿐이고 정토淨土니 예토穢土니는 이미 흉중에 있지 않았다.

그만큼 스님은 달관達觀의 경지에 들어 시공時空에 얽매임이 없이 굶주림이 오면 먹고 곤하면 잠자는[飢來喫食困則眼] 무사한도인無事閑道人이었다.

그러나 세월의 무상無常은 스님을 태안사에 오래 머물게 하지 않았다.

고종 광무高宗光武 4년 3월 2일에 이르러 미질微疾을 보이시더니 별로 자리에 누워 앓음이 없이 엄연奄然히 귀적歸寂하시었다.

임종에 이르러 시봉하는 제자에게 대중을 부르라 이르시매 대중이 황급히 모여오매,

"오늘이 며칠인가?"

문인이 대답하려 올리되,

"3월 초이틀이옵니다."

"날이 날마다 좋은 날이로고."

"무슨 말씀이신지요?"

"오늘이 월 초이틀이라며?"

"예, 그렇습니다."

"잘 기억해 두거라. 내가 환신幻身을 벗고 대열반大涅槃에 드는 날인 줄을."

"벌써 가시렵니까?"

"오히려 너무 늦지 않았느냐? 너희는 방심하지 말고 자만하지 말라. 광음光陰은 여전사如箭射니라."

말씀을 마치자 가부좌하신 그대로 태안사泰安寺에서 태안泰安히 대적삼매大寂三昧에 드시었다.

대중은 정성을 모아 태안사의 서쪽 기슭에서 다비茶毘를 모시어 탑을 세웠다.

스님의 세속 나이는 갓 회갑回甲을 맞은 61세이셨고 좌하坐夏하신 햇수는 47하夏였다.

# 보명수일선사
## 葆明守一禪師

스님의 휘諱는 수일守一이고 보명葆明은 법호이며 속성은 장씨張氏요 아버지는 한우漢尤, 어머니는 김씨金氏이다.

곡성군 죽곡면 유봉리谷城郡竹谷面留鳳里에서 헌종憲宗 7년 신축辛丑 6월 5일에 태어났다.

14세에 동리산桐裡山 명적암明寂庵의 호월선사皓月禪師에게 의지하여 머리를 깎고 득도得度하였다.

3년을 은사 스님 시봉하며 예경염불禮敬念佛을 익히다가 봉곡화상鳳谷和尙에게 경전을 배우기 시작하여 송광사松廣寺의 침명회상枕溟會上에 나아가 일대시교一代時敎를 마쳤다.

27세에 혜철암慧徹庵에서 건당建幢하여 충운화상忠雲和尙에게 법인法印을 얻으니 보명葆明이라는 법호를 내리셨다.

혜철암에 머물며 개당開堂하니 사방에서 학중學衆이 운집하기 시작하여 한철이 지나기 전에 도량에 가득 찼다.

30세 때인 경오년庚午年 5월 5일에 우연히 불이 나서 전 가람을 일시에 잃는 변을 당하였다.

그러나 암자를 다시 일으킬 만한 사람이 없는지라 스님은 강석講席을 그만두고 스스로 원력을 세워 화주化主에 나섰다.

그리하여 근 일년을 노고 끝에 암자를 중건重建하니 환연煥然히 일대

백운지흥 白雲知興

범궁一大梵宮이 되었다.

이렇듯 대작불사를 원만히 회향하게 된 데에는 스님의 뼈를 깎는 노력과 원력이 발판이 되었음은 두말할 나위 없는 것이었다.

스님은 항상 배우는 자세로 살았으므로 박학博學한 데다 근행勤行으로 일관하였으며 계戒의 그릇이 늘 깨끗하고 용의容儀가 헌헌軒軒하였다.

또 도반을 사귐에 있어 행의行義가 고결하지 못한 이와는 더불어 벗하지 않았으므로 스님을 찾아오는 분들은 승속을 막론하고 모두 사표師表가 되는 고매한 사람들뿐이었다.

고종高宗 13년 병자세丙子歲 9월에 이르러 별로 앓아 누운 일도 없이 엄연儼然히 천화遷化하니 스님의 세수世壽는 겨우 36세이고 법랍은 25하夏였다.

위로는 은사 스님과 법부주法傅主께서 아직 살아 계시고 아래로는 향화香火를 받들 상족上足도 아직 두지 못하였는데 일찍 시적示寂하였으니 슬프기 그지없는 일이다.

# 구연법선선사
## 九淵法宣禪師

스님의 휘諱는 법선法宣이고 자字는 삼화三和이며 구연九淵은 법부주 法傳主에게 받은 법호이다.

속성은 박씨朴氏이고 아버지는 만상萬相이시며 어머니는 이씨李氏이 니 헌종憲宗 10년 갑진세甲辰歲(서기 1844년) 3월 3일에 고향인 곡성군 석 곡면 운월리谷城郡石谷面雲月里에서 태어났다.

스님은 태어나면서부터 기상氣像이 괴오魁梧하고 용의容儀가 방원方 圓하며 어운語韻이 청량淸亮하고 심성心性이 평탄平坦하여 흡사 대인大人 의 기국器局이었다.

13세 때 아버지를 여의고 3년간 시묘侍墓살이를 효성을 다하여 마쳤 으며 어머니를 따라 외가로 가서 살게 되었는데 외가도 생활이 곤궁하 여 성명性命을 보전하기가 매우 어려운 형편이었다.

그래서 어머님께 출가의 뜻을 말씀드리고 겨우 허락을 얻어 조계산 송광사로 가니 이영총섭宜映摠攝은 그를 위하여 머리를 깎아 주셨고 우 담화상優曇和尙은 계戒를 설하여 주셨다.

19세에 비로소 우담 강하優曇講下에 나아가 경전을 배우기 시작하였 는데 본시 타고난 성품이 총민하여 일취월장日就月將하는지라 강백講伯 큰스님은 마음에 흡족하여 마침내 선계禪偈를 주어 참선參禪을 허락하 시었다.

21세에 제방에 노닐며 경붕景鵬·청공靑空·원화圓華 등 여러 종장宗匠에게 참알參謁하여 진속이제眞俗二諦에 모두 유인游刃하였다.

그 가운데서도 오직 식수행상識數行相에 더욱 간절히 힘써 공부하여 무불통달無不通達하였다.

또 참선하면서도 선학禪學에 깊은 관심을 가져 선문禪門의 향상어구向上語句에 있어서는 우담노화상優曇老和尙의 골수骨髓를 쪼개어 얻으니 우담화상 이후의 납자 중에서는 스님을 첫손에 꼽게 되었다.

37세 때인 경진년庚辰年에 용운선사龍雲禪師의 의발衣鉢을 전해 얻었으며 이어 산내의 보조암普照庵에서 개당開堂하니 스님의 덕화德化를 따르는 법도法徒들이 먼 산에 구름이 일 듯하였다.

무자년戊子年(서기 1888년) 겨울에 화연化緣하여 오백금五百金을 마련, 철정鐵井 일구一口를 부어 만들어서 암자의 동녘에 걸었다.

이듬해인 46세 때 천자암天子庵으로 석장錫杖을 옮겼는데 여기에서는 사성각四聖閣을 새로 짓고 탱화와 단청까지 모두 마치니 도량이 새롭게 빛났다.

큰절에 계시는 은사 스님을 천자암으로 모셔다가 손수 시봉드리며 조석공양도 매양 손수 올렸다.

스님은 평소 뜻[志]을 기르는 것이 몸을 기르는 것보다 앞섰으며 부처님께 예경하고 염송念誦하는 일을 단 한 차례도 빠뜨림이 없었다.

또 스님은 내생에 도솔천 내원궁兜率天內院宮에 왕생하기를 발원하여 아침과 저녁으로 『미륵상생경彌勒上生經』을 독송하기를 게을리하지 않았다.

고종高宗 광무光武 원년(서기 1897년) 가을에 보조암普照庵 별실別室로 석장을 옮겼는데 약간의 미양微恙이 있었다.

그해 겨울 동짓달 28일에 조용히 포단에 앉아 제자를 불러 후사後事를 당부하고 그대로 귀적歸寂하시니 마치 선정에 드신 듯 사흘이 지나도 그 자세를 흐트러뜨리지 않았다.

제자들은 서둘러 보조암의 북쪽 기슭에 있는 다비장에서 다비를 모신 뒤 진영眞影을 그려 동각東閣에 걸어 모셨다.

스님의 살으신 나이는 그다지 길지 않은 54세였고 참선하신 법랍은 37하夏였다.

스님의 휘諱는 봉옥鳳玉인데 뒤에 문주文周로 고쳤으며 자字는 어화魚化이고 법호는 원해圓海, 속성은 음씨陰氏요 아버지는 도황道晃, 어머니는 김씨金氏이다.

철종哲宗 원년(서기 1850년) 경술庚戌 3월 15일에 고향인 낙안樂安에서 태어났다.

태어나면서부터 골상骨相이 수특殊特하고 신장身長이 6척이 넘었으며 팔뚝힘이 과인過人하여 가위 장사壯士의 기상이었다.

그러나 집안이 가난하여 글을 읽을 형편이 못 되었다. 그래서 노상 출가하기를 원했지만 어린 자식을 타관에 내보낼 수 없다 하여 부모님이 만류하였다.

그렇게 하여 소년 시절을 학문에 대한 동경심으로 보내던 16세 때에 부모님은 출가를 허락하여 이르기를,

"네가 학문 연찬을 원하므로 보내는 것이니 만일 학문을 이루지 못하면 어버이에 대한 배신이자 불효不孝이니 그 허물을 씻기 어려울 것이니라."

스님은 너무도 기뻐서 부모님께 불효가 되지 않도록 부지런히 배울 것을 재삼 다짐하고 집을 나서서 조계산 송광사曹溪山松廣寺로 왔다.

산중의 노덕老德이신 수산대사守山大師는 혼연히 맞아주시며 머리를 깎

아 상좌를 삼으시니 응해선사應海禪師는 수계사授戒師가 되어 주셨다.

송광사는 승보사찰僧寶寺刹이라 새로 출가해 오는 이들을 제자로 삼음에 있어 아직 슬하에 상좌를 두지 못한 스님에게 먼저 제자를 삼도록 하는 전통을 지녀온지 오래였다.

이름난 큰스님이라 해서 상좌를 많이 두는 것이 아니라 노덕 스님 모두가 골고루 상좌를 두도록 하는 미풍美風을 갖고 있었다.

또 일단 상좌가 된 사미승은 몇 년씩 은사 스님을 시봉한 다음 취학就學하는 전통도 있었는데 봉옥鳳玉사미는 계를 받자마자 강석講席에 나아가 학문을 닦게 되었으니 본인으로서는 큰 복이 아닐 수 없는 것이었다.

그래서 봉옥사미는 마치 새장에 갇힌 새가 채롱에서 풀려난 듯 또 범이 산을 의지한 것과 같은 큰 기쁨을 얻었으니 이는 재가시절在家時節에 배움에 대한 간절한 소망을 가졌던 것을 출가하여 비로소 이룬 것이었다.

그래서 스님은 강석에서 배운 글을 경상經床에 앉아 읽기 시작하면 해그림자가 옮기는 줄을 알지 못하였고 땀이 등에 홍건히 베는 것도 잊고 글을 읽고 또 읽었다.

뿐만 아니라 봄에 옷을 입고 붓을 잡아 글을 쓰노라면 밤을 꼬박 새우면서도 그 자세를 흐트러뜨리지 않았고, 여름에 잠방이를 입고 넙적다리가 썩는 줄도 모르고 글을 썼다.

이토록 학문에만 열중하느라 잠자는 것을 폐하고 밥먹을 줄을 잊었거니 어찌 옛사람만 오롯이 아름답다고 하겠는가?

21세 때 우담화상優曇和尙에게 참알參謁하여 경전을 배우고 이어 경붕景鵬·원화圓華·혼해混海 등 제대강하諸大講下에 나아가 삼장교해三藏敎海와 육경사림六經詞林에 유영游泳하여 섭렵하였다.

또 그 나머지 오행수술五行數術 등에까지도 힘써 배우지 않은 것이 없어서 내외전적內外典籍에 두루 통효通曉하였던 것이다.

32세인 신사년辛巳年(서기 1881년) 3월에 은사 스님에게 건당建幢하여 스승의 법인法印을 허리에 찼으니 스님은 곧 부휴선사浮休禪師의 10세손十世孫이 된 것이다.

건당建幢한 뒤 광원암廣原庵에 주석하며 선례先例에 따라 학중學衆을 위해 삼장三藏을 강설하니 평소 스님의 학구열學究熱에 대해 익히 들어 알고 있던 학인들이 서로 다투어 찾아오니 도량이 비좁아서 이듬해에는 천자암天子庵으로 강석을 옮겨야 했다.

그러나 스님의 학문에 대한 열의는 제자들을 가르치는 것으로 만족하지 않고 배우고 연찬하려는 마음으로 가득하였다.

그래서 4년이 지난 을유년乙酉年에 강주講主의 자리를 내놓고 함명화상函溟和尙의 회하會下로 가서 선문염송禪門拈頌을 고문叩問하니 함명강백도 스님의 열성에 감복하여 가르침을 허락하시었다.

만 일 년 만에 염송을 대강 마친 스님은 병술년丙戌年 봄에 남쪽으로 향하여 두륜산 대둔사頭輪山大屯寺의 범해선사梵海禪師에게 참알參謁하였다.

범해선사는 동국계맥東國戒脈인 대은율사大隱律士-금담율사錦潭律士-초의율사艸衣律士-범해율사梵海律士로 내려오는 동국계맥 제4조第四祖이시며 『동사열전東師列傳』의 저자이기도 한, 선교율禪敎律을 겸비하신 선지식이시다.

스님은 범해율사에게 구족계具足戒를 받았다. 당시 우리나라의 율종律宗은 계맥戒脈이 끊겼다거나 희미하여 율사律師다운 율사를 만나기도 어려운 실정이었는데 다행히 대은율사께서 지리산 칠불암智異山七佛庵의 아자방亞字房에서 문수대성文殊大聖에게 기도드려 서상수계瑞相受戒하여 동국계맥을 열으신 것이다.

또 스님은 대강백이신 범해율사에게 세속제世俗諦를 배웠다.

이어 그해 가을에 본사로 돌아와 은적암隱寂庵에 주석하였는데 경전을 배우고저 하는 학인들이 몰려오므로 자정암慈靜庵으로 걸망을 옮겨 참선에 열중하였다. 그러나 자정암은 도량이 협착하여 오래 머물지 못하고 이듬해 가을에 보조암普照庵으로 옮겼더니 학문에 눈을 뜬 사자아獅子兒들이 끊임없이 몰려들어 삽시간에 큰 회상을 이루었다.

스님은 이들을 더는 물리치지 못하고 사자후獅子吼를 토하니 학중들은 오랜만에 시원한 강설을 듣고 기쁨을 감추지 못해 하였다.

고종 25년 무자세戊子歲(서기 1888년) 2월 22일에 스님은 미양微恙을 보이시더니 별로 앓아 눕지도 않고 조용히 대적삼매大寂三昧에 드시었다.

세속 나이 39세요 법랍 23하夏를 겨우 헤이는 장년의 나이에 스님의 가르침을 기다리는 수많은 사자아獅子兒들을 남겨 두시고 홀연히 떠나신 것은 이 무슨 인연이실런지?

아직 어린 상족上足 찬의비구贊儀比丘와 학중學衆들은 뜻을 모아 예의를 갖춰 엄숙히 다비茶毘를 모시고 진영眞影을 그려 동각東閣에 모시었다.

스님의 휘諱는 행성幸性이고 자字는 운수雲叟이며 포우布雨는 법호이다.

속성은 강씨姜氏이고 아버지는 상백賞百이요 어머니는 김씨金氏이며 철종哲宗 원년 경술세庚戌歲(서기 1850년) 섣달 초파일에 승주군 송광면 인덕리昇州郡松光面仁德里에서 태어났다.

처음에 어머니는 한 꿈을 얻었는데 어떤 이인異人이 붓 한 자루를 주시는 것이었다. 그로부터 아들을 가져 달이 차서 낳았다.

9세 때 아버지를 여의는 비운을 겪었지만 어머니의 따뜻한 사랑과 가르침 속에 학당에 들어가 글을 배우기 시작했다.

어머니는 맹모孟母의 삼천지교三遷之敎를 본받아 육시六時의 가르침을 펴니, 어찌 특별히 맹자의 어머니만 장하다고 하겠는가?

15세에 경적經籍을 열람하였는데 그 날 배운 것은 반드시 배송背誦하였으며 글씨를 매우 잘 써서 필명筆名이 향리鄕里에 널리 퍼졌으니 어머니의 태몽胎夢과 부계符契한 것이라 하겠다.

하루는 상相을 잘 보는 이가 그 동리를 지나다가 학당에서 집으로 돌아오는 스님을 보고 어머니에게 이르기를,

"이 동자는 재질은 뛰어나겠으나 수명壽命을 타고나지 못했으니 출가시켜서 명命을 잇도록 하십시오."

어머니는 이 말을 듣고 행여 아들이 요절할까 걱정이 되어 마침내 출

가를 허락하였다.

그리하여 16세인 을축년乙丑年에 조계산 송광사松廣寺의 인암대덕印庵大德에게 의지하여 머리를 깎아 득도得道하고 연봉대사蓮峰大師에게 계戒를 받았다.

그로부터 바로 강원에 들어가 경전을 읽기 시작하였는데 속가에서보다 배나 열심히 읽었다.

이는 마치 비가 줄기차게 내려 모래를 한 곳으로 모으는 것과 같고 한 타래의 실을 물들임과 같아서 재주와 총민함으로 글을 읽는 데 막힘이 없었으며 더욱이 이도吏道를 좋아하였다.

매양 소장訴狀을 씀에 있어 반드시 엄정히 썼으므로 사람들이 스님을 산중이생山中吏生이라 일컬었다.

21세 때 제방諸方에 노닐었는데 먼저 우담優曇·함명菡溟의 양대가兩大家에 참알參謁하여 경교經敎를 토론하였는데 문합吻合치 않음이 없었다.

29세 때고종 15년 청진암淸眞庵에 당당을 세우고 법인法印을 영허선사盈虛禪師에게서 허리에 차고 보조암普照庵에 주석하여 개당수불開堂竪拂하니 다섯 인연[五緣]이 두루 갖추고 사중四衆이 구름 모이듯 하였다.

스님은 또 시율詩律을 좋아하여 승속 간에 시우詩友가 많았으며 매양 서로 어울리기만 하면 붓을 당겨 시를 쓰고 읊기를 잘하였다.

그래서 많은 시율이 스님의 문에서 나왔으며 한 구절을 소개하면 아래와 같다.

"昇仙橋下水東流

點點落花片片浮

(승선교 아래 물은 동으로 흐르는데

점점이 지는 꽃 조각 조각 떠가네)"

스님이 평소에 읊고 화답하는 시심詩心은 모두 이러하였다.

고종 18년 신사세辛巳歲에 우담화상優曇和尙이 시적示寂하시자 십여 년 전에 잠시 참알하여 경전을 배운 적이 있으므로 제자의 도리로 장례에 참여하였으며 이를 계기로 광원암廣原庵으로 걸망을 옮겨 참선으로 일관하였다.

그런데 도고마성道高魔盛이라 하던가. 본격적으로 사교입선捨敎入禪의 길로 들어서서 참선에 매진하는데 숙중宿症이 이따금씩 도져서 스님을 괴롭히는 것이었다.

그러나 스님은 이 몸둥이가 환신幻身임을 이미 간파한지라 병이사 올 테면 오라 하고 정진에 박차를 가하였다.

이러구러 만 3년이 지난 갑신년甲申年(서기 1884년) 섣달 초이렛날에 이르러 숙환宿患이 더욱 위중하니 스님은 만사를 포기하고 상좌인 성학聖鶴을 불러 뒷일을 당부하고 엄연히 시적示寂하시니 어린 상좌는 통곡하기를 마지않았다.

가치加峙의 다비장에서 다비를 모시니 스님의 세수世壽는 겨우 35세이고 법랍은 고작 19하夏에 불과했다.

# 하담향섭선사
## 荷潭向爕禪師

　스님은 승주군 낙천면 동내리昇州郡洛川面東內里가 고향이고 속성은
조씨曹氏이다.

　철종哲宗 원년 경술세庚戌歲(서기 1850년) 8월 13일에 태어났다.

　어려서 아버지를 여의고 어머니를 봉양하며 살아가는데 집안이 너
무 가난하여 생활하기가 매우 힘들었다.

　고종高宗 원년, 15세 때의 2월 25일에 조계산 선암사曹溪山仙巖寺로 가
서 선찬수좌善贊首座에게 의지하여 머리를 깎고 득도得道하였으며 설악
화상雪嶽和尙에게 배알하고 계戒를 받았다.

　그 뒤 환월화상幻月和尙에게 선禪을 전수받았고 만화萬花·경붕景鵬의
강하講下에서 경전을 배웠다.

　고종 19년 임오세壬午歲 4월 17일에 조계산 송광사松廣寺의 은담선사
銀潭禪師에게 법인法印을 받으니 곧 묵암화상默庵和尙의 5세손五世孫이
되었다.

　스님은 늘 가업家業이 청한淸寒하였으니 실로 납자衲子의 본색本色을
잘 지닌 것이라 하겠다.

　스님은 예술藝術이 절교絶巧하여 한 번 눈으로 본 것이면 모두 손으
로 만들거나 그려냈다.

　일찍이 사산四山의 선지식에게 방알訪謁하였고 항상 자기의 주인공主

人公을 찾는 것으로 업을 삼았다.

그러면서도 부처님께 향화를 올리는 일에 게을리하지 않았으니 이도 일생의 장기長技였으며 물 긷고 땔나무 나르는 일에 부지런한 것은 이에 육시六時로 자비를 행한 것이었다.

총혜聰慧가 비록 절륜하였지만 말하는 것은 어눌한 것처럼 한 것은 겸양의 덕을 베푼 것이었다.

스님의 휘諱는 향섭向燮이고 자字는 국천掬泉이며 법호는 하담荷潭이다.

스님의 나이 75세인 갑자년甲子年(서기 1924년)에 이르러 동리산 태안사桐裡山泰安寺 주지住持로 부임하였다.

이듬해인 을축년乙丑年(서기 1925년) 9월 29일에 병환도 없이 좌화坐化하시니 세수世壽는 76세이고 법랍은 61하夏였다.

# 함호완규선사
## 菡湖玩珪禪師

스님의 처음 이름은 기운基云이었는데, 뒤에 완규玩珪로 고쳤으며 법호는 함호菡湖이고 순천 해촌 덕암리順天海村德巖里가 고향이다.

속성은 장씨長氏이고 아버지는 필주弼周이며 어머니는 서씨徐氏이니 철종哲宗 4년 계축세癸丑歲(서기 1853년) 11월 13일에 태어났다.

스님의 상像像은 관옥冠玉 같고 피부는 윤택하며 성품은 매우 고집스럽고 심주心柱는 지석砥石 같아서 요얼妖孼이 능히 움직일 수 없었다.

동진童眞으로 조계산 송광사松廣寺에 출가하여 승허대사乘虛大師에게 머리를 깎고 서주화상西舟和尙에게 머리를 조아려 계戒를 받았다.

20세에 우담優曇, 함명菡溟, 경붕景鵬 등 제대종장諸大宗匠에게 참알參謁하여 삼장三藏을 이수履修하였다.

33세 때인 을유년乙酉年 봄에 휴암休巖선사의 법인法印을 받으니, 곧 응암낭윤선사應庵郎允禪師의 5세손五世孫이다.

스님은 마음속으로 비록 중생을 건질 학문을 간절히 원하였지만 몸은 이미 경제經濟의 방법에 급하였으니 분양糞壤 아끼기를 금옥金玉과 같이 하였으며 검약儉約하고 질박質朴함을 행하기를 두타頭陀와 같이 하였다.

이렇게 경제에 힘쓴 나머지 생활이 점점 윤택해지고 도용道用이 점차로 풍족해지자 먼저 법조法祖의 영상影像을 걸어 모시는 일에 착수하였다.

스님은 선사스님네의 진영眞影이 없는 것을 송구스럽게 여기는 동시에 한탄해 마지않더니 신해년辛亥年(서기 1911년) 봄에 금명화상錦溟和尙과 의논하여 먼저 두 진영을 그려 모셨다.

그 다음으로 불조佛祖에게 올릴 재수齋需를 마련하여 사중에 헌납하였다.

계축년癸丑年 봄 생전예수재生前豫修齋를 본사에서 49일간 간수懇修하였으며, 시왕불공十王佛供을 사산四山에서 베풀었다.

그런 연후에 일생 동안 모은 재산을 슬하의 칠중七衆에게 골고루 나누어 주어 선량禪糧과 의식衣食에 충당하도록 하였다.

당시의 우리 사회는 너나 없이 빈궁하여 의식주를 해결치 못해 모진 고생을 하고 있었음으로 산중의 사원 역시 예외가 아니었다.

이를 뼈저리게 느낀 스님은 비록 출가사문出家沙門이지만 경제에 눈을 돌려 취재聚財로 좋은 시절을 다 보냈던 것이다.

그러면 사문의 신분으로 재산을 모으는 방도는 무엇이었을까?

첫째는 술을 빚는 원료인 누룩을 생산하는 것이다. 농촌에서 나는 밀기울을 사다가 절 안에서 누룩을 빚는 일에 각 사찰에서 널리 종사하였다.

둘째는 종이 만드는 일이다. 사찰의 임야에 닥나무를 재배하여 종이[漢紙]를 만들었다.

셋째는 뽕나무를 재배하여 누에를 키워 명주베를 생산하는 일이다.

넷째는 광활한 임야에서 자란 목재를 생산하여 파는 일이다.

다섯째는 여러 방법으로 모은 재산으로 농토를 사들여 곡식을 생산한 다음 장리長利로 놓는 일이다.

여섯째는 가축을 사서 농부에게 맡겨 기르는 일이니 특히 소를 사주어 기르게 한 다음 어미소가 되면 새끼를 낳게 하여 새끼는 기른 농부가 차지하고 어미소는 사준 주인이 갖는 방법인 것이다.

스님은 그저 앉아서 재산을 모은 것이 아니라 위와 같은 갖은 방법으로 중노동을 하여 재산을 모았던 것이다.

요즘 우리 후손들이 사찰 재산을 물려받은 그 전부는 선사스님네가 뼈 빠지게 노동하여 모은 재산임을 잊어서는 안 된다.

거기에 유생儒生들이나 탐관오리들에게 온갖 수모를 당한 사실도 맘 속 깊이 새겨야 할 것이다.

스님의 회갑回甲을 맞으면서 신변을 말끔히 정리하고 처음 출가한 당시로 돌아가서 참선의 길로 들어섰다.

갑인년甲寅年에는 관음암觀音庵·지장암地藏庵에서 안거安居하고 다음에는 지리산 천은사智異山泉隱寺의 삼일원三日院에서 안거하셨으며 이어 미타전彌陀殿과 칠불암 아자방七佛庵亞字房에서 한 여름씩 정진하였다.

그리고는 청진암淸眞庵과 봉서암鳳瑞庵에서 10년 동안 주석住錫하여 육시六時로 염송念誦하였으니 반드시 옹호성신擁護聖神들이 기뻐하였으리라.

스님은 또 공양 때마다 세 숟갈의 밥을 떠서 까막까치에게 공양을 베풀었는데 스님이 헌식하며 염불하는 적이면 까막까치가 스님을 에워싸고 염불 끝나기를 기다리는 것이었다.

스님의 경륜이 이처럼 지대至大하였지만 그 뜻을 알아주는 이는 그리 많지 않았다.

무진년戊辰年(서기 1928년) 봄에 염불당念佛堂에 17석石을 헌납하여 염송念誦의 소리가 영세永世에 끊이지 않게 하였다.

또 금金 30속束을 사서 삼존불三尊佛을 개금改金하였으며, 또 사중寺中과 선원禪院에 13석石을 헌납하였다.

그리고 다시 30석의 땅을 희사하여 이를 팔아서 7백 냥을 만들어 사중寺中과 염불당念佛堂에 붙여 무차대회無遮大會의 재수齋需에 충당하도록 하였다.

그 나머지 스님의 장례 비용과 문도門徒의 자생資生의 도구는 낱낱이 마련하여 말로써 유촉하고 붓으로써 기록해 놓은 다음 8월 초9일에 개금改金을 시작하여 15일에 마쳐 부처님을 봉안하였다.

이렇게 전에 없이 서둘러 불사를 강행하여 회향한 이튿날 포시晡時에 아무런 병환도 없이 식음을 전폐하시더니 엄연히 앉으신 그대로 천화遷化하시었다.

며칠을 지나서도 안색은 평소와 같이 담황색淡黃色 그대로였고 눈을 내리뜨신 모습은 마치 좌선하고 계신 것과 같아서 이 모습을 구경하기 위해 사부중四部衆이 문전에 저자를 이뤘다. 그중 어린 사미들은 한결같이,

"우리 노스님께서 좋으시나부다."

라고 말하는 것이었다. 장례의 행렬이며 다비茶毘하는 모습은 마치 거부장자의 위의와 같았다.

스님이 세상에 머무신 햇수는 76세이시고 좌하坐夏하신 법랍은 61하夏였으며 문인門人인 종식鐘植·동수東秀 등은 영골靈骨을 수습하여 비전碑殿에 탑을 세우고 영당影堂에 진영을 모셨다.

돌아보건대 출가사문으로서 재산을 모으기에 힘써 의당히 써야 할 곳에 쓰고 나머지는 사중에 헌납하고서 운수객雲水客이 되어 노구老軀를 무릅쓰고 정진으로 세월을 잊다가 좌화坐化하신 스님의 행리行李가 너무도 거룩하고 감격스럽기 그지없도다.

우리네 후학은 의당히 큰스님의 행업을 본받아 사중寺中 경제를 부흥시키고 정진에 박차를 가할 일이다.

스님의 휘諱는 기순琪珣이고 취월翠月은 그 법호이며 속성은 장씨張氏, 아버지의 휘諱는 염廉이요 어머니는 김해 김씨金海金氏이다.

함풍咸豐 2년 임자세壬子歲(서기 1852년) 1월 25일에 전남 동복군 군면 하가리同福郡面下佳里에서 태어났다.

8세 때 입학入學하여 글을 배우기 시작하였는데 집안이 넉넉지 못한 탓으로 봄에는 부모님을 따라 씨 뿌리고 매가꾸었으며 가을 추수가 끝나면 비로소 마음껏 글을 읽을 수 있었다.

비록 가세家勢가 넉넉지 못하지만 남의 재물을 탐하지 않고 스스로 열심히 노력하여 살림을 꾸려가는 부모님은 한사寒士의 가풍家風을 마다하지 않았다.

또 부모님은 무서巫筮의 설을 굳게 믿는 편이어서 아들이 단명한다는 말에 놀라 수명을 잇는 일이라면 무슨 일이든 마다하지 않는 것이었다.

그래서 아버지는 가축은 물론이요 산과 들에 가서 날짐승이나 길짐승을 잡는 법이 없었고 냇가에서 물고기 잡는 것도 삼가했다.

또 조그만 도랑에 다리를 놓고 동리에서 떨어진 길모퉁이에 샘을 파서 행인들의 기갈을 없애기에 힘쓰기도 하였다.

부모님은 이러한 적선積善에 감명을 받은 스님은 17세 되던 해 마침내 출가하기를 결심하고 부모님께 뜻을 여쭈었더니 부모님은 세속에 살면서 단명하느니 보다 출가하여 오래 사는 것이 낫다 하여 흔연히 허락하였다.

그래서 어버이를 하직하고 곧장 조계산 송광사松廣寺를 향하여 고향을 떠났다.

먼저 배알한 스님은 서룡율사瑞龍律師이니 이 스님을 은사 스님으로 섬겼으며 계은선사桂隱禪師를 계사戒師로 모시고 사미계沙彌戒를 받았다.

그로부터 은사 스님을 시봉하며 치문緇門과 사집四集을 읽기 시작하여 3년 만에 모두 마쳤다.

스님은 효심孝心이 지극하여 은사 스님을 지성으로 모셨는데 이미 삼평三平의 효행을 마치고는 출세하여 사업에 착수하려 하였으나 대개 채롱[籠]에서 벗어날 기약이 없었다.

그러다가 신미년辛未年에 이르러 스님의 나이가 19세 때에 스님의 뜻에 따라 유학하게 되었다.

그래서 맨 먼저 경붕景鵬, 구연九淵의 두 강하講下에 나아가 축분竺墳 불경을 뜻함을 모두 열람하였다.

이어 기룡騏龍, 응화應化, 우담優曇, 경봉景峰 등 사대석덕四大碩德에게 참알參謁하여 노사魯史유교와 도교를 뜻함를 섭렵하였다.

스님이 내전內典과 외전外典을 열람하는 데 소요된 햇수는 무려 14년이나 되었는데, 그 기나긴 날을 잠시도 강당을 떠나지 않았고 스승님의 슬하를 여의지 않았던 것이다.

이미 학문을 이루자 33세 되던 해에 법당法幢을 조계산曹溪山에 세워 추파선사秋波禪師의 법수法水를 들이마시고 석장錫杖을 청진암淸眞庵에 걸어 머물면서 침연선사枕淵禪師의 선등禪燈을 계승하였다.

그로부터 인연따라 창수唱酬하기를 마치 종이 두드리기를 기다리듯 하였으되 마침내 피로를 잊기를 십여 년이나 하였다.

혹은 불전佛殿에 향화 받들기를 정성으로 하였으며 혹은 법사法事에 있어 유나維那를 행하되 오직 부지런히 하여 게으름이 없었다.

스님은 또 스스로 의방醫方의 근원을 터득하였으니 먼저 허생許生의 고결高訣을 배워 익히고 다음으로 정안鄭安의 진혈眞穴을 자세히 살펴 깨우쳤다.

그리하여 사중寺中 스님네는 물론이고 인근 마을의 주민들이 혹 급한 증세가 생기면 반드시 스님을 모시러 오는데 스님은 새벽과 저녁을 가리지 않고, 또 추위와 더위에 개의치 않고 찾아가서 병자를 치유하였다.

특히 스님은 침구鍼灸에 밝아 주로 그로써 병자를 다스리니 사람들이 스님을 장의선생張醫先生이라 부르는 것이었는데, 물론 이는 스님의 속성이 장씨였기 때문이다.

# 혼명성호선사
## 混溟誠昊禪師

　스님의 성씨는 황黃이고 아버지는 맹복孟卜이며 어머니는 한씨韓氏니 철종哲宗 9년 무오세戊午歲(서기 1858년) 9월 17일에 고흥군高興郡 팔영산하八影山下에서 태어났다.

　8세에 부모를 여의고 형님에게 의탁하였는데 형님의 형편이 어려워서 조석의 끼니조차도 메우기가 곤란하였다.

　그래서 집에서 멀지 않은 능가사楞伽寺에 찾아갔는데 마침 조계산 송광사松廣寺에서 온 침송수좌枕松首座가 있어 스님을 한 번 보고 매우 기뻐하며 슬하게 거두어 양육해 주었다.

　그리하여 3년 뒤에 남화화상南華和尙에게 수계受戒하니 법명을 성호誠昊라 하였다.

　13세 때 은사 스님을 따라 조계산의 은적암隱寂庵으로 돌아와서 인월선사印月禪師에게 구족계具足戒를 받고 범음梵音을 배웠다.

　이어 침허강백枕虛講伯에게 사집四集을 배우고 20세에 유방遊方하여 경붕景鵬, 혼해混海, 원해圓海 등 여러 강하講下에 참알參謁하여 경학經學을 모두 마쳤다.

　그 뒤 남방으로 대흥사大興寺에 이르러 범해율사梵海律師에게 구족계具足戒를 다시 받으니 대개 이는 대은율사大隱律師의 동국계맥東國戒脈을 중시重視한 까닭이다.

다시 원해대사圓海大師에게 외전外典을 배우니 그제야 비로소 내외전 內外典에 박통博通하게 되었다.

고종高宗 27년(서기 1890년), 33세 때 광원사廣原社에서 건당建幢하여 은사 스님의 가업家業을 얻으니 그 법호를 혼명混溟이라 하였으며 청진 암淸眞庵에 주석하며 학중學衆을 제접提接하였다.

세업世業이 청한淸寒하여 향화를 받들어 부처님을 시봉하는 것으로 일생의 정업淨業을 삼았다.

법부주法傅主를 모시고 곡성의 도림사道林寺와 태안사泰安寺에 재삼 머물렀고 무등산無等山의 원효암元曉庵, 징심사澄心寺와 복천福川의 유마 사維摩寺, 금륜사金輪寺에서 결사안거結社安居하기를 11년이나 하였다.

63세 때인 경신년庚申年(서기 1920년)에 능가사楞伽寺 주지住持의 소임 을 맡아 출가본사出家本寺를 위해 헌신하였다.

2년 뒤인 임술년壬戌年 봄에 옹성산 몽성암甕城山夢聖庵으로 옮겨 주 석住錫하며 크게 교화를 펴니 원근의 사서남녀士庶男女가 떼를 지어 찾 아와서 법을 묻고 가르침을 받았다.

그러나 본시 청한淸寒히 하는 것을 자신의 본분으로 삼아온 스님은 이듬해에 자취를 임야林野에 감추고 손수 양지바른 땅을 일구어 씨앗 을 뿌리고 가꾸면서 조용한 나날을 보내다가 일생을 마쳤다.

## 화성주흔선사
## 華性湊欣禪師

스님의 처음 휘諱는 성진性眞이었는데 뒤에 주흔湊欣으로 고쳤으며 자字는 병연丙淵이다. 법호도 처음에는 법해法海라 하였다가 뒤에 화성華性으로 바꾸었다.

속성은 김씨金氏이고 아버지는 이성伊城이며 본시 낙안樂安에서 살다가 승주군 송광면 삼청리昇州郡松光面三淸里로 옮겨 살았고 어머니는 이씨李氏이다.

철종哲宗 5년 갑인세甲寅歲(서기 1854년) 8월 23일에 태어나서 열 살 적에 양친을 여의고 형님에게 의탁하여 자랐으나 가난한 탓으로 오래 있기가 어려운 형편이었다.

그래서 12세 때 조계산 은적암隱寂庵으로 가서 의탁하여 14세에 한운장로漢雲長老에게 절하고 머리를 깎았다.

21세때 제방諸方에 유학하기를 결심, 경붕景鵬, 원화圓華, 혼해混海, 범해梵海 등 제대강백諸大講伯에게 예배하고 모두 그 현오玄奧를 얻었으며 선禪을 경붕화상景鵬和尙에게 받았다.

30세에 조계산 광원암廣原庵에서 건당建幢하여 은부주恩傅主의 법인法印을 받고 개당開堂하여 불자拂子를 세우니 능히 사원社院의 가풍을 이을 만했다.

무자년戊子年 봄에 보조암普照庵으로 석장錫杖을 옮겼는데 마침 전우

殿宇가 퇴락하여 기울기 직전에 놓여 있었다.

스님은 스스로 화주化主의 소임을 자청하고 널리 모연募緣하여 불과 수개월만에 중수불사重修佛事에 착수하였다.

이듬해에 중수불사를 원만히 회향하니 당우堂宇가 환연煥然히 일신一新되었으며 산내 노덕 스님의 한결같은 칭송을 받았다.

스님에게는 옛날부터 괴로운 병고病苦가 한 가지 있었으니 다른 것이 아니라 옴병[疥疾]이었다.

보조암을 중수한 뒤 손수 관음대성觀音大聖에게 기도를 드렸는데 기도를 회향하자마자 하루아침에 병이 나았다.

스님은 성품이 산수山水를 좋아하여 멀리는 옥룡존자玉龍尊者인 도선국사道詵國師의 풍수지리술風水地理術을 계승하고 가까이는 백운白雲의 학문인 선도仙道에 심취하였다.

그러나 이러한 외전外典은 세속인을 건지는 데에만 사용하였고 정작 스님은 일상생활에 손에서 백팔염주百八念珠를 놓지 않았고 입은 천수주千手呪를 거두지 않았다. 그리고 불전에 한 개피 단향檀香을 올리고 육시六時에 예경하였으니 무량수불無量壽佛과 관자재보살觀自在菩薩을 염송念誦하는 것으로 일생의 일과로 삼았다.

그리하여 재앙을 소멸하고 복을 내리는 경앙慶殃을 생각하면서 다만 스스로 기쁨을 누릴 따름이었다.

임인년壬寅年(서기 1902년), 스님의 나이 48세 때 섭리攝理의 소임을 맡아 사중寺中을 위하여 혼신의 노력을 기울였다.

그 뒤 사산四山의 유람에 나서서 발길이 닿는 곳마다 산수의 오묘한 모양새와 그 이치를 규명하기도 하고 여러 선지식을 배알하여 도요道要의 문답을 나누기도 하였다.

스님은 주로 방장산方丈山의 쌍계사雙溪寺와 동리산桐裡山의 명적암明寂庵과 여수麗水의 향일암向日庵에 주석住錫하며 찾아오는 납승衲僧을 제접提接하고 법을 묻는 신도들을 교화하였다.

신유년辛酉年(서기 1921년) 겨울에 태안사泰安寺 선원禪院에 머물어 3년을 안거安居하고 갑자년甲子年에 다시 향일암向日庵으로 부임하였다.

을축년乙丑年 겨울에는 다시 태안사로 돌아와 머물렀고 병인년丙寅年 가을에는 조계산 송광사松廣寺로 돌아와 양성養性에 힘썼다.

부처님 탄신일인 4월 8일에 목욕하고 각 전당을 차례로 순행하여 하직을 아뢴 뒤 저녁에 이르러 엄연히 천화遷化하시니 문인들이 엄숙히 다비茶毘를 모시고 탑을 세웠다.

스님이 세상에 머무시기는 74년이었고 승랍은 60세에 달하였다.

# 호붕진홍선사
## 浩鵬振弘禪師

스님의 휘諱는 진홍振弘, 자字는 부요扶搖, 법호는 호붕浩鵬이며 속성은 경주 김씨慶州金氏요 아버지는 윤언允彦이며 어머니는 김해 김씨金海金氏이다.

고흥군 점암면 두지리高興郡点巖面斗地里에서 철종哲宗 14년 계해세癸亥歲(서기 1863년) 4월 8일 부처님 탄신일誕辰日에 태어났다.

스님은 얼굴이 준수하여 다른 아이들과 다른 모습이었으며 어릴 적부터 재주가 뛰어나서 이웃에까지 이름이 났다.

11세에 입학하여 글을 배우기 시작하였으나 집안 형편이 너무 어려운 데다 13세 때 어머니를 여의게 되자 능히 조업祖業을 보전하지 못하고 아버지와 아들이 서로 이별하는 신세가 되었다.

그래서 14세에 팔영산 능가사八影山楞伽寺의 영호대사影浩大師에게 의탁하여 축발祝髮하고 15세에 설암선사雪巖禪師에게 수계受戒하였다.

계속 은사 스님을 시봉하다가 19세 때 비로소 허락을 받아 조계산 송광사曹溪山松廣寺의 구연 강하九淵講下에 나아가 경전을 배웠다. 이어 경운擎雲, 원화圓華 등 여러 종사宗師에게 참알參謁하여 내외경적內外經籍을 대략 모두 섭렵하였다.

30세 되던 임진년壬辰年에 조계산 감로사曹溪山甘露寺에서 건당建幢하여 은부恩傅의 법의法衣를 입고 감로鑑老 원감국사圓鑑國師의 주불을 떨치니 사도獅徒가 분집하였다.

스님의 명성이 널리 퍼지자 입신출세를 지향하고 유서儒書를 배우는 향교鄕校의 학동들이 모두 스님의 강하講下로 쏠리니 공석孔席은 늘 따뜻할 겨를이 없었다.

금강산 신계사神溪寺와 곡성 태안사泰安寺와 방장산 쌍계사雙溪寺, 대원사大原寺와 승평昇平 선암사仙巖寺와 조계산 보조암普照庵 등은 모두 스님의 화의化儀하신 지역이다.

스님의 교화는 조계산에서 시작하여 조계산에서 그 끝맺음 하였으니 스님의 화연化緣은 조계산에 치우쳐 깊다고 하겠다.

만세晚歲에는 청진암淸眞庵에 은거隱居하며 보림保任 염송念誦으로 장차 정토업淨土業을 기약하였다.

기미년己未年(서기 1919년)에 환해선조幻海先祖의 비碑를 세우니 이것이 스님의 일생사업一生事業이었다.

무진년戊辰年(서기 1928년) 봄에 동리산 태안사泰安寺 강석講席의 주맹主盟으로 초청을 받아 마지막 사자후獅子吼를 토하시었다.

그러나 환신幻身의 노쇠해짐을 어쩌지 못하여 이듬해 가을에 조계산으로 돌아와서 자정암慈靜庵에서 조용히 여생을 염불로 일관하였다.

# 기룡활해선사
## 麒龍潤海禪師

스님의 휘諱는 활해潤海이고 자字는 운강雲江이며 법호는 기룡麒龍이다.

속성은 황씨黃氏니 본관本貫은 장수長水요 아버지는 봉수鳳秀, 어머니는 이씨李氏이며 순조純祖 15년 을해세乙亥歲서가 1815년 2월 18일에 승주군 황전면 동고리昇州郡黃田面東古里에서 태어났다.

10세에 입학하여 15세에 경사經史에 통달하였으며 배운 글은 반드시 가르치고 글을 대하면 반드시 외웠으므로 이웃 어른들이 스님을 동몽교원童蒙敎員이라 칭하였다.

17세, 18세에 연이어 부모님을 여의고 삼 년간의 시묘侍墓살이를 효성으로 잘 마쳤다. 20세 되던 갑오세甲午歲 봄에 동리산 태안사桐裡山泰安寺에 나아가서 낙천화상樂天和尙에게 머리를 깎고 퇴은율사退隱律師에게 계戒를 받았다.

병신세丙申歲에 침명강백枕溟講伯에게 참알參謁하여 경론을 배웠으며 인파선사印波禪師에게 배알하여 선禪을 받았다. 이어 『사기史記』는 성암화상性庵和尙에게 점검받고 노장老壯은 기봉화상奇峰和尙에게 읽었다.

그 뒤 사교입선捨敎入禪하여 제방선원을 두루 다니다가 28세 때인 임인세壬寅歲에 조계산曹溪山의 화봉지실華峯之室에서 법인法印을 허리에 차고 은적암隱寂庵에 주석住錫하여 개당강법開堂講法하였다.

갑인세甲寅歲(서기 1854년) 봄에 『화엄경정행품華嚴經淨行品』을 읽다가 문득 책을 덮고 탄식하기를,

"삼천三千의 경권經卷은 오직 한 번 지개미[糟粕]을 움켜쥐고 일생을 먹는 격이라 사구死句로서 뉘가 활구活句를 참구하겠는가?"

하고는 학중을 떠나 누더기옷 한 벌에 표주박 하나만을 들고 제방의 선지식[諸方善知識]을 참알參謁하기를 10년.

스님은 남루한 누더기로 몸둥이를 가리우는 것으로 족함을 삼았으며, 하루 한끼만으로 능히 굶주린 창자를 위로하였다.

조계산의 은적암隱寂庵과 삼일암三日庵, 동리산의 명적암明寂庵과 미타전彌陀殿, 선암사仙巖寺의 칠전七殿, 쌍계사雙溪寺의 칠불암七佛庵 등은 스님이 30년을 드나들며 참선한 선실禪室이다.

또 천문법天文法과 지리학地理學은 학인시절에 이미 섭렵하였고, 노고魯誥유교와 축분竺墳불교을 진실로 유인遊刃한 바였다.

내지 향상본사向上本事는 말후일념末後一念의 진실에 있을 따름이다.

고종高宗 30년(서기 1893년) 계사세癸巳歲 8월 9일에 미질微疾을 보이시더니 은적암에서 엄연히 천화遷化하시었다.

다비茶毘를 모신 뒤 스님의 걸망을 챙겨 살펴보니 다만 한 벌의 포대布袋만이 있을 따름이었다.

스님이 세상에 살으신 천수天壽는 79세였고, 안거安居하신 법랍은 59하夏였다.

# 대붕지수선사
## 大鵬智藪禪師

스님의 휘諱는 지수智藪이고 대붕大鵬은 법호이며 속성은 김씨金氏요 승주군 주암昇州郡住巖이 고향이며 아버지는 만기萬基이다.

헌종憲宗 7년 신축세辛丑歲(서기 1841년)에 태어났으며 13세에 조계산 송광사曹溪山松廣寺로 가서 침연화상枕淵和尙에게 예배하고 머리를 깎아 은사 스님에게 계戒를 받았다.

18세에 우담 강하優曇講下에 참예하여 경론을 배우고 선禪은 침룡선사枕龍禪師에게 받았다. 30세에 법을 은사 스님에게 받고 청진암淸眞庵에 주석하였다.

스님은 효행孝行이 뛰어났는데 은사 스님이신 침연화상도 본시 효행으로 이름이 났지만 스님은 은사 스님보다 더한 효행을 한 것이다.

조석으로 공양을 올리는 일이며 물 긷고 땔나무하는 일 등을 늘 게으름이 없이 손수 행하기를 단 한 번도 거르는 일이 없었다.

35세 때 스님은 악연惡緣을 만나 젊고 아리따운 여인에게 사로잡힌 바 되었는데 상좌를 잃은 침연화상은 그만 병환으로 자리에 눕고 말았다.

음실姪室에 빠진 스님은 은사스님이 위독하시다는 소문을 듣고 문득 정신을 차려 단번에 악연을 끊고 은사 스님에게로 돌아오니 스승님의 병환이 차츰 차도를 보이는 것이었다.

스님은 여인과의 단꿈도 스승님을 위하는 마음으로 끊고 스승님을 따랐으니 세상 사람의 정리로는 도저히 불가능한 일이 아닐 수 없다.

기실 세상 사람들로서는 스님과 같은 효심을 발할 사람이 정말 몇 사람이나 되겠는가?

은사 스님이 쾌차하신 뒤 스님은 제방의 선지식을 참방參訪하였으니, 스님네의 자취가 높으면 반드시 찾았고 스님이 진실한 선지식이면 반드시 나아가 배알 하였다.

그리하여 사산四山의 명승에 두루 유람하며 얻은 바가 매우 컸고 지견知見 역시 놀랍게 향상되었다.

이로부터 스승님을 섬기는 일에 더욱 부지런하였으니 혹 인근 암자에서 특별한 공양이 있어 참예하게 되면 혹 은사 스님의 공양이 늦을까 염려되어 공양을 들지 않고 그냥 돌아와서 은사 스님의 공양을 마련하였으며 스님은 스승님이 공양을 드신 뒤에서 들었다.

스님은 평소 서예에도 정진하여 특히 범자梵字에 일가를 이룰 만큼 능하였으며, 혹 주련柱聯이나 다라니陀羅尼를 부탁하면 늘 기꺼이 써주었다.

그러나 한자漢字를 청하면 좀처럼 붙잡지 않았으며 또 시율詩律을 좋아하지 않았으니 실로 본색납자本色衲子일 따름이었다.

계해세癸亥歲(서기 1923년) 7월 9일에 미질微疾을 보이시더니 별로 앓지 않으시고 대적삼매大寂三昧에 드시었다.

스님의 세상 나이는 83세이고 안거安居하신 법랍은 70하夏였다.

# 수경찬문선사
## 袖鯨贊玟禪師

스님은 남원군 세전南原郡細田사람이니 아버지는 김익룡金翼龍이고 어머니는 김씨金氏이며 철종哲宗 6년 을묘세乙卯歲(서기 1855년) 7월 9일에 태어났다.

고종高宗 9년, 18세에 곡성 동리산谷城桐裡山으로 가서 준화대사俊華大師에게 예배하고 머리를 깎고 호월선사皓月禪師에게 참알參謁하여 계를 받으니 법명을 찬문贊玟이라 지어 주셨다.

그 뒤 경붕강백당하景鵬講伯堂下에서 경전을 배우고 호은율사虎隱律師에게 염향拈香하고 또 선禪을 받았으며 보살계菩薩戒도 받았다.

계미세癸未歲인 29세에 조계산 선월화상曹溪山禪月和尙에게 법인法印을 받으니 법호를 수경袖鯨이라 하였다.

본사의 동일암東日庵에 주석하며 스승님을 시봉하는 한편 학중學衆을 가르치는 데 힘썼다.

35세 때 16존상尊像의 개채불사改彩佛事를 손수 화주化主하여 원만히 회향하였다.

57세 때인 신해세辛亥歲에 송광사松廣寺의 주지住持로 취임하여 5년간 가람수호에 힘썼다.

62세에 방장산 천은사方丈山泉隱寺의 청으로 약사강원藥師講院에서 학중學衆을 가르쳤다.

이듬해에는 경산京山의 봉원사奉元寺에서 청하므로 그곳으로 옮겼다.

그해 가을에는 금강산金剛山으로 들어가서 표훈사表訓寺에 주석하였으며 몇 달이 지나서 유점사楡岾寺로 옮겨 주석하며 강수講授하니 학중이 도량을 가득 메웠다.

그 이듬해 봄에 본사本寺로 돌아와서 머물다가 가을에 해인海印의 원종가람圓宗伽藍을 참배하고 이어 통도通道의 불종계단佛宗戒壇에 예배하였으며 석장錫杖을 범찰선원梵刹禪院에 높이 걸고 결재하고자 하였다.

그러나 용주사龍珠寺의 청으로 북향하여 화산花山에서 겨울결재를 하고 조용히 좌선삼매에 들었다.

이듬해 가을에는 명승지를 방문하고 선지식善知識을 참알參謁하다가 용성고리龍城故里로부터 본산으로 돌아왔다.

스님의 성품은 우직하고 그 일은 곧아서 사람들의 기탄을 가리지 않았고 그 붓은 미끄럽고 그 재주는 민첩하였지만 그를 좋아하지 않았으며 시율詩律에 능하였으나 또한 좋아하지 않았다.

그러나 혹 선비와 벗이 있어 운韻 부르기를 청하면 이내 화답하는 것이 마치 미리 구상하고 있었던 것 같이 하였다.

임술년壬戌年 겨울에 이르러 우연히 중풍의 증세가 있어 몸이 자유롭지 못하더니 이듬해인 계해년癸亥年(서기 1913년) 4월 11일에 천화遷化하시니 세상 연령은 59세이고 법랍은 41하夏였다.

# 경명태민선사
## 景演泰敏禪師

스님의 선대先代는 본래 함평咸平에서 살았으나 뒤에 영광군 기동리 靈光郡基東里로 이사하였다.

속성은 강씨姜氏이고 아버지는 재평在平이며 어머니는 주씨朱氏요, 법 명은 태민泰敏이니 철종哲宗 9년 무오세戊午歲(서기 1858년) 12월 3일에 태 어났다.

스님의 심성心性이 태연泰然하고 수예手藝가 민첩敏捷하므로 태민泰敏 이라 이름한 것이다.

어려서 양친을 여의고 의탁할 데가 없어 유리낭자流離浪子의 신세가 되었다.

그래서 완산完山의 통구通衢와 금구金溝의 원평院坪은 곧 스님이 아침 저녁으로 문전걸식門前乞食하던 지역이다.

11세에 장성 백양사長城白羊寺에 들어가서 수월장로水月長老를 의탁하 여 득도得度하고 기봉화상奇峰和尙에게 수계受戒하였다.

지학志學의 나이에 오히려 간경看經의 마음이 있더니 근근히 식량을 탁발하여 강당학사講堂學舍에 괘패掛牌하였다.

백양사와 담양潭陽의 용흥강사龍興講肆를 넘나들기를 여러 해 하다가 점차로 남쪽으로 가서 조계산 송광사松廣寺에 이르러 다행히 통허화상 洞虛和尙과 결연結緣하였다.

이에 화상의 도움으로 원해圓海, 월화月和 등 여러 종장宗匠에게 참알參謁하여 삼장三藏을 모두 이수履修하였다.

병술년丙戌年인 스님의 나이 29세에 두륜산 대둔사頭崙山大芚寺의 범해율사梵海律師에게 예배하고 구족계具足戒를 받았다.

이듬해인 30세에 통허화상洞虛和尙에게 건당建幢 입실入室하고 법의法衣를 받으시니 법호를 경명景溟이라 하였다.

만일당萬日堂에 머물며 하안거夏安居를 난 이래 십여 년을 참선으로 일관하였다.

무술년戊戌年에는 해인사海印寺에서 안거하고 신축년辛丑年에는 쌍계사雙溪寺에서 하안거夏安居를 나던 중, 법부주法傅主의 부고訃告에 접하고 밤을 새워가며 달려와서 스승님 영전에 엎드렸다.

통허화상의 다비茶毘를 모시던 날 밤에 상서로운 광명이 통허通虛하여 원근에 환히 비추어 마을 사람들 모두가 이 상서를 보고 화상의 공덕을 기렸다.

이에 대중이 통허법부洞虛法傅의 자리를 계승하기를 청하니 스님은 만일회萬日會를 무사히 마치고 무량회無量會를 이어 열어서 주야로 염불정진하였다.

경술년庚戌年에 염불회念佛會를 혁신하여 또한 혁파革罷하였다.

을묘년乙卯年 봄에 벌교포교당筏橋布敎堂에 포교사로 부임하여 인연을 따라 불법을 설하고 교화하였다.

기미년己未年에 염불회를 다시 본사에 베풀고 스님은 화주化主를 자청하여 보필하기에 힘썼다.

임술년壬戌年 봄에 염불회를 자정암慈靜庵에 옮기고 하루에 네 차례 염송念誦하기를 일심一心으로 정진하였다.

스님은 항상 말씀하기를,

"감인세계堪忍世界는 내 반드시 떠날 것이요, 연화정토蓮花淨土는 내가 돌아갈 곳이로다."

정묘년丁卯年 겨울에 관음전觀音殿으로 옮겨 주석하며 부처님을 받들고 정진하였다.

무진년戊辰年(서기 1928년) 겨울에 염불당念佛堂으로 옮겨 주석하여 입승立繩의 지위에 머물렀다.

# 영월축문선사
## 映月竺文禪師

스님의 휘諱는 축문竺文이고 또 효문孝文이라고도 하며 자字는 화옹花翁이요 영월映月은 법호이다.

속성은 양씨梁氏니 아버지는 혜갑惠甲이요 어머니는 경주 김씨慶州金氏이며 철종哲宗 12년 신유세辛酉歲(서기 1861년) 1월 28일에 구례군 간전면 동해리求禮郡艮田面東海里에서 태어났다.

11세인 신미년辛未年에 입학하여 학문을 닦기 시작했으며 13세에 곡성谷城 태안사泰安寺의 명적암名寂庵에 나아가 척허장로尺虛長老에게 의탁하여 득도得度하였다. 14세인 갑술년甲戌年에 보명화상葆明和尙에게 수계受戒하고 사집四集을 배웠다.

3년 뒤인 정축년丁丑年에 부친상을 당하여 영결을 마치고 돌아왔다.

이듬해에 제방에 노닐어 경붕景鵬·경운擎雲·원해圓海 등의 제대종장강하諸大宗匠講下에 참알하여 7, 8년을 삼장三藏을 모두 열람하였다.

27세에 건당建幢하여 금운화상錦雲和尙의 법맥을 계승하니 곧 석존釋尊의 74세손世孫이 되었다.

무자년戊子年 봄 본암本庵을 수선修繕하기를 마치고 경운화상擎雲和尙에게 나아가 선참禪懺을 받았다.

경인년庚寅年(서기 1890년) 봄에 사산승지四山勝地를 두루 돌며 선지식善知識을 참방參訪하였다.

신묘년辛卯年 봄에는 자원하여 부도전浮屠殿에 만일회萬日會를 베풀고 또한 부도전을 중수개선重修改繕하였다.

임진년壬辰年에는 화엄회華嚴會를 베풀고 다시 을미년乙未年에도 화엄회를 크게 베풀어 많은 사부대중四部大衆이 운집하는 성황을 이루었다.

정유년丁酉年에는 각 법당의 탱화가 낡고 헤어진 것을 애석히 여겨 새로 봉안하기 위해 화주化主에 나서서 천신만고 끝에 원만히 회향하였다.

그러고는 툭툭 털고 일어나서 걸망 하나만을 챙겨 운수객雲水客이 되어 영남지방으로 행각, 마침내 불지종찰佛之宗刹인 통도사通度寺 선원에서 하안거를 났다.

해제解制 후 돌아오는 길에 산청山淸에서 큰 가마솥 두 개[二座]를 사가지고 본사로 돌아왔다.

스님이 사중을 아끼고 두호하는 마음이 대개 이러하였으므로 산내 대중은 스님을 송광사의 "터줏대감"이라고 입을 모아 칭송하기를 마지않았다.

고종 광무高宗光武 4년(서기 1900년) 봄에 화주化主에 나서서 완산完山 송주상宋柱商 댁에 이르러 금 1천 냥金一千兩을 얻어 보국사輔國寺 대종大鐘 1좌一座를 샀다.

대종의 무게는 3백 50근이고 종값과 아울러 운반비는 도합 1천7백여 냥一千七百余兩이나 되었는데 모자란 돈 7백여 냥은 스님 소유의 논 7두락七斗落을 팔아서 충당하였다.

광무光武 7년에 염불회念佛會를 명적암明寂庵으로 옮겼다. 옮기게 된 사유는 부도전浮屠殿에 선량禪糧이 충분치 못한 때문이다.

명적암에는 법사法師 스님의 원답願畓 아홉 마지기[九斗落]를 일찍이 사들인 것이 있는 데다 법부주法傅主께서 다시 사들인 열두 마지기 반[十二斗落半]의 논이 있어서 회중자량會中資糧이 풍족하기 때문이었다.

이듬해에는 정당正堂과 사성각四聖閣·서각書閣 등을 중수하였으며 6월에는 자모慈母의 상을 당하였다.

광무 9년 7월에는 법부주法傅主의 입적入寂을 당하니 문도들과 함께 정성을 다하여 다비를 모시고 또 49일재에도 소홀함이 없이 정근精勤하였다.

무신년戊申年 순종 융희純宗隆熙 2년에 병란兵亂으로 인하여 염불회念佛會를 폐지하고 지리산으로 들어가 은둔 생활을 하며 정진하였다.

이듬해에 다시 도림사道林寺의 길상암吉祥庵으로 옮겨가서 낮과 밤으로 나한성중羅漢聖衆에게 백팔배百八拜를 하며 다만 국계國界가 태안泰安하기를 기축祈祝하였다.

경술년庚戌年에 본사의 국사탑國師塔 아래로 돌아왔는데 마음을 아직 정하지 못하더니 큰절의 장경전長慶殿으로 이석移錫하여 향화를 받들었는데 우연히 각증脚症이 생겨 조금 근심하게 되었다.

신해년辛亥年 가을에 대웅전大雄殿에 머물고 임자년壬子年 가을에 본사의 청으로 대웅전을 맡아보게 되었다.

54세 때인 갑인년甲寅年 겨울에 본사 주지本寺住持로 선출되었다.

그리하여 을묘년乙卯年에는 기와 30칸三十間을 구웠으며 병진년丙辰年에는 대노전大爐殿의 석정石井 1구一口를 새로 조성하였다.

그리고 칠성각七星閣을 중수하고 대웅전大雄殿과 응진당應眞堂을 번와翻瓦하였다. 11월에는 본사 주지本寺住持의 2기二期를 인가認可를 받았다.

정사년丁巳年 봄에 선당禪堂과 동일암東日庵을 수선修繕하고 일주문一柱門을 중건重建하였으며 응접실應接室을 새로 짓고 사무실을 수리하였으며 사면四面 담장을 개축하였다.

경신년庚申年 봄에 봉서암鳳瑞庵을 창건하고 11월에는 삼기三期의 주지직住持職을 인가 받았다.

신유년辛酉年에 기와 30와臥를 굽고 삼천교三川橋를 새로 건설하였다.

임술년壬戌年 봄에 선당禪堂과 공루주간空樓廚間을 새로 수리하여 사무소로 삼았다.

그리고는 주지직을 굳이 사퇴하고 탑전塔殿으로 퇴거退居하여 사무를 돌아보지 않고 오로지 염불하여 안양국安養國에 왕생하는 것으로 업을 삼았다.

기사년己巳年 정월 28일에 이르러 제자 이인二寅에게 법을 전하고 3월 초하룻날에 별로 앓음이 없이 좌화坐化하였다.

스님이 세상에 살으신 햇수는 69세이고 법랍은 56하夏였다.

# 취암경은선사
## 翠庵璟恩禪師

스님의 속성은 오씨吳氏이고 아버지는 경주經柱이며 어머니는 장씨張氏이니 고종高宗 2년 을축세乙丑歲(서기 1865년) 3월 16일에 곡성군 죽곡면 유봉리谷城郡竹谷面留鳳里에서 태어났다.

5세에 부친을 여의고 어머니를 따라 승주군 송광면 오봉리昇州郡松廣面五峰里로 이사하였다.

10세에 입학하여 글을 배우기 시작하였는데 재주가 민첩하고 총혜聰慧가 있어 윗어른들의 칭찬이 자자하였다.

16세에 어머니의 가르침을 의지하여 송광사松廣寺에 출가하였으며 선월대선사禪月大禪師에게 축발祝髮하고 기룡대사麒龍大師에게 계를 받으니 법명은 경은璟恩이고 자字는 귀일歸一이었다.

18세에 구연강헌九淵講軒에 나아가 비로소 경론을 배우기 시작하였으며 경운擎雲·원화圓華 등 여러 종장宗匠에게 참학參學하기를 5, 6년에 내외전적內外典籍을 종핵綜核하지 못함이 없었다.

경인년庚寅年(서기 1890년) 봄에 조계산 수선사曹溪山修禪寺에서 건당建幢 하여 은부주恩傳主이신 선월禪月 큰스님의 신의信衣를 받았으며 법호를 취암翠庵이라 하였다. 그로부터 광원실廣原室에 주석하여 개당설교開堂說教하니 이는 곧 진각국로眞覺國老께서 염송拈頌을 결집結集한 도량이라. 얼마만큼이나 감격하여 송頌 하였겠는가?

그런데 광원암은 풍우風雨에 시달려 병든 지 오래라 지탱할 길이 없는 지경에 이르렀다.

그래서 용선대덕龍船大德과 더불어 단월檀越의 문을 두드리며 화주化主 모연募緣에 나서니 스님의 도덕과 정성에 감동한 신도들의 십시일반十匙一飯으로 마침내 전 가람을 중수일신重修一新하였다.

이 불사는 스님이 선월 큰스님에게 건당입실建幢入室한 뒤 처음 원력을 세워 감행한 것이어서 산내 노덕 스님네의 칭송이 더욱 대한하였다.

갑오년甲午年에 동학난東學亂이 일어나자 스승님을 모시고 은적초당隱寂草堂으로 피신하였다.

은적초당은 곧 스님의 사세조四世祖이신 경월조사鏡月祖師께서 창건하신 가람이라 법부주法傳主께서 여기에서 종신終身코져 하시며 모든 것을 주선하는 책임을 스님에게 맡기셨다.

스님은 효성을 다하여 스승님이 불편함이 없으시도록 잘 모시니, 물 긷고 땔나무 나르는 것이며 조석공양을 마련하는 등의 일을 모두 손수 하였다.

그러면서 매양 스승님에게 올릴 공양거리가 모자람을 한탄하더니 하루는 홀연히 바위 틈새에서 영초靈草를 발견하고 이를 팔아서 스승님의 선량禪糧과 약값으로 충당하였다.

이 소식을 들은 여러 스님네는 한결같이 스님의 효심을 감동한 나머지 산신山神께서 내리신 것이라고 칭송을 아끼지 않는 것이었다.

또 본암本庵의 사성각四聖閣과 초당草堂이 비가 새고 벽이 허물어지자 스님은 손수 화주해다가 말끔히 수선修繕하여 스승님의 걱정을 없애었다.

경자년庚子年(서기 1900년) 겨울에 법부주法傅主께서 시적示寂하시매 슬피울며 다비茶毘를 모시고 3년을 복근服勤하였다.

임인년壬寅年에 석장錫杖을 유마사維摩寺로 옮겨 참선에 열중하고 있는데 이듬해에 본사本寺의 총섭인總攝印을 받고 본사로 돌아왔다.

3년 뒤인 병오년丙午年에 총섭의 소임을 내놓고 보조암普照庵에 머물며 조용히 선관禪觀을 닦았다.

무신戊申·기유己酉 두 해에는 병선兵燹으로 인하여 동보양암東普兩庵이 불에 탔는데, 옥석이 모두 타버렸는데 무엇이 남았겠는가?

경술년庚戌年에는 지팡이 하나와 옷 한 벌로 천산만수千山萬水를 두루 밟았는데 수원水原의 용주사龍珠寺에서 만류하므로 주석하며 삼장을 강설하였다.

그 뒤 10여 년 사이에 뚝섬의 봉은사奉恩寺와 양주楊州의 봉선사奉先寺와 강화江華의 전등사傳燈寺와 공주公州의 마곡사麻谷寺 등지에서 강석講席의 법주法主로서 사방에서 구름처럼 모여드는 학중學衆을 위해 사자후獅子吼를 하였다. 또 스님은 시율詩律에 선능善能하여 시인묵객詩人墨客은 물론이고 사대부士大夫들 사이에서도 존경해 마지않았다.

스님은 본사本寺의 청도 마다하고 곡성 도림사谷城道林寺의 길상암吉祥庵에 호젓이 머물었는데 길상암은 곧 묘길상妙吉祥문수보살을 가리킴의 도량이자 생나한生羅漢님의 도량이기도 하다.

길상암은 산정山頂의 험절險絶한 곳에 마치 제비집 마냥 아슬아슬하게 자리하고 있어서 세속의 티끌이 이르지 못하는 수도인이 살을 도량이다.

그래서 스님은 여기에서 여생을 마칠 생각으로 일표일납一瓢一衲으로 청빈한 생활을 영위하며 시공時空을 잊고 삼매三昧에 몰입하였다.

갑자년甲子年, 스님의 나이 60세 되던 해에 장성長城의 백양사白羊寺에서 강주講主로 청하므로 스님은 다시 강석講席에 나아가 후학을 가르쳤다.

백양사에서의 생활은 5년여.

스님은 시간이 나면 시율詩律을 읊으며 도심道心을 피력하고 자연自然을 음미하였으며 세상의 무상無常을 노래하였다.

기사년己巳年(서기 1929년) 봄에 이르자 본사인 송광사松廣寺에서 돌아오기를 간곡히 청하므로 낙엽이 뿌리에로 돌아가듯 조계산으로 돌아왔다.

그러나 다시는 강석에는 서지 않고 오로지 산실山室에 홀로 기거하며 선정禪定을 닦는 것으로 일관하였다.s

스님은 슬하에 상좌를 많이 두지 않았으며 손아래 사람의 시봉을 사절하고 손수 밥 짓고 죽을 쑤었으며 손수 빨래하고 땔나무를 마련하였다.

평생을 안빈낙도安貧樂道로서 청한淸閑을 즐기며 호젓이 사는 것으로 자족自足하였다.

# 호붕진홍선사
## 浩鵬振弘禪師

스님의 휘諱는 진홍振弘이고 자字는 부요扶搖이며 법호는 호붕浩鵬, 속성은 경주 김씨慶州金氏, 어머니는 김해 김씨金海金氏이다.

스님은 태어나면서 얼굴이 청수하고 다른 아이들과 다른 점이 있었는데 점점 자라면서 재주로서 널리 이름이 났다.

11세에 입학하여 공부를 시작하였으나 집안 형편이 매우 어려웠으며 13세 때 어머니를 여의게 되어서는 조업祖業을 능히 보전할 수 없게 되었다.

그래서 14세에 아버지와 아들은 서로 헤어져서 아들은 고흥高興 땅 팔영산 능가사八影山楞伽寺로 들어가 영호대사影浩大師를 의지하여 축발祝髮하고 15세에 설암선사雪巖禪寺에게 계戒를 받았다.

그로부터 3년 남짓을 은사 스님 시봉을 하고 19세에 조계산曹溪山의 구연화상 강하九淵和尙講下에 나아가 경전을 배웠다.

30세 되던 임진년壬辰年(서기 1892년)에 송광사의 감로사甘露社에서 은사 스님에게 건당建幢하니 법호를 호붕浩鵬이라 받았다.

그리하여 감로사에서 원감국사圓鑑國師의 선풍禪風을 다시 떨치니 원근에서 사도獅徒가 구름 모이듯 하여 삽시간에 일대회상一大會上을 이루었다.

금강산金剛山의 신계사神溪寺와 곡성谷城의 태안사泰安寺와 방장산方丈

山의 쌍계사雙溪寺·대원사大原寺와 승평昇平의 선암사仙巖寺와 조계산曹溪山의 보제당普濟堂은 모두 스님의 화의지지化蟻之地이다.

스님은 처음 조계산에서 공부 배우기를 시작하여 천하를 두루 행화行化하다가 조계산에서 끝맺음을 하였으니 교화의 인연이 조계산에 치우쳐 깊었던가 싶다.

스님은 어느 회상에서나 선禪과 교敎에 있어 한쪽에 치우침이 없이 항상 선교겸수禪敎兼修의 사상을 견지堅持하였으며 학중學衆에게도 이를 강조하여 가르쳤다.

스님은 제자들에게 이르기를,

"선禪은 부처의 마음이요 교敎는 부처의 말씀이며 율律은 부처의 행실이다."

선교율을 모두 갖춰야 온전한 승보僧寶가 된다고 가르쳤으며 스님 자신도 선교율을 존중하고 수행의 지표로 삼았던 것이다.

만세晚歲에는 청진암淸眞庵에 은거하여 보림염송保任念誦하며 장차 서방정토西方淨土에 왕생하기를 기약하였다.

무진년戊辰年 봄에 동리산 태안사桐理山泰安寺의 청을 받아 다시 강석講席에 나아가 학중을 제접提接하였다.

그러나 춘추 이미 늙어서 강석에 오래 머물지는 못하고 이듬해인 기사년己巳年 가을에 본사로 돌아와 자정암慈靜庵에 주석하여 여생을 정업淨業을 닦았다.

# 용암진수선사
## 龍巖振秀禪師

스님의 속성은 최씨崔氏이고 아버지는 시선時先이며 어머니는 박씨朴氏이다.

휘諱는 진수振秀이고 자字는 토정土定이며 법호는 용암龍巖이요. 승주군 송광면 장안리昇州郡松光面壯安里에서 고종高宗 5년 무진세戊辰歲 6월 초하룻날 태어났다.

8세에 입학하여 글을 배우는데 낮에 배운 것은 밤에 반드시 모두 외웠다.

13세에 경사經史에 통달하였으며 이웃 어른들이 신동神童이라고 입을 모아 칭찬을 아끼지 않았다. 하루는 역술易術에 밝은 사람이 스님을 보고 "진세塵世에 묻혀 살 사람이 아니니 출가위승出家僞僧케 함이 옳으리라" 하므로 부모는 옳이 여겨 출가를 허락하였다.

14세에 송광사의 계월선사桂月禪師에게 나아가 축발祝髮하고 법운대사法雲大師에게 나아가 수계受戒하였다.

18세에 은사 스님이 시적示寂하시니 삼년상三年喪을 예행禮行하였다.

23세에 금명화상錦溟和尙의 강하講下에서 경전을 배웠으며 그 뒤 화성華性·호붕浩鵬의 두 강백에게 참알參謁하기를 6, 7년에 경론을 모두 열람하였다.

30세 때인 정유년丁酉年 겨울에 보조난야普照蘭若에서 건당建幢하고 인월대사印月大師의 법인法印을 받아 광원사廣原社에 주석하였다.

정미년丁未年(서기 1907년)에 총섭摠攝이 되었으나 이듬해인 무신년戊申年에 병난兵亂이 일어나자 난을 피하여 사산四山을 유력遊歷하였다.

양산梁山 통도사通度寺에 이르러 불종佛宗의 계단戒壇에 예배하고 여러 달을 정진하다가 범어사梵魚寺로 향하여 금어선원金魚禪院에서 동안거冬安居를 지냈다. 이듬해인 법보종찰法寶宗刹의 장경각藏經閣에 예배하고 방장산方丈山의 칠불선원 아자방七佛禪院亞字房에서 정진하고 이어 화엄사華嚴寺로 가서 사리탑舍利塔에 참배하였다.

본사로 돌아와서는 감로사甘露社에 주석하여 정진에 힘썼다.

스님은 세간에 처하여서도 염송念誦을 그치지 않았으며 시끄러운 대중처소에서도 기강紀綱을 잃지 않았다. 마음에 규승規繩을 어기지 않았고 성품이 정애情愛에 물들지 않았으며 몸을 구부리고 폄에 항상 출가의 본의本義를 두려워하고 아침과 저녁으로 매양 정토淨土의 사업을 염송하였다.

임술년壬戌年 겨울에 대웅전大雄殿에 향화를 받드는 소임을 맡았고 갑자년甲子年에도 재차 맡아서 게으름이 없이 소임을 다하였다.

무진년戊辰年 겨울에 우연히 미질微疾로 인해 병상에 눕자 상족上足 해은海隱이 시탕侍湯을 거행하는데 옛날의 삼평三平이나 왕상王祥·맹종孟宗에 부끄럽지 않게 하였다.

경오년庚午年 정월 초이튿날에 엄연히 귀진歸眞하시니 문도들이 모아서 다비茶毘한 후 진영眞影을 그려 방장方丈에 걸어 모시었다.

# 율암찬의선사
## 栗庵贊儀禪師

스님의 휘諱는 찬의贊儀이고 자字는 람계藍溪이며 법호는 율암栗庵, 속성은 김씨金氏요, 아버지는 응식應植, 어머니는 위씨魏氏이다.

고종高宗 4년 정묘세丁卯歲(서기 1867년) 10월 6일에 여천군 율촌면 사항리麗川郡栗村面沙項里에서 태어났다.

태어나면서 기상氣像이 수특殊特하였으니 범의 이마에 제비의 턱이며 눈썹이 빼어나고 눈은 높이 달렸으며 두 볼은 풍만하고 변설은 민첩하며 눈동자는 맑고 번쩍이는 것이어서 원래 용열한 무리의 형국이 아니었다.

어려서 입학하여 글을 배우는데 하나를 들으면 열을 앎으로 가히 이르되,

"한 번 열람하면 문득 기억하는 총혜聰慧가 절륜絶倫하였으며, 오래 기억하기를 어제와 같이 하였다."

지학志學의 나이에 두루 경적經籍을 열람하였으며 배운 것은 반드시 가르치고 들은 것은 반드시 잊지 않았으니 이는 가히 이르되,

"빠른 발로 잽싸게 달려 뒤에 달려도 앞사람보다 먼저 이른다."

함이 진실로 속이는 말이 아니었다.

스님의 자字를 람계藍溪라 한 것이 부끄럽지 않은가? 쪽빛보다 푸른 것을 이른 것인저.

숙생에 신령한 싹을 심고서도 이에 선연仙緣을 마음에 달게 여김은 어찌함인가? 은애恩愛를 버리기 어려움을 알기 때문이리라.

　16세에 옛날 실달다태자悉達多太子가 성城을 넘어 출가하여 설산雪山으로 들어가 도道를 닦으셨던 고사故事를 본받아 가을의 야반夜半에 집을 떠나 선암산仙巖山으로 들어가 자취를 감추었다.

　그래서 여기에서 월주대사月宙大師에게 투신投身하여 축발祝髮하고 호운선사浩雲禪師에게 계戒를 받았으며 경운강헌擎雲講軒에 참예하여 경전을 배웠다.

　일대시교一代時敎를 배워 마친 뒤 남방으로 노닐어 두륜산頭崙山의 범해율사梵海律師에게 예배하고 염향수구拈香受具하였다.

　이어 다시 행각하여 조계산 송광사松廣寺에 나아가 원해강백圓海講伯에게 참알參謁하여 화엄교의華嚴敎義를 재차 열람하니 이에 비로소 교학敎學에 대한 신념이 돈독하게 되고 추호의 의심도 없게 되었다.

　그로부터 남방으로 노닐고 북방으로 돌아가 참구하기를 십여 년에 진眞에 들어 속俗을 벗어나니 바로 본분납승本分衲僧, 그것이었다.

　27세에 조계산의 비전碑殿에서 법의 깃대를 높이 세우고 원해대사圓海大師의 신의信衣를 받아 이으니 곧 임제종臨濟宗의 적손嫡孫이라, 이에 부휴선맥浮休禪脈의 10세十世가 된다.

　보조실普照室에 주석하여 사비四飛를 기리매 이름이 더욱 널리 났다.

　고종高宗 30년 계사세癸巳歲 봄에 방장산 천은사方丈山泉隱寺의 수도암修道庵에서 조실祖室로 청하자 그에 응하여 수도암에서 개강開講하니 해회海會에 운집한 대중이 반백半百이 넘었다.

이듬해 봄에 석장錫杖을 떨쳐 대중을 흩고 명승지를 참방參訪하여 선지식善知識을 배알하였으니 북으로는 묘향산妙香山의 보현대사普賢大士를 참배하고 동으로는 금강산金剛山의 법기보살法紀菩薩을 배알하였다.

또 강동江東의 팔경八景과 영남嶺南의 사불산四佛山 등지를 두루 찾아 참배하고 조계산曹溪山으로 돌아와서 두 다리를 쭉 뻗고 편안히 쉬면서 여생을 이렇듯이 보내리라 맘먹었다.

그러나 원래 두 손을 놓고 쉴만한 복을 타고나지 못했던지 38세 되던 해에 송광사의 총섭인惣攝印을 허리에 차게 되었다.

총섭을 뒷날 주지住持라 개명하였거니와 예나 지금이나 총섭의 자리에 있는 이는 사판事辦인지라 항상 바쁘고 편안히 쉴 여가가 없기 마련이다.

더욱이 경제經濟가 넉넉치 못한 한말韓末인지라 대중을 먹여 살리고 가람을 수호하기에 여념이 없었다.

경술년庚戌年 봄에 산중대중의 동의를 얻어 학교를 설립하고 스스로 한문교원漢文敎員이 되어 학생들을 가르쳤다.

당시는 읍邑을 중심하여 향교鄕校라는 교육기관이 있었는데 이는 유학儒學을 주로 공부하여 장차 관리가 되기 위한 것이 고작이었다.

그러나 세상은 달라지고 있었다. 서구 문명이 서서히 우리 동방에도 다가오고 있었다. 향교에서의 유학 공부만으로는 세상이 돌아가는 추세를 따라 잡을 수 없는 상황이 하루가 다르게 전개되어 가고 있었던 것이다.

그래서 향교가 아닌 새로운 교육기관의 설립이 절실하여졌고 산중 스님들까지도 이에 눈을 떠서 학교를 설립하기에 이른 것이다.

새 교육에 눈을 뜬 바로 그 해 8월에 일본日本에 나라를 빼앗겼다. 대원군大原君의 쇄국 정책이 서구문명의 도입을 막은 결과 일본의 국력신장을 이겨내지 못한 때문이라 하겠다.

45세 때인 임자년壬子年에 행해당行解堂에 주석하며 학중學衆을 위해 삼장三藏을 강수講授하는 여가에 퇴락한 가람을 보수하는 데 혼신의 노력을 기울였다.

이렇듯 낮과 밤을 가리지 않고 사중寺中을 위해 열과 성을 쏟은 결과 가람의 면모가 일신一新되었고 자량資糧도 점점 풍족해져서 승보종찰僧寶宗刹로서의 면목이 환출해졌다.

임술년壬戌年(서기 1922년) 봄에 본산주지本山住持에 선임되어 재차 사중을 위해 힘쓰게 되었다.

병인년丙寅年 가을에 천금千金을 내어 보조국사탑普照國師塔을 수리하였으며 기사년己巳年(서기 1929년) 봄에 미질微疾을 보이시더니 4월 29일에 이르러 엄연히 귀진歸眞하시었다.

스님이 세상에 살으신 햇수는 63세이시고 법랍은 47하夏였으며 문인 등이 방장方丈에 진영眞影을 걸어 모시었다.

# 설월용섭선사
## 雪月龍爕禪師

스님의 속성은 이씨李氏이고 아버지는 병하丙夏, 어머니는 김씨金氏이며 휘諱는 용섭龍爕, 법호는 설월雪月이고 승주군 주암면 용촌昇州郡住巖面龍村에서 고종高宗 5년 무진세戊辰歲 10월 16일에 태어났다.

용모는 이마는 낮고 얼굴은 넓으며 미우眉宇는 모나고 둥근 편이요 손에는 검은 자국이 있으며 재주가 민첩하고 총민聰敏이 뛰어났다.

10세에 입학하여 능히 경사經史에 통달하였다. 그러나 아버지가 타계하자 집안이 가난하여 독서를 계속할 수가 없었다.

그래서 15세에 집을 하직하고 송광사松廣寺로 가서 신월대사信月大師에게 머리를 깎고 호산대사湖山大師에게 계戒를 받았다.

4, 5년을 은사 스님 시봉드리니 물 긷고 땔나무 해오는 일까지 모두 도맡아 손수 행하였다.

20세에 스승님께 아뢰고 유방遊方하여 여러 선원禪院을 드나들며 참선에 힘썼다. 그러나 경전을 배우지 않은 것이 못내 마음에 걸려 23세에 본사로 돌아와서 금명화상錦溟和尙에게 참알參謁하여 경전을 배우기 시작하였다.

이어 화성華性·호붕浩鵬 등 여러 종장宗匠에게 참학參學하여 6, 7년 동안에 경사經史를 모두 열람하였다.

30세 때인 정유년丁酉年(서기 1897년)에 보조암普照庵에서 건당建幢하여 은사 스님의 신의信衣를 받고 염불회念佛會에 머물었다.

순종純宗 2년에 이르러 총섭總攝의 인印을 허리에 찼는데 의병난義兵亂을 혹독하게 만나 동암東庵과 보조암普照庵이 불에 타는 변을 당하였다.

이에 충격을 받은 스님은 곧 총섭직을 사임하고 고흥高興 능가사楞伽寺의 암자로 자취를 감추었다.

이듬해인 기유년己酉年 여름에 난이 평정되자 다시 본산으로 돌아왔는데 혁신革新의 초에 본사 주지本寺住持로 선출되자 이를 면할 도리가 없어 하는 수 없이 다시 중책을 짊어지게 되었다.

스님은 절 안에 학교를 설립하여 승속僧俗을 병합하고 삼장三藏과 더불어 신학문新學問을 가르쳤다. 이 학교에서 교육을 받는 생도들은 젊은 승려와 원근 마을에서 모인 청소년들이었는데 신학문을 배우려는 열의가 대단하여 학교를 설립한 취지가 한껏 돋보였다.

경술년庚戌年 봄에 청계당聽溪堂을 새로 건축하여 날로 폭주하는 학생들을 위해 교실로 사용하였다.

신해년辛亥年에는 본군에 있는 환선정喚仙亭을 수리하여 포교당布教堂으로 삼았다.

이듬해 봄에 포교당에 부처님을 봉안하니 명실공히 불법을 펴는 가람으로 손색이 없게 되었다.

계축년癸丑年에 이르러 본사에 있는 학교의 교실과 교사教師들이 사용하는 교원실教員室을 전면 수선修繕하였다.

을묘년乙卯年(서기 1915년)에 낙안 벌교포樂安筏橋浦에 포교당布教堂을 개설하여 본격적인 포교 활동에 접어들었다.

이듬해인 병진년丙辰年에는 보조암普照庵의 모퉁이에 있는 풍암선사탑楓巖禪師塔을 비등碑嶝으로 옮겨 봉안하였다.

이어 이듬해 정사년丁巳年에는 비전碑殿의 담장을 새로 쌓았는데 그 비용은 부휴문손浮休門孫 중 대표격인 세 문중[三門中]이 의논하여 충당하였다.

또 단신 안한명檀信安漢明거사가 단독으로 시주하여 사항홍교獅項虹橋를 새로 축조築造하였다.

무오년戊午年에는 비전碑殿이 협소하여 비탑碑塔을 더 세울 수 없음을 감안하여 새 비장碑場을 일주문一柱門 밖에 마련하여 터를 닦았으며 일주문一柱門 주위의 축석築石을 새로 하였다.

또 내친김에 부휴선조浮休先祖의 비碑를 새로 다듬어 세울 것에 착수하여 크게 불사를 벌였는데 이듬해인 기미년己未年 가을에서야 비를 세우기를 마쳤다.

그리고 관음전觀音殿과 교당사무실校堂事務室 앞의 석축공사石築工事도 안한명거사安漢明居士가 비용을 부담하여 말끔히 완료하였다.

스님은 이에 그치지 않고 십육국사전十六國師殿을 중수重修하여 모습을 새롭게 하였으며 법성루法性樓도 수리修理하여 대중이 사용토록 하였다.

신유년辛酉年에는 자정암慈靜庵의 뒷방사[後房舍]를 수선修繕하였다.

스님은 경술년庚戌年으로부터 임술년壬戌年에 이르는 12년간 4기 주지四期住持를 행하는 동안 숱한 신고辛苦를 겪으면서 전에 그 유례를 찾아볼 수 없으리만큼 많은 불사佛事를 시행하였는데 장애도 전에 없이 많았다.

그 몇 가지 예를 들면 스님이 주지로 재임在任하는 동안에 산내의 두 암자가 불에 타는 비운悲運을 비롯하여 칠비신기七碑新基의 용맥龍脈이 잘린 것이며 재산의 낭비와 칭량秤量의 이해利害와 상벌賞罰의 선악善惡 등등은 스님이 경영한 불사에 오점을 남긴 것으로 평가되는 일들이다.

스님은 종래대로 농사지어 선량禪糧을 마련하는 것에서 한 걸음 더 나아가 과수 재배로 수익을 올려야 한다고 판단하여 이에 착수하였다.

아무튼 시행착오도 많았지만 사업에 있어 선견지명先見之明이 있고 중도에 물러섬이 없이 꾸준히 밀고 나가는 결단력이 있었음도 지적하지 않을 수는 없는 장점長點이다.

병인년丙寅年(서기 1926년)에 이르러 모든 일손을 놓고 대웅전 봉향大雄殿奉香의 소임을 자원하여 주야로 게으름이 없이 행하였으니 가위 사리事理를 겸행兼行하였다고 이를 만하다.

기사년己巳年(서기 1929년) 5월에 또다시 주지대리住持代理를 거행하게 되었다. 이 즈음에 본사를 위해 헌신할 만한 재목감이 나타나지 않아서 스님에게 재차 무거운 짐을 지게 하였던 것이다.

# 눌봉정기선사
# 訥峰正基禪師

 

스님의 속성은 이씨李氏이고 아버지는 재석載石이며 어머니는 완산
이씨完山李氏이다.

고종高宗 6년(서기 1869년) 7월 11일에 순천順天의 낙호리洛湖里에서 태
어났으며 11세에 취학就學하니 재주가 있고 붓글씨를 잘 써서 어른들
을 못내 감탄시켰다.

13세에 어머니를 여의고 매우 쓸쓸해지자 출가하여 몸 편안히 독서
하기를 원하매 아버지는 쾌히 허락하였다. 그래서 15세에 송광사松廣寺
에 나아가 월송대사月松大師에게 득도得度하고 초우화상草雨和尙을 계사
戒師로 모시고 수계하였다. 이어 원해강백圓海講伯에게 경전을 배우고
18세에 유방遊方하여 경운擎雲·월화月華 등 여러 종장宗匠에게 참알參謁
하여 7, 8년간을 신고辛苦 끝에 삼장三藏을 모두 열람하였다.

이러구러 신심의 뿌리가 이미 깊어져서 하루에 경전을 백 번 독송하
고 밤이면 성상聖像에게 예배하기를 백 배 하는 것을 항상 시행하였다.

그 뒤 은밀한 가호加護를 많이 입어 숙생의 장애가 거의 소멸하기에 이르
렀다.

담화대덕曇花大德에게 사사하여 범음梵音을 배우고 대붕선사大鵬禪師
에게 참參하여 범자梵字를 배웠다.

29세의 겨울에 보조암普照庵에서 건당建幢하여 용선선사龍船禪師의

법인法印을 허리에 찼다.

이어 금명사형錦溟師兄에게 전강傳講을 받아 근기에 응하여 널리 학중을 제접提接하니 변론이 마치 큰 하천의 물이 도도히 흐르듯 하였다.

31세(서기 1899년)에 해인사海印寺의 장경회藏經會에 청을 받아 다다르니 천하용상天下龍象들이 모두 이 법회에 모여 순번제로 한 스님씩 법문을 설하는 것이었다. 하루는 마침 스님 차례인지라 가장 젊은 나이로 법좌에 올라 사자후를 토하니 일회대중一會大衆이 모두 엄숙히 공경하였으며 다시 스님의 뒤를 이어 설법하는 법사가 없었다.

이로부터 스님에 대한 도성道聲이 천하에 널리 퍼져서 스님을 청하는 법회가 연이어졌으니 저 화엄회華嚴會·법화회法華會·정토회淨土會 등 무릇 법회를 베풀 적마다 청요請邀하지 않은 적이 없었다.

그래서 스님은 마지못하여 인연 따라 설법하였으며 신도들도 스님의 법문을 듣고 모두들 정진행을 하지 않은 이가 없었다.

그러나 스님의 본뜻은 자신의 수행에 있었으므로 손수 토굴을 묻기를 한두 번이 아니었다.

저 무등산無等山의 지장암 석실地藏庵石室과 모후산母后山의 송광대병풍암松廣坮屛風巖 등은 아울러 스님이 성인에게 기도드리고 주문으로써 축원드리던 처소이다.

어떤 단월檀越이 있어 『화엄경華嚴經』을 사경寫經해 주시기를 청하므로 스님은 목욕 재계하고 향을 사르어 한 글자를 쓰고는 일 배一拜를 드렸으며 한 장을 다 쓰고는 꼭꼭 한 번씩 읽곤 하여 일부대경一部大經을 장애 없이 사경해 마쳤다. 본사에 염불당念佛堂이 있는 화주 스님의 청을 받아 3년을 정진하였으며 을묘년(서기 1915년)에 해남 대흥사海南大興寺의 청을 받아 두륜산으로 가서 학중을 제접提接하였다.

기미년己未年에는 관음사觀音寺-옥과현 소재(玉果縣所在)의 부처님 봉안법회의 청을 받아 법주로 갔으며 그해 겨울에는 도림사道林寺 주지住持의 소임을 맡았다. 이 절은 성 아래 길가에 있어서 비가 오면 온 도량이 물에 잠기고 건물이 퇴락하여 비가 새고 바람이 불어닥치면 벽이 흔들리는 판국이었다.

스님은 고심혈성苦心血誠으로 원력을 세워 중수하기를 기원하더니 다행히 대단신大檀信을 얻어 보전寶殿과 감우紺宇를 일신중건一新重建하기에 이르렀다.

경신년庚申年 10월에 자당慈堂의 상喪을 당하였다. 스님은 자당의 생전에 효도를 다하였고 돌아가신 후에는 정성을 다해 49일재를 지냈건만 스스로는 불효를 했노라고 여기는 것이었다.

을축년乙丑年에는 곡성 도림사의 길상암吉祥庵에 주석하며 불상을 새로 주성鑄成하고 당우堂宇를 일신하였다.

기사년己巳年 봄에 완산 포교당完山布敎堂에 포교사로 부임하여 단신檀信들에게 불법을 강설하니 날로 신도의 수효가 늘어나서 법당을 꽉 메웠다.

그러나 포교사로서의 생활은 스님의 뜻에 맞지 않았다. 늘 그랬듯이 청산에 묻혀 독경과 염불로 시간과 공간을 잇는 생활이 스님에게는 어울렸다.

그래서 수많은 신도들의 만류에도 불구하고 포교당을 떠나 다시 곡성 땅의 도림사 머리 위에 있는 길상암吉祥庵으로 자취를 감추었다.

스님은 송광사 강원에 계시던 금명사형님錦溟師兄任을 맞이하여 결사結社하고 백 일간 정토산림淨土山林을 베풀었는데 사방에서 신도들이 구름처럼 모여 동참하니 흡사 문전성시門前成市, 바로 그것이었다.

길상암은 본시 문수도량文殊道場이었는데 중년에 나한님을 모신 뒤 나한도량羅漢道場으로도 널리 이름이 난 성지聖地이다.

길상암에서의 정토산림에 동참 발원한 사부대중四部大衆은 제각기 수복壽福을 구하고 자손子孫을 빌어서 성취하지 못한 이가 없었으니 스님의 간도지성懇禱之誠이 어떠하였는가를 족히 짐작하고도 남음이 있다 하겠다.

스님의 사형師兄이신 금명화상錦溟和尙은 선암사仙巖寺의 경운강백擎雲講伯에게 일대시교一代時敎를 마친 종사宗師로서 당시에 석전 박한영石顚朴漢永화상과 화엄사華嚴寺의 진응화상震應和尙과 더불어 해동海東의 삼석학三碩學으로 꼽히는 학승學僧이었다.

금명화상은 스님의 사형님이자 삼장三藏을 교수한 스승님이기도 하여 평생을 두고 존경하고 따랐던 것이다.

# 예운선종선사
## 禮雲禪宗禪師

스님의 속성은 조씨趙氏이고 아버지의 휘諱는 성숙成淑이며 어머니는 임씨林氏이다.

어머니 꿈에 한 사문沙門이 찾아와서 기숙寄宿하기를 청하더니 그 뒤 임신하여 고종高宗 10년 계유세癸酉歲(서기 1873년) 9월 3일에 보성군 노동면 영신리寶城郡蘆洞面靈新里에서 태어났다.

스님은 숙생에 영아靈芽가 정특挺特하며 미우眉宇가 청수淸秀하였으며 제 또래의 아이들과 노는 것을 좋아하지 않았다.

어려서 양친을 모두 여의고 의지할 데가 없게 되자 16세 되던 2월 3일에 장성군 백양사長城郡白羊寺로 나아가 영안대사永安大師에게 의탁하여 땔나무하고 물을 긷는 등 스승님 시봉에 게을리하지 않았다.

이듬해 섣달 초여드렛날에 비로소 머리를 깎고 염의染衣를 입고 득도得度하니 법명을 선종禪宗이라 하였으며 보봉선사寶峰禪師가 계사戒師가 되어 주셨다. 임진년壬辰年 3월에 스승의 허락을 얻어 순창군淳昌郡 구암사龜巖寺의 설유화상 강하雪乳和尙講下에 나아가 사집四集을 수료修了하였다.

갑오년甲午年 2월에 그 절에서 영호강사映湖講師 아래서 능엄楞嚴·기신起信을 수료하였다.

그러나 스님은 생활이 어려워서 바람 앞에 등불의 신세를 안정시키지 못하니 마치 부평초 같은 종적을 맬 곳이 없었다.

그래서 학업을 중단하고 행각에 나서서 여러 곳을 다니다가 조계산 송광사曹溪山松廣寺의 광원암廣遠庵에 이르니 여기에는 만성강백晩惺講伯이 학중을 가르치고 있었다.

스님은 강백 스님의 배려로 입방하여 다시 학업을 계속하게 되었으며 아직 배우지 못한 반야般若, 원각圓覺을 마침내 수료하였다.

그때 만성강백이 해인사海印寺의 청을 받아 떠나게 되매 스님은 강백 스님을 따라 가야산伽倻山으로 가서 거기에서 화엄華嚴, 염송拈頌 등을 수료하였다.

갑진년甲辰年(서기 1904년), 31세의 9월 28일에 송광사 보조암普照庵에서 건당建幢하여 용연실龍淵室의 법인法印을 허리에 차니 법호를 예운禮雲이라 받았다. 이듬해 3월 8일에 회광율사晦光律師가 계단戒壇을 조계산에 세웠는데 그로 인해 구족계具足戒를 받으니 이로부터 계주戒珠가 징청澄淸하고 선풍禪風이 홀연히 동하였다.

그래서 심우心友 도량道良과 함께 초연超然히 제방에 노닐게 되었다.

그때 마침 무신戊申, 기유己酉의 의난義亂을 만나니 풀숲 속에 몸을 숨기고 숲 사이에 이름을 감추었다.

경술년庚戌年 4월 8일에 이르러 의난義亂이 가라앉자 가까스로 지리산 칠불암智異山七佛庵의 아자방선원亞字房禪院에 참알하여 하안거夏安居를 나게 되었다. 당시 칠불암선원에는 용성선사龍城禪師가 조실祖室로 계시면서 많은 선납禪衲을 제접提接하고 계셨다.

또 그해 동안거冬安居는 해인사海印寺의 제산선사霽山禪師 회하會下에서 용맹정진으로 일관하였다.

그 당시는 마침 8월에 한일합방韓日合邦의 비운悲運이 팔도강산八道江山을 어둡게 한 시절이어서 산중의 납자들은 세상의 무상無常을 절감하고 모두들 수도 정진에 더욱 힘쓰는가 하면 교계 일각에서는 구국운동救國運動을 서서히 준비하고 있었다.

신해년辛亥年 봄에는 금정산 범어사金井山梵魚寺로 가서 성월화상惺月和尙을 배알하여 법요法要를 묻고 하안거夏安居를 났으며 이어 산철에도 바깥 출입을 삼가고 정진하다가 급기야는 겨울안거도 금어선원金魚禪院에서 났다.

계축년癸丑年에는 여름안거를 통도사通度寺에서 맺었으며 산철에는 천성산 내원사千聖山內院寺로 혜월존숙慧月尊宿을 참알參謁하는 등 연이어 3년을 통도사에서 안거하였다.

병진년丙辰年 여름에는 지리산 천은사智異山泉隱寺로 호은선백湖隱禪伯을 예방하여 법요法要를 물었다.

호은선백은 어려서 천은사에 출가하여 절 안의 여러 소임을 살다가 문수봉 석종대文殊峯石鐘臺의 우번암牛翻庵으로 올라가 호젓이 안거安居하더니 화갑지년華甲之年에 천은사 큰절 뒷방에서 살면서 삼일암三日庵 선원에 오르내리며 정진하였다.

마침 반살림날인 동짓달 그믐에 점심공양 후 차를 마시던 중 홀연히 크게 깨치니, 동안거를 지낸 정월 하순에 안변 석왕사安邊釋王寺에서 조실祖室로 모셔갔다.

그 뒤 여러 해를 납자를 제접하다가 근년에 출가본사인 천은사로 돌아와서 늙은 여생을 보림保任으로 보내고 있었던 것이다.

무오년戊午年 봄에는 금강산 마하연金剛山摩訶衍으로 들어가서 여름안거를 맺었으며 겨울안거에는 오대산 상원암五臺山上院庵으로 내려와서 용맹정진하였다.

기미년己未年 봄에는 예산군 정혜사禮山郡定慧寺로 돌아와서 만공선사滿空禪師와 보월선백寶月禪伯에게 참알參謁하였다.

그로부터 노두路頭에 활보하고 설었던 공부가 이미 익었으며 방외方外의 여러 선지식善知識을 참알하는 것도 이미 마쳤다.

낙엽落葉은 반드시 뿌리로 돌아간다던가? 스님은 송광사로 돌아와서 참문參問의 길을 끝내고 대상坮上에 높이 누워 두 다리를 쭈욱 펴고 편안한 잠에 들며 자유롭게 보림保任하는 것이었다.

병인년丙寅年(서기 1926년)에 이르러 법부주法傅主이신 용연선사龍淵禪師께서 광원암廣遠庵에서 시적示寂하시매 속복제俗服制에 따라 3년의 예禮를 마쳤다.

세속에서는 부모님이 돌아가시면 3년을 시묘侍墓살이 하는 것이 효행孝行의 예禮인데 이를 본받아 스님도 진공예탑進供禮塔하기를 3년을 행한 것이다.

기사년己巳年 봄에는 다시 산조山鳥의 행行을 발하여 아무 걸림이 없이 천하를 두루 노닐었다.

그러다가 겨울안거에 다달아서는 송광사의 삼일암선원三日庵禪院에서 석장錫杖을 높이 걸어놓고 젊은 납자 못지않게 포단에 우뚝 앉아 정진하시니 이때의 스님 연행은 57세였다.

# 호명봉욱선사
# 皓溟琫旭禪師

스님은 곡성군 석곡면 염촌리谷城郡石谷面念村里에 사는 김정호씨金正浩氏의 첫째 아들이니 어머니는 박씨朴氏이다.

고종高宗 11년 4월 16일에 태어났으며 13세 때인 정해년丁亥年 8월에 순천 송광사順天松廣寺에 출가하여 용선대사龍船大師에게 의지하여 득도得度하고 경해선사鏡海禪師에게 계戒를 받았다. 21세에 호봉浩鵬·금명錦溟 등 여러 종장宗匠에게 참알參謁하여 7, 8년간 내외전內外典을 모두 배워 마쳤다.

30세에 은사恩師 스님의 법의法衣를 받으니 법호를 호명皓溟이라 내리셨다.

38세에 금명율사錦溟律師의 계단戒壇에서 구족계具足戒를 받았다.

41세에 중덕법계中德法階를 받았으며 43세에 본산의 법무직法務職을 맡았고 이듬해에 감무監務의 소임을 맡아 사중寺中의 여러 가지 어려운 일들을 잘 처리해 그 심행心行이 순직順直하고 어음語音이 청량淸亮하였으며 범음梵音을 단련해 얻어 찬불讚佛과 축성祝聖으로 자기의 능함을 삼았다.

그리하여 무릇 법요法要를 집행함에 있어 오직 부지런하여 게으름이 없었으며 모두들 스님을 일컬어 자선가풍慈善家風이라 칭송하였다.

혹 어떤 사람이 급한 병환이 있으면 반드시 스님을 청하였다가 기도를 드리거나 주문을 외우며 성인에게 빌면 어김없이 병환이 나았다.

그래서 모두들 스님의 신명神明은 헤아릴 수 없다고 입을 모아 칭송해 마지 않는 것이었다.

# 대우금추선사
## 大愚錦秋禪師

　스님 아버지의 휘諱는 한주漢柱이니 이조판서吏曹判書를 추증받았으며 속성은 김씨金氏니 옛날 가락국왕駕洛國王의 후예이다.

　어머니는 광산 김씨光山金氏니 숙부인淑夫人을 증정받았으며 꿈에 학이 푸른 구슬을 토하매 치마를 펴서 받았더니 그로부터 임신하였다.

　그리하여 곡성군 목사면 유치리谷城郡木寺面酉峙里에서 고종高宗 12년(서기 1875년) 8월 8일에 태어났다.

　태어나면서 골상骨相이 단정端正하고 면광面光이 선백鮮白하며 미우眉宇가 순수純粹하여 예사 범상凡相이 아니었다.

　11세 때 승주군 송광면 낙수리昇州郡松光面洛水里로 이사하였으며 이사한 직후 입학入學하여 사서史書 등을 수료하였다.

　14세에 홀연히 출가의 뜻을 품더니 어버이를 하직하고 송광사松廣寺로 나아가 용호대사龍湖大師에게 배알하여 머리를 깎고 먹물옷을 입었으며 화성선사華性禪師에게 참알參謁하여 계戒를 받으니 법명을 금추錦秋라 하였다.

　그때 스님의 부모는 다시 곡성군 석곡면 용두리谷城郡石谷面龍頭里로 이사를 갔다.

　21세에 월화月華·청호淸昊의 종장宗匠에게 참알하여 중과中科를 배웠다.

　31세 때(서기 1905년)에 은사 스님에게 염향拈香하고 당幢을 세우니 법호를 대우大愚라고 내리셨다. 이듬해 봄에 발을 내딛어 제방諸方에 노니

니 방장산方丈山의 칠불암七佛庵과 천은사泉隱寺의 삼일암선원三日庵禪院
과 화엄사華嚴寺의 탑전塔殿은 모두 스님이 안거安居한 가람이다.

또 무신년戊申年(서기 1908년) 여름에 해인사 선원海印寺禪院에서 안거할
적에 한 꿈을 얻었는데 백진주白眞珠 서말이 하늘에서 쏟아져 내리매
장삼자락을 펴서 모두 받았는데 단 한 개도 땅에 떨어뜨리지 않았다.

그러나 그 구슬을 받아 지니고서도 실로 꿰지 못한 것이 못내 한恨이
되었다.

하안거夏安居를 해제하고 본사로 돌아와 삼일암선원三日庵禪院에서 동
안거를 나면서 더욱 발심하여 용맹정진勇猛精進으로 일관하였다.

기유년己酉年(서기 1909년)의 의병난義兵亂이 일었을 적에 승장인僧將印
을 허리에 차기를 여러 달만에 마침내 사직을 하며 이르기를,

"이는 불자佛子의 행할 것이 아니로다."

하고는 방외方外로 은거隱居하였다.

신해년辛亥年 8월 13일에 엄부嚴父의 상喪을 당하여 곡하였다.

임자년壬子年 4월 8일에 금명선사錦溟禪師에게 구족계具足戒를 받았으
며 이로부터 걸림 없이 원근에 출입하였다.

병진년丙辰年에 본산의 법무法務의 소임을 행하였으며 무오년戊午年에
감무監務의 소임을 맡았다가 사임하고 다시 선원禪院으로 물러나서 참
구參究에 힘썼다. 을축년乙丑年 4월에 은사 스님께서 병중에 계시더니
하루는 언성을 높여 대우大愚야, 하고 부르시더니 쌍지팡이 아울러 주
시며 이르시기를,

"너는 알겠느냐?"

스님이 대답하기를,

"하나는 마음을 전하신 것이고 하나는 산업産業을 전하신 징표입니다."

은사 스님은 무릎을 치시며 소리 내어 크게 웃으셨다. 스님의 날카로운 알음알이는 대개 이러하였다.

그 뒤 28일에 은부주恩傅主께서 시적示寂하시니 세속의 관례에 따라 3년을 상복을 입었다. 이는 또한 스승님께서 치우쳐 사랑해 주신 은혜를 잊지 않은 것이었다.

스승님이 병중에 계실 적에 스님은 혼자서 간호해 드리면서 실터럭만큼도 괴롭다는 생각을 품은 적이 없었으며 오직 스승님께서 쾌차해지시지 않으신 것만을 염려하였으니 이는 지극한 효심孝心이 몸에 가득하였기 때문이다.

스님은 일용日用에 시끄러움과 고요함이 한결같았으며 매양 밤이 고요해지기에 이르면 불자佛子를 세우고 주인공을 부르며 이르되,

"진주 서말을 어느 때에 꿸 것이고? 마음에 새겨 간절히 잊지 말지어다."

하였다. 대개 이는 스님의 일상생활의 한 단면이었다.

스님의 휘諱는 선명善明이고 법호는 우송友松이며 속성은 황씨黃氏요 아버지는 천석天錫, 어머니는 박씨朴氏이다.

고종高宗 16년(서기 1879년) 11월 1일에 보성군 문덕면 곡천리寶城郡文德面曲川里에서 태어났다.

어려서부터 정골頂骨이 남보다 넓고 안당眼堂이 풍후豐厚하여 대인지상大人之相이 뚜렷하였다.

고종 30년(서기 1893년) 계사세癸巳歲 6월에 순천 송광사順天松廣寺의 향호대사香湖大師에게 나아가 득도得度하니 함호선사函湖禪師께서 계사戒師가 되어 주셨다.

병신년丙申年에 광원암廣遠庵에서 안거安居하였으며 기해년己亥年(서기 1899년) 4월 8일에 송광사에서 시행한 선시選試에 응시하여 대선법계大禪法階에 뽑혔다.

신축년辛丑年에 월화月華·호붕浩鵬 등 스님에게 참알參謁하여 초중등과初中等科와 외전外典인 사서史書 등을 수료하였다.

정미년丁未年에 청호대사淸昊大師에게 참알하여 대교과大教科를 수료하였으며 임인년壬寅年 7월에는 중덕법계中德法階에 승진昇進하였다.

임성선사任性禪師의 실실室室에 건당建幢하고 신의信衣를 받으니 곧 소요태능조사逍遙太能祖師의 후예이다.

계축년癸丑年(서기 1913년)에 송광사 감무직監務職을 행하였으며 을묘년乙卯年 7월에는 낙안樂安 땅 동화사桐華寺 주지主持의 소임에 취직이 되었다.

또 그해에 금강암金剛庵 주지를 겸하여 행하였다.

그리고 무오년戊午年에는 동화사桐華寺 주지에 재임再任하였으며 이러는 사이의 십년지내十年之內에 가람을 새로 짓거나 중수重修하는 한편, 불상佛像을 개금改金하는 등 대작불사大作佛事를 이룩한 것을 낱낱이 열거하기 어려우리 만큼 대공덕주大功德主가 되었다. 동화사桐華寺는 고려시대에 대각국사 의천大覺國師義天이 주석하여 천태종지天台宗旨를 크게 떨친 가람이니 대각국사 당시에 판각板刻한 경판이 수십 종數十種 수천 판數千板이 전하여 내려오고 있으며 조계산 선암사曹溪山仙巖寺에 버금가는 천태종의 대가람大伽藍이었다.

고려시대에는 동화사에서 주위 십여 리 안의 토지는 모두 나라에서 하사받은 동화사의 소유였으며 순천·낙안樂安·벌교筏橋 등지에서 신남신녀信男信女의 왕래가 많아서 크게 법화法化를 떨친 가람으로 꼽혀왔던 것이다.

스님의 속성은 정씨鄭氏이고 아버지의 휘諱는 재홍在洪이며 어머니는 한씨韓氏이다.

스님의 조상은 대대로 곡성군 석곡면 온수리谷城郡石谷面溫水里에서 살았는데 스님은 고종高宗 13년(서기 1876년) 2월 9일에 태어났다.

태어나면서 정골頂骨이 빼어나게 높고 면모面貌가 풍후豐厚하여 어음語音이 웅량雄亮하여 가영歌詠을 하거나 경전을 독송하매 듣는 이들은 모두 기쁜 마음을 억누르지 못하는 것이었다.

11세에 입학하여 다만 사서史書만을 읽었으며, 17세 때인 정월 24일에 순천 송광사順天松廣寺에 출가하여 경암선사警庵禪師에게 득도得度하고 수계受戒하였으니 법명은 우천佑天이라 받았다.

스님은 은사 스님을 시공侍供하느라 능히 유방遊方하여 경전을 배우지 못하였으며 다만 은사 스님에게 글을 배우는 한편, 범음梵音을 익혀 옥천사玉泉寺지금의 쌍계사(雙溪寺이다)의 유풍遺風을 따라 수련하였다.

그러다가 늦게야 구련九蓮·월화月華·호붕浩鵬 등 여러 종백宗伯에게 참알參謁하여 초중등과初中等科를 수료하였다.

30세에 동호대사東湖大師의 법을 받으니 법호를 용월龍月이라 내리셨으며 은적암隱寂庵에 주석하였다.

계축년癸丑年(서기 1913년)에 제방諸方에 유행遊行하여 제대선지식諸大善

知識을 참알參謁하고 법요法要를 물었다.

경신년庚申年 겨울에 부모님을 위하여 시왕생칠재十王生七齋를 간수懇修하였다.

병진년丙辰年에 본산 법무法務의 소임을 행하였는데 임술년壬戌年 가을에 금명대사錦溟大師에게 만참晚參하여 대교과大敎科를 졸업하였다.

정묘년丁卯年 여름에는 삼일선원三日禪院에서 결제結制하고 안거安居하였다.

스님은 성행性行이 신중愼重하고 향을 받들어 정진함에 있어 부지런하여 게으르지 않은 때문에 세 번이나 대지전大持殿의 소임에 들어갔다.

그리고 스님은 일용日用에 정진하는 과정을 스스로 정하여 잊지 않고 실행하였으니 참으로 이는 납승衲僧의 행리行李라 하겠다.

기사년己巳年(서기 1929년) 봄에 스님이 사백舍伯을 위하여 시왕공十王供 행하기를 10일간이나 손수 정성을 드렸으니 몸소 정진하는 돈독한 신근信根은 대개 이와 같았다.

경오년庚午年 11월에 대지전大持殿에서 물러나와 수양하였는데 낮에는 경전을 독송하고 밤에는 화두話頭를 참구하되 마음에 방일放逸함이 조금도 없었던 것이다.


- 역술자주譯述者註

기사년己巳年 혹은 경오년庚午年 이후의 행장行狀에 대한 언급이 없는 것은 『조계고승전曹溪高僧傳』이 기사년에서 시작하여 경오년에 탈고脫稿되었기 때문임을 밝혀두는 바이다.

스님의 법명은 찬진燦珍이고 법호는 금월錦月이며 속성은 박씨朴氏요 본관本貫은 밀양密陽이며 아버지는 여화如化이고 어머니는 최씨崔氏이다.

고종高宗 17년(서기 1880년) 경진세庚辰歲 8월 8일에 여천군 여수면 서재리麗川郡麗水面西齋里에서 태어났다.

그런데 경술년庚戌年(서기 1910년) 11월 21일에 타계他界하였으니 슬프고 아깝도다.

초년齠年이 갈 나이에 재주 있다는 이름을 매앵梅鶯의 성盛함으로 일컫더니 일찍이 자친慈親을 잃고 집안이 한꺼번에 무너지매 가세가 능히 독서할 처지가 못 되었다.

15세에 엄친嚴親의 가르침을 따라 조계산 송광사曹溪山松廣寺로 출가하였다.

용선대사龍船大師께서 한 번 보시고 크게 기뻐하여 사좌師佐의 인연을 맺어 주시니 계戒는 혼명대덕混溟大德에게서 받았다.

17세에 스승님의 허락을 얻어 유학遊學하게 되었으니, 먼저 호명浩溟·금명錦溟의 두 종장宗匠의 당하堂下에 참알參謁하여 사집四集과 사교四敎를 이수履修하였다.

그 뒤 다시 방장산 화엄사方丈山華嚴寺의 진응강백헌하震應講伯軒下에 나아가서 그 말후대사末後大事를 모두 다 얻었다.

그리고 진응지실震應之室에서 구족계具足戒를 받았으며, 25세 때의 9월 10일에 은부주 당하恩傅主堂下에서 법인法印을 얻었다.

그리하여 벽담행인조사碧潭幸仁祖師의 7세손七世孫이 되었으며 보조실중普照室中에 주석하니 납자衲子가 구름처럼 모여 자못 성명腥名이 있었다.

무신戊申·기유己酉의 난亂에 당하여서는 몸을 산중으로 숨겨서 무사히 넘겼으며, 그 뒤 방장산 화엄사의 청을 받아서 학중學衆을 제접提接하는 등 인연을 따라 가고 오기를 자주 하였다.

그러나 경술년庚戌年(서기 1910년) 봄에 우연히 병환을 얻으매 본사로 돌아와서 치료하기를 여러 달 하였다.

병환이 위중해지자 병원으로 옮겨 수술을 감행하였으나 별 차도가 없자 다시 퇴원하여 본사로 돌아와 요양하였다.

그러다가 동짓달 21일에 이르러 마침내 엄연奄然히 귀적歸寂하니 세상 연령은 겨우 31세이고 법랍은 16하夏였다.

아! 애석하도다. 젊은 나이에 재주 넘쳐 마악 옳고 좋은 일을 경영할 즈음에 단명보短命報를 면치 못하였으니 세상의 허망함과 제행무상諸行無常이 어찌 이다지도 신속한가?

은부주恩傅主의 슬픔은 두말할 나위 없고 산중의 웃어른 스님들 모두가 재목을 잃은 것을 못내 아쉬워하였다.

동료 스님네와 사중이 의논하여 엄숙히 다비茶毘를 모시고 49일재를 경건히 봉행하였다.

스님은 법명은 학수學守이고 법호는 응하應夏이며 속성은 이씨李氏요, 아버지의 휘諱는 윤식閏植이며 어머니는 한씨韓氏이다.

고종高宗 18년(서기 1881년) 신사세辛巳歲 4월 8일에 곡성군 석곡면 봉암리谷城郡石谷面鳳嚴里에서 태어났다.

7세에 엄친嚴親을 여의었는데 위로는 조부모祖父母님이 계신 데다 집안 형편이 어려워서 능히 학문을 배울 수가 없었다.

13세에 조부님의 가르침에 의거하여 출가하게 되니, 순천 송광사順天松廣寺로 나아가 호연대사浩然大師에게 배알하고 머리를 깎았다.

이듬해 8월 15일에 금명선사錦溟禪師에게 수계受戒하였으며 을미년乙未年에 계사戒師이신 금명강백錦溟講伯에게 초등과初等科를 수료하였다.

그로부터 제방諸方에 노닐며 호붕浩鵬·진응震應 등 여러 종장宗匠을 차례로 참알參謁하여 다 그 요령要領을 얻었으며 더욱이 진응강백震應講伯의 골수骨髓를 얻었다.

마치 이것은 헛되이 갔다가 큰 열매를 얻어 돌아온 것이요, 거리의 술집에서 만취하여 흥거운 것과 같았다.

26세 때의 10월 20일에 은사 스님이신 호연선사浩然禪師의 법인法印을 허리에 차니 법호를 응하당應下堂이라 내리셨으며 산내의 광원암廣遠庵에 주석하였다.

광원암은 옛날 고려시대高麗時代에 무의자 진각국사無衣子眞覺國師께서 결사結社하신 가람이어서 스님이 주석하게 된 것은 자못 의미가 깊다고 하겠다.

진각국사는 스승이신 불일보조국사佛日普照國師의 법을 이어 수선사修禪社의 제2대 종주第二代宗主가 되어 사우寺宇를 확충하고 도제徒弟를 양성하는 등 총림叢林으로서의 면모를 갖추는 데 크게 힘썼다.

진각국사가 불자를 크게 일으켜서 성공을 거둔 데에는 당시 조정정권朝廷政權을 한 손에 쥐고 있던 최씨 일가崔氏一家의 귀의를 받아 그의 도움이 있었던 때문이다.

수선사는 진각국사에 의해 총림 규모로 크게 성장하였던 것이며 국사는 만년에 산내에 광원난야廣遠蘭若를 짓고 몇몇 제자만을 거느리고 올라와서 쉬어가곤 하였던 것이다.

정미년丁未年(서기 1907년) 봄에 스님은 우연히 병을 얻었는데 백방으로 약을 구하여 다스렸으나 별로 차도가 없었다.

그래서 한편으로는 성인聖人에게 기도를 드리고 한편으로는 화엄신중華嚴神衆에 간도지성懇導之誠을 다하였지만 끝내 효험을 보지는 못하였다.

이러구러 만 1년의 세월이 흘러 무신년戊申年 3월 초4일에 이르렀다.

스님은 병중에도 자주 앉아서 정진을 계속하더니 이날도 목욕하고 새 옷을 갈아입은 다음 포단에 단정히 앉아 홀연히 대적삼매大寂三昧에 드시니 스님이 세상에 살은 연령은 겨우 28세이고 법랍은 16하夏에 불과했다.

아! 슬픈지고. 은사 스님이 애통하다 못해 실성失性의 지경에 이른 것은 오히려 논할 것이 못된다 하거니와 노스님께서 피눈물을 쏟으며 크게 슬퍼하신 것은 무슨 말로서 달랠 것인가? 오직 애석할 뿐인저.

# 추강봉우선사
## 秋江鳳羽禪師

스님의 법명은 봉우鳳羽이고 헌호軒號는 추강秋江이며 속성은 조씨趙氏요 아버지 휘諱는 익서益西이다.

고종高宗 19년 임오세壬午歲(서기 1882년) 1월 27일에 승주군 별량면 현절리昇州郡別良面玄切里에서 태어났다.

태어나면서 영오穎悟하였고 변구辯口가 출중出衆하였으며 재질才質이 첩족捷足하였다.

어려서 아버지를 여의고 홀어머니를 모시는데 비록 세 번 집을 옮기면서 아들을 가르치신 것은 없지만 또한 이추二趨의 가르침[二趨之訓]은 있었다.

11세에 입학하여 글을 배우는데 집안이 가난하고 일손이 없으므로 낮에는 논과 밭에 나아가 매가꾸고 밤에는 글을 읽어 능히 사서史書에 통달하였다.

14세에 조계산 송광사曹溪山松廣寺의 천자암天子庵에 나아가 만성대사晚惺大師에게 의지하여 머리를 깎고 먹물옷을 입었으며 서룡율사瑞龍律師에게 계戒를 받았다.

17세에 호붕대사浩鵬大師에게 참알參謁하여 사집과四集科를 수료하였으며 19세에 지리산 화엄사智異山華嚴寺의 진응강백震應講伯에게 예배하고 사교과四敎科를 수료하였다.

이어 21세에 호붕강백浩鵬講伯에게 재차 참알하여 대교과大教科 및 수의과隨意科를 수료하였다.

29세 때인 경술년庚戌年 봄에 건당建幢하고 은사 스님의 법의法衣를 받으니 법호를 추강秋江이라 내리셨다.

그리하여 스님은 벽담행인조사碧潭行仁祖師의 6세손六世孫이 되었다.

임자년壬子年, 31세의 4월 8일에 금명선사錦溟禪師의 단하壇下에서 구족계具足戒를 받았다.

을묘년乙卯年(서기 1915년)에 은사 스님의 상喪을 당하여 세속의 복제服制에 따라 3년을 복服을 행하였다.

40세 되던 신유년辛酉年에 본사의 감무監務로 취임하여 이듬해에 사면謝免하였다.

그 뒤로 신환身患의 고통이 출몰하여 순천에 있는 양의사洋醫師에게 수술을 받기도 하고 또 한의사에게 침구의 치료를 받기도 하면서 세월이 신속히 흐르는 것 조차도 잊고 침식의 재미도 완통 잊고 살았다.

기사년己巳年 여름에 이르러 숙환이 더욱 심하여져서 목숨이 호흡지간呼吸之間에 있기를 여러 번 하였다.

스님은 불전에 나아가 기도드린 결과, 그 가피를 입어 좋은 의원醫院을 만나 근근히 성명性命을 보전할 수 있었다.

그리하여 본사의 뒷방에 칩거하면서 매양 왕생염불往生念佛로 시름을 달래고 이따금씩 의원에게 찾아가 치료를 하고 때로는 산에 올라 손수 채약採藥을 하는 등 투병 생활로 여생을 보내는 중이었다.

# 석호형순조사
## 錫虎炯珣祖師

스님의 법명은 형순炯珣이고 법호는 석호錫虎이며 속성은 임씨林氏요 아버지의 휘諱는 환상煥相이다.

고종高宗 24년 정해세丁亥歲(서기 1887년) 10월 2일에 곡성군 석곡면 온수리谷城郡石谷面溫水里에서 태어났다.

스님은 태어나면서 영특하고 미우眉宇가 단수端粹하였으며 면모가 선백鮮白하고 안광眼光이 형형하게 빛났으며 순치脣齒가 가지런하고 뺙뺙하였으며 몸의 자질이 고르게 건강하였다.

8세에 입학하게 되는데 마침 고향 마을인 온수리溫水里에 있는 사숙私塾에 들어가서 경사經史를 수료修了하였다.

16세에 문득 출가의 뜻을 품더니 정월 10일에 순천 송광사松廣寺로 가서 경해선사鏡海禪師에게 의탁하여 득도得度하고 이듬해에 원봉대사圓峰大師에게 계戒를 받았다. 그로부터 유방遊方하여 호붕 강하浩鵬講下에서 초중등과初中等科를 수료하였다.

고종高宗·광무光武 11년(서기 1907년)에 송광사에서 치른 선시選試에서 대선법계大禪法階에 뽑혔으며 무신년戊申年에 호은율사虎隱律師에게 구족계具足戒를 받았다.

임자년壬子年 봄에 송광사에서 설립한 사립학교私立學校에서 보통과普通科를 졸업하였다.

신해년辛亥年 중덕법계中德法階에 올랐으며 계축년癸丑年에는 대덕법계大德法階를 품수稟受하였다.

을묘년乙卯年에 금명강백 회하錦溟講伯會下에서 대교과大教科·수의과隨意科 및 선교禪教·속전俗典 등을 수료하였다.

정사년丁巳年에 지방학림地方學林의 교원教員으로 발탁되어 교육 사업의 첫걸음을 내딛었다.

이어 그해 가을에는 은부주恩傅主이신 경해선사鏡海禪師에게 건당建幢 입실入室하여 법인法印을 허리에 차니 법호를 석호錫虎라 내리셨다.

그로서 스님은 재운조사霽雲祖師의 7세손七世孫이 되었으며 보제원普濟院에 주석하게 되었다.

무오년戊午年에 지방학림의 학감學監으로 승진하여 학림의 발전을 위해 힘쓰게 되었다.

그해 가을에 장성 백양사長城白羊寺의 강주講主 겸 지방학림地方學林의 교원教員으로 초빙을 받아 부임하였다.

경신년庚申年에 본사로 돌아와서 조도전중학早稻田中學의 강의록講義錄으로 스스로 학과목學科目을 이수하였다.

신유년辛酉年에는 서울 보성학교 법과普成學校法科를 수료하였다.

갑자년甲子年에 벌교포筏橋浦의 포교당에 불교포교사佛教布教師로 부임하여 사립송명학관장私立松明學館長을 겸행兼行하였다.

무진년戊辰年에 송광사 감무監務에 취임하여 사중의 대소사大小事를 도맡아 활약하는 한편 곡성군 도림사谷城郡道林寺 주지직住持職을 겸임兼任하였다.

# 환경형관선사
## 喚鯨炯寬禪師

스님은 승주군 별량면 외동리昇州郡別良面外洞里가 고향이고 아버지의 휘諱는 기성基城이며 어머니는 채씨蔡氏이다.

어머니가 꿈에 한 범승梵僧이 숙위宿衛함을 보고 잉태하여 고종高宗 27년(서기 1890년) 경인세庚寅歲 8월 2일에 태어났다.

태어나면서 정골頂骨이 특수特秀하고 얼굴 모습이 빙결氷潔하며 눈동자는 번갯불에 발하듯 빛났으며 치아는 조밀하고 입술은 남달리 붉었다.

또 말은 민첩하고 소리는 우렁차서 일찍부터 대장부다운 면모와 소질을 갖추었다.

그러나 뉘 뜻하였으랴? 어려서 엄친嚴親을 잃고 홀어머니의 양육과 가르침을 받아가며 자라게 될 줄을.

어머니는 외동아들을 가르치기 위해 헌신적으로 노력하여 8세에 입학시켜 글을 읽게 하였다.

이에 분발한 스님은 서사분전書史墳典을 배우는 족족 반드시 외워 스승님과 동리 어른들을 깜짝 놀라게 하였다.

11세에 어머니는 아들을 데리고 송광사松廣寺로 가서 영운대사榮雲大師에게 배알하니 대사는 한 번 보고 기이하게 여기시어 사자師資의 연緣을 맺으셨다.

백운지흥 白雲知興

그리하여 바로 삭발 염의染衣하고 이듬해 중구일重九日에 수계受戒하니 법명을 형관炯寬이라 받았다.

그 뒤 양식을 싸서 제방에 노닐어 영남嶺南의 불보종찰佛寶宗刹인 통도사 금강계단通度寺金剛戒壇에 나아가 2월 15일에 해담율사海曇律師에게 구족계具足戒를 받으니 스님이 17세 때였다.

스님은 구족계를 받고 곧 본사로 돌아와서 호붕강사浩鵬講師에게 사교과四教科를 수료修了하였다.

순종純宗 4년 경술세庚戌歲에 본사에서 세운 사립보통학교私立普通學校를 졸업하였다.

이듬해인 신해년辛亥年 봄에 경북 상주군慶北尙州郡 남장사南裝寺로 달려가 용성화상龍城和尙에게 예배하고 『시詩』・『서書』・『남화경南華經』 등 속서俗書를 배웠다.

또 임자년壬子年에는 전남 장성군 백양사全南長城郡白羊寺로 달려가서 환응선로幻應禪老에게 참알參謁하고 선문어록禪門語錄 등을 맞들어 연찬하였다.

그해 가을에 본사로 돌아와서 다시 호붕강백浩鵬講伯에게 사사師事하여 대교과大教科를 졸업하였다.

갑인년甲寅年 가을에 본사의 금명강백錦溟講伯에 배알하고 염송拈頌 등 선문요록禪門要錄을 이수履修하였다.

을묘년乙卯年 봄, 스님의 나이 26세에 은사 스님에게 건당建幢하고 법인法印을 받으니 법호는 환경喚鯨이라 곧 재운조사霽雲祖師의 7세손이 된 것이다.

입실入室을 계기로 본사의 강원에 머물며 학중을 제접提接하니 곧 이는 금명강백錦溟講伯 회하會下이다.

병진년丙辰年에 대교사 법계大教師法階로 승진하였으니 그로부터 멀지 않아서 경기도 광주군 봉은사京畿道廣州郡奉恩寺의 청을 받아 강주講主로 부임하였다.

이듬해인 정사년丁巳年에 스님은 본사인 송광사로 돌아왔다. 이른바 공석孔席은 따스하지 않고 묵돌墨突은 검지 않다는 옛 말씀이 진실로 속이지 않은 것이라 하겠다.

아, 무상無常한 수명이여…….

까닭 없이 병마病魔가 무단히 봄에 침입하더니 만 가지 방법으로 살기를 구하였지만 백약이 효험이 없어 신음하고 고통할 따름이었다.

그러다가 8월 28일에 엄연히 무성삼매無聲三昧에 들고 말았으니 은사스님의 망극한 은혜는 어찌할 것이며 스승님의 통곡 실성失性은 차마 어찌 다 말할 수 있었으랴?

스님의 세속 나이는 겨우 28세이고 법랍은 17하夏를 헤일 뿐이라 애석함인저.

스님은 화순군 외남면 벽송리和順郡外南面碧松里가 고향이고 속성은 김씨金氏, 본관本貫은 김해金海이며 아버지의 휘諱는 양서良瑞요, 어머니는 박씨朴氏이다.

고종高宗 27년 경인세庚寅歲(서기 1890년) 10월 27일에 둘째 아들로 태어났다. 태어나면서 이마는 높고 두둑하며 얼굴은 길고 살색은 감려紺黎하며 키와 몸집은 장대壯大하고 눈빛은 가을물처럼 맑았으며 미분眉分은 춘연春烟을 띤 것 같고 치아는 희고 고왔다.

어려서 입학하여 당대의 대학자인 조운강曹雲崗, 백운흥白雲興 등 선생의 사숙私塾에 나아가 사서史書와 경적經籍을 섭렵하지 않음이 없었다.

13세에 엄친嚴親의 상喪을 당하여 3년을 시빈侍殯한 후에 18세 때인 정미년丁未年 8월에 자훈慈訓을 받으러 순천 송광사松廣寺로 출가하여 용암선사龍巖禪師에게 나아가 머리를 깎았다.

십계十誡는 혼명대덕混溟大德에게 받고 구족계具足戒는 금명선사錦溟禪師에게 받았다.

임자년壬子年(서기 1912년)에 보통학교普通學校를 졸업하고 제방에 노닐어 청운靑雲, 진응震應, 금명錦溟, 호붕浩鵬 등 제대강헌諸大講軒에 참알參謁하기를 5, 6년 사이에 그 종지宗旨를 모두 다 얻었다.

이리하여 삼장교해三藏敎海에 있어서는 가위 제1인자第一人者라는 칭송을 들을 만큼 통달하지 않음이 없었으며 한묵翰墨에도 능하여 후학後學을 위해 사표師表로서 손색이 없게 되었다.

정사년丁巳年에 보성 대원사寶城大原寺로부터 유방遊方의 뜻을 세워 본사로 돌아오는 도중 하동 쌍계사河東雙溪寺에서 스님을 청하러 온 스님들과 만나게 되었다.

당시의 전통으로는 아무리 일대시교一代時教에 통달하였다 해도 아직 건당建幢하지 않았으면 강사講師 스님이 될 수 없는 것이 상례였는데, 스님은 너무 간곡히 청함을 받고 하는 수 없이 그에 응하여 곧바로 쌍계사로 가서 강주講主가 되어 학중學衆들을 가르쳤다.

아직 건당建幢하지도 않았고 또 스승님께 전강傳講도 받지 못했건만 스님은 박학강기博學強記한 천부적인 총민聰敏으로 강주로서의 소임을 충분히 이행하였으며 이로 인해 제방강백諸方講伯들의 칭송을 한 몸에 받았다.

이듬해인 무오년戊午年에 송광사에서 시행한 선시選試에 응하여 대덕법계大德法階를 품수하였으며 지방학림地方學林의 학감學監에 취임하였다.

기미년己未年 봄에 은부주恩傅主의 실室에 건당建幢하고 법인法印을 받으니 법호를 해은海隱이라 내리셨다.

신유년辛酉年에는 송광사의 법무法務를 겸임하였고 이듬해인 임술년壬戌年에는 감무監務의 소임을 행하였다.

당시 송광사의 여러 전당殿堂은 건축된 햇수가 오래되어 도괴직전倒壞直前에 놓여 있었는데 누구 하나 걱정만 할 뿐, 선뜻 나서서 수리하려는 이가 없었다. 그도 그럴 것이 그 많은 건물을 수리하려면 막대한

재원이 필요한데 그 재원을 염출할 방도나 능력이 없었으니 중수불사
重修佛事를 시행할 수가 없었던 것이다.

그런데 감무監務 소임을 맡은 해은海隱 스님은 과감히 일어나 중수불
사를 시작하였다.

이 대대적인 중수불사를 통해 무너지기 직전에 새로운 면모로 일신
된 전당은 천문千門, 만세문萬歲門, 화장루華藏樓, 월조당月照堂, 용화형문
龍華螢門, 공루空樓, 주당厨堂, 승영공루僧營空樓, 대장노전大藏爐殿, 동편
고東便庫, 선편고西便庫 등 모두 합하여 37동棟이나 되었다.

그리고 새로 건축한 건물은 화장문華藏門, 명성각明星閣, 당사고堂司
庫, 도감고都監庫, 용화당서우龍華堂西隅 등 15여 동餘棟이었다.

또 수리한 건물은 법종루梵鍾樓, 응접실應接室, 하사당下舍堂, 청운당靑
雲堂, 백설당白雪堂, 여관사旅館舍 등이었다.

그리고 그 석축石築 및 담장을 새로 쌓고 낡은 것을 수리한 것 등은
낱낱이 열거할 수 없다.

계해년癸亥年(서기 1923년) 봄에 동래 범어사 강원東萊梵魚寺講院의 청을
받아 강주講主로 부임하여 학중을 제접하였다.

이듬해인 무진년戊辰年 봄에 본사의 부름을 받고 다시 송광사 강원
으로 돌아와 스승이신 금명강백錦明講伯의 법석法席을 재차 물려받아
크게 법화法化를 떨쳤다.

범어사에서 스님에게 수학修學한 제자 중에 장성 백양사長城白羊寺 출
신인 석산상현石山尚玄이 스님의 뒤를 이어 범어사 강석을 맡아 5년여
를 주석하였으니 스님의 법력을 짐작하기에 족하다 하겠다.

송광사로 돌아온 여름에는 은사 스님을 위해 봉급을 받은 금전을 덜어 『국역 동경장경國譯東京藏經』 중 『화엄경華嚴經』 한 질秩을 사서 절 안의 법보전法寶殿에 봉안하였다.

12월에 이르러 법부주法傅主의 환우患憂로 인해 방장실方丈室로 물러나서 스님의 병환을 간병看病하였는데 날마다 침구鍼灸로써 치료해 드리며 하루하루를 소견消遣하였다.

광음光陰은 화살처럼 빠르다던가.

어느덧 두 해가 지나서 경오년庚午年에 이르러 정월 2일에 은사 스님은 회생하지 못하고 대적삼매大寂三昧에 드시니 시봉하던 스님의 애통함을 어찌 필설筆舌로써 다하랴?

그해 봄에 다시 본사의 감무직監務職을 맡아 사중 일을 돌보는 한편 강주講主로서 후학을 가르치는 데에도 소홀함이 없었다.

다시 두 해를 지나서 산중대중의 추대로 본사 주지住持로 피선被選되어 막중한 사중 업무寺中業務를 처리하면서도 강원에서 떠나지 않으니 타고난 총민함을 유감없이 발휘하여 많은 학중을 배출하였다.

또 해방解放 후에는 모든 공직에서 손 떼고 만연사萬淵寺로 퇴거退去하여 그동안 자신의 공부에 소홀했던 것을 보충하기에 힘썼다.

만연사에서의 생활은 비록 법랍이 높아서 기력이 쇠하여 불편이 많았지만 일생 동안의 수행을 총정리하는 좋은 기회가 되었다.

# 인담정용선사
## 印潭正鏞禪師

스님의 속성은 허씨許氏이고 본관本貫은 김해金海이며 아버지의 휘諱는 정楨이요 어머니는 고씨高氏이다. 고종高宗 광무 원년光武元年(서기 1897년) 정유세丁酉歲 12월 13일에 경남 통영군 서면 서충리慶南統營郡西面西忠里에서 태어났다. 스님은 태어나면서 총혜聰慧롭더니 8세에 입학하여 글을 배우는 데 자못 재명才名이 있었다.

11세에 아버지가 돌아가시자 집안의 형편이 여의치 못하여 더는 글을 읽을 수가 없게 되었다.

15세에 어머니를 따라 본군本郡 미륵산彌勒山에 있는 용화사龍華寺에 나아가 영월장로永月長老에게 의탁하여 머리를 깎고 득도得度하였으며 바로 계戒를 받으니 법명을 정용正鏞이라 받았다.

계축년癸丑年(서기 1913년)에 은사 스님의 주선으로 유학遊學하게 되니 스님은 전남 구례군 지리산 화엄사全南求禮郡智異山華嚴寺의 진응선사 강하震應禪師講下에서 사미과沙彌科를 수료하였다.

스님은 다시 걸망을 챙겨 순천 송광사順天松廣寺로 옮겨 가서 금명화상 회하錦溟和尙會下에서 병진년丙辰年에 대교과大敎科 및 선문禪文 등 여러 가지를 아울러 수료修了하였다.

그 뒤 송광사 지방학림松廣寺地方學林에 들어가 3년 만에 졸업하였으며 무오년戊午年에 구족계具足戒를 만하선사萬下禪師 단하壇下에서 받았다.

임술년壬戌年(서기 1922년)에는 서울에 있는 보성학교普成學校 법률과法律科를 졸업하였으며 이듬해인 계해년癸亥年 춘기春期에 보성군 벌교면寶城郡筏橋面의 송명학교松明學校 교원敎員으로 취직하였다.

을축년乙丑年에 은사 스님이신 영월당하永月堂下에 건당建幢하니 법호를 인담印潭이라 내리셨다.

이리하여 스님은 응암조사應庵祖師의 6세손六世孫이 된 것이다.

기사년己巳年 7월 12일에 낙안樂安의 관제館第에서 홀어머니의 임종臨終을 맞았으니 그 애통함이야 어찌 끝이 있었으랴?

경오년庚午年(서기 1930년) 정월에 본사本寺의 전문강원專門講院 강사講師로 부임하여 금명강백錦溟講伯을 보좌하니 이로부터 본사의 생활을 본격적으로 시작한 셈이다.

# 용은완섭선사
## 龍隱完爕禪師

스님의 법명法名은 완섭完爕이고 법호는 용은龍隱이며 속성은 주씨朱氏요 본관本貫은 신안新安이며 아버지 휘諱는 종학鍾學이요 어머니는 박씨朴氏이다.

나이 겨우 7세에 아버지에게 글을 배우기 시작하였는데 11세 되던 무신년戊申年 2월 17일에 어머니를 여의었다.

12세에 아버지를 따라 곡성군 태안사谷城郡泰安寺에 가서 영월대사映月大師를 뵈옵고 낙안군 하송리樂安郡下松里에 있는 종형從兄 댁에 가서 상喪을 벗었다.

14세 때인 신해년辛亥年 여름에 순천 송광사順天松廣寺에 나아가 금명대사錦溟大師에게 의탁하여 득도得度하고 그해 7월 15일에 영월대사映月大師에게 계戒를 받았다. 이어 갑인년甲寅年(서기 1914년) 4월 8일에 은사 스님이신 금명율사 단하錦溟律師壇下에서 구족계具足戒를 받았다.

그해 3월에는 보명학교普明學校 보통과普通科를 졸업하였으며 같은 해 여름에 은사 스님 강하講下에서 불교전문과佛敎專門科인 초중등대교과初中等大敎科를 졸업하였다.

경신년庚申年 3월에 지방학림地方學林을 수료하고 은사 스님이신 금명선사錦溟禪師의 법인法印을 허리에 차니 법호를 용은龍隱이라 받았다.

스님은 곧 응암선조應庵先祖의 7세손七世孫이요 백암조사栢庵祖師의 11

세손이며 부휴존자浮休尊者의 제14세 적손第十四世嫡孫이다.

갑자년甲子年에 전주시 서정全州市曙町 사립학교私立學校 교원으로 취직하였으며 이듬해에 송광사松廣寺에서 시행한 중선대덕법계中選大德法階에 승진 하였다. 그해 여름에 곡성군 태안사谷城郡泰安寺의 총무직總務職을 겸행兼行하고 병인년丙寅年(서기 1926년)에 태안사 주지住持의 소임에 취직하였다.

정묘년丁卯年에 우연히 병을 얻어 장기 치료長期治療를 필요로 하게 되자 주지직을 사임하고 전주병원全州病院에 입원하였는데 여러 차례 사경死境을 헤매이다가 겨우 소생하여 그해 겨울에 본사인 송광사로 돌아왔다.

그러나 신병이 악화되어 많은 고통을 참아내면서 법부주法傅主이신 금명선사錦溟禪師의 간호와 구병救病으로 근근히 죽음을 면할 수 있었다.

스님은 본시 총혜聰慧가 뛰어나서 금명 강하錦溟講下에서 삼장三藏을 이수한 외에 서예書藝에 있어 다른 이의 추종을 허락지 않으리 만큼 근래에 보기 드문 명필이었던 것이다.

기사년己巳年(서기 1929년) 정월 보름에 본사의 불교강원佛敎講院의 강사講師로 발탁되어 은법부주恩法傅主이신 금명강백錦溟講伯을 모시고 학인을 가르쳤다. 특히 스님은 신구식新舊式을 절충하여 제자들을 가르쳤으며 『화엄강요華嚴綱要』 1권을 철집綴集하여 세상에 펴서 초학初學의 안목眼目을 열어주었다.

경오년庚午年 정월에는 본사 법무직法務職을 겸직하여 사중 일을 충실히 돌보았다.

그 뒤 송광사松廣寺, 태안사泰安寺, 선암사仙巖寺, 화엄사華嚴寺 등의 전문강원專門講院에서 후학後學을 가르치고 송광사의 말사末寺 주지직에 재직하면서 가람수호伽藍守護와 포교화중布教化衆으로 많은 해를 보내었다.

6·25 동난動亂이 일어나자 승주군 황전면昇州郡黃田面의 깊숙한 골짜기에 토굴 3칸을 묻고 정토淨土에 왕생하기를 발원하여 미타염불彌陀念佛로 여생을 보내더니 임종시臨終時에 서방西方을 향하여 좌화坐化하였다.

# 기산석진선사
## 綺山錫珍禪師

스님의 속성은 임씨林氏이고 아버지의 휘諱는 원오元悟이며 어머니는 김씨金氏이다.

고종高宗 29년 임진세壬辰歲(서기 1892년) 5월 19일에 승주군 송광면 장안리昇州郡松光面壯安里에서 태어났다.

태어나면서 총민聰敏하고 면모面貌가 선연鮮姸하여 마치 물속에서 솟은 연꽃과 같았다.

11세에 본동本洞 용호재龍虎齋에 나아가 김찬국 선생金贊國先生에게 예禮하고 사서史書 등을 수료하였다.

14세 때인 을사년乙巳年 11월 13일에 어머니에게 하직을 아뢰고 송광사 천자암松廣寺天子庵으로 나아가서 취월장로翠月長老에게 득도得度하고 이듬해 4월 3일에 송광사에서 호붕대사浩鵬大師에게 사미계沙彌戒를 받으니 법명을 석진錫珍이라 하였다.

은사 스님에게 사미과沙彌科를 수료하고 정미년丁未年에 금명화상錦溟和尙에게 사집과四集科와 초등과初等科를 수료하였다.

또 경술년庚戌年에서 임자년壬子年까지 송광사에서 보통과普通科를 졸업하고 그해 4월 8일에 금명율사錦溟律師에게 구족계具足戒를 받았다.

경신년庚申年에 송광사에서 거행한 법계고시法階考試에 응시하여 대덕법계大德法階에 올랐다.

또 그해에 건당建幢하여 인봉당印峰堂의 법인法印을 허리에 차니 법호를 기산綺山이라 내렸으며 재운조사齋雲祖師의 6세손六世孫이 된 것이다.

정묘년丁卯年에 송광사 감무監務로 재임되자 가람 중수重修에 착수하여 응접실應接室·해청당海靑堂·석축石築 등을 수리하였으며 보조국사 감로탑普照國師甘露塔을 개축하고 비석을 새로 세웠다.

또 본사本寺의 사고史庫를 정리하여 편집하였으며 본사의 전문강원專門講院 강사講師로 취임하여 스승이신 금명강백錦溟講伯의 대를 이었다.

스님은 강원 교재講院敎材를 신구新舊를 참상參詳하여 시대에 알맞게 교육해 나갔다.

8·15해방解放 이후에는 광주시光州市의 동광사東光寺를 송광사 포교당布敎堂으로 만들어서 선禪과 교敎를 선양하는 데 앞장을 섰다.

또 전남교무원장全南敎務院長으로 재직하면서 호남불교湖南佛敎의 중흥重興에 혼신의 노력을 기울였으며 전남오본산全南五本山의 연합회聯合會를 결성하여 목포木浦의 대광유지주식회사大光油脂株式會社와 전남여객全南旅客·정광중고등학교淨光中高等學校 등을 효율적으로 운영해 나가는 데 크게 기여하였다.

갑오년甲午年(서기 1954년)에 불교정화운동佛敎淨化運動이 일어나자 기존종단旣存宗團의 자체정화自體淨化로 총무원장總務院長에 취임하여 분규 수습에 혼신渾身의 노력을 기울였다.

그러나 종단 사태가 비구승 측比丘僧側의 승리로 끝나자 총무원장직을 사임하고 동국대학교東國大學校에서 후학양성後學養成을 위해 노구老

軀를 무릅쓰고 강단講壇에 서기로 했다.

이 무렵 스님께서는 『금강경강의金剛經講義』라는 주석서註釋書를 집필하기 시작하여 만 7년 만에 탈고脫稿하니 근대에 보기 드문 역작力作이어서 많은 승속僧俗 사서士庶의 공감共感을 얻었다.

많은 스님들이 일제日帝의 간교한 책략에 휘말려 대처帶妻를 하였지만 스님께서는 시종일관始終一貫 계율戒律을 굳게 지켰고 율사律師로서 보살계菩薩戒를 설하여 불교의 대중화大衆化에 크게 기여하였다.

스님은 금명화상錦溟和尙·호붕화상浩鵬和尙·진응화상塵應和尙 등 당대 제일의 강백講伯 스님들에게 수학하여 교학敎學에 있어 통달하지 않음이 없는 석학碩學이셨지만 언제나 겸손하고 점잖은 성품이어서 자신을 내세우는 법이 없었다.

특히 금명화상 회하錦溟和尙會下에서 크게 성장하였는데, 금명화상은 스님의 수계사授戒師이시고 전강傳講해 주신 스승이시며 금명 회하에서 동문수학한 만암대종사曼庵大宗師와는 평생을 함께 종단을 위해 일하였다.

정광고등학교淨光高等學校·대광유지회사大光油脂會社·전남교무원全南敎務院·오본산연합회五本山聯合會 등등의 종단 내의 여러 기관에서 항상 만암 스님을 모시고 보필하며 제반 사업諸般事業을 실패함이 없이 충실히 이행하였다.

또 비구比丘·대처帶妻간의 정화운동淨化運動이 일어난 뒤에 만암종정曼庵宗正의 천거에 의해 총무원장總務院長에 취임하여서도 만암종정 스님과 의견을 같이 하여 분규수습에 노력하였다.

기존 종단 측의 의견은 종정宗正 밑에 이무총장理務總長의 두 총무원장을 두어 이판승理判僧은 이무총장이, 사판승事判僧은 사무총장이 관장한다.

이판승은 수행에 전념하고 사판승은 가람수호, 포교 등에 전념하며 가람수호는 독신승獨身僧 즉 비구승으로 점진적으로 대체한다.

대처帶妻한 승려는 불교 재산으로 운영하는 각 기업체에 보내어 불교 외호佛敎外護의 책임을 다하게 한다.

대강 이러한 것이 만암종정 스님과 총무원장인 기산 스님의 안案이었다.

이에 반해 선학원 측禪學院側 비구승단比丘僧團은 혁신, 즉 정화운동을 일시에 해야 한다, 사찰에 대처승이 왠 말이냐? 대처승은 왜색불교倭色佛敎의 잔재殘滓니 하루 속히 물러가야 한다는 등등의 급속주의적인 의견이었다.

헌데 당시 국민들의 취향도 왜색불교의 청산이라는 대명제에 이끌려 비구승단을 지지하였고 정부 당국의 생각도 마찬가지여서 1955년 8월에 종권宗權은 비구승단으로 넘어갔던 것이다.

스님은 청정비구이셨지만 대처승 측 인사로 인식되어 종권에서 물러나 동국대학교에서 교단敎壇에 서서 후학양성으로 여생을 보내다가 1968년 무신세戊申歲 4월 15일에 상족上足인 점석占錫 등을 불러 평소에 착용하시던 법의法衣를 조계曹溪의 고산故山에 영세유진永世留鎭하도록 유촉하신 후에 게偈를 읊으시되,

"我相心之影 渠像身之影

兩影俱空處 任性逍遙遊"

이튿날인 4월 16일 미명未明에 박연泊然히 서화西化하시니 향년享年이 77세요 법랍은 65하夏였으며 다비茶毘를 모신 뒤 영골靈骨을 수습하여 본사本寺 부도전浮屠殿에 탑을 세워 모시었다.

# 금명보정선사
## 錦溟寶鼎禪師
### 상上

스님은 철종哲宗 12년(서기 1861년) 신유세辛酉歲 정월 19일 축시丑時에 곡성군 석곡면 운월리谷城郡石谷面雲月里에서 태어났는데 속성은 김해 김씨金海金氏이고 휘諱는 보정寶鼎또는 첨화(添華)이며 자字는 다송茶松, 법호는 금명錦溟, 아버지는 상종相宗, 어머니는 이씨李氏이다.

스님은 태어나면서부터 면전面顚이 헌앙軒昂하고 체간體幹이 장대長大하여서 가위 대장부다운 풍모가 약여躍如하였다.

11세에 취학하였으나 집안 형편이 매우 어려워서 주경야독晝耕夜讀으로 3년만에 겨우 통사通史를 읽어 마칠 수 있었다.

고종高宗 12년 12월 22일에 15세의 나이로 아버지의 가르침으로 송광사松廣寺로 출가하여 금련화상金蓮和尙을 의지하여 득도得度하고 2년 뒤 7월 15일에 경파화상景坡和尙에게 대승계大乘戒를 받으니 법명을 보정寶鼎이라 하였다.

이듬해인 무인년戊寅年(서기 1878년)에서 정해년丁亥年에 이르는 10년 동안 수학受學하였는데 무인년에는 지리산 천은사 수도암智異山泉隱寺修道庵에서 경파화상景坡和尙에게 사집과四集科를 배웠으며 그해 늦가을에 송광사 광원암廣遠庵으로 옮겨와서 경붕강백景鵬講伯에게 기신론起信論을 배웠다.

기묘년己卯年에 큰절로 내려와서 어른스님네의 명으로 본사 서기本寺書記의 소임을 보게 되었다.

경진년庚辰年 봄에 지리산 법화사法華寺에서 혼해화상混海和尚에게 재차 기신론起信論을 배웠으며 그해 가을에는 지리산 화엄사 구층암華嚴寺九層庵에서 원화화상圓華和尚에게 원각경圓覺經을 배웠다.

신사년辛巳年고종 18년에 본사 보조암普照庵에서 구련화상九蓮和尚에게 현담懸談을 배웠으며 이듬해 봄에는 삼현三賢을 배우고 가을에는 반야경般若經을 배웠다.

계미년癸未年 봄에 광원암廣遠庵에서 원해圓海화상에게 십지十地를 배우고 갑신년甲申年에는 법화경法華經을 배웠다.

또 을유년乙酉年 정월에는 선암사 대승암仙巖寺大乘庵에서 함명涵溟화상에게 염송拈頌을 배우고 그해 가을에는 본사의 보조암普照庵에서 통사通史 등 여러 속서제전俗書諸典을 읽었다.

병술년丙戌年(서기 1886년) 정월 10일에 두륜산 대흥사頭崙山大興寺에서 범해율사梵海律師에게 구족계를 받은 것을 계기로 범망경梵網經, 사분율四分律, 고문古文, 박의博義, 사산비명四山碑銘 등을 배웠다.

이때 범해 스님이 저술한 『동사열전東師列傳』을 눈여겨보고는 뒷날 스님이 『조계고승전曹溪高僧傳』을 저술하였던 것이다.

『동사열전』과 『조계고승전』은 그 체제와 구성에 있어 서로 비슷하지만 『동사열전』은 범해 스님이 저술하면서 자전기自傳記를 남기신 것에 반해 금명 스님은 『조계고승전』에 자신의 전기傳記를 기술하지 않은 것이 서로 다르다.

특히 스님에게 수학한 제자와 법제자의 전기를 자세히 기술하면서도 자신의 전기를 싣지 않은 미덕美德을 높이 기리지 않을 수 없다.

그해 8월에 본사에 돌아온 뒤 9월에 화엄사華嚴寺의 원화강헌圓華講軒으로 가서 7서七書를 배웠으며 정해년丁亥年에 남화경南華經 사략史略 등 제서諸書를 배웠다.

이렇게 제방선지식諸方善知識을 역참歷參하며 삼장三藏과 유학儒學, 선전仙典 등을 두루 수학修學하여 대석학大碩學의 기틀을 다졌다.

고종 25년 무자세戊子歲 정월 17일에 속가의 엄친嚴親이 작고作故하였고 이듬해 7월 25일에는 은사 스님이 시적示寂하시었다.

고종 27년 경인세庚寅歲 2월 23일에 보조암普照庵에서 은부恩傳를 이어 전등식傳燈式을 행하고 이어 개강開講하니 학중學衆이 구름 모이듯 하였다.

임진년壬辰年(서기 1892년) 정월에 용화사龍化師에게 전강傳講한 스님은 2월에 팔영산 능가사 사불암八影山楞伽寺四佛庵에 나아가 관음성전觀音聖前에 7일기도七日祈禱를 행하였다.

을미년乙未年 2월부터 병신년丙申年 5월까지 본사의 청진암淸眞庵에서 강주講主를 떨친 것을 비롯하여 화엄사 봉천암華嚴寺鳳泉庵에서 병신년 6월부터 정유년丁酉年 정월까지 강講하였다.

이어 본사로 돌아와 광원암廣遠庵에서 학인 50여 명에게 삼장三藏을 강설하였고 보조암普照庵에서도 강설하는 등 계속 강석講席에 머물었다.

고종 광무光武 2년무술년(戊戌年) 2월에 강석을 떠나 모처럼 행각의 길에 오르니 먼저 강원도 금강산金剛山을 순례하기에 이르렀다.

금강산은 경관景觀이 좋기로 이름이 널리 나 있지만 화엄경 보살주처품華嚴經菩薩住處品에 법기보살法紀菩薩이 만이천보살대중萬二千菩薩大衆을 거느리고 상주설법常住說法한다고 설해있음을 아는 이는 그리 많지 않다.

스님은 법기보살, 즉 담무갈보살曇無竭菩薩의 진신眞身을 친견하기 위해 금강산 구석구석을 순례하며 지성으로 보살을 염송念誦하였다.

그 결과 법기암法起庵에서 한밤중에 온 도량이 대낮처럼 밝은 상서祥瑞를 목격하였고 내금강內金剛에서는 온 골짜기가 기이한 향내음으로 가득찬 것을 체험하였다.

또 보덕굴普德窟에서 관음성상觀音聖像에게 3일기도를 드리던 중 관음조觀音鳥에게 전에 보지 못한 향기나는 과일을 얻은 상서를 감득感得하고 신심信心이 더욱 돈독하여지기도 하였다.

처음 금강산에 들어갈 적에는 서너 명의 도반과 동행하였으나 기도드릴 원을 세우고 도반들과 헤어져서 혼자서 내금강 외금강이며 여러 높은 봉우리와 성지聖地를 차례로 순행하였는데 길을 잃어 헤매이지도 않았고 기갈飢渴에 시달리지도 않았다.

길이 두 갈래 세 갈래로 갈라진 곳에 이르게 되어서는 낯선 이인異人이 문득 나타나 길을 안내해 주었고 혹 기갈이 들게 되면 가까운 곳에 절이 있어서 공양을 들게 되거나 낯선 행객이 나타나 요기療飢를 시켜 주기도 하였던 것이다.

훗날 스님은 본사에서 노년老年에 이르러 금강산 순례巡禮를 회상하

다가 문득 삼매三昧에 들어 금강산 순례의 전철을 그대로 밟았는데 그
때 만났던 스님들이나 이인異人들이 다름 아닌 법기진신法起眞身과 관
음성모觀音聖母였음을 여실如實히 보았다.

# 금명보정선사
## 錦溟寶鼎禪師
하下

금강산 순례길에서 많은 상서祥瑞와 이적異蹟을 감득感得한 스님은 내친 김에 영남지방嶺南地方의 여러 절을 돌아보기로 했다.

그래서 먼저 삼보사찰三寶寺刹을 참배할 목적으로 가야산 해인사伽倻山海印寺를 찾아가서 장경각藏經閣에서 철야정진徹夜精進을 감행하였다.

명색이 삼장을 이수履修하고 강단講壇에 선 경험을 가진 자신이지만 이 방대한 6천여 권의 경율론과 자신이 머리에 담고 있는 경율론을 헤아려 보면 태평양의 물과 표주박의 물에나 비교할 수 있을런지?

스님은 자연히 고개가 숙여졌고 밤새도록 그 자리에서 일어나지를 못했던 것이다. 그 다음으로 영축산 통도사靈鷲山通度寺와 금정산 범어사金井山梵魚寺를 참배하고 신라新羅의 고도古都 경주 일원慶州一圓을 둘러보면서 우리 조상들의 얼을 가슴 깊이 새겼다.

여기에서 오랜 가뭄으로 한해旱害가 심한 것을 목격한 스님은 곧바로 북쪽으로 향하여 사불산四佛山 속리산俗離山 계룡산鷄龍山 등지를 대강 둘러보고 남하南下하여 지리산 화엄사의 구층암九層庵에 이르렀다.

대중과 상의한 스님은 음식을 장만하여 기우제祈雨祭를 지내고 본사로 돌아가는 길에서 단비를 만나니 가슴 속이 후련했다. 그해 겨울에 모진 한파寒波가 휘몰아치므로 삼일암三日庵에서 한제寒祭를 지냈다.

기해년己亥年 정월 16일에 해인사 인경불사印經佛事가 고종황제高宗皇帝의 칙인勅印으로 시작되자 해인사의 초청을 받고 나아가서 교정校正 편집編集의 중임重任을 맡아 충실히 이행하였다.

이듬해인 경자년庚子年 정월에는 본사의 시왕十王탱화를 새로 조성하는 불사에 화사化士가 되었는데 겸하여 총섭摠攝의 인수印綬를 차고 관역官役의 혁파革罷에 노력하였다. 이듬해에는 대흥사 회록복구불사大興寺回祿復舊佛事의 증명證明에 추대되어 부임하였다.

임인년壬寅年(서기 1902년)에 해인사에서 하안거夏安居 중 회광晦光 스님의 범망회梵網會에 참여하여 증명證明이 되고 해제解制 후에 회광 스님과 상궁 천일청尙宮千一淸 등과 함께 송광사로 돌아와서 회광 스님을 전계사傳戒師로 모시고 보살계법회菩薩戒法會를 가졌는데 스님은 증사證師가 되셨다.

그해 10월에는 서울 원흥사元興寺에서 봉행한 국재國齋에 본사 대표로 참여하여 기로소耆老所인 원당願堂을 창건하는 대표의 중책도 맡아서 이듬해癸卯년까지 머물면서 불사를 원만히 회향하였다.

계묘년癸卯年 12월에 본사 섭리本寺攝理의 직에 부임하여 전패殿牌 봉안의 일을 계속 주선한 결과 이듬해 9월에 원만히 성취하였다.

갑진년甲辰年 3월에는 전경불사轉經佛事의 입승立繩 경감經監의 중임을 맡아 진심갈력盡心竭力 하였으며 이듬해에는 회광 스님을 모시고 범망회梵網會를 개설開設하였다.

이듬해 3월에 시왕계十王禊 중의 예수재豫修齋 모연화사募緣化士가 되셨고 또 병오년丙午年 여름에는 삼일암 개금불사改金佛事의 증명證明이 되셨으며 10월에는 서울 불교연구회佛敎硏究會에 참여하셨다.

융희隆熙 3년(서기 1909년) 12월 2일에 본사本寺에서 설립한 사립보명학교私立普明學校의 학감學監에 취임하셨다.

이듬해인 기유년己酉年 2월에 종무원宗務院 일로 상경하셨다가 3월에 본사로 돌아온 뒤 보명학교 한문강사漢文講師에 부임하였다.

이듬해에는 불교학을 가르치는 강사가 되셨고 4월 8일에 본사 금강계단金剛戒壇의 전계사傳戒師로 추대되었다.

신해년辛亥年 2월 25일에는 본사 전문강원專門講院의 강주講主로 부임하시고 보명학교 교장직을 겸임하시었다.

임자년壬子年에 지리산 천은사智異山泉隱寺의 청함을 받아 강주講主로 부임하여 수도암修道庵에서 학중學衆 50여 명을 제접提接하셨다.

그 이듬해 정월에 대흥사大興寺의 청을 받고 1년간 두륜산에서 강설講說하시다가 본사本寺의 부름을 받아 다시 본사의 지방학림地方學林 강사직과 강원의 강주 소임을 겸임하시었다.

갑인년甲寅年 3월 20일에 이르러 전문강원이 폐쇄되자 강주직을 사임하고 지방학림 강사로서 경신년庚申年 봄까지 후학양성에 온 힘을 쏟았다.

그해 하안거夏安居를 곡성 태안사谷城泰安寺에서 지내시고 이듬해인 신유년辛酉年 정월 19일에 화갑華甲을 맞아서는 본사의 봉서암鳳瑞庵에서 문제門弟 등의 수연壽宴을 받으셨다.

임술년壬戌年(서기 1922년) 7월에 본사의 청에 응하시어 다시 개원開院된 전문강원의 강주가 되시어 무진년戊辰年 3월까지 6년 동안 마지막의 강주講主를 떨치셨다. 스님에게 수학한 제자 중에 뒷날 교계教界의 큰 별이 된 스님으로는 종정宗正을 역임하신 만암종헌대종사曼庵宗憲大宗師와 총무원장總務院長을 지내신 기산대종사綺山大宗師, 그리고 송광사 주지 및 전문강원 강주를 지내신 해은대화상海隱大和尙과 강주講主와 태안사 주지泰安寺住持를 역임한 스님의 사법제자嗣法弟資 용은대화상龍隱大和尙 등이 우선 꼽힌다.

무진년에 강석講席에서 물러나신 뒤 여생을 보제당普濟堂에서 안거하시며 정토업淨土業을 닦으시더니 경오년庚午年 2월 13일에 대적삼매大寂三昧에 드시었다.

스님께서 세상에 머무신 횟수는 70세이시고 법랍은 55하夏이시었다.

스님께서 저술하신 책으로 『조계고승전曹溪高僧傳』 1권과 『정토찬淨土讚』 1권 등 다수가 있다.

스님의 법사法嗣로는 용은완섭龍隱完燮, 백은종댁柏隱鐘宅 등이 있다.

스님은 일생을 육영育英으로 일관하셨고 「송광사사적松廣寺事蹟」을 정리 완성하셨으니 그 크신 업적을 그 뉘 감히 평할 수 있을 것이랴?

# 석두보택선사
## 石頭寶澤禪師
### 상上

스님의 속성俗姓은 나주 임씨羅州林氏이고 속명은 상하尙夏이며 아버지는 치권致權이요 어머니는 김해 김씨金海金氏이며 함경북도 명천군 하가면 화대리咸鏡北道明川郡下加面花坮里가 고향이다.

고종高宗 19년 임오세壬午歲(서기 1882년) 9월 4일에 5남매五男妹 중 둘째 아들로 태어났다.

어려서 성품이 급하고 고집이 세었지만 반면 그 바탕은 총명하고 인자하여 숙생에 자비종자慈悲種子를 심은 것이 역력하였다.

지학志學의 나이에 서당書堂에 들어가 학문을 익히는데 차츰 철이 들면서 세상이 개화開化의 바람에 휩싸이고 나라의 운세가 풍전등화風前燈火와 같음을 인식하고는 병법兵法과 무술武術을 배우고 익혀 장차 장군將軍이 되어 나라를 반석 위에 올려놓겠노라고 결심하기에 이르렀다.

그러나 세상의 온갖 일이 그렇듯이 나라를 위해 헌신하는 것도 일장춘몽一場春夢에 지나지 않는다고 절감하고 차라리 출가하여 도를 닦는 길이 최선이라는 의지가 강하게 일었다.

한창 감수성感受性이 예민하고 매사에 의욕이 강할 시절인 16세에 드디어 출가할 것을 부모님께 아뢰니 부모님은 한마디로 허락지 않고 한사코 만류하는 것이었다.

그러나 원래 집념이 강한 스님은 부모님의 만류를 뿌리치고 안변 석왕사安邊釋王寺에 나아가 백하화상白荷和尙을 배알하고 중이 되기를 간청하니 화상이 이르시기를,

"내 간밤에 용龍이 승천昇天하는 길몽吉夢을 얻었는데 마침 네가 찾아온 걸 보니 너는 장차 선지식善知識이 될 징조였구나."

하시며 즉석에서 허락하시고 머리를 깎아 주시었다.

그로부터 몇 달 뒤에 수계受戒하니 법명法名을 보택寶澤이라 받았으며 법호도 용음龍唫이라 내리셨는데 뒤에 석두石頭라고 고쳤다.

중이 된 뒤 3년간은 은사 스님 시봉드리면서 삼장三藏과 범패梵唄를 배웠으며 19세 때 명천 쌍계사明川雙溪寺 주지住持에 발탁되었지만 본분사本分事가 아님을 깨닫고 곧 사임하고 참선의 길로 들어갔다.

스님은 자서自誓하기를,

"명심견성明心見性하여 상보사중은上報四重恩하고 하제삼도고下濟三途苦하리라."

하는 대서원大誓願을 세우고 사교입선捨敎入禪 각고정진刻苦精進을 계속하였으며 또 오음마五陰魔를 항복받기 위하여 준제기도準提祈禱드리기를 결심하기에 이른다.

『준제경準提經』에는 준제기도에 대한 설명이 자세히 설하여져 있는데 특히 서역西域에서 생산되는 특수한 향을 사용하라고 가르치고 있다.

스님은 이 향을 구하기 위하여 중국中國, 노서아露西亞 등지를 두루 찾아다녔다.

이국異國의 풍물을 살펴보며 나라와 겨레를 사랑하는 마음을 더욱 두터이 하였으며 귀국하여서는 준제기도를 무려 일곱 차례나 드렸다.

기도 중 이런 일도 있었다.

동진보살童眞菩薩이 공중에서 하강하여 금강저金剛杵로 정수리를 찔러 뱃속까지 사무친 뒤에 번개 같이 뽑아 올리자 오장五臟·육부六腑가 모두 빠져나가고 뱃속이 텅 비어 마치 무변허공無邊虛空과 같았다.

그 뒤로는 평생을 두고 수마睡魔에 구속받지 않고 항상 오매일여寤寐一如의 경지를 수용受用하였다.

25세의 동안거冬安居에 해인사 퇴설당선원海印寺堆雪堂禪院에서 재산 스님을 모시고 용맹정진勇猛精進하더니 하루는 밤에 긴 두루막을 입고 장경각藏經閣을 포행하던 중 두루막자락을 밟고 넘어지는 순간 홀연히 혜안慧眼이 열려 무자화두無字話頭를 타파하니 허공虛空이 박락撲落하고 대지大地가 평침平沈하였다.

그때 문득 입에서 무심결에 이런 게송이 튀어나왔다.

"圓覺道場이 何處오

現今生死가 卽是로다

(원각도량이 어드메인가?

현금의 생사가 곧 이것이로세)"

뒤에 남전南泉 스님이 들으시고 매우 기뻐하시며 손수 이 게송을 쓰서서 판각 하여 판전板殿에 주련株聯으로 걸으셨는데 지금도 그 자리에 남아있음을 본다.

그로부터 3년 뒤인 순종 융희純宗隆熙 2년 동안거 해제일冬安居解制日

에 주지인 회광화상晦光和尚이 상당上堂하여 법어法語를 설하기를,

"삼세제불三世諸佛과 역대조사歷代祖師와 금일 시회대중今日時會大衆이 모두 산승山僧의 입에서 나왔느니라."

하고는 양구良久한 뒤,

"할喝."

한 번 할 하거늘 그때 스님이 문득 자리에서 벌떡 일어나 합장하고,

"그렇다면 화상께서는 어디서 나오셨습니까?"

하고 반문하니 화상은 아무런 답을 못하였다. 스님이 다시 외치기를,

"자못 사자후獅子吼인가 여겼더니 야간野干의 울음에 불과합니다 그려."

하고는 가사를 벗어 던지고 밖으로 나와버렸다.

이 일이 있은 이후로 해인사는 물론이고 제방선원諸方禪院에서는 이른바 회광불晦光佛이라 칭하는 선지식을 젊은 석두石頭가 한 방망이 먹였다고 칭송이 자자하였다.

아무튼 스님은 해인사에서 첫 철을 나던 25세 적에 칠통漆桶을 타파打破하여 여러 선배 선지식들을 깜짝 놀라게 하더니 그 뒤로도 계속 장좌불와長坐不臥로 정진을 게을리하지 않았다.

스님의 법호가 처음에는 용음龍唫이었는데 바윗덩이처럼 우뚝 앉아서 용맹정진하는 모습을 보고 동료 도반들이 석두石頭라는 별호로서 부르게 된 것을 계기로 법호를 아예 석두石頭로 고치게 되었던 것이다.

바윗덩이[石頭] 수좌는 해제 후 걸망을 챙겨 행각에 나서서 제방의 큰스님네를 차례로 배알하며 법거량法擧揚을 하였는데 스님을 대하는

큰스님마다 철두철미하게 달구어진 스님을 칭찬하시며 슬하에 머물기를 청하는 것이었다.

무신년戊申年 즉 스님이 27세 되던 해 3월에 여러 선지식 회상善知識會上을 거쳐 스님은 금강산 유점사金剛山楡岾寺로 갔다.

유점사에서는 근년에 보기 드문 보살계산림불사菩薩戒山林佛事가 열리고 있었다.

스님은 좀 뒤늦은 감이 없지 않으나 이 계산림戒山林에 참가하여 영봉율사靈峰律師에게 구족계具足戒를 받았다.

당시 한수 이북漢水以北에는 계단戒壇이나 율사 스님이 전무全無한 상태여서 구족계를 받으려면 남방사찰南方寺刹로 내려가거나 특별히 계단을 설치하는 기회를 얻어야 했던 것이다.

구족계를 받은 스님은 신계사神溪寺로 향하였다. 산내암자인 보운암普雲庵이 텅 비어 있어서 거기에서 한 철 나고자 한 것이다.

보운암 큰방에 하룻밤 묵게 된 스님은 포단에 앉아 조용히 섭심攝心하는데 마침 비 끝이라 개울물이 상당히 불었는데 수백 마리의 개구리떼가 연못에서 시끄럽게 울고 있었다.

스님은 소음에 가까운 개구리소리가 싫어서 날이 밝으면 이곳을 떠나야겠다고 맘먹었다.

헌데 이튿날 이른 아침에 어디서 날아왔는지 까마귀떼가 수십 마리 날아오더니 삽시간에 그 많은 개구리를 모조리 잡아먹고는 유유히 사라지는 것이었다.

그 뒤 현재까지도 보운암 도량에는 개구리가 서식하지 않는다.

스님은 이렇게 탄식했다.

"나의 부질없는 한 생각이 결국 많은 생명을 살상하게 했구나……."

스님은 떠나려던 생각을 단념하고 눌러 살면서 개구리 영혼 천도를 위하여 낮과 밤을 가리지 않고 하루 한끼씩 송죽松粥을 들면서 고행정진하였다.

스님은 다 쓰러져 가는 암자를 손수 중수하여 오래 머물기를 작정하고 출가본사로 가서 은사 스님이신 백하화상白荷和尙을 모시고 왔다.

백하화상은 여기에서 여생을 조용히 계시다가 시적示寂하셨으며 상족上足인 효봉曉峰과 종남宗南, 화봉華峰, 석정石鼎 등 제사諸師도 모두 이 절에 와서 중이 되었다.

스님은 평소 도솔천兜率天 미륵회상彌勒會上에 왕생하기를 발원하였는데 구룡연九龍淵 절벽에 높이 40여 척이나 되는 큰 글씨로 미륵불彌勒佛 석 자를 음각陰刻하였으며 상운암上雲庵 뒤에는 마애미륵존상磨崖彌勒尊像을 새겼다.

또 세존봉世尊峰 중턱에 도솔암兜率庵을 창건하였으며 많은 사람에게 불자佛字를 써서 말미에 금강산 무화자金剛山無化子라고 낙관하여 법보시하면서 도솔왕생을 발원하도록 권유하였다.

이 무렵 금현거사金玄居士가 지은 온정리溫井里의 여여원如如院에 자주 왕래하시며 사부대중을 위해 상승법문上乘法門을 설하시었다.

하루는 상봉인 비로봉毘盧峰에 올라 문득 읊기를,

"毘盧가 登毘盧하고

東海가 望東海라

毘海雙忘處에

一萬二千峰이로다"

47세 때 제자 효봉曉峰에게 전법게傳法偈를 내리시니 송頌하기를,

"春來百花爲誰開 東行不見西行利

白頭子就黑頭父 兩介泥牛戰入海"

그 뒤 법기암法起庵 지환비구니知幻比丘尼에게 일찍이 받았던 공양답供養畓 36두락도 그 손상파인 대원니大願尼에게 돌려주었다.

이렇게 금강산 생활을 마무리한 스님은 표연히 떠나 운수객이 되어 전국 각지를 두루 밟으면서 인연 따라 머물기도 하고 또한 행화도생行化度生하시었다.

만년에는 상족인 송광사 회주松廣寺會主 효봉曉峰 스님의 청을 받아들여 삼일암三日庵의 차안당遮眼堂에 주석하시며 부도암浮屠庵을 중수하여 선방을 만드셨으며 효봉 스님이 정진하고 있는 목우정牧牛亭에 경구警句를 써붙이기를,

"夜有夢者는 不入하고

口無舌者는 當住하라"

스님이 송광사에 머무시며 향봉香峰과 계봉溪峰 등 상좌와 법제자인 석봉石峰·은봉隱峰 등을 얻으시니 모두 일방종사一方宗師들이었다.

8·15해방 후에는 순창淳昌 순평암淳平庵에 계셨는데 뒷산의 산림山林

을 마을 사람들이 마구 남벌하므로 한 그루 소나무를 살리기 위해 그 소나무에 종이를 울긋불긋하게 걸어 마치 성황당城隍堂처럼 꾸며서 살려내기도 하시었다는 얘기는 너무도 유명하거니와 스님은 산림 훼손을 막기 위해 노구老軀를 무릅쓰고 날마다 숲속을 지키시느라 병환에 시달리기도 여러 번 하였다.

스님은 여기에서 마지막 상좌를 두셨는데 법명은 경수鏡守이니 속명 경수京洙를 글자만 바꾸어 지어주셨다.

스님을 오래도록 끝까지 효시봉孝侍奉한 상좌는 계봉溪峰이니 스님을 그림자처럼 따라다니며 입적하실 때까지 효성을 다해 모시었다.

71세에 미질微疾을 보이시더니 정양 중 갑오년甲午年에 손상좌 구산孫上佐 九山이 지은 통영 미래사統營彌來寺로 옮기셔서 음력 4월 25일 하오下午 8시 30분에 이연怡然히 대적삼매大寂三昧에 드시니 세상에 살으신 춘추는 73세이시고 법랍은 57하夏이시었다.

3일 뒤 다비茶毘 모실 때까지 생시와 같이 몸이 부드럽고 안색이 변치 않으시었다.

스님께서는 항상 시은施恩을 중히 여기시어 검소儉素한 생활로 일관하셨으며 누구에게나 참선만을 권유하시었다.

평소 제사 지내는 법이 없으시고 서신왕래書信往來도 삼가셨으며 많은 대중을 거느리시지도 않으셨지만 혼자 살지도 않으셨다.

설법하실 적에는 미륵상생경彌勒上生經·달마사행론達磨四行論·보조수심결普照修心訣 등을 즐겨 설하시었다.

혹 신양身恙이 나면 약을 쓰시지 않고 직관법直觀法으로 대치對治하시며 더러는 침술鍼術을 활용하시곤 하셨다.

　수하 제자가 혹 잘못을 저지르면 호되게 엄히 꾸짖으시지만 돌아서
면 곧 잊으시고 자비의 미소微笑로 대하시니 혹자혹위或慈或威로 자엄
慈嚴을 등시等施하시는 보살菩薩의 화신化身이시었다.

　은법상좌恩法上左

　효봉학눌曉峰學訥·향봉향눌香峰香訥·화봉유엽華峰柳葉·계봉암우溪峰
巖雨·해봉석정海峰石鼎·종남宗南·경수鏡守

　법제자法弟資

　석봉인선石峰仁善·은봉원광隱峰圓光

　미래사彌來寺에서 다비茶毘를 모시고 그 절에 탑과 부도浮屠를 모시
었다.

# 효봉학눌선사
## 曉峰學訥禪師
### 상上

스님의 속성은 수안 이씨遂安李氏이고 이름은 찬형燦亨이며 아버지는 병억炳億이요 어머니는 김씨金氏이다.

고종高宗 25년 무자세戊子歲(서기 1888년) 5월 28일에 평안남도 양덕군 쌍룡면 반성리 금성동平安南道陽德郡雙龍面盤城里錦城洞에서 태어났다.

지학지세志學之歲에 조부祖父님에게 수학受學하기 시작하여 사서삼경四書三經을 모두 배워 마치니 원근에서 신동神童이 출현하였다고 칭송이 자자하였다.

13세에 조부님이 타계하시자 한학漢學을 그만두고 평양고등보통학교平壤高等普通學校에 들어가 신학문新學問을 배우기 시작하였다.

22세 때(서기 1909년)에 일본日本으로 유학의 길을 떠나니, 동경東京의 조도전대학早稻田大學 법학부法學部에 들어가 26세1913년에 졸업하였다.

27세 때 함흥咸興의 지방법원地方法院 판사判事로 부임하여 법관 생활을 시작하니 당시 한국인으로서 최초의 판사가 되었다.

그 뒤 평양의 복심법원覆審法院으로 옮겨 판사로 재직하였는데 그 무렵 경성京城지금의 서울에서는 김병로金炳魯, 함태영咸台永 등이 최초로 변호사가 되었다.

김병로金炳魯는 뒷날 건국 후建國後 대한민국 초대 대법원장大韓民國初

代大法院長을 역임했으며 함태영咸台永은 부통령副統領을 역임하였다.

스님이 판사로 있으면서 살인죄를 지은 동포同胞에게 죗값에 맞게 사형선고死刑宣告를 내리고는 인간이 인간을 벌할 수 있는가를 고민하다가 마침내 사표를 던지고 출가하기에 이르렀다.

그런데 일설에는 독립운동獨立運動을 하던 애국투사愛國鬪士가 일경日警에 체포되어 재판을 받게 되었는데 총독부의 지령으로 사형 선고를 언도하도록 압력을 받게 되자 일경의 눈을 피하여 죄수를 몰래 풀어주고 신변의 위협을 느낀 나머지 잠적하여 엿장수 생활을 하면서 전국 방방곡곡을 누비다가 금강산에서 중이 되었다 한다.

아무튼 스님은 법관 생활을 그만둔 뒤 꾸준히 일경日警에 의해 지명수배를 받다가 3년 뒤인 서기 1925년에 38세의 나이로 금강산 신계사 보운암金剛山神溪寺普雲庵에 찾아와 석두화상石頭和尙에게 예禮를 올리고 축발祝髮, 득도得度하였다.

이듬해 여름에 제방선지식諸方善知識을 참알參謁하기 위해 행각의 길에 나섰는데 맨 먼저 용성선사龍城禪師를 친견하고져 양산 통도사梁山通度寺의 내원사內院寺로 내려갔다.

또 그해 겨울에는 수월선사水月禪師를 참알參謁하기 위하여 간도지방間島地方에까지 불원천리不遠千里하고 찾아가기로 하였다.

40세에 다시 신계사神溪寺로 돌아와서 미륵암彌勒庵에서 안거安居하면서 화두話頭와 씨름하더니 이듬해에는 스승님이 계시는 보운암普雲庵에서 장좌불와長坐不臥하며 용맹정진勇猛精進하였다.

42세 겨울에는 해금강 온정리海金剛溫井里에 있는 여여원如如院에서 장좌불와로 거듭 용맹정진하였다.

경오년庚午年 43세에 법기암法起庵 뒤에 토굴을 묻고 일일일식一日一食으로 장좌불와하여 용맹정진하니 당시 스님들이 "절구통 수좌"라는 법명을 붙여 부르곤 하였다.

이처럼 스님이 용맹정진하는 데에는 은사 스님이신 석두선사石頭禪師의 아낌없는 배려가 뒤따랐던 것이다.

신미년辛未年 동안거冬安居를 유점사楡岾寺에서 났는데 선원 대중 일동의 청으로 입승立繩 소임을 맡아 이듬해 하안거夏安居와 동안거까지 장좌불와로 정진하였다.

임신년壬申年 4월 8일에 유점사에서 동선율사東宣律師에게 보살계菩薩戒와 구족계具足戒를 수지受持하였다.

계유년癸酉年 여름에는 온정리의 여여원如如院에서 오후불식午後不食과 장좌불와長坐不臥로 용맹정진하였으며 동안거冬安居는 마하연선원摩訶衍禪院에서 역시 장좌불와하였다.

갑술년甲戌年 여름은 여여원如如院 뒤 토굴에서 안거安居하고 겨울은 신계사의 미륵암에서 용맹정진하였다.

앞서 법기암法起庵의 뒷 토굴에서 출입문을 봉하고 용맹정진할 적에 하루는 홀연히 증오證悟한 바 있어 송頌하기를,

"海底燕巢鹿抱卵 火中蛛室魚煎茶

此家消息誰能識 白雲西飛月東走

(바다 밑 제비집에 사슴이 알을 품고

타는 불속 거미집엔 고기가 차 달이네

이 집안 소식을 뉘라서 알랴

흰구름은 서쪽으로 달은 동쪽으로)"

이 오도송悟道頌을 뒷날 스승이신 석두石頭선사에게 봉정奉呈하였더니 선사께서는 크게 기뻐하시며 수긍하시고 이에 송頌으로 답하시기를,

"春至百花爲誰開 東行不見西行利

白頭子就黑頭父 兩個泥牛戰入海

(봄이 오매 온갖 꽃이 뉠 위해 피는가

동으로 가는 이 서로 가는 이로움 보지 못하네

흰 머리 아들이 검은 머리 아비에 나아가니

두 진흙소가 싸우며 바다에 들어가네)"

선사는 이 게송과 함께 법인法印을 제자인 스님에게 전수傳授하시었다.

그리고는 그토록 오래 주석하신 금강산을 미련없이 떠나 남방南方으로 내려가신 뒤 스님은 수년을 더 금강산에 머물며 보림保任에 힘썼다.

을해년乙亥年 48세의 여름철에 설악산雪嶽山으로 내려와 봉정암鳳頂庵에 석장錫杖을 높이 걸고 묵언默言하며 장좌불와長坐不臥하면서 정진에 정진을 거듭하였다.

이어 그해 동안거冬安居는 오대산五臺山으로 내려와서 상원사선원上院寺禪院의 한암 회상寒巖會上에 방부를 드리니 금강산의 "절구통수좌"라는 이름으로 널리 알려진 바 있는 스님을 흔연히 받아주셨으며 스님은 여기서도 묵언默言 장좌불와로 용맹정진하였다.

이듬해인 병자년丙子年(서기 1936년)에는 다시 남방으로 행각하여 태백산 정암사太白山淨巖寺에 이르러 하안거夏安居를 조용히 났다.

그리고 겨울철은 다시 서방西方으로 나아가서 예산禮山의 덕숭산 정혜사德崇山定慧寺에 이르러 만공회상滿空會上에 방부를 드림으로써 「증도가證道歌」의 이른바 유강해섭산천遊江海涉山川은 심사방도위참선尋師訪道爲參禪이라는 송의頌義에 부합된다 하겠다.

정축년丁丑年은 서기 1937년이니 스님의 춘추 50세가 되는 해이다.

스님은 승보종찰僧寶宗刹인 조계산 송광사曹溪山松廣寺로부터 조실祖室로 부임해 주실 것을 청하는 제의를 받으시고 곧 응락하시었다.

송광사는 삼일암三日庵을 조실 스님이 주석하실 염화실拈花室로 정하고 스님을 모시니 그로부터 10년간을 조실祖室로 계셨다.

해방을 맞은 이듬해인 병술년丙戌年 가을에 가야산 해인사伽倻山海印寺는 가야총림伽倻叢林을 개설開設하여 초대방장화상初代方丈和尙으로 스님을 추대하였다.

스님은 승보종찰僧寶宗刹에서 법보종찰法寶宗刹로 석장錫杖을 옮기시어 도제양성徒弟養成에 온 힘을 쏟으셨다.

이듬해인 정해년丁亥年 3월 9일에 가야총림에서는 상월화상霜月和尙을 계사戒師로 모시고 수계산림이 있었는데 스님도 구족계具足戒를 중수重修하시었다.

스님이 일찍이 금강산 유점사에서 구족계를 받은 적이 있지만 여기에서 거듭 받으신 것은 계맥戒脈의 정통성正統性을 존중한 때문이다.

상월霜月화상은 청화산 석교율사淸華山石橋律師의 제자로서 스승의 계맥을 전수받은 율사律師이고 석교율사는 멀리 중국中國에 들어가서 고

심율사古心律師에게 계戒를 전수해 온 정통正統을 이은 율사인 것이다.

가야총림의 계산림戒山林에서 구족계를 받은 스님은 모두 43명에 달하였다.

경인년庚寅年 여름에 6·25사변이 발발하자 총림은 와해되고 대중은 뿔뿔이 흩어져 피난길에 오르게 되매 스님도 부산釜山으로 내려가셨다.

6·25사변으로 인한 피난 시절에는 부산釜山의 금정선원金井禪院에 계시다가 통영統營 용화사 도솔암龍華寺兜率庵으로 옮겨 가서 안거安居하시니 스님의 도성道聲을 들은 참선납자들이 사방에서 구름처럼 몰려와서 삽시간에 큰 회상會上을 이루었다.

스님은 납자衲子를 위하여 수시설법隨時說法하사 납자의 안목을 뜨게 하시니 하루는 상당上堂하여 송하시되,

"請看東流水 滾滾無停時

參禪若如是 見性何得逢

(청컨대 동으로 흐르는 물을 보라

세차게 흘러 쉬임이 없도다

참선하기를 이러히 하면

견성하기가 어찌 더디랴)"

스님은 여기에서 또 미륵산굴중삼관彌勒山窟中三關을 내세우셨으니 이르되,

"一. 미륵산중彌勒山中에 한 큰 범이 있어 범 새끼 한 마리를 낳으니 반신半身은 개요 반신은 호랑이이니 호랑이라 불러야 하느냐, 개라 불

러야 하느냐?

二. 하늘에 흑백黑白의 두 달이 있어서 흑월黑月은 서쪽으로부터 오고 백월白月은 동쪽으로부터 와서 두 달이 서로 만나 합하여서 한 달이 되었으니 이 무슨 도리道理인고?

三. 삼계三界가 이러히 붉은 화로 속[紅爐中]이니 어떻게 한 점의 눈雪을 붙일 것인고?"

또 앞서 송광사 조실松廣寺祖室로 계실 적에 하루는 상당上堂하여 이르시기를,

"不落二邊去 到無者脚處

忽逢無位人 正是本來汝

(유무有無의 두 갓에 떨어지지 말고

발 붙일 수 없는 것에 이르러라

문득 지위 없는 사람 만나거든

분명코 본래의 그대이라)"

스님의 대기설시對機說示는 대개 이러하였다.

갑오년甲午年(서기 1954년) 4월 24일에 스승님이신 석수선사石須禪師께서 시적示寂하시매 스님은 대중과 더불어 다비茶毘를 모시고 사리舍利를 수습하여 새로 개기開基한 미래사彌來寺 경내에 탑과 비를 세워 스승님의 유덕遺德을 기리시었다.

이를 계기로 여름철은 미래사에서 안거하시니 도솔암의 대중이 모두 미래사로 옮겨 와서 도량을 메웠다.

당시는 전쟁의 상흔傷痕이 채 가시기 전이었지만 스님이 주석하시는

도량은 항상 청신남녀清信男女가 줄을 이었고 운수납자雲水納子들이 너무 많이 몰려와서 수용할 방사房舍와 전당殿堂이 모자라기 일쑤였으니 스님의 도덕道德을 가늠하기에 어렵지 않다 하겠다.

스님은 화갑華甲을 넘기신 지 오래인데도 늘 젊은 대중과 함께 좌선 시간을 지키셨고 대중과 더불어 운력運力하시는 모범을 보이셨으니, 젊어서는 용맹정진으로 "절구통수좌"라는 아름다운 이름으로 일컬어지셨고 늦어서는 방장方丈의 지존至尊으로 만인의 숭앙을 한몸에 받으사 승보종찰僧寶宗刹 송광사松廣寺의 18국사國師의 서열에 충분히 오를 만 하시었다.

갑오년에 시작된 불교정화운동佛敎淨化運動에는 동산선사東山禪師와 함께 주도主導의 역할을 다하셨고 병신년丙申年에 개최된 세계불교도우의회世界佛敎徒友誼會에 한국 대표로 참석하시었으며 이어 동남아東南亞 불교국을 순방巡訪하시었다.

그해에 조계종 종회의장曹溪宗宗會議長에 취임하신 것을 비롯하여 정유년丁酉年에는 총무원장總務院長, 무술년戊戌年(서기 1958년)에는 종정宗正으로 추대되시었다.

또 1962년 4월에는 통합종단統合宗團의 종정宗正으로 추대되셨고 1963년 10월에 76세의 고령으로 신환身患이 생기자 팔공산 동화사八公山桐華寺로 이석移錫하시어 66년 5월까지 주석住錫하시었다.

79세때인 1966년 5월 14일에 밀양 표충사密陽表忠寺의 서래각西來閣으로 석장錫杖을 옮기시어 조용히 정양靜養하시다가 음력 9월 2일 오전 10시에 가부좌하신 채 대적삼매大寂三昧에 드시니 세수世壽는 79세이시고 법랍은 42하夏이시었다.

스님께서 시적示寂하시기 며칠 전에 시봉드리던 손상좌가 여쭙기를,

"노스님, 가시기 전에 마지막으로 한 말씀 안 하시렵니까?"

하니 스님은 마치 어린애 같은 표정으로,

"나는 그런 군더더기 소린 안 할란다. 지금껏 한 말들도 다 그런 소린데……"

시자가 재삼 간청하니 마지못해 읊으시길,

"吾說一切法 都是早騈拇

若問今日事 月印於千江

(내가 설한 온갖 법은

모두가 군더더기로다

만일 오늘 일을 물으면

달이 일천강에 비친다 하리)"

이 열반송涅槃頌을 남기시고는 혼자서 포관에 앉아 임종 직전까지 입 속으로 무無라 무無라 하시면서 정진을 쉬지 않으셨던 것이다.

# 취봉창섭선사
## 翠峰昌燮禪師

스님은 속성이 임씨林氏이고 본관本貫은 나주羅州이며 경남 하동군 화개면 운수리慶南河東郡花開面雲水里에서 고종 광무高宗光武 2년(서기 1898년) 8월 29일에 태어났다.

어려서 부모를 일찍 여의고 병진년丙辰年(서기 1916년)에 19세의 나이로 송광사에 나아가 중이 될 것을 말씀드렸더니 남호화상南湖和尙께서 슬하에 거두어주셨다.

곧 길일吉日을 택하여 경산기순景山琪淳화상에서 사미계沙彌戒를 받으니 은사 스님이신 남호관영南湖寬榮 스님께서 창섭昌燮이라는 법명을 지어 주셨다.

이듬해인 정사년丁巳年 4월 8일에 호은문성율사虎隱文性律師에게 구족계具足戒와 보살대계菩薩大戒를 받았다.

정묘년丁卯年(서기 1927년) 3월 25일에 본사 강원本寺講院에서 중등과中等科를 졸업하고 이어 4월 15일에 충남 예산군 덕숭산 정혜사忠南禮山郡德崇山定慧寺의 만공회상滿空會上에 나아가 참선납자參禪衲子로서의 첫걸음을 내딛었다.

출가 본사이자 은사 스님이 계신 송광사를 떠나 다른 절에서 정진하게 되기까지에는 많은 애로가 뒤따랐으며 스님 자신도 굳은 결심이 없이는 불가능했던 것이다.

정혜사에서 첫 철을 순조롭고 안온한 가운데 난 스님은 기왕 본사를 떠나온 김에 몇 얼을 더 정진하고 싶어서 해제철인데도 다시 지리산 칠불암七佛庵으로 가서 선원에서 가부좌跏趺坐한 채 요지부동搖之不動으로 선정삼매에 들었다.

칠불암은 동국제일선원東國第一禪院으로서 특히 아자방선원亞字房禪院은 천하에 그 이름이 나 있으며 초학납자는 감히 입방할 엄두도 내지 못하는 곳이었다.

그런데 다행히 여름안거를 마친 대중 거의가 걸망을 메고 다른 회상으로 떠나고 잔류한 선객은 고작 두 사람만 있어서 입방이 쉬웠고 또 초학납자치고는 퍽 연륜을 쌓은 선객 마냥 구참久參의 풍모를 지닌 것이 주효했던 것이다.

스님은 그리 크지도 작지도 않은 중키에 군살이라고는 한 점도 없는 마른 체격에 학처럼 고고孤高한 풍모를 지녀서 가위 선풍도골仙風道骨이었다.

이러한 풍채와 용모는 평생을 두고 한결같았으며 뒷날 더 늙으셔서는 세상 사람들이 스님을 가리켜 "한국의 간디"라느니 선풍학체仙風鶴體라고들 불렀다.

스님은 정혜사에서의 수선안거首先安居 이래 10년을 한결같이 누더기 하나를 걸치고 이 선원 저 총림에 전전하며 참선으로 일관하였다.

평소에 늘 과묵寡默하면서 자상하고 세밀한 성격을 지닌 스님은 언제나 공公과 사私를 잘 구별할 줄 아는 스님이었다.

10년의 선방 생활에서 일시 본사에 돌아온 스님은 다시는 자유로운 몸이 되지 못하였다.

본사의 소임所任을 억지로 떠맡기시는 어른스님네의 명에 거역할 길이 없었던 탓으로 종무소宗務所의 삼직을 두루 거쳐야 했다. 그러나 학구열을 포기하지 못하여 늘 책을 들고 종무宗務에 임하였으며 틈틈이 이력履歷을 보아 대교과大教科를 수료修了하였다.

이를 지켜본 은사 스님은 제자의 학구열에 감동하시어 마침내 일본日本으로 유학시켜 주시니 스님은 경도京都 임제대학臨濟大學에 들어갔다.

계미년癸未年, (서기 1943년) 봄에 임제대학을 졸업하고 본사에 돌아오자 전문강원의 강주講主 자리가 스님을 기다리고 있었다.

을유년乙酉年 해방을 맞자 스님의 소임은 더욱 막중하였다.

기축년己丑年, (서기 1949년) 정월 21일에 산중대중의 중의衆議에 따라 본사주지本寺住持에 취임하여 한 임기 동안 가람을 수호하는 대중을 보살피는 일에 혼신의 노력을 기울였다.

그러나 그 누가 뜻하였으랴? 이듬해인 경인년庚寅年, (서기 1950년) 6월 25일에 동족상잔同族相殘의 비극이 벌어질 줄을.

산중대중은 모두 피난을 가고 대웅전 등 주요 건물은 공비共匪에 의해 소실燒失되는 사상 최악史上最惡의 난리 속에서 스님은 일신의 안위를 돌보지 않고 본사를 지키기에 몸과 마음을 모두 바쳤다.

6·25의 상흔을 채 치유하지 못한 송광사를 스님 혼자서 지키고 복원하느라 낮과 밤을 가리지 않고 동분서주하고 있는데 이번에는 갑오년甲午年, (서기 1954년)에 불교정화운동佛教淨化運動이 일어나서 안팎으

로 어지러웠는데 산중의 법주法主이신 스님은 사태의 추이를 묵묵히 지켜보시며 수행에 몰두하셨다.

1963년 2월 22일, 한때 갈라졌던 비구北丘 대처帶妻간이 통합종단으로 합쳐지자 스님은 중의에 의해 두 번째로 본사 주지직에 취임하셨다.

스님은 주지직에 관계없이 산중의 법주法主이신지라 산중의 총책임자였으므로 본사를 살리는 열쇠를 쥐고 계셨다. 그래서 스님은 효봉선사曉峰禪師를 영입하여 법주의 자리에 모시고 우선 선원禪院을 다시 개설하여 수행납자가 모이도록 하시었다.

이어 1970년에 세 번째 주지직에 취임하셔서는 구산선사九山禪師를 모셔다가 조계총림曹溪叢林을 개설하니 방장方丈의 자리는 당연히 스님 차지인 것을 구산선사에게 드리고 외호에 온 힘을 기울이셨다.

혹 사중 일로 광주나 순천에 내왕하실 적에도 가까운 거리는 아예 걸으시고 차를 타야 할 적에는 일반 버스를 타시지 택시나 비행기를 타신 적이 없었으며 출장 여비가 남으면 사중에 반드시 들여놓으셨다.

늘 근면하고 검소한 생활신조를 몸소 실천하고 제자들에게도 타이르셨으며 임종臨終에 이르자 걸망에 얼마 안 되는 의복이나 서적 등을 손수 정리하시고 입은 옷 한 벌, 장삼 가사 하나만을 남기셨다.

스님은 부휴문손浮休門孫의 마지막 큰 별이셨으며 송광사 전래의 마지막 선지식이시니 뒷날 어느 제자가 다시 나서 부휴법통을 이을 것이며 스님의 고매하신 가풍家風을 다시 실천하고 떨칠 것인가?

서기 1983년 양력 6월 28일에 이르러 목욕하시고 새 옷으로 갈아입으신 다음 법당을 두루 참배하시며 하직을 아뢰고 방으로 돌아오셔서 편안한 마음으로 밤 9시 10분에 세연世緣을 거두시고 대적삼매大寂三昧에 드시니 세수世壽는 86세시고 법랍은 71하夏였다.

　스님의 법명은 수련秀蓮, 법호는 구산九山이며 별호別號는 석사자石獅子이다.

　속성은 진양 소씨晉陽蘇氏이고 속명은 봉호㻩鎬이며 아버지는 재형在衡이요 어머니는 최씨崔氏니 셋째 아들로 태어났다.

　하루는 어머니가 꿈을 얻었는데 하늘에서 큰 별이 떨어지매 치마폭으로 받고 바로 스님을 잉태하였으며 태몽으로 보아 세속에 머물 자식이 아님을 미리 짐작하였다 한다.

　어려서 한학漢學을 배우면서 장성하였는데 사서삼경四書三經을 읽으면서도 통 재미가 붙지 않고 글의 뜻이 머릿속에 들어오지 않는 것이었다.

　그러던 중 하루는 우연히 병을 얻었는데 백방으로 치료를 거듭했으나 쾌차해지지 않아서 여러 날을 신음하게 되었다.

　이 때 진주晉州에 사는 한 거사居士가 찾아왔는데 이르기를,

　"본래 청정淸淨하거늘 병이 어디에서 왔는고?"

　하거늘 이에 정신을 차려 병의 근원을 참구하다가 산사山寺로 들어갈 것을 결심하고 마침내 지리산 영원사智異山靈源寺로 돌아가 백일기도를 시작하였다.

매일 천수기도千手祈禱하며 간구懇求하더니 하루는 꿈에 백의보살白衣菩薩이 현신現身하여 이마를 만지시며 이르시기를,

"난행고행難行苦行을 행지필성行之必成이니라."

하시더니 차츰 쾌유해졌다.

백일기도 중에 한 객스님이 찾아와서 서로 인사를 나누었는데 걸망에서 경전 한 권을 내어주며,

"이 경을 많이 독송하고 발원하면 출신활로出身活路가 열릴 것이오."

하거늘 받아보니 『미륵상생경彌勒上生經』, 『미륵하생경彌勒下生經』, 『미륵성불경彌勒成佛經』의 삼부합본三部合本이었다.

이 경을 읽어가면서 비로소 환희심과 신심信心이 몰록 우러나서 미래 행로의 좌표가 뚜렷이 잡혀갔다.

서기 1937년 정축세丁丑歲 스님의 나이 29세에 드디어 할애사친割愛辭親하고 출가하여 조계산 송광사曹溪山松廣寺로 가서 삼일암三日庵에 주석하고 계신 효봉선사曉峰禪師에게 참알參謁하고 득도수계得度受戒하였다.

이어 삼일선원에서 첫 안거安居에 들어가서 구순안거九旬安居를 탈 없이 마쳤다.

기묘년己卯年 봄 통도사 금강계단通度寺金剛戒壇에서 해담율사海曇律師에게 구족계具足戒를 받았다.

신사년辛巳年에는 해인사 백련암海印寺白蓮庵에서 안거安居하게 되었는데 건물이 낡고 헐어서 오래 지탱하기 어려운지라 스님은 탁발하여 크게 중수重修하였다.

계미년癸未年, (서기 1943년) 가을에 청암사 수도암靑巖寺修道庵의 정각토굴正覺土窟에서 용맹정진하던 중 마침 괘종시계가 아홉시를 알리느라 댕댕하고 아홉 번을 치는 소리를 듣는 순간 문득 이목耳目이 환히 밝아지며 천 근 무거운 짐을 내려놓듯 상쾌해지는 것이었다.

이에 스님은 문득 송頌 하되,

"一聲呑盡三千界 獨露這漢九重喝

時計聲聲廣長舌 金木片片淸淨身

(한소리에 삼천계를 삼켜 버리니

이 놈이 홀로 드러나 아홉겹 할하네

시계는 소리마다 광장설이요

금나무는 조각마다 청정신일세)"

해방解放을 맞은 이듬해에 해인사海印寺에 가야총림伽倻叢林이 개설되고 스승이신 효봉선사曉峰禪師께서 방장方丈으로 부임하시니 스님은 선사를 모시고 가서 화주化主와 도감都監 소임을 맡아 대중외호大衆外護에 온 힘을 기울였다.

이듬해에는 가야산 중턱에 자리한 법왕대法王臺의 토굴에 올라가 용맹정진하더니 하루는 문득 진경塵境을 타파打破하고는 송頌하여 가로되,

"見面昏昏暗 見背歷歷明

面本不離背 背亦不離面

見面不是面 見背亦非背

面背一洞徹 眞如大圓鏡

(얼굴을 보매 캄캄해 어둡고

등을 보매 역력히 밝도다

얼굴은 본래 등을 여의지 않고

등도 또한 얼굴을 여의잖았네

얼굴을 보매 얼굴이 아니요

등을 보매 역시 등이 아닐세

얼굴과 등을 한 번 환희 사무치니

진여의 크고 둥근 거울일세)"

토굴에서 하산하여 큰절로 내려오니 대중이 입을 모아 청익請益하거늘 누더기를 걸친 채 상당上堂하여 사자후獅子吼를 토하고는 맨 마지막에 송頌하기를,

"月印千江波印月 天藏萬物我藏天

一切名相元理足 莊嚴法界豈言眞

(달은 일천강에 인치고 파도는 달에 인치니

하늘은 만물을 간직하고 나는 하늘을 간직하네

일체 이름과 모습 원래 이치에 구족하여

법계를 장엄하거니 어찌 참됨을 말하랴?)"

그로부터 선기禪機가 활발해져서 일체시一切時, 일체처一切處에 걸림이 없게 되었다.

서기 1950년 경인세庚寅歲 여름에 6·25사변이 일어나자 진양군晉陽郡에 있는 응석사凝石寺로 피난을 갔는데 마침 선회禪會를 크게 열고 스님에게 상당법문上堂法門을 청하거늘 스님이 송頌하여 가로되,

"大地色相本來空 以手指空豈有情

枯木立巖無寒暑 春來花發秋成實

(대지의 색상이 본래 공하거늘

손으로 공을 가리킨들 어찌 정 있으랴

고목이 바위에 서니 차고 더움 없고

봄이 오매 꽃이 피고 가을엔 열매)"

회중에 계신 금오선사金烏禪師께서 크게 칭찬하셨으며 스승님이신 효봉선사는 손수 게송偈頌을 주시니 가로되,

"贈 九山法子

栽得一株梅 古風花已開

汝見應結實 還我種子來

(구산법자에게 주노라

한그루 매화나무를 심어

옛 바람에 꽃이 이미 피었도다

너는 응당 열매 맺음을 보아서

내게 종자를 가져오너라)"

효봉선사께서도 이 게송으로 인가印可를 내리시고 매우 기뻐하시었다.

# 구산수련선사
## 九山秀蓮禪師
중中

피난 시절을 경남의 곳곳에서 보낸 스님은 신묘년辛卯年에 스승님이신 효봉선사曉峰禪師를 모시고 통영統營 용화사 도솔암龍華寺兜率庵으로 가서 정착하기에 이른다.

그러나 도솔암은 비록 경관景觀은 수려하지만 많은 대중을 거느리기에는 도량이 비좁았다.

그래서 상봉의 남쪽 편백 속에 미래사彌來寺를 창건하여 스승님을 모시고 새 회상會上을 열었다.

수령 50년이 넘는 편백숲은 일인日人이 재배하여 성장시킨 것인데 해방으로 일인이 물러가자 국가 소유로 되었던 것을 갖은 어려움을 무릅쓰고 사유림寺有林으로 확보하여 새 가람을 창건한 것이었다.

서기 1954년갑오년 여름에 불교정화운동佛教淨化運動이 일어나자 스님은 스승님을 모시고 참여하여 비구승단比丘僧團의 선봉에 서서 정화이념구현淨化理念具現에 혼신의 노력을 기울였다.

정화운동이 비구승 측의 승리로 끝나자 스님은 전남종무원장全南宗務院長에 취임하여 종단 안정에 힘썼으며 병신년丙申年에는 중앙감찰원장中央監察院長에 피선되었다.

1957년정유년에 정화불사가 일단락된 것을 계기로 모든 공직公職에서 사퇴하고 본분本分으로 돌아가 광양光陽 백운산白雲山의 정상에 있는 상백운암上白雲庵에 석장錫杖을 높이 걸고 고행정진苦行精進에 들어갔다.

그해 동짓날 매서운 추위가 휘몰아치는 어느 날 문득 허공이 무너지거늘 스님은 외치기를,

"예전에 가야산에 있을 적에 시방十方이 끊기었으나 오히려 공견空見이 있더니 오늘 백운 정상에서 대기일전大機一轉하여 공견空見을 닫아버렸도다."

하고 송頌하여 가로되,

"深入普賢毛孔裡

捉敗文殊大地閑

冬至陽生松白綠

石人駕鶴過靑山

(깊이 보현의 털구멍 속에 들어

문수를 붙잡으니 대지가 한가롭네

동지라 양陽이 나니 솔이 절로 푸르고

돌사람 학을 타고 청산을 지나네)"

이 송頌을 들으시고 스승님이신 효봉선사曉峰禪師께서 이르시되,

"이제는 내가 너를 등졌는데 오늘은 네가 나를 등지는구나." 하셨다.

경자년庚子年에 중앙종회의원中央宗會議員에 뽑히니 스님은 다시 종단 일에 관여하게 되었다.

1962년에 대구 팔공산 동화사 주지大邱八公山桐華寺住持에 취임하여 스승님이신 효봉종정曉峰宗正을 금당조실金堂祖室로 모시는 한편 선중외

호禪衆外護에 진력하였다.

또 봉서루鳳棲樓·홍교虹橋 등을 중수하고 낡고 헐은 가람을 수축하여 면모를 일신하였다.

1962년 이른 봄에 세이론에서 개최된 세계불교승가대회世界佛教僧伽大會에 참석하고 이어 불적성지佛跡聖地를 순례하던 중 꿈속에 효봉사부曉峰師傅의 열반하심을 보고 급거 귀국하였더니 과연 사부님이 위중하신지라 밀양 표충사 서래각表忠寺西來閣으로 옮겨 모셨다.

사부께서 유촉하시기를,

"승보종찰 송광사僧寶宗刹松廣寺를 중흥하여 현전승보現前僧寶를 양성養成하라."

하시니 다비茶毘를 마친 후 1969년 봄에 마침내 송광사로 가서 조계총림曹溪叢林을 개원開院하였다.

이에 시방납자十方衲子가 운집하여 전 종단의 여망 속에 방장화상方丈和尙으로 추대되었으며 스님은 개당보설開堂普說하시었다.

그해 가을에 전국 각지에 불일회佛日會를 조직하여 총림시설叢林施設의 오종연五種緣을 고루 갖추었으니 상구보리上求菩提하고 하화중생下化衆生하는 기반을 다진 것이다.

1970년부터 보조국사종재普照國師宗齋를 기하여 삼월불사三月佛事 보살계단菩薩戒壇을 개설하여 전국의 단신檀信을 귀의케 하며 본사 복구불사復舊佛事를 추진하시었다.

이어 수선사修禪社를 중건하고 납자들을 제접提接하시니 하루는 상당上堂하여 이르시되,

"一介微塵이 呑盡法界하니 頭頭毘盧요 物物華藏이로다 發心修性하여 伯悟自心하면 妄想本空하고 眞性常住하니 覺時靈妙하여 現世如來요 三世俱空하니 豈不決哉리오?

한개의 가는 티끌이 법계를 삼키니 낱낱이 비로자나여래요 물건마다 화장세계로다 발심하여 성품을 닦아 다만 자기 마음만 깨치면 망상이 본래 공하고 참 성품이 항상 머무니 깨달은 때 신령하고 미묘하여 현세에 여래요 삼세가 모두 공하니 어찌 상쾌하지 않겠는가?"

하시니 이러한 등의 법문이 무궁무진하였다.

특히 "이뭣고[是甚麼]" 화두로써 언제 어디서나 무차법회無遮法會 동사섭同事攝으로 응병여약應病與藥의 설법삼매說法三昧에 피로해 하시거나 싫어하심이 없으셨으니 별명別名을 "이뭣고 스님"이라 일컬었다.

1973년 봄 미국美國 삼보사三寶寺의 개원법회開院法會에 참석하시어 설법하시고 귀국하시는 길에 미국인 제자들을 데리고 오셔서 송광사에 불일국제선원佛日國際禪院을 개원하시니 세계 각국의 벽안납자碧眼衲子 3백여 명이 시방당중十方堂中에 운집, 세계일화世界一花의 성황을 이루었다.

1974년 조계총림曹溪叢林 서울분원分院 법련사法蓮寺를 개원하시고 불교의 생활화生活化로 칠바라밀七波羅密을 제창提唱하셨으며, 그해에 동국대학교 이사東國大學校理事에 취임하시었다.

1976년에는 영문판英文版 『구산집九山集』을 발간하여 해외 각국에 광선유포廣宣流布하시니 수백을 헤아리는 외국인제자外國人弟子를 두시고 또 국제선원國際禪院을 개원하시며 영문판으로 법어집을 유포하심으로써 명실공<sub>名実共</sub>히 국제적인 방장화상<sub>方丈和尚</sub>으로 추앙을 받게 되었다.

스님은 비록 오척단신<sub>五尺短身</sub>이시지만 자기수행<sub>自己修行</sub>을 철저히 쌓으신 덕으로 많은 납자를 거느리시고 또 전국 각지에서 무시<sub>無時</sub>로 찾아뵈러 오는 청신남녀<sub>清信男女</sub>를 위해 수기설법<sub>隨機說法</sub>하시면서도 조금도 피염<sub>疲厭</sub>함이 없으시니 이는 분명 말세중생의 교화를 떠맡으시고 출현하신 대승보살<sub>大乘菩薩</sub>이 아니시겠는가?

서기 1980년에 재차 미국美國으로 건너가셔서 로스엔젤레스시市, 羅城에 고려사高麗寺를 개원開院하시고 본격적인 해외포교海外布敎에 앞장서시었다.

이 해에 법어집法語集 『석사자石獅子』를 펴내시어 사부대중四部大衆의 수행의 길잡이가 되게 하시었다.

또 종단宗團의 원로元老에 추대되시니 종단 최고의결기관最高議決機關의 일원으로서 종정宗政의 자문에 응하시었다.

1982년 스님은 74세의 고령인데도 불구하고 제3차 미주美洲 순방 중巡訪中 스위스 제네바에 불승사佛乘寺와 미가주美加州 카멜시에 대각사大覺寺를 개원開院하고 영문책자英文册子 「한국선韓國禪의 길」을 출간하여 널리 유포流布하시었다.

스님은 이렇게 세계 동서운도만리世界東西雲濤萬里길을 한국선韓國禪을 선양하시고 불법을 펴시느라 일신의 안위를 돌보지 않으셨다.

또 나라 안에서는 불조佛祖의 혜명계승慧命繼承과 불일보조국사佛日普照國師의 목우가풍牧牛家風 선양宣揚을 위하여 제2정혜결사운동第二定慧結社運動을 주창主唱하시니 제방납자諸方衲子와 신도들은 목우자牧牛子 스님이 다시 출현하신 것이라고 입을 모아 칭송하는 것이었다. 또 스님께서는 제자인 현호주지玄虎住持에게 송광사의 제8차 중창불사重刱佛事를 완수할 것을 신신당부하시었다.

스님은 일생 동안 잠시도 쉬시는 일이 없이 수행정진하심과 동시에 가람수호伽藍守護와 전법도생傳法度生으로 복혜福慧를 쌍수雙修하시니 청백가풍淸白家風이 사事에 즉卽하고 이理에 즉卽하시었다.

또 계戒를 지님에 있어 청정淸淨히 하시어 올바른 승가상僧伽像을 철처케 하시고 대중과 더불어 발우공양鉢盂供養과 운력運役을 늘 함께 하시었다.

그리고 조석예경朝夕禮敬과 입선入禪 방선放禪을 솔선하여 모범을 드리우시며 스승님이신 효봉선사曉峰禪師와 노스님이신 석두노화상石頭老和尙에게 평생을 효성孝誠으로서 시봉드리고 또 알뜰히 모셨다.

그리하여 효상좌孝上左라는 칭송을 들으셨지만 스님은 남의 일처럼 오히려 담담한 심경이시었다.

스님은 방장화상方丈和尙이라는 지존의 몸이신데도 낮에는 밭에 나아가 인부들의 밭일하는 모습을 지켜보시며 그들의 말벗이 되어 주시곤 하시었다.

또 도량 구석구석을 돌아보시고는 혹 쓰레기가 있으면 손수 비질을 하시고 잡초가 돋아나 있으면 호미로 잡초를 뽑으시며, 각 전당殿堂과 요사채의 지붕에 혹 기왓장이 깨어지지 않았나를 수시로 살펴보시는 자상함이 늘 몸에 배어 있었다.

75세 때의 동안거冬安居에 미질微疾을 보이시더니 입적入寂하시기 보름 전에 백운강주百雲講主를 부르시어 대장경에서 미륵삼부경彌勒三部

經을 찾아오라 하시더니 우리말로 번역해 읽으라 하시고는 한 구절 한 구절 들으시며 연방 고개를 끄덕이시는 것이었다.

미륵삼부경은 『미륵상생경彌勒上生經』, 『미륵하생경彌勒下生經』, 『미륵성불경彌勒成佛經 』 등이니 스님께서 출가하시기 전에 읽으셨던 경전이다.

한 시간 남짓 삼부경을 들으시고 이르시기를,

"나는 미륵삼부경을 읽고 미륵존불신앙을 가졌으며 그를 인하여 출가하였더니라.

그런데 우리 노스님이신 석두石頭 큰스님께서 미륵신앙彌勒信仰을 가지신 어른이신 것을 듣고는 숙생에 미륵보살님과 불연佛緣이 있었음을 깨닫게 되었느니라.

불법을 만나고 닦는 것도 모두 인연이 있어야 가능한 것임을 알고는 출가한 뒤 고행정진苦行精進하면서 도솔왕생兜率往生을 은밀히 발원해 왔었더니라. 이제 내가 이 생의 인연을 거둘 시기가 왔으니 곧 도솔천 내원궁兜率天內院宮으로 가서 미륵보살님을 모시고 있다가 이 다음 용화회상龍華會上에 내려와서 다시 중생을 제도할 것이니라."

스님께서 미륵신앙을 가지신 것이나 시적示寂하신 뒤 도솔천으로 가시겠다는 것을 처음으로 공개하시고는 꼭 보름 뒤에 세연世緣을 거두셨던 것이다. 시적하시기 몇 시간 전에 문도들에게 유훈遺訓하시기를,

"너희는 채찍을 더하여 정진하거라. 정진하는 일 외에는 본분사本分事가 아니니라.

항상 정직한 마음과 정직한 자세로 살아갈 것이요 결코 자기 자신을

속이지 말아라.

선禪과 교教를 겸수兼修하되 선풍禪風, 즉 불일보조국사佛日普照國師의 결사정신結社精神에 누累가 되게 하지 말아라.

문도門徒끼리는 물론이요 대중과 항상 화합和合할지니 원효성사元曉聖師의 화쟁사상和諍思想을 잊지 말아라.

그리고 방일放逸하지 말고 시은施恩을 중重히 여기며 안빈낙도安貧樂道를 생활의 지표로 삼아라."

이렇게 고구정녕苦口叮嚀히 타이르시고는 조용히 붓을 당겨 임종게臨終偈를 쓰시되,

"滿山霜葉이 紅於二月花하니

物物頭頭가 大機全彰이로다

生也空兮여 死也空하니

龍仁海印三昧中에 微笑而逝하노라

(산에 가득한 서리 잎이 2월의 꽃보다 붉으니

낱낱 사물들이 대기를 온전히 드러내도다

태어남이 공함이며 죽음도 공하니

부처님이 해인삼매 중에 미소 지으며 가노라)"

하시고는 가부좌跏趺坐하신 채 이연怡然히 천화遷化하시니 때는 음력 11월 13일 유시酉時이고 장소는 46년 전 출가하시어 계戒를 받으셨던 삼일암三日庵 미소실微笑室이었다.

스님의 세수世壽는 75세시고 법랍은 46하夏였으며 총림장叢林葬으로 전국에서 모인 수만 명 사부대중四部大衆의 애도 속에 다비茶毘를 모시

니 오색영골사리五色靈骨舍利가 찬연무수燦然無數하였다.

스님의 유훈을 따라 제자 현호주지玄虎住持를 중심으로 뜻을 모아 중창불사重刱佛事에 착수하여 8년 만에 회향廻向하고 이어 스님의 적광탑비寂光塔碑와 전각殿閣을 건립建立하니 상적광토常寂光土라 이름하였다.

문도門徒는 아래와 같다.

梵日菩成 元明鐘憲 石林玄虎 玄門 玄光 玄振 智眞 玄一 玄雄 玄果 玄志 玄音 全鍛 玄默 玄德 玄鋒 玄田 玄藏 玄宗 玄敎 一明 無然 一眞 一歸 一道 玄源

法弟資

○○活眼 慧日法領 西舟勤日 玄明性昊 智賢

# 화봉류엽선사
## 華峰柳葉禪師
상上

스님의 속성俗姓은 문화 류씨文化柳氏이고 전북 전주全北全州가 고향이
며 서기 1902년인 고종 광무高宗光武 6년 임인세壬寅歲 10월에 태어나니
이름은 춘섭春燮이다.

스님의 집안은 전주에서 대대로 살며 세도勢道와 부富를 누리며 살아
왔으며 그 덕으로 소년기少年期·청년기靑年期를 신학문新學問을 배우는
한편, 한학漢學도 많이 익혔다.

그리하여 일본 동경日本東京으로 유학을 가서 명문 조도전대학名門早
稻田大學에서 수학하였다.

그러던 중 동경대지진東京大地震이 발생하여 일인日人들이 한국인韓國
人을 무차별 학살하는 것을 보고 학업을 중단한 채 고향으로 돌아오
고 말았다.

여기에서 스님은 나라를 잃은 설움과 우리 동포에 대한 애착심이 발
로되어 일인들을 증오하고 조국을 광복光復하겠다는 마음을 굳히게 되
었다.

스님은 곧 상경하여 문학 활동文學活動을 시작했다. 문학을 통하여
국민을 깨우치고 일인들에 항거하자는 것이었다.

이보다 앞서 갑자년甲子年, (서기 1924년) 7월에 『불교지佛敎誌』가 창간

되어 퇴경 권상로退耕權相老 스님이 사장으로 취임하여 불교지 육성에 노력하다가 만해 한용운卍海韓龍雲 스님으로 바뀌었다.

만해 스님은 3·1운동 민족 대표民族代表의 한 분으로 끝까지 지조를 굽히지 않고 항일 운동抗日運動을 하신 분이며「님의 침묵」등 문학 활동에도 참여하여 스님이 가까이 뵐 수 있었다.

그래서 만해 스님의 권유로『불교지』를 위해 일하게 된 것이 불교와의 첫 인연이었다. 스님의 가정은 모두 기독교를 믿는 터여서 불교신문사에 입사入社하기 전에는 스님도 철저한 기독교 신자였다. 스님은 한번 불교에 심취하기 시작하자 전문으로 연구하고 싶어져서 마침내 승려가 되기로 결심하고 주위 사람들에게 자신의 의사를 표명하니 모두들 한결같이,

"기왕 승려가 되려면 만해 스님의 제자가 되는 것이 좋겠다."

이렇게 권하는 것이었다. 그러나 스님은 단호히 이렇게 대답하였다.

"만해 스님은 내가 존경하는 민족의 지도자이십니다. 애국자愛國者로는 그 어른을 덮을 분이 없지만 스님으로는 제 마음을 다 채워줄 어른으로 보여지지 않습니다."

스님은 사장이신 만해 스님을 뵙고 출가의 뜻을 밝힌 다음,

"스님으로서 철저히 수행에만 전념하시는 큰스님을 소개해 주십시오."

이렇게 당돌히? 여쭈었더니 만해 스님은 한 서찰을 써 주시며,

"겉봉에도 주소를 적었다만 금강산 신계사 보운암金剛山神溪寺普雲庵에 가면 석두화상石頭和尙이라는 큰스님이 계시느니라. 아마도 네 포부

와 의지意志에 맞을 것이니 철저히 배우고 닦아서 불교계의 대들보가 되어라."

만해 스님의 그릇은 과연 컸다. 자신의 제자 되기를 거절한 청년에게 훌륭한 선지식善知識을 천거해 준다는 것은 매우 어려운 일인데 만해 스님은 선뜻 응해 주신 것이었다.

스님은 26세의 나이로 신계사 보운암에 주석하고 계시는 석두화상을 찾아가서 만해 스님의 서찰을 올리고 중이 되기를 간청했다.

"네 성명은?"

석두화상의 질문이다.

"류엽柳葉이라 하옵니다."

"그게 본명이더냐?"

"아닙니다. 제가 문학을 한답시고 필명筆名을 손수 지어 그렇게 불러 오고 있습니다."

"필명을 대는 걸 보니 아직도 문학에 대한 미련이 남아 있는 게로구나. 정 그렇다면 법명을 따로 지을 것 없이 류엽으로 부르도록 하자. 뒷날 중노릇하게 되면 법호나 짓기로 하고……."

"법호를 훗날로 미루지 마시고 지금 지어 주시지요."

"성미도 급하구나. 화봉華峰으로 하거라. 화봉류엽華峰柳葉, 즉 꽃봉오리에 버들잎이 스님의 법호요, 법명이다.

버들잎이라 하니 퍽 경쾌한 맛도 있고 산뜻하기도 하다만 좀 가벼운 게 흠이구나. 그래서 봉우리 봉峰자를 법호에 넣었으니 이 점 명심하고 매사에 신중히 하는 버릇을 길러라."

스님은 자신의 법호와 법명이 매우 마음에 들었다. 꽃과 잎이 어우러진 법호요, 법명이니 말이다.

염불을 대강 익히고 나니 석두화상은 말씀하시기를,

"너는 총명한 재질을 타고났으니 아무래도 삼장三藏을 이수하여 대중을 깨우치는 방면으로 나가는 것이 좋을 듯하다. 산내의 보광암普光庵에 대강백大講伯이 계시니 참알參謁하여라."

보광암에는 금강산은 물론이고 한수 이북漢水以北에서 제일이신 동선정의東宣淨義라는 대강백이 백여 학중學衆을 거느리고 계셨다.

스님은 동선 강하東宣講下에 방부를 드리고 경전을 펼쳤다.

그런데 스님은 학인대중과 통 어울릴 수가 없었다. 신학문을 대학 중퇴 때까지 익혔고 몇 년을 두고 신문학 활동新文學活動에 종사한 바 있는 스님과 한문학漢文學에만 접해 본 대중과의 호흡이 맞을 리 없었다.

또 성격 탓도 있었다. 본시 총민聰敏한 스님이 하루에 몇 장 정도 배우는 강원식 공부에 만족할 수가 없었던 것이다.

학인들은 신학문을 많이 익힌 데다 총명 또한 뛰어난 스님을 좋게 받아들여 주질 않았으니 스님은 오래 있지 못하고 강원에서 자진 퇴방하였다.

당시 지장암地藏庵에 백성욱白性郁이라는 철학박사哲學博士 스님이 주석하고 있었다.

백 박사는 독일獨逸 백림대학伯林大學에서 갑자년甲子年에 박사 학위를 취득하고 귀국하여 지장암에 주석하고 있었다. 스님은 동선 강하에서 함께 나온 탄옹炭翁 스님과 함께 지장암으로 가서 셋이서 이력을 보기로 했다.

이들 세 스님은 의기상합意氣相合하여 거의 침식을 잊은 채 경전에 몰두하였다.

가을에 능엄경楞嚴經을 시작하여 겨울이 들어서기 전에 기신起信·반야般若·원각圓覺 등 사교四敎를 떼고 결재철에 대교를 보기에 이르렀다.

세 분 모두가 글재주가 뛰어나서 전등傳燈·염송拈頌과 화엄경華嚴經 80권을 모조리 섭렵하고 나니 새봄이 무르익고 있었다.

# 화봉류엽선사
## 華峰柳葉禪師
하下

속담에 거꾸로 가도 서울만 가면 된다던가. 아무튼 화봉華峰 스님은 다른 스님들이 10년을 두고 마치는 이력履歷을 단 7, 8개월 만에 다 마쳤으니 대단한 총재聰才임에 틀림이 없다.

이력을 보고 나면 납자衲子는 선원禪院으로 가서 화두話頭를 참구參究하는 것이 순서인데 이를 일러 사교입선捨教入禪이라 한다.

스님은 백 박사의 만류를 뿌리치고 탄옹炭翁 스님과 함께 유점사楡岾寺 선원으로 가서 방부를 드렸다.

워낙 재주가 많은 탓으로 가부좌하고 화두를 들려 했으나 자꾸 알음알이[知鮮]가 일어나서 화두가 순일히 잡히지를 않는다.

1923년 계해세癸亥歲에 22세의 나이로 시문詩門에 등단登壇하였는데 시제詩題는 「낙엽落葉」이었다.

또 그해에 무애 양주동無崖梁柱東과 동인지同人誌 『금성金星』을 창간하여 계속 시를 쓰면서 웅지雄志를 품었던 일 등이 자꾸 눈에 어른거려서 화두가 순일純一히 들어지지를 않는 것이었다.

삼장三藏을 열람할 때처럼 참선 공부도 금방 익어질 줄 알았던 게 큰 잘못이었다.

그래서 걸망에 넣고 다니는 문학 서적 몇 권과 원고지, 펜대 등을 모

조리 아궁이에 넣어 버리고,

"견성하지 못하면 붓을 잡지 않겠다."

이렇게 결심하고는 주야를 불분하고 화두와 더불어 씨름하는 것이었다.

여름안거[夏安居]를 마치자 탄옹 스님은 출가본사인 김천 직지사金泉直指寺로 내려가고 스님은 혼자가 되어 계속 선원을 전전하며 화두에 매달렸다.

그러다가 기사년己巳年 여름 해인사 퇴설당海印寺堆雪堂에서 나는데 하루는 문득 허공이 분렬하고 대지가 평침[虛空分裂大地平沉]하는 경지에 이르니 그 기쁨을 노래하되,

"旭日麗天四海新 花紅柳綠莫非眞

可笑傳心含毒舌 古來鶴殺幾多人

(받은 해 하늘에 솟으니 사해가 새로워라

꽃은 붉고 버들은 푸르러 모두 참됨일세

가소롭다 마음 전함 독한 혀 머금었거니

예로부터 몇 사람이나 목숨을 앗았던고?)"

그로부터 스님은 가위 탕탕무애蕩蕩無碍하고 무사자재無事自在한 요사장부了事丈夫가 되어 천하를 주유周遊하며 때로는 시를 읊고 때로는 붓을 들어 국민을 계몽하기도 하고 자신의 심경을 토로하기도 하였다.

그래서 1929년기사년 가을에는 시집詩集 『임께서 나를 부르시나니』를 출간하였고 1931년신미년에는 장편소설 『꿈은 아니언만은』을 발표하여 낙양洛陽의 지가紙價를 올렸다.

해방이 되자 교단정화教團淨化의 깃발을 높이 들어 왜색불교倭色佛敎 타도에 앞장서니 김법린金法麟이 총무원장總務院長이 되고 스님은 교무부장教務部長이 되어 정화운동을 진행시켜 나갔다.

그러나 해인사의 최범술崔凡述 등의 모략과 방해로 뜻을 이루지 못하고 새 총무원은 와해되고 말았다.

그 후 진주농대 교수晉州農大教授와 국민대학 교수國民大學教授를 역임하였고 6·25 후에는 부산 국제신문사國際新聞社 논설위원論說委員을 역임하면서 「화엄섬어華嚴譫語」를 연재하였으며 또한 「도청도설道聽途說」을 연재했다.

그 뒤 위의 두 연재물을 책으로 펴내었으며 『대승기신론大乘起信論』과 『선원제전집도서禪源諸詮集都序』의 전적을 현대어로 번역하여 『멋으로 가는 길』이라는 제목으로 출간하였다.

스님은 해방 전에 해인사에서 전문강원의 강사講師로도 재직하였으나 워낙 문학 활동에 심취하여 고지식하게 산사山寺에 머물지 못했다.

그러나 갑오년 불교정화 이후에 순천 선암사 주지仙巖寺住持로 부임하여 바야흐로 중노릇다운 중노릇을 하게 되었다.

이때 혜명慧明이라는 제자를 두었는데 전법게傳法偈 겸 신표信表로 써 주시기를,

"示慧明上佐

卓上彌陀眞 市中醉酒人

是非何足道 楊柳已三春

立理是非生 息情僧愛浸

水流雲去前 打破虛空骨

(혜명상좌 보아라

탁자 위 아미타부처님의 참모습

저잣거리의 술 취한 사람일세

옳고 그름을 어찌 족히 이르냐?

늘어진 버들 이미 삼춘일세

이치 세우면 시비가 나고

정을 쉬면 밉고 이쁨 없어지리

물은 흐르고 구름이 사라질 제

허공의 뼈를 쳐부수도다)"

스님은 오래전부터 잘 아는 신도가 법어 한 구절을 주십사 간청하거늘 곧 붓을 들어 쓰시기를,

"빛

깨치면 밝다는 말

아마도 거짓말이

세움을 쉬고 보니

해도 달고 빛 아닐세

빛 아닌 빛을 밝다 하였나

내 어둡다 하리"

1975년에 스님은 서울 법련사法蓮寺의 조실祖室로 계셨다. 해박한 세출세간世出世間의 지식과 만년에 다시 시작한 선수행禪修行을 통하여 자신의 일생사一生事를 총정리하시며 조용히 명상에 잠기셨다.

음력 10월에 이르러 미질微疾을 보이시니 수하 사람들이 병원에 입원하실 것을 권유하였으나 모두 사절하고 꼿꼿한 자세를 흐트러뜨리지 않으시더니 19일에 이르러 서쪽을 향하여 앉으신 채 대적삼매大寂三昧에 드시었다.

스님의 세속 춘추는 73세이시고, 좌하坐夏의 연수는 47하夏이셨으며 슬하에는 십여 명이 은법자恩法資를 두시었다.

사법제자嗣法弟子 혜명慧明은 법련사 주지 현호玄虎 스님과 함께 다비茶毘를 모시고 송광사 비전松廣寺碑殿에 부도浮屠와 비碑를 세웠다.

華峰禪師眞影贊

托生全州 得度金剛 自得其旨 如刃當陽 隨器應物 逆順無方 柳烟花雨 縱橫如狂

師弟 石鼎僅稿

# 향봉보극선사
## 香峰普極禪師

스님의 휘諱는 보극普極, 법호는 향봉香峰이며 속성은 임씨任氏이고 본관本貫은 장흥長興이며 아버지는 임준구任準球요 어머니는 조진천曹眞泉이다.

전남 보성군 조성면 조성리全南寶城郡鳥城面鳥城里가 고향이며 서기 1901년 고종高宗 광무光武 5년 신축세辛丑歲 5월 16일에 태어났다.

스님의 집안은 가세家勢가 넉넉하여 어려서부터 별 탈이 없이 성장하면서 한학漢學을 공부하다가 청소년 시절에 일본 동경日本東京으로 유학을 갔다.

한편 스님은 외동아들이어서 부모를 모시고 가업에 종사하는 한편, 관리官吏로 취직하여 상당한 지위에 오르기도 하였다.

부모님이 타계他界하시자 3년을 시묘侍墓살이하는 등 효행孝行이 남달리 두터워서 원근의 칭송을 한몸에 받기도 하였다.

시묘살이하는 동안 세상의 무상無常을 절감하고 틈틈이 불서佛書를 구해다가 탐독하였으며 마침내 출가의 뜻을 갖게 되었다.

그러나 장손長孫의 막중한 책임을 쉽게 버릴 수는 없었다. 그리하여 재가거사在家居士로서 수행정진修行精進할 것을 결심하고 30세 되던 해 경오년庚午年에 충남 수덕사 금선대忠南修德寺金仙臺로 만공선사滿空禪師를 참알參謁하여 심요心要를 물었다.

선사는 스님의 예방을 받고 묻기를,

"오는 것이 무슨 물건인가?"

"물건이라는 것도 헛된 명칭입니다. 송암거사松菴居士입니다."

"무엇을 구하려는가?"

"다른 아무것도 없삽고 다만 도道가 가난하여 구하는 것입니다."

"화두話頭가 순일純一하면 되느니라."

선사는 스님이 비록 거사의 신분이지만 공부하려는 의지가 굳은 것을 보시고 고구정녕苦口叮嚀히 참선하는 방법을 가르쳐 주시고 딴방을 마련하여 거처하게 하셨다.

바로 그 무렵에 친상親喪을 당하였는데 기별을 받고 고향으로 돌아가 3년을 시묘살이하였던 것이다.

그 뒤 재가수행在家修行을 게을리하지 않다가 40세 되던 해(서기 1940년)에 고향에서 그리 멀지 않은 조계산 송광사曹溪山松廣寺를 찾아갔다.

당시 송광사에는 기산화상綺山和尙이 주지住持로 있었는데 스님이 출가의 뜻을 밝히자 흔연히 받아들여 무화자 석두선사無化子石頭禪師에게로 인도한다.

선사는 본시 금강산金剛山 스님으로서 수행이 깊고 도력道力 또한 높아서 조실祖室로 계셨던 것이다.

차안당遮眼堂에서 선사를 배알하니 선사께서 물으시기를,

"세상에서 제일 크다고 보는 것이 무엇인가?"

"크고 장한 게 하나도 눈에 뜨이지 않기로 산간 도량山間道場에서나 찾아보고자 왔습니다."

"만념萬念을 텅 비워 버리고 직지인심直指人心 견성성불見性成佛, 그것만이 인생으로서의 크나큰 보람이며 출격대장부出格大丈夫이니라.

만일 그밖에 또 다른 무엇이 있다 하고 헤매고 찾는다면 마치 제집에 있는 보물을 모르고 밖으로 헤매는 것과 무엇이 다르리오?"

스님은 선사의 법문에 환희를 이기지 못해 하며 선사에게 머리를 깎고 중이 되니 사미계사沙彌戒師는 주지이신 기산화상綺山和尙이시고 법명은 향눌香訥이라 하였다.

그 뒤 은사이신 석두선사에게 건당建幢·입실入室하여 법호를 향봉香峰이라 받았다.

그리하여 효봉曉峰·화봉華峰 등 큰스님들과 더불어 동문 사형사제간이 되었다.

중이 된 뒤 송광사 선원松廣寺禪院에서 수선안거首先安居 이래 금강산 마하연金剛山摩訶衍에서 삼하안거三夏安居를 났는데 해제철에는 묘향산妙香山 등 북녘 땅의 명산대찰名山大刹을 두루 순행巡行하면서 도심道心을 길렀다.

또 해방이 되자 스님은 덕숭산 정혜사德崇山定慧寺의 만공조실滿空祖室을 재차 참알參謁하고 삼하안거를 지내면서 누차 법요法要를 물었다.

계사년癸巳年 (서기 1953년) 봄에 강원도 명주군 연곡면 만월산江原道溟州郡蓮谷面滿月山의 백운사白雲寺를 중창하시고 평생 토굴로 삼아 정진에 몰두하시니 본분납승의 행리行李를 혼자서 지키시고 또 후학들에게 보이셨다.

스님은 본시 시문詩文에 조예가 깊으셔서 천하를 두루 다니시며 때로는 읊고 때로는 기록하시니 뒷날 제자들이 책으로 펴냈는데 책 이름을 『운수산고雲水散稿』라 손수 제題하시었다.

1954년 교단정화教團淨化 이후 숱하게 절이 많았지만 스님은 상주 남장사尙州 南藏寺 주지로 꼭 15일간을 주석한 외에 절을 맡지 않으셨다.

젊어서는 제방선원諸方禪院을 전전하시며 오로지 참선으로 일관하시었고 또 강원도 산골의 옛 암자를 복원하여 평생의 수행처로 삼으셔서 시종 수선일념修禪一念으로 살으셨으니 말세에 이만큼 실참실구實參實究한 납승이 몇몇이나 될 것인가?

참선으로 일관한 선승禪僧으로서 시서화詩書畵에 출중한 재질을 지닌 스님은 발길이 닿은 곳마다 시를 읊고 글을 지으며 절경을 그리는 등 절세絶世의 작품을 남기는 여유를 보이셨으니 이도 홍법도생弘法度生의 한 방편方便이시런가.

만년에는 송광사 구산방장九山方丈 스님의 간곡한 청을 받아들여 출가본사出家本寺로 돌아오셔서 총림叢林의 무게를 한층 높이셨다.

1981년 여름에 오래 주석하셨던 강원도 백운사로 올라가셨다가 이듬해에 서울 법련사法蓮寺로 내려오셔서 정양靜養하시는데 갑자기 날씨가 궂더니 천둥번개와 함께 비와 우박이 온 천지를 뒤덮는 것이었다.

이를 지켜보시던 스님께서 시자侍子를 돌아보시며,

"이제 인연이 다 됐구나."

하시고는 불편하신 몸을 일으켜 포단에 정좌하시길 이틀.

5월 30일인 이 날에 조용히 세연世緣을 거두시고 대적삼매大寂三昧에 드시니 이 해가 바로 1983년이고 세수世壽는 83세, 법랍은 44하夏였다.

# 인암상눌선사
## 忍庵尙訥禪師

스님의 고향은 승주군 송광면 냉수리昇州郡松廣面冷水里이고 속성은 전주 이씨全州李氏이며 아버지 이기모李基模, 어머니 이평월李平月 사이에 장남으로 태어났으니 때는 서기 1907년순종 융희 원년 정월 초닷새이다.

스님의 집안은 대대로 불교를 믿는 불자佛子의 집이어서 어려서부터 어머니를 따라 송광사에 출입하였는데 고루거각高樓巨閣이 도량에 꽉 찬 경내의 모습에 흠뻑 젖어서 나도 이런 절에서 살았으면 좋겠구나 하는 생각을 품곤 하였다. 스님의 염원은 마침내 부모님의 마음을 감동시켰다. 출가를 허락하신 것이었다.

18세 되던 해 마침내 승광사로 출가하여 성남화상惺南和尙에게 의지하여 행자생활行者生活을 시작하였다.

당시는 출가한 행자가 5년 내지 10년의 행자 생활을 거쳐야만 중이 될 수 있었는데 스님은 10년 만인 계유년癸酉年, (서기 1933년) 1월 5일에 호명화상皓溟和尙에게 사미계沙彌戒를 받았다.

처음 출가하여 섬겼던 성남화상은 그 사이에 다른 절로 석장錫杖을 옮기셨고 이어 추강화상秋江和尙을 시봉하였는데 화상이 혼연히 은사恩師가 되어주시고 법명을 상눌尙訥이라 지어주셨다.

추강화상은 성품이 강직하고 엄하시기로 정평이 나 있는 스님이어서 시봉드리는 사이 모진 시집살이를 겪으면서 자랐다.

이어 4년 뒤인 정축년(서기 1937년)에 눌봉화상訥峰和尙에게 구족계具足戒와 보살계菩薩戒를 받았다.

병자년丙子年, (서기 1936년) 3월 20일에 송광사 전문강원에서 중등과中等科 즉 사교四敎를 이수하였다.

그리하여 그해 4월 8일에 대선법계大禪法階를 품수稟受하였다.

1937년에 삼일선원三日禪院에서 수선안거首先安居 이래 사하四夏안거를 성만成滿하였다. 그리고 1941년 4월 8일에 대덕법계를 품수하였으며 해제철에는 사중의 소임을 살고 결제철에는 선원에서 안거하는 수행을 되풀이하였다.

또 은사 스님에게 건당 입실建幢入室하여 인암忍庵이라는 법호를 받았다.

해방解放 후 1950년경인년에 6·25라는 민족의 대비극이 발발하자 대중은 모두 살길을 찾아 피난을 가고 송광사에는 겨우 20명 정도의 노덕 스님네만 남게 되었다. 그중에도 젊은 층에 든 스님은 원주院主 스님을 보고 있었는데 낮에는 군인과 경찰이 혹 공비에 협조하지 않았나 하여 족치고 밤에는 공비들이 침입하여 식량, 의복 등속을 내놓으라고 으름장을 놓는 틈새에서 대중 스님을 보호하고 가람을 수호하겠다는 일념으로 온갖 고통을 몸소 겪어야 했다.

경찰서에 불려가 몽둥이로 맞기를 여러 번 당했고 공비들에게 식량을 주지 않는다고 산기슭으로 끌려가 총살형을 당할 뻔하기를 여러 차례 겪었다.

1951년 5월 11일<sub>음력 3월초 7일</sub> 밤 11시경에 송광사에 불이 났다.

정부의 명령으로 절 아랫마을인 낙수리洛水里로 내려가 있을 때였다.

불이 나자 화광이 충천하여 마을에서도 불난 것을 알 수 있었지만 경찰의 제지로 절로 갈 수가 없었다. 새벽 3시경, 경찰의 눈을 피해 스님 등 세 명이 올라와서 진화 작업을 폈으나 워낙 낡은 건물인지라 역부족力不足이었다.

날이 밝자 마을로 내려와 소방서로 달려가서 소방대원을 동원하여 불을 끄기 시작하였으며 나한전羅漢殿과 국사전國師殿은 스님이 웃옷을 벗어 물을 적셔다가 불을 끄는 데 성공했다.

살신성인殺身成仁이란 바로 스님을 두고 하는 문자라 하겠다.

송광사에서 중이 되어 줄곧 송광사에서만 살면서 송광사를 가꾸고 송광사를 키우는데 일생을 바친 스님이 곧 인암화상忍庵和尙이다.

그래서 많은 승속僧俗들이 스님을 가리켜 "송광사의 터줏대감"이라 부르고 또 "송광사의 산증인"이라 칭하는데 이는 조금도 과장된 말이 아니다. 송광사를 배관拜觀한 경험이 있는 이는 도량에 우뚝 서서 청산유수의 변재로 송광사 연혁沿革과 유래由來를 설명하시는 것이다.

진종일 송광사를 안내하고 설명하느라 피곤하실 텐데도 이튿날도 아니 그 다음날도 스님은 자진하여 안내역이 되시어 송광사를 알리고 그들에게 불심佛心을 심어주시느라 자신을 잊으신다.

그렇다해서 사중에서 월급이나 수고비를 받는 것도 아니다. 스님의 절이니까 안내하고 선전하는 것이요, 스님의 절이니까 누가 시켜서 하는 것이 아니라 스스로 일어서서 하시는 것이었다. 1955년 3월에 송광사 삼직三職의 하나인 교무敎務에 취임하여 사중 업무를 관장하더니 1967년에는 드디어 송광사 주지住持로 선출되었다.

삼직 소임이나 주지직 소임을 늙으막에 맡게 된 것부터 어울리지 않는 터이지만 스님은 평생을 송광사를 위해 헌신한 진짜 주지 스님이었다.

스님은 평소 시조時調 읊기에 남다른 정성을 지니셨다. 평생을 두고 읊은 시조만도 천여 편이나 된다.

이제 한 수를 소개하며 스님의 시심詩心을 더듬어보기로 한다.

"翠峰禪師入寂追悼

거성巨星이 지난 밤에 조계산에 떨어지니 구름도 슬퍼하는 못떠나고 멈춰 있고 강물은 스스로 울어 백세유명百世遺名 전하네"

서기 1986년 초가을, 스님은 세수世壽 78세의 노구老軀를 이끌고 각 전당殿堂과 경내의 구석구석을 혼자서 돌아오고 계셨다.

벌써 수십 년째 외우는 "나무아미타불"을 가느다란 목소리로 뇌이시며 무언無言의 하직을 고하는 것이었다.

슬하에는 변변한 상좌 하나도 없었으므로 늘 혼자만의 생활이었으며, 임종臨終도 이렇게 혼자서 남모르게 하셨던 것이다.

# 금대재순선사
## 錦臺在順禪師

스님의 속성은 초계 최씨草溪崔氏이고 이름은 재순在順이며 전남 승주군 송광면 이읍리全南昇州郡松光面利邑里 443번지에서 서기 1899년고종광무(高宗光武 3년) 기해세己亥歲 6월 19일에 태어났다.

14세 때인 1912년 임자년壬子年에 송광사로 출가하여 7월 10일에 득도得度하였다.

은사 스님은 월곡화상月谷和尙이시고 사미계사沙彌戒師는 우연화상雨淵和尙이시었다.

1921년 3월 15일에 송광사 전문강원에서 중등과中等科를 졸업하였으며 1924년 3월 15일에는 서울 중앙고보中央高普를 졸업하였다.

이어 일본으로 유학을 가서 1939년에 경도京都 임제전문학교臨濟專門學校를 졸업하였다. 1925년에 송광사 주지로부터 대선법계大禪法階를 품수하였고 임제전문학교를 졸업한 1939년 봄에 대종사大宗師의 법계를 품수稟受하였다.

중앙고보를 졸업하고는 사교입선捨敎入禪의 길로 나아가서 제방선원諸方禪院에서 십하안거十夏安居를 성만成滿하였다.

1931년 신미년辛未年에 송광사 감원監院 소임을 맡은 것을 시작으로 임제전문을 졸업한 해에는 교무敎務로 취임하여 본격적인 사판事判 생활을 시작하였다. 이어 1940년 9월에 법무法務가 되고 1943년 4월에는 감무

監務에 취임하였다. 1950년 경인년庚寅年 6·25가 발발한 해의 10월에 본사 주지本寺住持의 막중한 소임을 맡게 되었다.

전란으로 폐허가 된 송광사를 살리기 위해 사방팔방으로 심혈을 기울이던 중 4년 임기가 만료되었다.

산중 대중은 스님을 다시 주지직에 앉게 하니 스님은 어려운 살림을 꾸려나가느라 하루도 편안한 날이 없었다.

1954년甲午年에 이른바 불교정화운동佛敎淨化運動이 일어났다.

대처帶妻한 승려는 사찰을 떠나라, 대처승은 왜색승倭色僧이니 일제日帝가 물러간 이 마당에 어떻게 사찰에 남아있느냐?

이런 구호를 외치며 비구승단比丘僧團이 정화운동을 주도하고 일어섰던 것이다.

그래서 스님은 곧 주지직을 사임하였으며 산중에서 몇 달을 주지직을 공석으로 놔둔 채 사태의 추이를 기다리기로 했다.

그러다가 1954년 12월 2일에 스님을 재선再選시켰던 것이다.

재임 기간은 약 2년, 1956년 9월에 이르러 비구승 측 총무원 주관으로 새 주지를 선출하게 되었다.

산중대중은 이번에도 스님을 새 주지로 추대하였다. 새 총무원에서는 산중의 뜻을 받아들여 스님을 주지로 임명하였다.

스님은 마치 송광사 주지를 하기 위해 태어난 사람인 양 칠전팔기七顚八起의 불굴의 인물이었다.

오로지 송광사를 위해 그 어려운 시기를 도맡은 보살도정신의 구현자具現者였다. 그러나 업연業緣의 무상無常으로 중풍中風의 병마에 시달리

는 몸이 되자 일체의 공직에서 물러나 신병을 요양하다가 한 세상을 마

감하게 되었던 것이다.

# 문곡형조선사
## 文谷炯祚禪師

스님의 고향은 전남 승주군 송광면 장안리全南昇州郡松光面長安里 1074번지이고 속성은 진원 박씨朴氏, 속명은 형조炯祚이며 서기 1915년을묘년(乙卯年) 7월 10일에 태어났다.

21세 때인 1935년에 송광사에 나아가 기산화상綺山和尙의 제자가 되었는데 사미계사沙彌戒師는 은사 스님이신 기산화상이시었다.

2년 뒤인 1937년 4월 6일에 송광사 계단에서 눌봉화상訥峰和尙으로부터 보살계와 비구계를 수지受持하였다. 그해에 송광사 전문강원에서 사교과四敎科를 졸업하였으며 1938년 7월 15일에 삼일선원三日禪院에서 수선안거首先安居 이래 삼하안거三夏安居를 성만成滿하였다.

1942년 임오년壬午年 3월 20일에 일본 경도 임제중학교日本京都臨濟中學校를 졸업하였다.

1943년 4월 8일에 본사 주지로부터 대덕법계大德法階를 품수하였다.

해방이 된 이듬해(서기 1946년) 3월에 은사 스님이신 기산화상綺山和尙에게 건당입실建幢入室하여 법호를 문곡文谷으로 받았다.

그해에 송광사 삼직三職의 하나인 재무국장財務局長으로 발탁되어 사중의 재반사諸般事를 관장하게 되었다.

6·25사변을 치른 후 1953년 정월 5일에 임무林務에 취임하여 한창 심해진 도벌을 방지하는 데 혼신의 노력을 기울었다.

1956년 9월에 다시 재무직財務職을 맡아 가난한 살림살이를 꾸려나가느라 밤과 낮을 가리지 않고 뛰고 또 뛰었다. 또 1967년에는 세 번째로 재무財務 소임을 맡았으니, 스님은 사중일을 수행하는 것을 자신의 책무로 여기고 항상 궂은 일에만 종사했다.

이러구러 송광사의 일꾼으로 20여 년을 봉사한 스님은 조계총림曹溪叢林이 개설되자 모든 공직에서 물러나 염불원念佛院에서 왕생정토往生淨土를 기약하고 미타염송彌陀念誦과 참회발원懺悔發願으로 여생을 보냈다.

생각컨대 송광사의 스님들은 승보종찰僧寶宗刹의 사문沙門답게 승행僧行이 바르고 지식 수준이 높으며 본사를 위해 시종 헌신하는 아름다운 가풍家風을 잘 이어왔고 잘 지켜나갔다.

문곡 스님은 키가 훤출하고 서글서글한 눈매에 삼장三藏은 물론, 신학문도 쌓은 대법사大法師였으나 스승이신 기산화상綺山和尙의 명命을 거역하지 않고 끝까지 본사本寺를 지키는 일꾼으로 일생을 마감하였던 것이다.

# 성공종규선사
## 性空宗圭禪師

스님의 속성은 전주 이씨全州李氏이고 고향은 전남 승주군 송광면 장안리全南昇州郡松光面長安里요 아버지는 이국선李國善, 어머니는 박씨朴氏이다.

이씨 조선 마지막 왕이신 순종 융희純宗隆熙 2년 무신세戊申歲 (서기 1908년) 8월 2일에 둘째 아들로 태어났다.

1922년 정월 14일에 15세의 나이로 진세塵世를 벗어날 뜻을 품고 송광사松廣寺를 찾아가니 용월龍月화상께서 흔연히 맞아주셨다.

그리하여 용월화상을 은사恩師 스님으로 모시고 득도得度, 수계受戒하니 법명은 속명인 종규宗圭를 그대로 쓰도록 하였다.

이어 은사 스님의 시봉을 드리면서 어깨 너머로 사미과沙彌科, 사집과四集科를 배웠는데 은사 스님이 워낙 엄하시고 까다로워서 글을 읽을 틈이 없었다.

그래서 대중이 모두 잠든 시간인 밤 9시 이후에 책을 들고 법당에서 밤을 꼬박 새운 것이 한두 번이 아니었다.

당시 은사 스님은 상노전上爐殿을 맡고 계셨으므로 노전 스님이 할 몫까지 모두 상좌인 스님이 맡아 하셨던 것이다.

1926년 병인년丙寅年 4월 8일에 송광사 금강계단金剛戒壇에서 금명화상錦溟和尙에게 보살계菩薩戒와 구족계具足戒를 받았다.

1933년 계유년癸酉年에 은사 스님의 윤허를 얻어 전문강원專門講院으로 이력履歷을 보러 가게 되었다.

당시는 기차나 버스가 없으므로 늘 걸어서 다녀야 했는데 지리산 화엄사智異山 華嚴寺로 진응강백震應講伯을 찾아갔다.

그러나 진응강백은 산청 대원사山淸大原寺 강주講主로 가시고 안 계셨다.

그래서 천오백미터나 되는 노고단老姑壇을 넘어 영원사靈源寺로 갔는데 거기에는 강원의 문을 닫고 선원禪院으로 전환하느라 분주했다.

그래서 하는 수 없이 가야산 해인사伽倻山海印寺로 가서 마침내 방부를 드리고 사교四敎를 펼쳤다.

송광사로 돌아온 스님은 은사 스님의 대를 이어 노전爐殿 소임을 맡아 이를 천직으로 알고 열심히 시불侍佛에 임하였다.

은사 스님의 뒤를 이어 노전 스님이 된 이래 평생을 노전 스님으로 수행하고 또 사중에 봉사하게 되었으니 사좌간師佐間에 근 70년을 한 소임으로 일관한 기록을 수립하게 되었다.

6·25사변 당시 전 대중이 피난을 가고 사형師兄님 되시는 주지 스님과 인암忍庵 스님 등 세 분만이 남아 빈 절을 지켰는데 낮에는 군경軍警에게 시달리고 밤에는 공비共匪들에게 식량을 약탈당하면서 죽음의 고비를 수없이 넘겼다.

6·25가 지나간 송광사는 주요 전당殿堂이 잿더미로 화하여 문자 그대로 폐허가 되었는데 스님은 복원불사復元佛事를 위해 천일기도千日祈禱를 세 차례나 맡아 하였다.

스님은 확고한 신심信心과 검소한 생활, 근행勤行, 하심下心으로 평생을 살으셨다.

아랫사람에게도 말씀을 낮추어 하시는 법이 없이 늘 경어로써 대하셨다.

송광사가 조계총림曹溪叢林으로 승격되자 스님은 5원五院의 하나인 염불원念佛院의 회주會主로 계시면서 부도전浮屠殿에서 북·광쇠를 울리며 진종일 염불로 일관하셨다.

스님은 해인사 강원에서 일 년 남짓 살으신 결과 진응강백震應講伯에게 대교大教를 배우느라 반년 가량 쌍계사雙溪寺에 머무신 외에 송광사 사문 밖을 나가지 않으셨다.

80을 헤이실 무렵 한 기자가 인터뷰를 청한 적이 있는데 그때의 대담對談이 인상적이어서 여기에 싣는다.

"스님은 거의 일생을 송광사에만 계셨는데 그럴 만한 이유라도 있습니까?"

"우리 은사 스님 때문이라 해도 과언이 아니지요. 스님께서 노전爐殿으로 계셨는데 노전소임에 열중하시느라 산문 밖을 별로 안 가셨지요.

나도 은사 스님의 대를 이어 노전소임을 맡았으니 스승님의 전철을 밟을 수 밖에요."

"그럼 후회는 안되십니까?"

"출가사문沙門은 철새라 했는데 나는 철새 노릇을 못해봤으니 평생을 두고 한恨으로 남을 수 밖에요."

"만일 산문 밖을 나갈 수 있었다면 어디 가서서 뭘 하셨겠습니까?"

"그야 말할 것 없이 제방선원諸方禪院에 다니며 참선하였겠지요. 제방에 도道를 이루신 명안종사明眼宗師가 많으셨는데 한번도 친견親見하지 못한 한을 내생에는 씻어야겠는데요……."

"내생에는 어떤 집에 태어나고 싶으시며 무슨 일을 하고 싶으십니까?"

"내생에는 가난한 집안에 태어나고 싶습니다. 부잣집에 태어나면 자연 여러 가지 인연에 끄달리기 쉬우니까 출가하기 어려울 터이지요.

그래서 42장경에는 부자는 도를 배우기 어렵다고 하신 것 아닙니까? 내생에도 출가하여 천하를 두루 돌아다니며 참선 수행하는 납자가 되고 싶습니다.

걸망 메고 결제하러 찾아오는 선객 스님의 모습을 볼 적이면 공연히 가슴이 설레이곤 하는 버릇이 요즘도 없어지지 않아요."

"요즘 후배 스님들에게 한 말씀 들려주십시오."

"요즘 스님들은 하심下心할 줄 몰라요. 곡식도 여물면 여물수록 고개를 더 숙이는 법인데요.

그리고 너무 재물을 아끼지 않는 것 같습니다. 청빈생활淸貧生活이 사문의 가풍인데 너무 호강들을 해요. 옛 말씀에도 기한飢寒에 발도심發道心이라 했는데 어째서 시주물施主物을 함부로 녹이는지 모르겠습니다."

1989년 3월 11일 새벽 5시에 시봉드리는 상좌더러,

"나 오늘 갈란다."

하시고 앉으신 채 조용히 삼매三昧에 드시었다. 앉으신 방석 밑에 쪽

지 한 장이 있어 펼쳐보니 상좌인 돈연頓然, 동효東曉에게 주시는 유촉이 적혀 있었다.

 "一. 내가 떠난 후에도 중노릇 잘하라.

 二. 남은 정재淨財는 경전을 연구하고 번역하고 교육하고 출판하는 데 쓰라.

 三. 장례葬禮를 번거롭게 하여 주위에 폐를 끼치지 말라.

 四. 부도浮屠나 비碑 같은 돌덩이에 이름 새기는 짓 제발 하지 말라."

 스님의 세상에 살으신 나이는 82세였고 산문山門에 머무신 법랍은 67하夏였다.

# 계봉암우선사
## 溪峰巖雨禪師

스님의 속성은 경주 김씨慶州金氏이고 법명은 암우巖雨, 법호는 계봉溪峰이며 아버지는 김판석金判石, 어머니는 임씨林氏이다.

고향은 전북 순창군 순창면 순화리全北淳昌郡淳昌面淳化里이며 서기 1909년인 융희隆熙 3년 기유세己酉歲 1월 2일에 장남으로 태어났다.

그러나 어려서 부모님을 여의는 외롭고 슬픈 운명을 타고난 스님은 이경숙이라는 보살님의 보살핌을 받다가 양자養子로 입양入養하게 되었다.

이씨 보살은 금산행禽山行이라는 불명을 대덕 스님에게 일찍이 타서 수행을 쌓아가는 불자로서 뒷날 출가하여 비구니가 되는데 법명은 본연本然이다.

비록 부모님을 일찍 여의었지만 좋은 양모를 만나 불심佛心도 돈독해지고 부지런히 가업家業에 종사하여 살림도 안정되어갔다. 그래서 결혼하여 1남 2녀一男二女를 얻었으며 읍내에 가게를 내어 생활도 풍족해졌으며 양모에게 효성을 다하였다. 양모養母에게 효성을 다하는 소문은 순창 읍내에는 말할 나위 없고 이웃 고을에까지 널리 나서 효자孝子라는 명성이 자자한 것은 너무도 당연한 일이었다. 그러던 중 스님은 원인 모를 병이 들어 병마에 시달리면서 좋다는 약은 모두 구해 써 봤지만 허사였다.

하는 수 없이 양의洋醫를 찾아가 진찰을 하니 폐병肺病이라 한다. 아무튼 이 병으로 결국 사경死境에 이르자 양모는 송광사의 석두선사石頭禪師를 찾아가 치료하라고 성화였다. 약으로 다스리지 못하니 부처님의 가호를 빌자는 뜻이었다. 그래서 송광사의 석두선사를 배알하니 선사께서는 자비하신 법음으로 위로해주시며 불보살에게 지극정성으로 기도하라고 일러주시었다.

그로부터 스님의 기도 정신은 시작되었다. 기왕 죽을 바에 부처님에게 기도를 드림으로써 내생을 위해 불법인연佛法因緣이나 심자는 각오로 열심히 기도에 임했다. 그 결과 정말 기적 같은 일이 벌어졌다. 죽음 직전까지 다달았던 그 몹쓸 병이 쾌유된 것이었다.

그해가 서기 1940년 경진세庚辰歲이니 스님은 석두선사에게 간청하여 출가를 허락받고 3월 15일에 득도得度, 수계受戒하였다.

스님이 출가한 뒤 집에 있는 부인은 남편이 쾌유되어 돌아오기만을 기다리며 자녀를 데리고 집안 살림을 꾸려갔는데 남편이 집에 있을 때처럼 장사도 잘 안 되어 집어치우고 막 노동일을 하며 자녀 교육에 헌신하다가 마침내 남편을 찾아 송광사로 갔다.

그러나 남편은 이미 중이 되어 속가에 다시는 안 가겠다 하며 자녀를 절로 보내어 중으로 만들고 개가하라는 것이었다. 부인은 한 마디로 거절하고 자기는 끝까지 남편을 따르겠다고 하여 전 가족이 중이 되기로 했다.

스님은 을유년乙酉年 해방이 되자 효봉 스님이 조실祖室로 계시는 송광사 삼일선원三日禪院의 원주 소임을 맡아 어려운 살림을 알뜰히 절약

하며 잘 꾸려갔으므로 사중 노덕스님네의 칭찬을 한몸에 받았다.

송광사 주지에 해은海隱 스님이 취임하여 선방을 폐쇄하니 스님은 두 문불출杜門不出하고 꾸준히 정진에 힘썼다.

그러나 6·25가 나자 공비의 출몰로 경찰이 스님들을 공비에 협조한 다 하여 모두 총살하려 했는데 스승이신 석두선사가 순창 순평암淳昌 淳平庵에서 병중病中이라는 소식에 접하자 밤을 타서 순평암으로 떠나 니 이로 인해 다행히 목숨을 구했던 것이다. 이때부터 스승님 슬하를 떠나지 않았다.

석두선사는 상좌인 용보 스님의 간청으로 통영 용화사統營龍華寺의 도솔암兜率庵으로 옮기셨는데 스님은 스승님의 좌우를 떠나지 않고 지 성으로 병환을 보살펴 드렸다.

스님이 스승님에게 효성이 지극한 것을 보고 사형이신 효봉큰스님께 서도 누누히 칭찬을 하셨으며 대중 스님들도 모두 칭송해 마지않았던 것이다.

갑오년甲午年 불교정화운동이 일어나자 효봉 스님을 모시고 끝까지 선학원·조계사에 계시면서 젊은 대중들을 격려하셨으며 대구 동화사 桐華寺에서 효봉사형님이 병환에 시달리자 전에 스승님 시봉하듯 지극 정성으로 간병해 드렸다.

밀양 표충사密陽表忠寺에서 효봉큰스님이 열반하신 뒤 대중의 강청에 못 이겨 몇 달 동안 주지직에 계시다가 상좌인 일성日星에게 미뤄주시 고 총무로 계시면서 사중을 알뜰히 보살피셨다.

이 때의 스님 입장은 스승이신 석두선사와 큰사형님이신 효봉선사가 이미 열반에 드신 뒤여서 스님으로서는 의지할 데가 마땅치 않으셨다. 그러던 중 상좌인 오현悟玄이 경기도 남한산성 장경사南漢山城長慶寺 주지로 있었는데 스님을 모시기를 간청하는지라 표충사에서 장경사로 향하시었다.

그러나 장경사는 도량이 그리 넓지도 못하고 살아가기도 힘들어서 오래 계시지 못하고 도로 표충사로 내려가시기로 하고 장경사를 떠나셨다.

그 뒤 스님의 자취는 묘연하였다. 삼보물三寶物을 극진히 아끼고 시주물施主物을 두려워했던 스님은 평생을 청빈淸貧히 살으셨다.

스승님에게 향한 효성심孝誠心은 그 뉘가 감히 흉내를 내랴? 스승님이 병중에 누워 계실 적에 병자의 변便이 달면 오래 못 산다는 속설을 듣고 스승님의 변을 맛보기도 하셨으며, 또 송광사에서 대중공양 중에 스승님이 재채기를 하셔서 입안의 밥을 방바닥에 토하시자 그 밥을 남김없이 모두 주워 먹었다.

평소 유난히 인정人情이 많으시고 자비심이 두터웠던 스님은 진주 의곡사義谷寺에 계실 적에 갈비나무 한 단을 사러 시장에 나가셨다. 나뭇짐을 받쳐놓고 팔려는 사람이 열두 사람이나 되었는데 서로가 자기 것을 사라고 조르는지라 이를 몽땅 사서 장사를 앞세우고 돌아오는 것이었다.

누구 것을 사고 누구 것을 안 사고 할 수가 없었다는 것이다.

상좌 안 두기를 작정한 스님에게 그래도 몇몇 좋은 상좌가 있었다. 일능一能, 오현悟玄, 월성月星, 월호月虎 등 쟁쟁한 선납先納들이다.

# 기외제선사
# 其外諸禪師

금명보정선사錦溟寶鼎禪師가『조계고승전』을 집필하신 것은 기사년己巳年(서기 1929년)에서 이듬해 경오년庚午年까지의 두 해에 걸쳐서 손수 자료를 수집하시고 손수 쓰셨다.

정확히 말하면 1928년 무오년戊辰年 3월에 강석講席을 후진에게 물려 주시고 보제당普濟堂으로 거처를 옮기셔서 일생사一生事의 마무리로 정토업淨土業을 닦으시는 여가에 필을 들어 최후의 유작遺作인『조계고승전曹溪高僧傳』을 집필하기 시작하여 1930년 2월에 붓을 놓으셨던 것이다.

25세 때 대흥사大興寺 범해율사梵海律師에게 구족계를 받고 고문古文 및 박의博議 · 『사산비명四山碑銘』 · 『범망경梵網經』 · 『사분율四分律』 등을 배웠는데 이 시절에 범해선사가 쓰신『동사열전東師烈傳』을 보시고 마음 속에『조계고승전』을 쓸 것을 굳게 새겨두시고 실로 40여 년을 자료 수집하셨으니 그 끈기와 집념을 짐작하기에 어렵지 않으리라.

석두선사石頭禪師 이후의 여러 선사는『조계고승전』에 실려 있지 않은 스님들인데 역술자譯述者가 보충한 것이다.

그런데 근세의 여러 스님네 기록을 찾는 데도 어려움이 많아서 갖추 소개해 드리지 못하였는데 금명선사께서는 보조국사 이후로부터 근세에까지 7백여 년에 걸쳐 살으셨던 큰스님네의 행장을 수집하셨으니 그

해박한 지식과 꾸준한 노력, 꼭 해내야겠다는 굳은 의지와 신심은 무슨 말로 표현하여 예찬을 해야 할지 모르겠다. 최근세에 계셨던 많은 스님들의 자료를 찾지 못해 다 소개해 드리지 못하여 유감스럽기 그지 없다.

끝으로 역술자가 기억하고 있는 스님들을 이름이나마 들먹여 둘까 한다.

잉석화상仍石和尙은 동국대학교東國大學校의 불교학 교수佛敎學敎授로 평생을 계시다가 입적入寂하신 학승學僧으로 더 알려져 있다.

본시 송광사에 출가하여 금명강백錦溟講伯에게 이력을 마치고 일본으로 유학을 가서 동경東京에서 대학을 졸업한 후 동국대학교의 전신前身인 혜화전문학교惠化專門學校에서 교단에 선 이래 입적하시기까지 동국대학교에 재직하셨던 것이다. 학교에서 주로 화엄학華嚴學을 강의하셨으며 발표한 논문論文도 수십 편에 이르는데 해박한 지식과 탁월한 식견으로 쓰신 논문은 모두가 주옥珠玉 같아서 화상을 두고두고 생각케 한다.

건강이 썩 좋지 않으셔서 화갑華甲을 넘기신 지 얼마 안 되어 입적하셨다.

또 송광사에 인곡仁谷이라는 학승學僧이 계셨는데 기산선사綺山禪師의 상족上足이다. 일찍이 송광사 전문강원專門講院을 졸업하고 동국대학교東國大學校의 전신인 혜화전문학교惠化專門學校를 나왔다.

본사의 삼직三職을 거쳐 주지직에도 계시면서 가람수호에 혼신의 노력을 기울이시다가 불교정화佛敎淨化 이후에는 광주光州로 나가서 포교당을 개설하여 대중교화에 힘썼다. 그 뒤 뜻하지 않게 중풍中風이 들어 여러 해를 투병 생활 하시다가 끝내는 입적入寂하시었다.

조계총림曹溪叢林 유나維那인 월호月虎 스님은 계봉선사溪峰禪師의 상족上足인데 진양군 반성면晉陽郡斑城面이 고향이다.

서울의 일류대학一流大學에서 법학法學을 전공하고 사법고시司法考試에 응시하기를 여러 번 하였으나 번번히 실패하기만 했다.

사법고시 준비차 산사山寺에서 공부하게 된 것이 인연이 되어 불교에 입문하였으며 고시에 실패를 거듭하면서 세상이 덧없음을 실감하게 되었다. 세상의 부귀영화란 한 순간의 꿈에 불과하다는 결론을 얻고 출가하게 되었던 것이다.

계봉선사溪峰禪師의 따뜻하고 자상하신 배려로 중노릇을 순조롭게 시작한 스님은 뼈를 깎는 정진으로 전후좌우를 잊었다.

해인사 선원海印寺禪院에서 입승立繩을 여러 해 보다가 본사의 부름을 받고 조계총림으로 옮겨와서 유나維那의 소임을 맡아 젊은 서객들과 함께 예전과 같은 용맹정진을 감행하였다.

그러나 그것이 화근禍根이었던가? 노경老境에 처한 몸을 돌보지 않은 무리로 인해 병을 얻었고 또 그 병마에 휩싸여 환신幻身을 벗게 되었던 것이다. 참으로 애석한 일이다 하겠다.

이제 『조계고승전』을 마감하는 차례에 이르렀다. 송광사에 살면서 우연히 발견한 한 권의 책을 소홀히 하지 않은 덕으로 세상에 널리 알리게 되었으니 그로써 역술자료서는 족하다.

금명선사께서 두륜산 범해율사梵海律師에게 구족계具足戒를 받은 인연으로 율사가 저술한 『동사열전東師列傳』을 보고 그에 준하여 『조계고승전』을 쓰셨는데 그 공로를 어찌 필설筆舌로 다하겠는가.

『조계고승전』을 통해 조계산에서 살으셨던 많은 고승을 우리가 알게 되었다는 한 가지 사실만으로 금명선사의 노고에 새삼 가사와 칭송을 금할 길이 없다. 헌데 한 가지 아쉬운 것은 금명선사가 『조계고승전』을 집필하시면서 미처 자료를 얻지 못해 그냥 이름만 열거한 선사들도 백여 명에 이르는데 그 선사들의 행장을 발굴할 길이 없는 점이다.

독자들께서도 여러 고승들의 행장을 음미하면서 얻은 바가 많으셨을 것으로 믿는 바이고 우리들도 선사先師 스님들처럼 열심히 갈고 닦아서 새 한국불교를 이 땅에 건설하는데 역군이 되기를 빌어 마지않는다.

이 귀중한 자료가 사장死藏되지 않고 세상에 널리 알려지는 계기를 만들어준 대한불교신문사 관계자 여러분께 삼가 감사를 표하면서 붓을 거두는 바이다.

大尾

조계고승전 曹溪高僧傳

# 조계고승전

백운 지음

**초판 1쇄 인쇄일**  불기 2569년(2025) 5월 1일
**초판 1쇄 발행일**  불기 2569년(2025) 5월 24일

**글**       백운 스님
**발행인**    진우 스님
**편집인**    수불 스님
**발행처**    대한불교조계종 불교신문사

**자료수집**   이성수, 하정은
**편집제작**   자락길

**출판등록**   2007년 9월 7일(등록 제300-207-133호)
**주소**      서울시 종로구 우정국로 67 전법회관 5층
**전화**      02)733-1604
**팩스**      02)3210-0179
**e-mail**   ibulgyo@ibulgyo.com
**ISBN**     979-11-89147-18-1 (93220)
**정가**      50,000원

ISBN 979-11-89147-18-1